中国社会政治史

宋元明卷

萨孟武 作品系列

萨孟武 著

生活·讀書·新知 三联书店

Simplified Chinese Copyright © 2019 by SDX Joint Publishing Company
All Rights Reserved.
本作品简体中文版权由生活·读书·新知三联书店所有。
未经许可,不得翻印。

图书在版编目(CIP)数据

中国社会政治史.宋元明卷/萨孟武著.—北京:生活·读书·新知三联书店,2019.9
(萨孟武作品系列)
ISBN 978-7-108-06260-4

Ⅰ.①中… Ⅱ.①萨… Ⅲ.①政治制度-历史-中国-宋元时期 ②政治制度-历史-中国-明代 Ⅳ.①D69

中国版本图书馆 CIP 数据核字(2018)第 054972 号

著作财产权人:© 三民书局股份有限公司
本书中文简体字版由三民书局股份有限公司授权生活·读书·新知三联书店有限公司在中国境内(台湾、香港、澳门地区除外)独家出版。
本书中文简体字版禁止以商业用途于台湾、香港、澳门地区散布、销售。
版权所有,未经著作权财产权人书面授权,禁止对本书中文简体字版之任何部分以电子、机械、影印、录音或其他方式复制或转载。

责任编辑	杨柳青
封面设计	储　平
责任印制	黄雪明
出版发行	生活·讀書·新知 三联书店
	(北京市东城区美术馆东街 22 号)
邮　编	100010
印　刷	江苏苏中印刷有限公司
版　次	2019 年 9 月第 1 版
	2019 年 9 月第 1 次印刷
开　本	720 毫米×965 毫米 1/16 印张 32.5
字　数	468 千字
定　价	98.00 元

萨孟武(1897—1984),名本炎,孟武为其字,福建福州人,著名政治学家。日本京都帝国大学法学士,回国后历任上海各大学教授。1927年,任国民党总政治部宣传处编辑科科长。1928年,任中央政治学校教官兼编辑部主任。1930年,任中央政治学校普通行政系教授。越一年,兼任系主任,另兼陆军大学教官、中央学校教授。抗战军兴,随政校上庐山,抵芷江,入重庆。国民参政会成立,遴选为参政员。抗战胜利后,历任中山大学、台湾大学法学院教授兼院长。政校复校,兼任政治系研究所教授,并曾任立法委员。著有《政治学》《西洋政治思想史》《中国政治思想史》《新国家论》《中国宪法新论》《〈西游记〉与中国古代政治》《〈红楼梦〉与中国旧家庭》《〈水浒传〉与中国古代社会》《孟武自选文集》等著作。

出版说明

作为著名的政治学家、法学家,萨孟武先生著作甚多,以《政治学》《中国社会政治史》《中国法治思想》等最为著名。而由于种种原因,其社会学、政治学著作多在台湾出版,大陆读者接触和认识萨先生,更多是通过他的三本学术性随笔著作,即《〈红楼梦〉与中国旧家庭》《〈水浒传〉与中国古代社会》和《〈西游记〉与中国古代政治》。这对于认识与评价一位严肃的学者,显然是十分片面的。鉴于萨先生对中国传统政治思想、制度、理论的研究能不落俗套,深入浅出,贯通中西,对中国政治学的形成影响很大,所以此次拟出版其"作品系列",主要选取其未在大陆出版的著作。

首先出版的《中国社会政治史》全书共四册,纵论中国历代之兴亡得失,除考据政治制度外,更引用社会、经济、思想等各层面的相关资料,以评析这些层面的变动如何与政治制度相互影响,乃至最终成为朝代更迭的因素。

本书之所以名为"社会政治史",而不同于其他社会史或政治史之处就在于,其揭示了社会科学与政治史的密切关系;剖析了各类社会情况,如民风、士气、经济、国防、户口之多寡、土地之分配与生产力、各种阶层之分立以及政治制度等等,对于政治现象有何影响,以着力阐明历史发展过程之因果关系。以政治与社会两方面的交互影响为决定历史演进的条件,作者编写时以其研究心得为骨干,广泛引用原典古籍为血肉,历数先秦到明朝的社会政治发展。书中除了详述宫中、府中权力的转移、倾轧外,也从社会经济的角度,介绍币制、税赋、力役等对社会造成的影响,及其如何冲击历史的演进。最便利学者的是,书中于论述每朝政治制度时,以表格方式详述其中央、地方官制与文官制度,且剖析该制度之优劣。

本书实际写作共花费二十二年。为成此书,萨先生遍览群书,正史以外,通鉴、奏议、书信等各种史料,多有参考。亦不惜斥资购入数套《二十五史》以备查核、编辑之用,其准备工作十分详尽,故自成书以来,已成为研习中国历朝政治的重要参考书籍。此次首次在大陆出版,相信一定能为这里的政治史与社会史研究提供有益的借鉴。

简体版序

萨孟武先生(1897—1984)对我而言是上一世代的学者,我和萨先生素昧平生,虽都留日,但背景完全不同。萨先生学术经历丰富,论教职,曾担任广州中山大学法学院院长、台湾大学法学院院长。其著作等身,著有《政治学》《新国家论》《中国宪法新论》《中国社会政治史》《中国政治思想史》《西洋政治思想史》等,甚至分别探讨《红楼梦》《西游记》《水浒传》与中国社会、政治的关系,视野广阔,学贯中西,影响深远。

其中《中国社会政治史》四册,是我在台大讲授"中国通史""隋唐史"等课程时必备之参考著作,同时也推荐给学生(含研究生)。台湾在解严(1987年7月15日解除"戒严令",简称"解严")以前,情势严峻,研究历史极为困难。萨先生卒于1984年,其《中国社会政治史》四册由三民书局出版最晚之时间为1979—1980年,足见萨先生之治学均是在极为艰困的环境下进行的。从写卡片到剪贴等工作,我个人也都经历过,最感缺憾的事,就是不易参考到境外学术研究成果,尤其是当时大陆的最新考古资料。这是美中不足之处。

台湾在1972年以后,"中国通史"被规定为大学一年级必修课程。当时最通行的教本,就是钱穆《国史大纲》上下两册、傅乐成《中国通史》上下两册。钱书简明扼要,句句经典,但文言书体,对大一学生而言,不免艰涩。傅书白话解说,详尽流畅,资料最新,成为最畅销书,但缺乏萨先生一向重视的因果关系分析。萨书四册自1962年初版,至1965年出齐,除解析详细外,兼有原典详注,独具慧眼地分析历史事件的因果关系,皆为前两书所无。对教师而言,是极佳的参考著作。相对地,对大一学生而言,负担较为沉重,但对研究生及中国断代史课程的学习则甚有助益。可惜至萨先生过世时,仍未能完成清代部分。若要了解萨先生此套书之思维、写作方法与过程,宜参阅《增订新版自序》。此序写于1975年3月1日,先生时年79岁,在序文说预定五年之内完成清代部分,此时距其过世还有十年。结果未能如愿,殊为可惜,实是学界的一大损失。

《中国社会政治史》第一册从先秦至两汉,共出四版;第二册三国至南北朝,共出四版;第三册隋唐五代,共出三版;第四册宋元明,共出三版。每册各有序文,每版都有修正增补,治学态度严谨,值得后进学习。萨先生在《增订新版自序》中说:"研究历史必须阐明历史发展过程之因果关系",以及时代之制度、思想等。他认为"世界上最坚强的莫如我们中华民族",其向北、向南发展是历史使命。在研究资料方面,重视正史、会要以及文集、笔记等,但对实录则认为太过芜杂,只能补充正史不足,"正史已经有了,何必引用实录"。"名为实录,事实上所录者老早就非'实'了。"就这一项而言,治史者恐未必都能赞同,盖实录仍可纠正正史,其价值应在正史之上。

《中国社会政治史》这套书每册都提出许多值得深思的历史问题,例如第一册提出"自周平王东迁之后,中原王朝常受漠北蛮族的压迫。这不是因为中原王朝文弱,而是因为中华文化进步。何以说呢? 中原王朝到了周代,完全进化为农耕民族,而漠北民族还是游牧民族"。游牧民族"看到近邻的农耕民族财物丰富,当然发生羡慕的情绪,他们喜欢侵略,可以说是一种天性"(第三章第四节,第170页)。这是关于中国历史上北方游牧民族何以南侵的大问题。萨先生的解释固然是重要理由,但若仔细再思考,应该还有其他因素,例如气候变化、人口增减、内部斗争等问题,都需要一并考虑。

第二册提到东晋累次北伐不能成功者,是由于"军队缺乏与财政困难,而军队所以缺乏,财政所以困难,又以编户减耗为其主要原因"(第二章第二节,第179页)。但仍可进行另外的考量,如热衷北伐者不是晋室近戚,就是寒门出身,士族则保家重于保国,上下离心,常出现后勤补给不足,自易功败垂成。

第三册第二章第四节开头指出:"国家的治乱固然悬于人心的振靡,而人心的振靡又悬于制度的良窳。"此事举战国时代的秦国,人心最靡,"贪狠强力,寡义而向利"。经商鞅变法,使秦能够统一六合,成就帝业。所以"讨论朝代兴亡,与其研究人心,不如研究制度"(第153页)。这个说法很有创见,但恐怕也是见仁见智。以商鞅变法而言,如果没有法家思想先做指导,何来制度?又如果没有秦王赞许支持,何来变法?前两者仍与人心有关。制度属于实际履行的表现,而制度的规划与内容,又必须系乎当时人心所向,才能有效执行,所以人心与制度不必一定要取其一,两者兼顾仍然需要。

第四册指出"五胡乱华以后的汉族已与秦汉时代的汉族不同。它是混合亚洲许多民族而成的中华民族。中华民族血统上虽然不是汉族,精神上仍秉承汉族的思想。他们的胸襟是宽大的,只要异族接受中华的文化,就视为同一民族,不分彼此,而有平等的私权及公权。汉武帝临崩之时,受遗托孤者有匈奴人金日䃅。安史作乱出师勤王者,有契丹人李光弼。黄巢作乱,朱温篡唐,此时志复唐祚者乃是沙陀人李克用。阿保机入据中原,而兴师讨伐,迫使辽主不能不北归者,又是沙陀人刘知远"。"这与今日各国对于肤色之有偏见,甚至垄断地区,不许有色人种移住其间者自不相同。"(第二章第二节,第251页)这就是所谓文化中国论,的确如此。

最令人感兴趣的议题:中华民族及其文化的成长,究竟是在纷乱抑或和平时期。这个问题,也常成为学校考试的申论题。钱穆《国史大纲·引论》指出:"今于国史,若细心籀其动态,则有一至可注意之事象,即我民族文化常于和平中得进展是也。欧洲史每常于斗争中著精神。""中国史如一首诗,西洋史如一本剧。""即以人物作证,苏格拉底死于一杯毒药,耶稣死于十字架,孔子则梦奠于两楹之间,晨起扶杖逍遥,咏歌自挽。三位民族圣人之死去,其景象不同如此,正足反映民族精神之全部。""中国史上,亦有大规模从社会下层掀起的斗争,不幸此等常为纷乱牺牲,而非有意义的划界线之进步。"这是钱先生的和平论。但萨先生的看法正好相反,他说:"分乱之在中国,不使中华民族衰亡,而使中华民族膨大,由黄河流域发展至长江流域,再由长江流域发展至闽粤桂黔,最后竟然殖民于南洋群岛,所以分乱对于中华民族的发展,是有间接作用的。此只就闭关时代言之,海禁开通,一个民族不能统一,国力消耗于内乱,结果只有灭亡。"(第三册第三章第三节,第452页)从其前后文看来,此处所谓的"分乱"是指传统时期,"海禁开通"是指近代,所以钱、萨两位先生对传统时期纷乱现象的批判是截然不同的。何者为是,有待读者进一步思考,至少可以肯定他们所说的都有部分道理。

以是诸册问题讨论之荦荦大者,其问题意识极为活泼、精辟,又具宏观视野。虽是三四十年前的著作,至今仍值得吾人细嚼品尝,从中习得历史知识,尤其是后进学子,特为推荐。

台湾大学历史系名誉教授

高明士

2017年1月15日

增订新版自序

本书起草于抗战前二年,即 1935 年。第四册完成于 1965 年,合计共三十年。中间有八年,将时间花在政治学的著作及修改,实际本书之写作共花二十二年。

最初一、二两册,即由先秦至南北朝,抗战时,曾摘要编为讲义,发给中央政治学校大学部行政系学生。由 1944 年至 1946 年又着手写作唐代。

抗战胜利,我赴中山大学,主持法学院院务。在两年(1946 年至 1948 年)之间,一方编述五代部分,同时着手搜集宋代资料;1948 年我来台湾,主持法学院院务,开始写作宋代部分。宋史写成之后,陆续搜集资料,着手写元明二代。明代写完之后,我不敢遽尔出版,又将第一册及第二册加以修改又修改。友人林纪东先生谆谆劝我付印,意谓万一失掉,未免可惜。于是就于 1962 年之冬,先出版第一册及第二册。

第一册除 1944 年在重庆出版不计外,1962 年 11 月初版,1966 年再版,1969 年三版,1972 年四版。第二册于 1962 年 12 月初版,1966 年再版,1970 年三版,1972 年四版。第三册于 1963 年 12 月初版,1966 年再版,1968 年三版(因多印,故未四版)。第四册于 1965 年 11 月初版,1968 年再版,1971 年三版。1974 年物价忽然大涨,因之各册虽将售罄,均停止付印。

本人著作之所谓"版"与国内各书之"版"不同，必有修改。其不修改者只称为"刷"。例如拙著《政治学》，名为四版，其实，初版四刷，再版二刷，三版一刷，四版十五刷，共计二十二刷。未曾修正改版，而称之为再版、三版……这是各国所没有的。

我在小学时，除算术、国文外，对于中国历史极感兴趣。后来阅读《资治通鉴》，总觉得其对于社会情况，如民风、士气、经济、国防、户口之多寡、土地之分配及生产力、各种阶层之分立，以及政治制度等等，写得太少，而且未曾说明这许多要素对于政治现象有何影响。研究历史必须阐明历史发展过程之因果关系，单单记忆事实，尤其用尽脑力，去暗记小事实，不但记得之后，旋即忘记，而且一点用处也没有。这是我写本书的动机。

我写作本书当然是先搜集资料，而要搜集资料，必须脑中已有一种观念，依此观念，做成每朝历史的目录，而后依此目录，去搜集所需要之资料。否则一部《二十五史》看了又看，也必毫无结果。

搜集资料先由正史开始，这一段工作是很繁重的。例如《后汉书》，我前后看了三遍，一字一字地看下去。第一次觉得毫无资料，第二次略有所得，第三次才有收获。南北朝历史分量极多。《宋书》不错，《魏书》固然芜冗，而资料还不少。《南北史》只能作补充之用，至于《北齐书》《南齐书》等等只是族谱及升官图。没有什么好的资料，而又不能不看。正史看完，再看会要（《西汉会要》根本不必看）或会典，最后才看文集及笔记。文集固然分量甚多，但其中大部分是诗赋记铭。例如王安石乃是宋代政治上的重要人物，若把他的文集翻一下，即可知道，值得吾人参考之用的奏议及书信并不甚多。所以文集容易看，也看得很快。笔记固然有很好的文章，然每种笔记之中，合于本书需要的也很有限。至如《愧郯录》《梦溪笔谈》之类，不过五六篇可供参考。又如读者所熟知的《日知录》共有三十二卷之多，其中除八、九两卷之外，其他各卷或二三篇可用，或五六篇可用，或全卷都不可用。这不是说其余各篇没有价值，而是说对于研究历史的人没有用处。

以上所述只就初版言之。学问本来没有止境，读书愈多，资料亦愈多，因之再版、三版、四版付印之时，无不增加字数。字数增加，又须改排。但全书改排，不是个人财力所能负担。故凡某一页字数增加在二百字以下者，只改排该页，而增加其行数。字数增加太多者，则在该页上，加一、二、三等。例如第一册二十七页，共增加八页，遂于二十七页处改为"二七一""二七二"……"二七八"；三十四页亦增加九页，故改为"三四一"……"三四九"。倘若三版或四版时，又增加字数，如在"三四一"及"三四二"两页，则由十八行改为二十一行。

写作历史，不消说举证极其重要。但既有"全称"之例，就不必再引特称之例。万不得已而须引用特称之例，亦不可引得太多。太多，读者必感头痛，而认为资料的堆集，反将显明之事变为暧昧。现今学者喜欢引用"实录"，实录太过芜杂，它只能补充正史之不足，正史已经有了，何必引用实录。何况自史官失去独立地位之后，实录未必据实而书，其受当时政治势力之影响者未必比正史为小。名为实录，事实上所录者老早就非"实"了。

我有一种野心，意欲改写会要，改编会典，不但各种事实，即当时名臣学者之言，亦宜编入。这种工作当然不是个人能力所能做到。

本人著书，喜欢修改，修改到主观上认为满意之时，才肯罢休。修改或依自己或依读者之提议。例如读者来函，多谓第二册与其他三册比较之后，分量稍轻，余亦深有此感。故自1971年始，又开始修改全书，尤其增加第二册之分量，务使四册分量大略相等。兹应告知读者的，本书新版由第一册至第四册无不修改，其修改页数每册均在一百余页以上，各册增加资料不少，页数自亦随之增加。

本人接到读者来函不少，他们提出两种希望：一希望改用较大之字排印，纵令"售价提高，读者不会计较"；二希望"继续完成清代部分的写作"。关于第一希望，非本人财力所能负担，幸三民书局刘振强先生于1975年之春提议愿意承印是书，故自本年始，改由三民书局从新排印。第二希望大约可以实现，因为本书既由三民书局承印，则本人不拟再作修改，而当致力于第五册之写作，预定五年内出版。

本书第一册初版之序，已经提到，当物价低廉之时，著者为节省时间起见，卡片之做成，不用抄写，而用剪贴。1946年复员时，著者全家坐飞机回到东南,除本书原稿及随身衣服之外,一切均委托中央政校运送。而政校竟将余之行李放在木船之内,行至三峡,不知因何原因,全部沉入江底,财产损失,固不足惜,所可惜者十数年搜集之资料卡片全部毁没。

来到台湾之后,不得不购买艺文社出版之《二十五史》两部及各种文集各三部(两部剪贴,一部保留)再行阅读一遍。我虽然没有一目十行的本领,而却能一字一字地快读下去。有人问我,《二十五史》之中,哪一史写得最好?依我管见,《汉书》最好。《汉书》列传不是依官之大小,而是依事之有无,而事又与国家治乱、典章制度、士风民气有关。李广不得封侯而有传,其从弟李蔡做过丞相而无传。刘屈氂不过平凡之人,《汉书》所以有传者,盖欲借他说明三事。一是汉制,宗室不得典三河,而屈氂乃为丞相。二是汉时郡守多先为三辅,次九卿,次御史大夫,最后才为丞相,而屈氂竟然由涿郡太守一跃而为左丞相(这又暗示武帝要恢复左右丞相之制)。三是戾太子反时,屈氂不敢发兵,武帝曰,丞相无周公之风矣,周公不诛管蔡乎?这又可以证明丞相对于紧急事变,有急速处分之责任。司马相如、扬雄两传之赋与历史虽无关系,而后人观此亦可知道当时赋之体裁。唐时举官试"判",新旧《唐书》未载"判"之文体。明代举士用"八股",《明史》亦不举八股之例。这种重要的文章体裁应该举出一篇,留给读史者参考。当然,《汉书》也有缺点,以桑弘羊那样重要的财政家,竟不立传,唯于《食货志》中,稍稍提到。如果没有《盐铁论》一书,吾人将无从知道桑弘羊的思想。从来学者多谓《晋书》好采诡谬碎事,其实这种诡谬碎事往往可以说明当时社会风气,而知晋祚之不长。列传与墓志铭不同,墓志铭可写个人的私事,列传所写的,必须该事与整个社会有关,或该事可以说明社会的结构、政治的状况、经济的情形,以及士风民气等等。

研究历史,尚须知道时代思想。思想不能领导历史发展,反而是历史发展的产物。春秋战国之时何以各种学说杂然并兴,这必有其时代原因。秦崇法家,西汉初年盛行道家与法家的思想。元成以后,儒家才见抬头。王莽变法,完全根据儒家学说。到了东汉,儒家又参以阴阳家的思想。魏晋之世,学者祖述老庄,然而吾人观当时人士的行动,绝不是道家的思想,而是杨朱的快乐主义。唐宋二代,如韩愈、司马光极力推崇君权,由元至明,《四书》及朱熹的地位忽然提高，其故何在？明代中期以后又发生了反动思想，如王阳明的学说，尤其李卓吾之反对道学。明末清初之黄梨洲复反对君权，这均有其历史的原因。本书对此思想均稍加叙述。且进一步，说明某一种思想所以流行于某一个时代的原因。

现今五族共和，历史学者不宜囿于成见，再用胡虏等各种名称，自行分裂。今日之汉族已与秦汉时代及秦汉以前的汉族不同，它是融化亚洲许多种族而成的中华民族。余本欲用"种族移动"以代替五胡乱华等等。因文稿已定，更改不易。但我们要知道每次种族移动之时，中华民族一方同化外来的种族，同时向南发展，而扩大中华的版图。世界上最坚强的莫如我们中华民族。天降大任于中华民族，我们起码须向北发展，完成此种使命。

本书关于制度方面，重要的固然详细说明，不重要的均舍而不谈。多谈，徒乱人意，反令读者不能认识一代政制的根本精神。但制度必与时代的政治环境有密切的关系，而制度之良窳对于政治之隆污又可给予直接或间接的影响。比方禄俸，西汉的官秩是十五级乎，抑是十八级，花了许多时间去考证，著者认为空费精力。本书所注意的是将最低的禄，一与农民收入（百亩农夫，盖禄所以代耕，因此又须知道当时农业生产力）比较，二与一般工资比较，由此说明禄俸与国家治乱的关系。

社会科学与历史有密切的关系，研究历史而不了解社会科学，往往顾到部分，而忘及全体。反之研究社会科学的人常能由全体以观察部分，再由部分以观察全体。而全体又放在时间（时代）与空间（环境）之内。一个变化了，其他亦必变化。部分可影响全体，全体又影响部分。时代可改变事物，事物又可以变更时代的精神。环境可改变事物，事物亦可以变更环境的需要。而时代与环境又会互相影响，改变彼此的性质。欧洲社会科学家对于历史均有深刻的研究，而研究历史的人对于社会科学亦有深刻的了解，吾人读各种名著，即可知之。单单知道历史，而未读过社会科学各种书籍的人，往往不识轻重，轻者说得详之又详，至于历史发展的因果关系又舍而不谈，如斯著作不过历史之杂货摊而已。

本书引文均注明出处，详载哪一书、哪一卷、哪一篇，所注皆放在引文之下。此不但减少纸张的浪费,且节省读者的时间,不必去翻数页或数十页之后,查看注释。但所注文字太长,则放在该段原文之后。此与今人著作喜将注释放在每篇或每节之后者不同。又者本书引文所以详注哪一书、哪一卷、哪一篇者,盖谋读者的便利。例如《新唐书》共有二百二十五卷,有些卷复分上中下,每卷之中有许多列传,如果只写《新唐书·杨炎传》,阅者非翻尽《新唐书》目录,必难知道其在第一百四十五卷(《旧唐书》第一百十八卷)。著作人不过多写几字,而读者得到便利不少,我不知国内学者何以吝此数字不写。至于页数不必写出,因为古书版本太多,而各人、各图书馆所藏古书之版本未必相同。

1975 年 3 月 1 日序于狂狷斋

序

　　这本书的作者是我的外祖父,我叫他公公。公公要我为这本书写一篇序,我现在还是中学三年级学生,历史读得不多,这本书的价值如何,我没有资格批评,我也不敢写。公公一定要我写,我只有将妈妈告诉我的,及我亲眼看到的,写下作序。

　　妈妈告诉我,她进小学时,就知道公公已经在写这本书了。公公喜欢写作,他写作前一定先起稿,往往是改了又改,字又写得太草,草到变成符号,别人看不懂,只有他自己才看得懂,所以无法请人抄正。这本书引用古书很多,凡用古书的地方,都用剪贴的方法,以节省时间。妈妈最初以为写作不难,只要有一把剪刀、一瓶糨糊就可以了。妈妈又告诉我,公公写作,不需要环境清静,在重庆南温泉时,最初一年半,住在旅馆中,吃睡都在同一间房子里,并且妈妈同两位舅舅又常在此玩闹,公公不管如何吵闹,也不会分心。

　　我生在台湾,由小学到中学,公公教我语文、数学,也教我英语。公公教书不用别人写的课本,而由自己编著。现在这几种讲义还保藏在我的家中。我寒暑假常住在公公家里,公公修改这本书,似乎花去不少的时间。他对我说:"这是消遣,不是自讨苦吃。"我半夜醒来,常常看到公公写作,我问他:为什么不睡觉?他说:"现在灵感来了,不写,明天就会忘记,知其应该改,而忘记如何改,这是天下最痛苦的事。所以不能不半夜起来,把应该改的摘要下来。"

这本书每版都有增补修正,而以这一次最多。公公对我说:"这四册已交付三民书局出版,现在不想再改了。如有时间,当续写第五册清代。"公公本来希望我将来代他写第五册,合这四册算作两人合著。但我的兴趣不在这方面,只好辜负公公的好意,不免耿耿于心。公公今年已近八十高龄,我看他凡事乐观,必能完成这部巨著。

外孙　谢定国敬序
1975年3月

目　次

简体版序　001
增订新版自序　001
序　001

第一章　宋
　　第一节　宋的统一政策　002
　　第二节　军备废弛与外寇之患　020
　　第三节　王安石变法的失败及朋党之争　043
　　第四节　宋的南渡　079
　　第五节　苟安心理与腐化政治　098
　　第六节　民穷财匮与宋之灭亡　120
　　第七节　宋的政治制度　151
　　附录　宋建元表　233

第二章　元
　　第一节　蒙古的勃兴与世界帝国的建立　236
　　第二节　蒙古帝国的瓦解及对华政策之错误　247
　　第三节　汉人叛变及元室北归　269
　　第四节　元的政治制度　291
　　附录　元建元表　320

第三章　明

第一节　明之统一工作　324

第二节　分封宗藩之祸　336

第三节　边疆开发、海外探险及中叶以后的外患　348

第四节　君主专制、政治腐化及言路习气之败坏　369

第五节　宦官之祸与朋党之争　389

第六节　经济崩溃、流寇蜂起与明之灭亡　410

第七节　明的政治制度　437

附录　明建元表　504

第一章 宋

第一节
宋的统一政策

唐自肃、代以后,中央集权变为地方割据,一直到了五代,丧乱弥甚。后周世宗固然致力于削平群雄,然其在位不过五年,虽造成统一的基础,而却未曾完成统一的大业。陈桥兵变,宋太祖入践帝位,太宗继之,经两代的努力,先取荆湖,西灭蜀,南平汉,遂并江南,吴越入朝,北汉归附,于是天下复归统一。

宋为漕运方便起见,仍沿五代之旧,以汴州为首都,是为东京开封府,而以洛阳为西京河南府。太祖本欲先迁洛阳,再入长安,因群臣反对而止。①

> 开宝九年,太祖幸洛,欲留都之,群臣及晋王光义力谏。太祖曰,迁河南未已,终当居长安耳。光义问故,曰吾欲西迁,据山河之险,以去冗兵,循周汉故事,以安天下也。光义等复力请还汴,帝不得已从之。叹曰,不出百年,天下民力殚矣。(《读史方舆纪要》卷四十七《开封府》)

---

① 据《宋史》卷二百六十《李怀忠传》,"上(太祖)幸西京(洛阳),爱其地形势得天下中正,有留都之意。怀忠乘间进曰,东京有汴渠之漕,岁致江淮米数百万斛,禁卫数十万人仰给于此。帑藏重兵皆在焉,根本安固已久,一旦遽欲迁徙,臣实未见其利。上嘉纳之"。

仁宗庆历年间,朝臣论建都之事,《范仲淹传》(《宋史》卷三百一十四)谓:

> 他日论建都之事,仲淹曰,洛阳险固,而汴为四战之地。太平宜居汴,即有事,必居洛阳,当渐广储蓄,缮宫室。帝问夷简,夷简曰,此仲淹迂阔之论也。

《吕夷简传》(《宋史》卷三百十一)谓:

> 契丹聚兵幽蓟,声言将入寇。议者请城洛阳。夷简谓契丹畏壮侮怯,遽城洛阳,亡以示威。景德之役(真宗时澶渊之盟),非乘舆济河,则契丹未易服也,宜建都大名,示将亲征,以伐其谋。或曰,此虚声尔,不如修洛阳。夷简曰,此子囊城郢计也,使契丹得渡河,虽高城深池何可恃耶?乃建北京(大名府,先是真宗已建宋州为南京,时谓之四京)。

《韩琦传》(《宋史》卷三百一十二)载,庆历年间,他曾条陈朝廷宜先行七事。其中,四曰备河北,五曰固河东,七曰营洛邑。五代除后唐定都于洛阳外,其余均定都于汴州,而为汴州之祸者,不是来自魏博(河北),便是来自太原(河东)。自燕云十六州割与契丹之后,藩篱已撤,燕云十六州之地约当今河北、山西两省之北部及察哈尔省之南部。所以韩琦之备河北、固河东之计划比之范吕二氏为高明。

宋鉴唐末方镇及五代军阀兼并之祸,其最致力的乃是如何维持统一的局面。这在当时,实属要图,其采用的政策可归纳为下列三种:

一、军权的统一

唐代何以有方镇之祸,五代何以有割据之事,完全因为军权不能统一。所以宋太祖践祚之初,即着手于剥夺武将的兵权。其议由赵普发之。

太祖既得天下，召赵普问曰，天下自唐季以来，数十年间，帝王凡易十姓。兵革不息，苍生涂地，其故何也？吾欲息天下之兵，为国家建长久之计，其道何如？普曰，陛下之言及此，天地神人之福也。唐季以来，战斗不息、国家不安者，其故非他，节镇太重，君弱臣强而已矣。今所以治之，无他奇巧也，惟稍夺其权，制其钱谷，收其精兵，天下自安矣。（司马光撰《涑水记闻》卷一）

那有名的杯酒释兵权，就是剥夺武人兵权的发端。

乾德初，帝因晚朝，与守信等饮酒，酒酣，帝曰，我非尔曹不及此，然吾为天子殊不若为节度使之乐，吾终夕未尝安枕而卧。守信等顿首曰，今天命已定，谁复敢有异心，陛下何为出此言耶？帝曰，人孰不欲富贵，一旦有以黄袍加汝之身，虽欲不为，其可得乎？守信等谢曰，臣愚不及此，惟陛下哀矜之。帝曰，人生驹过隙尔，不如多积金帛田宅以遗子孙，歌儿舞女以终天年，君臣之间无所猜嫌，不亦善乎？守信谢曰，陛下念及此，所谓生死而肉骨也。明日，皆称病乞解兵权，帝从之，皆以散官就第，赏赉甚厚。（《宋史》卷二百五十《石守信传》）

现在试来研究方镇何以愿意释去兵权。盖太祖依赵普之言，不但消极地夺方镇之权，且又积极地选择精兵，聚之京师，本大末细，使诸镇不敢发生异心。

太祖数遣使者分诣诸道，选择精兵。凡其才力技艺有过人者，皆收补禁军，聚之京师，以备宿卫，厚其粮赐。居常躬自按阅训练，皆一以当百。诸镇皆自知兵力精锐非京师之敌，莫敢有异心者，由我太祖能强干弱枝，制治于未乱故也。（《涑水记闻》卷一）

同时方镇鉴唐末而至五代，兵骄将悍，天子虽受制于方镇，方镇亦受制于将校，将校复受制于士兵。不但天子，就是方镇地位亦不安全。在这种局势之下，方镇当然希望树立巩固的政权，并整顿腐化的军纪，借以保全自己的生命和财产。何况周世宗时，对于强兵悍将已经给以极大的打击？殷鉴不远，方镇如其专方面，终日忧虑将叛兵反，何与优游卒岁，以终天年？所以宋太祖一经提议，诸将无不赞成。

其不愿释去兵权者，太祖亦于他们来朝之时，罢其方镇之任。

> 开宝初，彦超自凤翔来朝，与武行德、郭从义、白重赞、杨廷璋俱侍曲宴。太祖从容谓曰，卿等皆国家旧臣，久临剧镇，王事鞅掌，非朕所以优贤之意。彦超知旨，即前奏曰，臣无勋劳，久冒荣宠，今已衰朽，愿乞骸骨归丘园，臣之愿也。行德等竟自陈夙昔战功及履历艰苦，帝曰，此异代事何足论？翌日，皆罢行德等节镇。（《宋史》卷二百五十五《王彦超传》）

方镇罢去兵权之后，皆留在京师，赐第以居之。

> 宋初革五季之患，召诸镇节度会于京师，赐第以留之。（《宋史》卷一百六十七《职官志七·府州军监》）

他们或货殖自污，或驰逐败度，以表示其无大志。

> 石守信累任节镇，专务聚敛，积财巨万。尤信奉释氏，在西京建崇德寺，募民辇瓦木，驱迫甚急，而佣直不给，人多苦之。（《宋史》卷二百五十《石守信传》）

> 高怀德好射猎，尝三五日露宿野次，获狐兔累数百。或对客不揖而起，由别门引数十骑从禽于郊。（《宋史》卷二百五十《高怀德传》）

所以史臣才说：

石守信而下，皆显德旧臣，太祖开怀信任，获其忠力，一日以黄袍之喻，使自解其兵柄，以保其富贵，以遗其子孙，汉光武之于功臣，岂过是哉？然守信之货殖巨万，怀德之驰逐败度，岂非亦因以自晦者邪？(《宋史》卷二百五十《石守信等传》论)

方镇罢去军权，倘若再命别人统帅军队，谁能保证他们不会倚借兵力，重演方镇之乱，于是太祖又撤除地方甲兵，尤其江淮诸郡的城隍武备。王禹偁说：

自五季乱离，各据城垒，豆分瓜剖，七十余年。太祖、太宗削平僭伪，天下一家。当时议者乃令江淮诸郡，毁城隍、收兵甲、彻武备者二十余年。书生领州，大郡给二十人，小郡减五人，以充常从，号曰长吏，实同旅人；名为郡城，荡若平地……盖太祖削诸侯跋扈之势，太宗杜僭伪觊望之心，不得不尔。(《宋史》卷二百九十三《王禹偁传》)

其所以特别注意江淮诸郡者，盖如李觏所云：

当今天下根本在于江淮。天下无江淮，不能以足用；江淮无天下，自可以为国。何者？汴口之入，岁常数百万斛，金钱布帛百物之备不可胜计，而度支经费常闻有阙，是天下无江淮不能以足用也。吴楚之地方数千里，耕有余食，织有余衣，工有余材，商有余货，铸山煮海，财用何穷？水行陆走，馈运而去，而不闻有一物由北来者。是江淮无天下，自可以为国也。(《李直讲文集》卷二十八《寄上富枢密书》)

固然江淮经唐末方镇及五代军阀之乱，市井萧条，人烟寥落，几成荒丘。

先是扬州富庶甲天下，时人称"扬一益二"，及经秦(彦)、毕(师铎)、孙(儒)、杨(行密)兵火之余，江淮之间，东西千里，扫地尽矣。(《资治通鉴》

卷二百五十九唐昭宗景福元年七月）

但是农业与工业不同，只要社会安定，农业不难复兴。而自周世宗疏导汴水之后，漕运颇见利便。宋都汴京，倚重兵以立国，兵恃食，食恃漕运。张方平说：

> 国家都陈留，当四通五达之道，非若雍、雒有山川足恃，特倚重兵以立国耳。兵恃食，食恃漕运，以汴为主。（《宋史》卷三百一十八《张方平传》）

汴州所恃以通漕运者共有四河，而汴河所漕最多。

> 宋都大梁，有四河以通漕运，曰汴河，曰黄河，曰惠民河，曰广济河，而汴河所漕为多。（《宋史》卷一百七十五《食货志上三·漕运》）

例如治平二年，漕粟至京师，除黄河没有记录外，三河漕运之数如次。

> 治平二年，漕粟至京师，汴河五百七十五万五千石，惠民河二十六万七千石，广济河七十四万石。（《宋史》卷一百七十五《食货志上三·漕运》）

至四河所运四方之粟则如下：

> 宋朝定都于汴，是时漕运之法分为四路。东南之粟自淮入汴至京师。若是陕西之粟，便自三门、白波转黄河入汴至京师。若是陈蔡一路粟，自惠民河至京师。京东粟自广济河至京师。四方之粟有四路四条河至京师，当时最重者惟是汴河。（《文献通考》卷二十五《漕运》，引吴氏《能改斋漫录》）

汴水所运之谷帛，大率来自江南。自晋南渡之后，江南经济逐渐发达，隋炀帝必欲开凿江南河不是毫无原因的。宋在太宗时代，任中正说：

> 东南岁输五百余万，而江南所出过半。（《宋史》卷二百八十八《任中正传》）

真宗时，陈靖亦言：

> 国家御戎西北，而仰东南，东南食不足，则误国大计。（《宋史》卷四百二十六《陈靖传》）

哲宗时，范祖禹又云：

> 国家根本，仰给东南。（《宋史》卷三百三十七《范祖禹传》）

但江南钱谷要运至首都，须先集中于真扬楚泗四州，此四州均属于淮南路，尤以真州为要。

> 真州当运路之要。（《宋史》卷八十八《地理志四》）

所以宋代发运使乃治在真州。

> 发运使治所在真州。（《宋史》卷二百九十九《许元传》）

发运使的主要任务为"漕淮浙江湖六路储廪，以输中都"（《宋史》卷一百六十七《职官志七·发运使》）。宋为防止江淮诸郡扣留钱谷，所以乃于该地毁城隍，收甲兵，撤武备。但在专制政治之下，政权要军权维持。宋定都汴州，既无山川之险，而为四战之地，形势涣散，维护为难。为保护汴州之安全，畿内之地不能不多置军队。一以巩固中央的政权，前已举过张方平之言。

> 国家都陈留,当四通五达之道,非若雍、雒有山川足恃,特倚重兵以立国耳。(《宋史》卷三百一十八《张方平传》)

二以造成强干弱枝之势。

> 太祖起兵间,有天下,惩唐季五代藩镇之祸,蓄兵京师,以成强干弱枝之势。(《宋史》卷一百七十五《食货志上三·漕运》)

这与唐代府兵之制,关中置府特多,有些相似。宋时,畿甸之地,屯营倍于天下。

> 太祖惩五季尾大不掉之患,畿甸屯营倍于天下。(《宋史》卷三百八十二《曾开传》)

其驻防各地者亦多由禁兵派往,然一地之兵,多者不逾数千。将帅任轻,军事必由中央决定。尹源说:

> 国家患前世藩镇之强,凡天下所募骁勇,一萃于京师,虽滨塞诸郡,大者籍兵不逾数千。每岁防秋则戍以禁兵。将帅任轻而势分,军事往往中御。(《宋史》卷四百四十二《尹源传》)

二、财权的统一

专制政府依靠军队维持,而军队又依靠财政维持。察之吾国历史,国家之乱大率源于财政穷匮,中央收入不能供给支出之用。而理财者又不知培养税源,只知苛捐繁敛,以济一时之需。于是财政困难又引起了国民经济的破坏,民不聊生,盗贼蜂起,而政权就随之分崩瓦解。唐及五代,方镇均以赋税自私,不朝贡于朝廷。中央税收减少,中央军队随之寡弱。叶适云:"太祖之制诸镇,以执其财用为最急。"(《水心集》卷四《财总论二》)最初虽因僭伪尚未平一,乃沿五代之旧,地方赋税留为地方之用,牧守来朝,仍不贡奉,以助中央军费。乾德三年,始诏地方金帛悉送京师。

> 唐自天宝以后……方镇握重兵,皆留财赋自赡,其上供殊鲜。五代疆境逼蹙,藩镇益强,率令部曲主场院,其属三司者补大吏以临之。输额之外,亦私有焉。太祖周知其弊,及受命,务恢远略,修建法程,示之以渐。建隆中,牧守来朝,犹不贡奉,以助军实。乾德三年,始诏诸州支度经费外,凡金帛悉送阙下,毋或占留。时藩郡有阙,稍命文臣权知所在场务,或遣京朝官廷臣监临,于是外权始削,而利归公上。(《宋史》卷一百七十九《食货志下一·会计》)

于是粟帛钱币咸聚王畿。

> 宋承唐五季之后,太祖兴,削平诸国,除藩镇留州之法,而粟帛钱币咸聚王畿。(《宋史》卷一百七十三《食货志上一·农田》)

天下支用均出三司。

> 宋聚兵京师,外州无留财,天下支用悉出三司,故其费浸多。(《宋史》卷一百七十九《食货志下一·会计》)

其留为地方政府使用者,岁不过数千缗,而还要受监司的掣肘。苏辙说:

> 以天下之大……一钱以上皆籍于三司,有敢擅用,谓之自盗。而所谓公使钱,多者不过数千缗,百须在焉。而监司又伺其出入,而绳之以法。(《栾城集》卷二十一《熙宁二年上皇帝书》)

这里所谓监司是指转运使言之,盖转运使既掌经度一路财赋,又专举刺官吏之事(《宋史》卷一百六十七《职官志七·都转运使》)。但朝廷对于转运使并不放心,盖宋惩唐末方镇及五季之祸,不甚信人,尤其不信任地方官。纵令地方官均派遣京朝官权知,而一经派放外任,又生疑心。所以转运使关于地方财政,虽铢分之微,亦须报告于三司。苏辙说:

> 夫天下之财,下自郡县,而至于转运,转相钩较,足以为不失矣。然世常以转运使为不可独信,故必至于三司而后已。夫苟转运使之不可独信,而必三司之可任,则三司未有不责成于吏者,岂三司之吏则重于转运使欤?(《栾城集》卷二十一《熙宁二年上皇帝书》)

然以天下之大,三司何能一一审查天下财赋文帐,于是奸吏遂有舞弊的机会。有贿赂者不再审查,贿赂不足以厌其欲者,万般挑难。再看苏辙之言。

> 熙宁以前,天下财赋文帐皆以时上于三司……朝廷……于三司取天下所上帐籍视之,至有到省三二十年不发其封者。盖州郡所发文帐,随帐皆有贿赂,各有常数。常数已足者,皆不发封。一有不足,即百端问难,要足而后已。(《栾城集》卷四十《论户部乞收诸路帐状》)

宋又有政府专卖之制。汉时,商贾以盐铁致富者为数甚多。吴王濞铸钱煮盐,国用饶足,卒至称兵作乱,所以历代政府均禁人民铸钱,而盐亦归国家专利。唐自肃宗以后,钱币渐乱,五代相承,用唐钱,而诸国割据,各有钱币,例如南唐铸唐国通宝,又铸铁钱,楚铸乾封泉宝(《文献通考》卷八《钱币一》)。宋兴,才统一之。凡私铸者皆弃市。

> 太祖初铸钱,文曰宋通元宝,凡诸州轻小恶钱及铁镴钱悉禁之。诏到,限一月送官,限满不送官者罪有差。其私铸者皆弃市。(《宋史》卷一百八十《食货志下二·钱币》)

盐自汉世以后,凡国家统一之时,均由国家专卖。盐乃人人所必需的食品,而以劳力之人需要更大。宋时,盐利亦归朝廷。

> 宋自削平诸国,天下盐利皆归县官。(《宋史》卷一百八十一《食货志下三·盐上》)

昔者唐在大历年间,"天下之赋,盐利居半",然当时举天下盐利,不过六百万缗而已。宋元祐时,单单淮盐与解池盐,就有四百万缗,"比唐举天下之赋已三分之二"(《宋史》卷一百八十二《食货志下四·盐中》)。计全国盐利之收入,平均有二千万缗。

> 盐之品至多……大约岁入二千余万缗。(《梦溪笔谈》卷十一《官政一》)

南渡之后,盐利在财政上更占重要的地位。

> 南渡立国,专仰盐钞。(《宋史》卷一百八十二《食货志下四·盐中》)

宋除铸钱煮盐之外,又实行茶酒公卖,以增加中央的收入。宋时,茶之为利亦甚厚。

> 茶之为利甚博,商贾转致于西北,利尝至数倍。(《宋史》卷一百八十三《食货志下五·茶上》)

天禧元年,全国茶利共五百六十九万贯(《宋史》卷一百八十三《食货志下五·茶上》),比之唐大历年间天下总收入,盐利居半之六百万缗,已经很接近了。按"缗丝也,以贯钱也,一贯千钱"(《汉书》卷六《武帝纪》元狩四年注,引李斐曰),所以一贯即一缗,亦即千钱。

酒利在天禧末,总数如次:

至道二年,两京诸州收榷课,铜钱一百二十一万四千余贯,铁钱一百五十六万五千余贯。京城卖曲钱四十八万余贯。天禧末,榷课铜钱增七百七十九万六千余贯,铁钱增一百三十五万四千余贯,曲钱增二十九万一千余贯。(《宋史》卷一百八十五《食货志下七·酒》)

即总数为一千二百七十万贯,此时也(天禧末),天下总入共一万五千八十五万一百贯(《宋史》卷一百七十九《食货志下一·会计》),即约占总收入十二分之一弱。由此可知宋时酒利之大。

　　总之,宋代为减少地方割据,不但地方税收要送至中央,而又实行各种专卖,使中央财力增加,借以巩固中央的政权。

三、地方官权力的削弱

　　唐自安史乱后,武夫战卒之有军功者,皆除节度使。陵迟而至五代,节度使均用勋臣武将,"刺史皆以军功拜"(《新五代史》卷四十六《郭延鲁传》),而"龌龊无能者始注为县令"(《文献通考》卷六十三《县令》)。他们"抚民无术,御吏无方"(《宋史》卷二百六十二《边光范传》),而矜功桀骜,蔑视朝廷,遂酿成割据之祸。宋初,留诸镇节度于京师,分命朝臣,出守列郡。

　　宋初革五季之患,召诸镇节度会于京师,赐第以留之。分命朝臣出守列郡,号权知军州事,军谓兵,州谓民政焉。(《宋史》卷一百六十七《职官志七·府州军监》)

这批出守列郡的朝臣均是士人。

　　艺祖革命,首用文吏,而夺武臣之权。(《宋史》卷四百三十九《文苑传序》)

太宗继统,仍循此制。

上(太宗)以五代战争以来,自节度至刺史皆用武臣,多不晓政事,人受其弊,欲兼用文士,乃以……柳开为崇仪使,知宁边军。(《宋史》卷四百四十《柳开传》)

他们以京朝官的资格①,出守列郡,不过权知而已。所谓权知乃摄理其事之意,即使他们任若不久,以轻其权。陈亮说:

艺祖(太祖)承五代藩镇之祸,能使之拱手以趋约束,故列郡以京官权知,三年一易。财归于漕司,兵各归于郡,而士自一命以上,虽郡县管库之微职,必命于朝廷,而天下之势始一矣。(《龙川文集》卷十一《铨选资格》)

不但权知而已,复置通判以贰之。

外官则惩五代藩镇专恣,颇用文臣知州,复设通判以贰之。(《宋史》卷一百六十一《职官志序》)

通判不是地方官,也是由京朝官充任。

通判一人,以京朝官充。(《宋史》卷一百六十六《职官志六·次府》注)

一切知府公事须经通判联署,才为有效。

宋初惩五代藩镇之弊,乾德初,下湖南,始置诸州通判……建隆四年,诏知府公事,并须长史②、通判签议连书,方许行下。(《宋史》卷一百六十七《职官志七·通判》)

---

① 所谓京朝官,据《宋史》(卷一百五十八《选举志四·铨法上》)所言:"前代朝官自一品以下,皆曰常参官;其未常参者,曰未常参官。宋目常参者曰朝官;秘书郎而下,未尝参者曰京官。"
② 府置牧尹,都督府置都督及长史。

即用通判以牵制知府的行政。叶适说：

> 艺祖思靖天下，以为不削节度，则其祸不息，于是始置通判，以监统刺史，而分其柄，命文臣权知州事，使名若不正、任若不久者，以轻其权。《水心集》卷五《纪纲二》）

凡事虽经通判同意，而通判所能同意者，恐亦只限些微之事。所以司马光才说："开封府补一厢镇之类，往往皆须奏闻。"（《司马文正公传家集》卷二十八《乞简省细务不必尽关圣览上殿札子》）在这种集权之下，地方官何能发展其才干？

又者，内郡尤其江淮诸郡复毁城隍，收兵甲，撤武备。但东北有辽之压迫，西北有夏的觊觎，宋为巩固国防起见，对于东北及西北，不能不驻兵镇守，而为预防节镇跋扈起见，乃采用一种政策：

> 先是乾德初，命节镇所领支郡皆直隶京师，得自奏事，不属诸镇，节度之权始轻。太平兴国二年，复罢节度使领诸郡之制，于是军监与州府同列矣。（《读史方舆纪要》卷七《历代州域形势七·宋京东路》）

此外，又实行军民分治，不使主兵之将，兼管民政，试看孝宗时黄洽之言。

> 艺祖惩藩镇偏重之失，不欲兵民之权聚于一夫之手。今使主兵官兼郡守，是合兵民权为一，且属边徼，偏重尤甚。（《宋史》卷三百八十七《黄洽传》）

而财政亦独立于军权之外，吾人观宁宗时杨辅之言，即可知之。

> 杨辅以敷文阁直学士，知成都府，兼本路安抚使。韩侂胄决意用兵，以吴曦为四川宣抚使，假以节制财利之权。辅知曦有异志，贻书大臣，言自昔兵帅与计臣不相统摄，故总领有报发觉察之权。今所在皆受节制，内忧不轻。（《宋史》卷三百九十七《杨辅传》）

地方官只理民政，兵权属于别一个机关，财权又属于另一个机关。他们虽然有土地，有人民，却没有甲兵，又没有财赋，何能犯上作乱？这种削弱地方官权力的制度，是宋鉴唐及五代藩镇之祸而设计的。然其结果，据苏轼言，地方遂多盗贼。

> 今郡守之威权可谓素夺（素夺之语出自《汉书·王嘉传》，据颜师古解释，素夺谓先不假之威权也）矣。上有监司伺其过失，下有吏民持其长短，未及按问，而差替之命已下矣。欲督捕盗贼，法外求一钱以使人，且不可得……由此观之，盗贼所以滋炽者，以陛下守臣权太轻故也。（《东坡七集·续集》卷十一《上皇帝书》）

总之，宋的统一政策乃如陈亮所说：

> 唐自肃、代以后，上失其柄，藩镇自相雄长，擅其土地人民，用其甲兵财赋，官爵惟其所命，而人才亦各尽心于其所事，卒以成君弱臣强、正统数易之祸。艺祖皇帝一兴，而四方次第平定，藩镇拱手以趋约束，使列郡各得自达于京师，以京官权知，三年一易，财归于漕司，而兵各归于郡。朝廷以一纸下郡国，如臂之使指，无有留难。自筦库微职必命于朝廷，而天下之势一矣。故京师尝宿重兵以为固，而郡国亦各有禁军，无非天子所以自守其地也。兵皆天子之兵，财皆天子之财，官皆天子之官，民皆天子之民，纪纲总摄，法令明备，郡县不得以一事自专也。（《龙川文集》卷一《上孝宗皇帝第一书》）

自唐末而至五代，天下大乱垂百余年，至宋方见统一。在这种新的局势之下，自应有一种理论，一以打击唐末学者之无政府主义，二以证明新政制之合理。于是高倡君权之说又发生了，为其代表者则为司马光。其所著《资治通鉴》始于周威烈王二十三年三家分晋之时，而加以评论，以为"君臣之位，犹天地之不可易也"。他说：

> 文王序卦,以乾坤为首。孔子系之曰,天尊地卑,乾坤定矣;卑高以陈,贵贱位矣。言君臣之位,犹天地之不可易也。《春秋》抑诸侯,尊王室,王人虽微,序于诸侯之上,以是见圣人于君臣之际,未尝不惓惓也。非有桀纣之暴、汤武之仁,人归之,天命之,君臣之分,当守节伏死而已矣。(《资治通鉴》卷一周威烈王二十三年臣光曰)

司马光由这观点出发,就反对孟子之不朝王(《孟子·公孙丑下》),以为"成王幼,周公负之以朝诸侯。及长而归政,北面稽首畏事之,与事文武无异也。岂得云彼有爵,我有德齿,可慢彼哉"(《司马文正公传家集》卷七十三《疑孟·孟子将朝王》)。尤反对孟子君位可易之说(《孟子·万章下》),以为"为卿者无贵戚异姓,皆人臣也。人臣之义,谏于君而不听,去之可也,死之可也。若之何其以贵戚之故,敢易位而处也?孟子之言过矣。……必也使后世有贵戚之臣,谏其君而不听,遂废而代之,曰吾用孟子之言也,非篡也,义也,其可乎"(《司马文正公传家集》卷七十三《疑孟·齐宣王问卿》)。司马光提倡君权,乃希望政局能随皇位之巩固而得安定。要谋皇位的巩固,计莫良于传子。故他又同韩愈一样,代禹辩护。

> 禹之传于子,非私之也,苟天下无圣人以授之,则非子莫之传矣。夫父之传子,非至禹而后有之也。盖自生民以来,有国家者无不然矣。(《司马文正公传家集》卷六十七《子哈》,参阅卷七十三《史剡·夏禹》)

宋代的统一政策固然成功,而此后许多缺点又孕育于这个统一政策之中。盖矫枉过正,势必发生不良的结果,而如陈亮所说:

> 籍天下之兵尽归于朝廷……括郡县之利尽入于朝廷……不知朝廷立国之势,正患文为之太密,事权之太分;郡县太轻于下,而委琐不足恃;兵财太关于上,而重迟不易举。(《龙川文集》卷一《上孝宗皇帝第一书》)

又说：

>五代之际，兵财之柄倒持于下。艺祖皇帝束之于上，以定祸乱。后世不原其意，束之不已，故郡县空虚，而本末俱弱。（《龙川文集》卷一《上孝宗皇帝第三书》）

叶适对此，亦有批评。他说：

>昔人之所以得天下也，必有以得之。其失天下也，亦必有以失之。得失不相待而行，是故不矫失以为得。何也？盖必有真得天下之理，不俟乎矫其失而后得之也。矫失以为得，则必丧其得……而本朝所以立国定制，维持人心，期于永存而不可动者，皆以惩创五季，而矫唐末之失策为言，细者愈细，密者愈密，摇手举足，辄有法禁。而又文之以儒术，辅之以正论，人心日柔，人气日惰，人才日弱……然观朝廷之法制、士大夫之议论，堤防扃鐍，孰曰非矫唐末而惩创五季也哉？夫以二百余年所立之国，专务以矫失为得，而真所以得之之道，独弃置而未讲。故举一事，本以求利于事也，而卒以害是事。立一法，本以求利于法也，而卒以害是法……于是中原分剖而不悟其繇，请和仇雠而不激其愤，皆言今世之病，而自以为无疗病之方，甘心自处于不可振救，以坐视其败。据往鉴今，而陛下深思其故者，岂非真所以得之之道未讲欤？（《水心集》卷三《法度总论二》）

又说：

>今自边徼犬牙万里之远，皆自上制命，一郡之内，兵一官也，财一官也，彼监此临，互有统属，各有司存，推之一路犹是也。故万里之远，嚬伸动息，上皆知之，是纪纲之专也。虽然无所分画，则无所寄任，天下泛泛焉而已。百年之忧，一朝之患，皆上所独当，而群臣不与也。夫万里之

远,皆上所制命,则上诚利矣。百年之忧,一朝之患,皆上所独当,而其害如之何。此夷狄所以凭陵而莫御,仇耻所以最盛而莫报也。(《水心集》卷四《实谋》)

其实,唐末五代之乱,不是由于方镇,而是由于士卒擅废立之权,叶适说:

> 唐之中世既失其纪纲,而藩镇横。及其后也,藩镇复不能自有其威令,而士卒骄。五代之乱,帝王屡易者非藩镇也,士卒也。虽然藩镇居士卒之上,而士卒依藩镇以为名,见者不察,而以其患专在于藩镇。(《水心集》卷五《纪纲二》)

所以削节镇之权,并不是对症下药的。太祖"汰兵使极少,治兵使极严"(《水心集》卷五《兵论二》),后世不察,对于节镇之权极尽拘束之能事,使他们不能独立行事。内虽柔和,无狡悍思乱之民,而外网疏漏,竟引起骄横不臣之虏。叶适说:

> 国家规模特异前代,本缘唐季陵夷,藩方擅命,其极为五代废立、士卒断制之祸。是以收揽天下之权,铢分以上悉总于朝。上独专操制之劳,而下获享其富贵之逸,故内治柔和,无狡悍思乱之民,不烦寸兵尺铁,可以安枕无事,此其得也。然外网疏漏,有骄横不臣之虏。虽聚重兵勇将,而无一捷之用,卒不免屈意损威,以就和好,此其失也。(《水心集》卷一《上孝宗皇帝札子一》)

矫枉过正,细者愈细,密者愈密,摇手举足,辄有法禁,人心日柔,人气日惰,人才日弱。于是外寇横行,而宋遂由南渡而至于灭亡。

第二节
军备废弛与外寇之患

宋的统一政策固然成功，而在成功之中又暴露了政策的缺点。在太祖、太宗时代，国家致力于削平群雄，并讲求如何维持统一的局面。这个时候，辽已取得燕云十六州，南压区夏。夏又勃兴于西北，为中国患。夏之先世或谓为党项羌，但其远祖以拓跋为姓，又似为鲜卑种族（《金史》卷一百三十四《西夏传》赞）。唐末，有拓跋思恭者因助平黄巢有功，赐姓李氏，许其世有银、夏、绥、宥、静五州之地（均在今陕西省）。五代大乱，夏之国力尚未强盛，未能为祸中国。宋兴，夏乍降乍叛，或臣于辽，或臣于宋，而受两国册封。真宗时，其主李继迁倚辽为援，西取灵州（今属宁夏），以为国都。继迁卒，子德明嗣，仁宗天圣六年，攻取甘凉两州（今甘肃省）。甘凉素产良马，国力益强。德明卒，子元昊嗣，国力大盛，不愿臣事宋辽。于仁宗宝元二年，僭即帝位，国号大夏，尽取河西之地，其版图东据河，西至玉门，南临萧关，北控大漠，延长万里，时时与辽交结，为中国患。唐时，陆贽分析华夷之形势，但其所说的，乃以一寇为目标。宋时，苏辙则假定国外有两寇，而阐明华的形势。他说：

> 戎狄之俗畏服大种而轻中国。戎强则臣狄，狄强则臣戎。戎狄皆弱，而后中国可得而臣。戎狄皆

强,而后侵略之患不至于中国。盖一强而一弱,中国之患也。彼其弱者不敢独战,是以争附强国之余威,以趋利于中国,而后无所惧。强者并得弱国之兵,荡然南下,而无复反顾之忧,然后乃敢专力于中国而不去。此二者以势相从而不可开,是以中国之士常不得释甲而息也。(《栾城应诏集》卷五《西戎论》)

然而我们须知夏之国力并不甚强,其所以能够侵犯宋之边境,乃因宋之军队太过分散。仁宗时,范仲淹曾说:

臣常计陕西四路之兵,数几三十万,非不多也。然各分守城寨,故每岁战兵不过二万余人,坐食刍粮,不敢举动。岁岁设备,常如寇至。不知贼人之谋,果犯何路,故犬羊之众,动号十余万。以我分散之兵,拒彼专一之势,众寡不敌,遂及于败。且彼为客,当劳而反逸;我为主,当逸而反劳。我若复用此计,彼劳我逸,则取胜必矣。(《大学衍义补》卷一百五十一《守边固圉之略下》)

英宗时,欧阳修亦说:

御边之备,东起麟府,西尽秦陇,地长二千余里。分为路者五,而分为州为军者又二十有四,而军州分为塞为堡为城者又几二百,皆须列兵以守之。故我兵虽众,不得不分。所分既多,不得不寡。而贼之出也,常举其国众,合聚为一而来。是吾兵虽多,分之而寡。彼众虽寡,聚之为多。以彼之多,击吾之寡,不得不败也……夫兵分备寡,兵家之大害也,其害常在我。以逸待劳,兵家之大利也,其利常在彼,所以往年贼常得志也。今试能反其事,而移我所害者予敌,夺敌所利者在我,则我当先为出攻之计,使彼疲于守御,则我亦得志矣。凡出攻之兵勿为大举,我每一出,彼必呼集而来拒。彼集于东,则别出其西。彼归彼散,则我复出,而彼又集。我以五路之兵番休出入,使其一国之众,聚散奔走,无时暂停,

则无不困之虏矣。(《欧阳文忠公文集》卷一百十四《言西边事宜第一状》治平二年)

范仲淹与欧阳修之策即孙子所谓"佚而劳之",杜牧引例解释云"吴公子光问伐楚于伍员。员曰,可为三军以肆焉。我一师至,彼必尽出,彼出则归。亟肆以疲之,多方以误之,然后三师以继之,必大克。从之,于是乎吴终入郢"(《孙子集注》卷一《始计篇》)。孙子云:"形人而我无形,则我专而敌分。"梅尧臣解释云:"他人有形,我形不见,故敌分兵以备我。"(《孙子集注》卷六《虚实篇》)孙子继着又说:"吾所与战之地不可知,不可知,则敌所备者多,敌所备者多,则吾所与战者寡矣。故备前则后寡,备后则前寡,备左则右寡,备右则左寡,无所不备,则无所不寡。寡者备人者也,众者使人备己者也。"(《孙子集注》卷六《虚实篇》)昔者田丰曾劝袁绍用此以困曹操(《魏书》卷六《袁绍传》);羊祜曾献此策,使晋灭吴(《晋书》卷三十四《羊祜传》);崔仲芳亦献此策,使隋灭陈(《隋书》卷六十《崔仲芳传》)。但夏与曹魏及吴陈不同,夏可用此以困宋,宋不能用此以困夏。何以说呢?太宗至道二年,李重贵言:

贼(西夏)居沙碛中,逐水草牧畜,无定居,便战斗,利则进,不利则走……彼闻兵势太盛,不来接战,且谋远遁,欲追则人马乏食,将守则地无坚垒。(《宋史》卷二百七十九《李重贵传》)

案李重贵之言乃在太宗末年,经真宗而至仁宗庆历年间,中间有七十余年之久,夏之国情有否变更,宋辽金三史未有说明,倘若未曾改变,则范及欧阳所建议之抗夏政策不过纸上谈兵而已。反之,宋以农立国,农民安土重迁,而又有城郭宫室,则夏用范及欧阳之策以制宋,实在方便。司马光说:

近年以来,谅祚(元昊子,即位于宋仁宗庆历八年)所以数扬虚声、惊动边鄙者,欲使中国之兵疲于奔命,耗散储蓄,公私贫困,既而边吏习以为常,不复设备,然后乘虚入寇也。(《司马文正公传家集》卷三十五《言西边上殿札子》)

抑有进者,太宗讨平北汉之后,固曾乘胜督诸军,趋燕蓟,而竟败还(太平兴国四年)。雍熙三年,又遣曹彬等分道伐辽,又复败却。自是而后,攻伐寝议,虽有战争,事在保境。元时,郝经有言:

  夫取天下有可以力并,有可以术图。并之以力,则不可久,久则顿弊而不振。图之以术,则不可急,急则侥幸而难成。故自汉唐以来,树立攻取,或五六年,未有逾十年者。是以其力不弊,而卒能保大定功。(《元史》卷一百五十七《郝经传》)

宋自太祖而至太宗太平兴国四年,方能统一华夏。中间经过约有二十年之久,师老民怠,均欲小息仔肩。太宗既不能一鼓作气,克复燕蓟,势只有安边息民。而唐代方镇之乱,起自边境(范阳),延及内郡,又是宋所深虑。太宗末年,虽在边境也用文臣领兵。

  至道故事,用文吏领兵,以辖边境。(《宋史》卷三百三十七《范百禄传》)

古代文武虽然不分,而其间亦有区别。北方六郡迫近胡羌,民俗修习战备,高上勇力,鞍马骑射,自古而然。汉时,郎选有六郡良家子一途,而选举之法,沿边各郡亦与内郡不同,内郡选贤良文学,边郡选勇猛知兵之士,此盖可以证明文武不尽相同。宋使文吏领兵,以辖边境,在国防上已经失败了。真宗时代,契丹来寇,直犯贝、魏,此时朝臣如王钦若等,多密奏宜幸金陵以避其锋。幸有寇准阻止,以为"陛下惟可进尺,不可退寸"(《涑水记闻》卷七)。真宗遂从寇准之言,御驾亲征,契丹惊愕,奉书请盟。此时寇准乃欲讨还燕蓟,以固河北之防。富弼说:"河北二路为天下根本,燕蓟之北为松亭关、古北口、居庸关,此中原险要,所恃以隔绝匈奴者也。"吕中亦说:"燕蓟不收,则河北不固,河北不固,则河南不可高枕而卧。"(《读史方舆纪要》卷十《直隶一》)《尉缭子》(第四篇《战威》)云:"夫将之所以战者民也,民之所以战者气也。"契丹围瀛州,真宗从寇准言,御驾亲征,远近望见御盖,踊跃欢呼,兵民皆有气矣。顾真宗厌战,不听寇准之言。澶渊议和,契丹不折一矢,每年乃得到三十万金币。

> 契丹围瀛州,直犯贝、魏,中外震骇。参知政事王钦若江南人也,请幸金陵。陈尧叟蜀人也,请幸成都。帝问准,准心知二人谋,乃阳若不知,曰谁为陛下画此策者,罪可诛也。今陛下神武,将臣协和,若大驾亲征,贼自当遁去。不然,出奇以挠其谋,坚守以老其师,劳佚之势,我得胜算矣。奈何弃庙社,欲幸楚蜀远地,所在人心崩溃,贼乘势深入,天下可复保邪?遂请帝幸澶州,及至南城,契丹兵方盛,众请驻跸以觇军势。准固请曰,陛下不过河,则人心益危,敌气未慑,非所以取威决胜也。……麾卫士进辇,帝遂渡河,御北城门楼。远近望见御盖,踊跃欢呼,声闻数十里。契丹相视惊愕,不能成列……乃密奉书请盟,准不从,而使者来请益坚,帝将许之。准欲邀使称臣,且献幽州地。帝厌兵,欲羁縻不绝而已。有谮准幸兵以自取重者,准不得已许之。帝遣曹利用如军中议岁币,曰百万以下皆可许也。准召利用至幄,语曰,虽有敕,汝所许毋过三十万,过三十万,吾斩汝矣。利用至军,果以三十万成约而还。河北罢兵,准之力也。(《宋史》卷二百八十一《寇准传》)

《司马法》(第一篇《仁本》)云:"国虽大,好战必亡。天下虽安,忘战必危。"宋自澶渊议和之后,边患虽弭,全国却耽于苟且偷安。这个时候,夏已崛起于西北,仁宗时贾昌朝说:

> 自西羌之叛,士不练习,将不得人,以屡易之将驭不练之士,故战则必败,此削方镇太过之弊也……太祖虽削武臣之权,然一时赏罚及用财集事皆听其专……今每命将帅,必先疑贰,非近幸不信,非姻旧不委。今陕西四路总管而下钤辖、都监、巡检之属,悉参军政。谋之未成,事已先漏。甲可乙否,上行下戾,主将不专号令,故动则必败。(《宋史》卷二百八十五《贾昌朝传》)

案汉唐时代也曾受到外寇（匈奴、突厥）之患，然其屈意讲和，乃欲拖延时日，暗修武备。武力有余，则以兵治之，并不是有攘却之力，用和亲之谋，示弱而劳费；乘可取之资，怀畏避之志，失机而养寇。宋则不然，规规于盟歃之间，而垒不修，兵不练，坐视外夷强大。仁宗时，王沿曾言：

> 汉唐之初，兵革才定，未暇治边围，则屈意以讲和。承平之后，武力有余，而外侮不已，则以兵治之。孝武之于匈奴、太宗之于突厥颉利是也。宋兴七十年，而契丹数侵深赵贝魏之间，先朝患征调之不已也，故屈己与之盟。然彼以戈矛为耒耜，以剽房为商贾，而我垒不坚，兵不练，而规规于盟歃之间，岂久安之策哉？（《宋史》卷三百五《王沿传》）

此种苟安心理所以发生，据苏洵言，"彼皆不知其势将有远祸欤？知其势将有远祸，而度己不及见，谓可以寄之后人，以苟免吾身者也"（《嘉祐集》卷一《审敌》）。由此心理的作用，士大夫遂高谈阔论，说仁义，谈礼乐，"平时讳言武备"（范仲淹言，见《宋史》卷三百一十四《范仲淹传》）。甚至任命将帅，多非其人。仁宗时，贾昌朝上言：

> 太祖初有天下，监唐末五代方镇武臣、土兵牙校之盛，尽收其威权，当时以为万世之利。及太宗时，将帅率多旧人，犹能仗威灵，禀成算，出师御寇，所向有功。近岁恩幸子弟，饰厨传，钓名誉，多非勋劳，坐取武爵，折冲攻守，彼何自而知哉？（《宋史》卷二百八十五《贾昌朝传》）

范仲淹亦谓：

> 自真宗皇帝之初，犹有旧将旧兵，多经战敌，四夷之患足以御防。今天下休兵余二十载，昔之战者今已老矣，今之少者未知战事。人不知战，国不虑危。（《范文正公集》卷七《天圣三年奏上时务书》）

贾昌朝归咎于命将无方，范仲淹更进一步，说明人不知战，遂至忘及国家之危。其实，宋自太宗而至于仁宗之时，外族寇边并未少休。但宋之君臣乃如欧阳修所说：只有惧房之色，而无忧房之心，遂致不知奋发图强。他说：

> 臣又见朝廷常有惧房之色，而无忧房之心。夫忧之与惧，名近而意殊。忧者深思极虑而不敢暂忘，惧者临事惶惑而莫知所措。今边防之事，措置多失其机者，惧房之意过深也。若能察其强弱之形，得其情伪之实，则今日之事诚不足惧，而将来之患深有可忧。奈何不忧其深可忧，而反惧其不足惧？（《欧阳文忠公文集》卷一百十八《论契丹侵地界状》）

君臣上下知惧而不知忧。惧则丧失勇气，忧则思虑所以制敌之法。不忧而惧，弄到结果，边境有急，虽焦心劳思，烽燧稍息，又歌舞太平。朝廷以此欺骗人民，人民亦以此自己欺骗。司马光说：

> 臣窃见国家每边境有急，羽书相衔……则庙堂之上焦心劳思，忘寝废食以忧之。当是之时，未尝不以将帅之不选、士卒之不练……追责前人以其备御之无素也。幸而烽燧息……则明王举万寿之觞于上，群公百官歌太平纵娱乐于下，晏然自以为长无可忧之事矣。（《司马文正公传家集》卷二十一《进五规状·远谋》）

《孙子》（第八篇《九变》）云："用兵之法，无恃其不来，恃吾有以待之。无恃其不攻，恃吾有所不可攻也。"但宋定都汴州，距离辽夏颇远。天子既不亲临险地，寓卧薪尝胆之意，群臣便苟且偷安，无恢复失地之心。边防废弛即其明证。汉采正卒之制，唐用府兵之法，兵农合一，宋则采用佣兵，而如陈恕所言：

> 古者兵出于民，无寇则耕，寇至则战，今之戎士皆以募致，衣食仰给县官。（《宋史》卷二百六十七《陈恕传》）

这种募致的军队共分四种。一是禁兵，"禁兵者天子之卫兵也"，其数最多，"列营京畿，以备宿卫，分番屯戍，以捍边围"（《宋史》卷一百八十七《兵志一》）。二是厢兵，"厢兵者诸州之镇兵也"，"然罕教阅，类多给役而已"（《宋史》卷一百八十九《兵志三》）。三是乡兵，"乡兵者选自户籍，或土民应募，在所团结训练，以为防守之兵也"（《宋史》卷一百九十《兵志四》）。四是蕃兵，"蕃兵者具籍塞下内属诸部落，团结以为藩篱之兵也"（《宋史》卷一百九十一《兵志五》）。他们多系饥民，投身于军队之中，以得衣食。案四民之中，农民最苦。司马光说：

> 四民之中，惟农最苦，寒耕热耘，沾体涂足，戴日而作，戴星而息。蚕妇治茧，绩麻纺纬，缕缕而积之，寸寸而成之，其勤极矣。而又水旱、霜雹、蝗蝛间为之灾，幸而收成，公私之债，交争互夺。谷未离场，帛未下机，已非己有。所食者糠籺而不足，所衣者绨褐而不完。直以世服田亩，不知舍此之外，有何可生之路耳？（《宋史》卷一百七十三《食货志上一·农田》）

宋到仁宗时代，承平日久，土地渐次集中。

> 后承平浸久，势官富姓占田无限，兼并冒伪，习以成俗，重禁莫能止焉。（《宋史》卷一百七十三《食货志上一·农田》）

其原因盖如苏辙所说，一般人民不知丰年必有所贮，以备凶年之用。遂令商贾乘机牟利，贱取而贵卖。救之之法，苏辙虽然主张平准，宋朝不但未行平准，纵令行之，而汉代平准的失败，似亦未必有济于事。苏辙之言如次：

> 民之为性，丰年食之而无余，饥年则转死沟壑而莫之救。富商大贾乘其不足而贵卖之，以重其灾；因其有余而贱取之，以待其弊。予夺之柄归于豪民，而上不知收，粒米狼戾而不为敛，藜藿不继而不为发。故为之法曰，贱而官为籴之，以无伤农；贵而官为发之，以无伤民。（《栾城应诏集》卷九《民政上第五道》）

农民失去土地,变为流民。其尚保有土地者,又因赋役繁重,平时已经恶衣粝食,一遇凶年,就流离异乡,转死沟壑。请看仁宗嘉祐六年司马光之言。

今国家每下诏书,必以劝农为先。然而农夫日寡,游手日繁,岂非为利害所驱邪?今农夫苦身劳力,恶衣粝食,以殖百谷,赋敛萃焉,徭役出焉。岁丰则贱粜以应公上之需,给债家之求。岁凶则流离异乡,转死沟壑……然则劝农者言也,害农者政也。天下生之者益少,食之者益多,欲谷之无涸得乎哉?(《司马文正公传家集》卷二十二《论劝农上殿札子》)

流民遍地,宋只有收编之以为军队,即将无组织的流民改编为有组织的军队,使他们有所衣食,不至扰乱社会①。下列之例可以说明宋代军队乃寓赈恤之意,即国防之意义少,救贫之意义多。例如,真宗时:

方偕为温州军事推官,岁饥,民欲隶军就廪食,州不敢擅募,偕乃诣提点刑狱吕夷简曰,民迫流亡,不早募之,将聚而为盗矣。夷简从之,籍为军者七千人。(《宋史》卷三百四《方偕传》)

豪强兼并,岁或不登,"富者操奇赢之资,贫者取倍称之息,一或小稔,富家责偿愈急,税调未毕,资储罄然"(《宋史》卷一百七十三《食货志上一·农田》)。景祐初,民多弃农为兵。

百姓多弃农为兵。(《宋史》卷一百七十三《食货志上一·农田》)

皇祐中,民多流徙为闲民。

---

① 据《宋史》卷三百十一《吕夷简传》,夷简提点两浙刑狱,在真宗时。这当是宋代因饥荒募民为兵之始。

民罕土著，或弃田流徙为闲民。(《宋史》卷一百七十三《食货志上一·农田》)

政府只有将他们隶于军队。

富弼之移青州，择公私庐舍十余万区，散处流民以廪之，凡活五十余万人。募而为兵者又万余人，天下传以为法。(《宋史》卷一百七十八《食货志上六·振恤》，此事当在仁宗皇祐中)

请看苏轼之言：

加以明道、宝元之间（仁宗年号，在皇祐前），天下旱蝗。次及近岁，青齐之饥与河朔之水灾，民急而为兵者日益以众。(《东坡七集·应诏集》卷五《策别二十一》)

既募民以为兵了，至于衰老而无归，就不能弃去不用，于是募兵虽众，而老弱之徒居多。苏轼说：

及至后世，兵民既分，兵不得复为民，于是始有老弱之卒。夫既以募民而为兵，其妻子屋庐既已托于营伍之中，其姓名既已书于官府之籍，行不得为商，居不得为农，而仰食于官。至于衰老而无归，则其道诚不可以弃去。是故无用之卒，虽薄其资粮，而皆廪之终身。凡民之生，自二十以上至于衰老，不过四十余年之间。勇锐强力之气足以犯坚冒刃者，不过二十余年。今廪之终身，则是一卒凡二十年无用而食于官也。自此而推之，养兵十万则是五万人可去也，屯兵十年则是五年为无益之费也。(《东坡七集·应诏集》卷五《策别二十一》)

兵额虽多，而"所募多市井选懦，不足以备战守"(《宋史》卷一百八十七《兵志一》)。案吾国兵制，自唐改征为募，而五代士兵又无纪律，人民已不愿意为兵。

若据张方平之言,尚有别的原因。

> 仁宗庆历元年,张方平言,民之所以惧籍为兵者,不唯锋刃矢石之难,且重去其乡土,终身于亲爱宗族永相隔绝也。(《大学衍义补》卷一百十九《郡国之守》)

良民不愿从军,其从军者均是市井无赖之人,故宋之军队不但不足以保护国家,且为敌人所轻视。举例言之:

> 万胜军皆京师新募市井无赖子弟,罢软不能战,敌目曰东军,素易之。(《宋史》卷三百二十四《张亢传》)

禁军派往戍边,其战斗力弱,不如边境土兵之骁勇善战。

> 是时禁兵多戍陕西并边,土兵虽不及等,然骁勇善战。京师所遣戍者,虽称魁头,大率不能辛苦,而摧锋陷阵,非其所长。(《宋史》卷一百八十七《兵志一》)

然其廪给之厚竟然超过土兵三倍。苏辙说:

> 今世之强兵莫如沿边之土人,而今世之惰兵莫如内郡之禁旅。其名愈高,其廪愈厚;其廪愈厚,其材愈薄。往者西边用兵,禁军不堪其役,死者不可胜计。羌人每出,闻多禁军,辄举手相贺;闻多土兵,辄相戒不敢轻犯。以实较之,土兵一人,其材力足以当禁军三人。禁军一人,其廪给足以赡土兵三人。使禁军万人在边,其用不能当三千人,而常耗三万人之畜……以此权之,则土兵可益,而禁军可损,虽三尺童子知其无疑也。(《栾城集》卷二十一《熙宁二年上皇帝书》)

这又有似于唐代天子禁旅比之穷边长镇之兵,廪赐之饶竟有三倍之益,而多系市肆屠沽之人,驱以就战,百无一堪了。

士卒如斯,将校如何?当时守边之吏多系儒臣。真宗时,邵亢曾言:

> 今天下久不知战,而所任多儒臣,未必能应变。(《宋史》卷三百十七《邵亢传》)

且以纨绔子弟居多。

> 边任多纨绔子弟。(《宋史》卷二百九十二《明镐传》)

所以仁宗时,鱼周询才说:

> 近元昊背惠,西方宿师,朝廷用空疏阘茸者为偏裨,以游惰怯懦者备行伍,故大举即大败,小战辄小奔。(《宋史》卷三百二《鱼周询传》)

士卒皆市井无赖,将校多纨绔子弟,于是不但外夷,就是国人对于军人亦一反吾国古来文武不分的观念,而有鄙视之心。余玠说:

> 今世胄之彦、场屋之士、田里之豪,一或即戎,即指之为粗人,斥之为哙伍。(《宋史》卷四百十六《余玠传》)

世人既不重视军人,军人亦自暴自弃,娼妇随军而行。国家有三军之惧,而军人乃有桑中之喜。这种军队何能作战?

> 军行,娼妇多从之。(《宋史》卷二百九十二《明镐传》)

其实,当时军人生活颇见艰苦,禁兵戍边,家人不能自存。仁宗时,张士逊说：

> 禁兵久戍边，其家在京师有不能自存者。（《宋史》卷三百十一《张士逊传》）

至于将帅，当其受命之时，固欲攻坚陷阵，一旦遇到敌人，又复闭垒不战，这种退缩情形早在真宗时李宗谔已经说过了。他谓：

> 将帅……始受命，则无不以攻坚陷阵为壮图，及遇敌，则惟以闭垒塞关为上计。（《宋史》卷二百六十五《李宗谔传》）

此无他，内忧家属之窘匮，外忧奸邪之憎毁，谁肯奋不顾身，效死疆场？真宗时，李继和说：

> 守边之臣，内忧家属之窘匮，外忧奸邪之憎毁；忧家则思为不廉，忧身则思为退迹；思不廉则官局不治，思退迹则庶事无心。欲其奋不顾身，令出惟行，不可得已。良由赏未厚、恩未深也。赏厚则人无顾内之忧，恩深则士有效死之志。古之帝王皆悬爵赏以拔英俊，卒能成大功。大凡君子求名，小人徇利……苟能……选择英杰，高官厚赏不吝先与。往日，留半奉给其家，半奉资其用，然后可以责洁廉之节，保必胜之功也。（《宋史》卷二百五十七《李继和传》）

军队如斯弱懦，而国家还是招兵不已。既然招兵不已，而北虏来寇之时，又以军队不可用，而愿割地增帛，屈意言和。所以叶适才说：

> 国家有休兵之实，过于文景，而天下被用兵之祸，甚于武帝……今之……兵，总其成数，斯不少矣……上下徊徨，皆曰，兵不可不养也。屈意仇雠，坚守盟誓，行人岁遣，琛货空矣。然而内外怵惕，又皆曰，兵不可用也。不知兵既不可不养，而何以反不可用欤？统副非人，朘削廪赐，卒

伍穷饿,怨嗟流闻。议者又以为就使用之,终不可以致其死命也。不知既不可用,而徒养之,又何知徒养之者为累欤?(《水心集》卷一《上光宗皇帝札子》)

且也,西汉全盛时,甚注意兵器之精良。晁错有言:"兵不完利,与空手同。甲不坚密,与袒裼同。弩不可以及远,与短兵同。射不能中,与亡矢同。中不能入,与亡镞同。"(《汉书》卷四十九《晁错传》)宋之兵器如何?

神宗时,有臣僚上言曰,方今外御两边之患,内虞盗贼之变,而天下岁课弓弩甲胄之类,入充武库之积,以千万数,乃无一坚好精利、实可以为武备者。臣尝观诸州作院,有兵匠乏少,而拘市人以备役;所作之器但形质具而已矣。武库吏亦惟计其多寡之数藏之,未有责其实用者。故所积虽多,大抵敝恶。为政如此,而欲抗威决胜,外慑夷狄之强犷,内阻奸凶之窃发,未见其可。(《大学衍义补》卷一百二十二《器械之利下》)

军队之腐化如彼,武器之敝恶又如此,何能攘方兴之外寇?案北宋初年为中国之患者乃是辽夏两国。而两国之户口均不甚多,换言之,即兵不如宋多。宋之户口据《宋会要》所载,可列表如次:

宋户口表

年代	主客户	口数
太宗至道三年	4 132 576	
真宗天禧五年	8 677 677	19 930 320
仁宗天圣七年	10 162 689	26 054 238
庆历八年	10 722 695	21 830 064
嘉祐八年	12 462 317	26 421 651
英宗治平三年	12 917 221	29 092 185

续　表

年代	主客户	口数
神宗熙宁八年	15 684 529	23 807 165
元丰六年	17 211 713	24 969 000
哲宗元祐六年	18 855 093	41 492 311
元符二年	19 715 555	43 411 606
徽宗崇宁元年	20 019 050	43 820 769
高宗绍兴三十年	11 375 733	19 229 008
孝宗乾道二年	12 335 450	25 378 684
光宗绍熙四年	12 302 873	27 845 085
宁宗嘉定十六年	12 670 801	28 350 085

按西汉唯在平帝时代，东汉唯在桓帝时代，户数才有千万以上，口数均为五千余万。唐的户数均在千万以下，而口数亦比北宋为多。汉唐两代每户平均约有五口。宋自仁宗以后，户数虽然均在千万以上，而平均每户乃不及三口，甚至不及两口，则其口数殊欠确实，可想而知。仁宗时，李觏已言：

今之浮客佃人之田、居人之地者，盖多于主户矣。(《李直讲文集》卷二十八《寄上孙安抚书》)

徽宗时，户版讹隐更多。

德霸二州户口之数率三户四口，则户版讹隐，不待校而知。(《宋史》卷一百七十四《食货志上二·赋税》)

口数既然不少，而游民又多，则募集军队自非难事。反之契丹、西夏人口均少，这与汉时匈奴有控弦之士四十余万，大不相同。契丹本系游牧民族，

"其富以马,其强以兵,纵马于野,弛兵于民。有事而战,旷骑介夫,卯命辰集,马逐水草,人仰湩酪,挽强射生,以给日用,糗粮刍茭,道在是矣。以是制胜,所向无前"(《辽史》卷五十九《食货志一》)。到了五代,"内建宫庙朝廷,外置郡县牧守"(《辽史》卷五十九《食货志一》)。太祖(阿保机)已经"专意于农",太宗(德光)又"诏有司劝农桑,教纺织"(《辽史》卷五十九《食货志一》)。由此可知契丹自阿保机立国之后,其经济已由游牧渐次变为农耕,农耕民之所短,契丹与中国共之。而契丹人口乃不及中国之多。郭谘说:

> 契丹之地,自瓦桥至古北口,地狭民少。自古北口至中原,属奚、契丹。自中原至庆州,道旁才七百余家。盖契丹疆土虽广,人马至少。倘或南牧,必率高丽、渤海、黑水、女真、室韦等国会战,其来既远,其粮匮乏。(《宋史》卷三百二十六《郭谘传》)

西夏与契丹不同,它是新兴之邦,居沙碛之中,利则进,不利则走。其来寇边,一遇汉军出御,复即遁去。太宗时,卢斌已经说过:

> 羌夷之族,马骄兵悍,往来无定,败则走他境,疾战沙漠,非天兵所利。(《宋史》卷三百八《卢斌传》)

真宗亦说:

> 李继迁(西夏主)每来寇边,及官军出,则已遁矣。(《宋史》卷四百九十二《吐蕃传》)

汉军欲深入其地,而糗粮不支;欲穷其巢穴,须涉大河,而长舟巨舰又非仓促可办。而我师半渡,西夏乘势掩击,更觉无法捍御。这种情况,仁宗时,夏竦已经明言:

继迁窜伏平夏,元昊窟穴河外,地势可知也。若分兵深入,糇粮不支,师行贼境,利于速战。倪进则贼避其锋,退则敌蹑其后,老师费粮,深可虞也。若穷其巢穴,须涉大河,长舟巨舰,非仓卒可具也。若浮囊挽梗,联络而进,我师半渡,贼乘势掩击,未知何谋可以捍御。《宋史》卷二百八十三《夏竦传》)

然而西夏战士亦仅十万,哲宗时,吕大忠说:

夏人戍守之外,战士不过十万,吾三路之众足以当之矣。《宋史》卷三百四十《吕大忠传》)

敌人兵力如斯,何以宋对于辽夏两国竟然束手无策?自澶渊和谈之后,辽每岁得到大宗银绢,似已无意南侵。故为北宋之患者乃是西夏。西夏于真宗咸平五年陷灵州,灵州秦汉时属北地郡,乃关中之屏蔽、河陇之噤喉,为中外必争之地。刘综曾言"灵州为西陲巨屏,所宜固守,以为扞蔽"(《宋史》卷二百七十七《刘综传》)。灵州沦陷,西夏遂成强敌。西夏不但长于攻守,又善运用外交政策,即如富弼所说:"元昊援契丹为亲,缓则指为声势,急则假其师徒。至有犄角为奇,首尾相应,彼若多作牵制,我则困于分张。"(《续资治通鉴》卷四十二宋仁宗宝元二年九月)宋之处境已经困难了。一方辽每以欲战之势以胁宋,而如苏洵所说:"匈奴(辽)之谋必曰,我百战而胜人,人虽屈,而我亦劳。驰一介入中国,以形凌之,以势邀之,岁得金钱数百千万。如此数十年,我益数百千万,而中国损数百千万,吾日以富,中国日以贫,然后足以有为也……其心惟恐吾之一旦绝其好,以失吾之厚赂也。然而骄傲不肯少屈者何也?其意曰,邀之而后固也。"(《嘉祐集》卷一《审敌》)同时西夏又不断地扰乱边境,而宋之大臣对于西夏之政策,又复和战不一。庆历元年,西夏入寇,韩琦主张集中兵力,先发制贼(《宋史》卷三百一十二《韩琦传》)。范仲淹主张"按兵不动,以观其衅","屯兵营田,为持久计"(《宋史》卷三百一十四《范仲淹传》)。此时两人均在陕西,负经略招讨之责。主帅意见既殊,策略遂难决定,卒至师徒败北(《宋史》卷四百八十五《夏国传上》)。神宗即位,有经略西夏之志,元丰四年,夏主秉常为其母梁氏所幽,宋认为有机可乘,即命五路出师,而以宦官李宪为统帅。事前既无作战计划,师出之后,各路又进退不一。夏人遂用坚壁清野之策,纵宋军深入,"聚劲兵于灵夏,而遣轻骑抄绝其馈运",宋师大败而归。神宗"中夜得报,起环榻行,彻旦不能寐"(《宋史》卷二百四十二《英宗宣仁高皇后传》),"临朝痛悼"(《宋史》卷四百八十六《夏国传下》)。哲宗以后,新旧两党更迭执政。旧党欲以恩信怀柔夏人,然而太过姑息苟安。元祐年间,司马光秉政,竟然不惜弃地讲和,而卒不能遏止夏人的野心,徒增夏人的轻视。新党欲用武力,制服西夏,而寡谋轻敌,又复师出无功。例如徽宗时代,蔡京当国,命宦官童贯率师伐夏,虽然颇有斩获,而结果亦遭败挫,"关辅为之萧条"(《宋史》卷四百八十六《夏国传下》)。宋对西夏,累战累败,盖有其原因焉。按宋鉴唐末五代方镇之祸,"太祖削诸侯跋扈之势,太宗杜僭伪觊望之心"(《宋史》卷二百九十三《王禹偁传》),其收武臣之权,可以说是不得已之事。然而矫枉过正,纵在作战之时,亦不欲兵权属于一人,《六韬》(第十二篇《兵道》)云:"凡兵之道莫过乎一,一者能独往独来。"而临阵决战,又欲自内遥制。《六韬》(第二十一篇《立将》)云:"军中之事不闻君命,皆由将出。"《三略》《中略》亦云:"出军行师,将在自专,进退内御,则功难成。"宋代天子对此浅显的兵法,竟不知之,这在军事上已经注定失败的运命了。有时虽派统帅,又以宦官任之,如神宗时的李宪、徽宗时的童贯等是。甚者,大将要处罚临阵脱逃之偏校,亦须向中央请示。

> 西方用兵,偏校有临阵先退、望敌不进者,大将守著令皆中覆。文彦博言,此可施之平居无事时尔,今拥兵数十万,而将权不专,兵法不峻,将何以济?(《宋史》卷三百一十三《文彦博传》)

兼以各路又有监军之制,由走马承受负其责。走马承受本来只监司一路军事及边境安危,而乃常常干涉作战计划。李觏说:

> 用兵之法,一步百变,见可则进,知难则退。而曰有王命焉,是白大

人以救火也,未及反命而煨烬久矣。曰有监军焉,是作舍道边也,谋无适从,而终不可成矣。窃迹其原,盖知之不尽,信之不笃也。知之不尽,恐其不贤也;信之不笃,惧其不忠也。不贤而无所制,则或败事矣;不忠而无所监,则或生变矣。是故束之以诏令,持之以亲贵焉。然恐其不贤,胡不选贤而任之?惧其不忠,胡不择忠而使之?……与其用之之疑,曷若取之之慎?(《李直讲文集》卷十七《强兵策第六》)

降至后代,"守边多用庸人"(《宋史》卷三百二《鱼周询传》),"方镇无数更易"(《宋史》卷二百八十五《贾昌朝传》)。士不练习,将不择人,以屡易之将,驭不练之士,故每战必败。

太祖初有天下,监唐末五代方镇武臣、土兵牙校之盛,尽收其威权,当时以为万世之利。及太宗时,将帅率多旧人,犹能仗威灵,禀成算,出师御寇,所向有功。近岁恩幸子弟,饰厨传,钓名誉,多非勋劳,坐取武爵,折冲攻守,彼何自而知哉?然边鄙无事,尚得自容。自西羌之叛,士不练习,将不得人,以屡易之将,驭不练之士,故战则必败。此削方镇太过之弊也。况亲旧恩幸出即为将,素不知兵,一旦付以千万人之命,是驱之死地矣。此用亲旧恩幸之弊也。(《宋史》卷二百八十五《贾昌朝传》)

此盖太祖削诸侯跋扈之势,太宗杜僭伪觊望之心,不欲守土之卒有精兵锐器,故其铠仗多不完备。真宗时,王禹偁说:

臣比在滁州,值发兵挽漕,关城无人守御,止以白直代主开闭。城池颓圮,铠仗不完。及徙维扬,称为重镇,乃与滁州无异。尝出铠甲三十副与巡警使,臣彀弩张弓,十损四五。盖不敢擅有修治,上下因循,遂至于此。今黄州城雉器甲复不及滁扬,万一水旱为灾,盗贼窃发,虽思御备,何以枝梧?(《宋史》卷二百九十三《王禹偁传》)

仁宗时,欧阳修亦言:

> 河东沿边州军器械全然不堪。臣昨到彼,见逐处弓弩无十数枝可施用者。问其何故?云为省司惜筋胶,支请不得。纵支得,即角短筋碎,不堪使用,久无物料修治,是致废坏。(《欧阳文忠公文集》卷一百十五《论西北事宜札子》)

士卒率多瘦弱,张亢说:

> 国家承平日久,失于训练,今每指挥艺精者不过百余人,余皆瘦弱不可用。且官军所持者步军与强弩尔。臣知渭州日,见广勇军矿弩者三百五十人,引一石二斗者仅百人,余仅及七八斗。(《宋史》卷三百二十四《张亢传》)

将帅复甚怯敌,每有交战,辄令官卑者领少数之兵先出。即如唐时陆贽所说:"拥旄之帅,身不临边,但分偏师,俾守疆场。大抵军中壮锐,元戎例选自随,委其疲羸,乃配诸镇。节将既居内地,精兵只备纪纲,遂令守要御冲恒在寡弱之卒,寇戎每至,力势不支。"(《陆宣公全集》卷九《论缘边守备事宜状》)宋之缘边守备也是一样。

> 先是诏分边兵,总管领万人,钤辖领五千人,都监领三千人,寇至御之,则官卑者先出。仲淹曰,将不择人,以官为先后,取败之道也。(《宋史》卷三百一十四《范仲淹传》)

军政如斯腐化,全国上下知不能战,亦不敢战,遂只有苟安之谋,而无经远之策。当时朝廷最怕边臣生事,神宗有经略四夷之志,而郑獬还说:

> 臣窃见手诏,深戒边臣无得生事。(《宋史》卷三百二十一《郑獬传》)

甚至立功之将,朝廷亦不敢予以厚赏。

> 吐蕃将攻河川,游师雄欲先发以制之,请于帅刘舜卿……议三日乃定……捷书闻,百僚表贺,遣使告永裕陵,将厚赏师雄,言者犹以为邀功生事,止迁一官。(《宋史》卷三百三十二《游师雄传》)

这颇有似于西汉元帝时代,陈汤诛杀郅支,虽立大功,而丞相匡衡乃谓其"擅兴师矫制……生事于蛮夷,为国招难,渐不可开"(《汉书》卷七十《陈汤传》)。朝廷既然只有苟安之念,于是敌人虽有可乘之机,而宋之君臣皆不敢乘势进攻。例如真宗时:

> 继迁死,其子德明请命于朝。玮言,继迁擅河南地二十年,兵不解甲,使中国有西顾之忧。今国危子弱,不即捕灭,后更强盛,不可制。愿假臣精兵,出其不意,禽德明送阙下,复河西为郡县,此其时也。帝方以恩致德明,不报。(《宋史》卷二百五十八《曹玮传》)

两国接壤,势难两立,哪可弃武力,而以恩惠致?殷末,文王伐犬戎,败耆国,伐邘,伐崇侯虎(《史记》卷四《周本纪》),三分天下有其二,哪里是用恩惠以致之?仁宗时:

> 程琳为陕西安抚使,元昊死,谅祚立,方幼,三大将分治其国。议者谓可因此时以节度使啖三将,使各有所部分,以弱其势,可不战而屈矣。琳曰,幸人之丧,非所以柔远人,不如因而抚之。议者惜其失几。(《宋史》卷二百八十八《程琳传》)

这只是宋襄之仁,以宋之国力,哪能柔远人而怀诸戎?宋以儒立国,而又不识儒家之大道,孔子为鲁司寇,欲毁三孙之城,既堕叔孙之郈,又堕季孙之费。孟孙弗堕,孔子请鲁公围之,虽然弗克,孔子不惜采用武力,由此亦可知道。

神宗时：

> 章衡使辽……使归复命，言辽境无备，因此时可复山后八州。不听。

（《宋史》卷三百四十七《章衡传》）

此盖朝廷昧于敌人形势。安焘有言："为国者不可好用兵，亦不可畏用兵。好则疲民，畏则遗患。"（《宋史》卷三百二十八《安焘传》）宋既畏战而欲和，敌人则持欲战之形，要求厚赠金缯，屡用而屡得志，中国始终处于被动的地位，终至一蹶不振。苏轼说：

> 其始也，不得已而后战；其终也，逆探其意而与之和，又从而厚馈之，惟恐其一日复战也。如此，则贼常欲战，而我常欲和。贼非能常战也，特持其欲战之形，以乘吾欲和之势，屡用而屡得志。是以中国之大，而权不在焉。（《东坡七集·应诏集》卷五《策断二十三》）

吕大防亦说：

> 夏本无能为，然屡遣使而不布诚款者，盖料我急于议和耳。（《宋史》卷三百四十《吕大防传》）

而宋之御戎政策又不得其法，外夷附顺，喜较末节，及其桀骜，又复姑息。司马光说：

> 国家当戎夷附顺时，好与之计较末节，及其桀骜，又从而姑息之。

（《宋史》卷三百三十六《司马光传》）

苏辙亦言：

>方夏人猖獗,寇钞未已,则务行姑息,恐失其心。夏人恭顺,朝贡以时,则多方徵求,苟欲自利。以此,凡所与夺多失其宜。(《栾城集》卷四十三《论前后处置夏国乖方札子》)

殊不知动静得宜,乃是对付敌人之良策。应用兵而持重,则长敌人之气;应持重而用兵,又足以偾事败国。田锡有言:

>动静之机不可妄举……动谓用兵,静谓持重。应动而静,则养寇以生奸。应静而动,则失时以败事。动静中节,乃得其宜。(《宋史》卷二百九十三《田锡传》)

宋在应战时不敢战,应和时不肯和,和战失去时宜,于是外患不绝于史,而割地赔款,遂成为宋代苟延残喘的政策。然而抱薪救火,薪不尽,火不灭。汉唐初年,对于匈奴、突厥,固曾岁遗金缯,而决不肯割地。盖赔款既可骄敌人之心,而拖延岁月,又能阴修甲兵,以备报复。割地则我之领土日蹙,敌之领土日广,我日益弱,敌日以强。金兴,宋就失去江北;元兴,宋又失去江南之地,终至灭亡。

第三节
王安石变法的失败及朋党之争

宋自澶渊议和之后,耽于苟安,政风士气多务因循。真宗"以无事治天下",王旦为相,"谓祖宗之法具在,务行故事,慎所变改"(《宋史》卷二百八十二《王旦传》)。真宗之后,继以仁宗。仁宗在位四十二年,虽然"深仁厚泽,涵煦生民,然仁文有余,义武不足"(《宋史》卷三百三十四《徐禧等传》论),安常习故之风更见滋长。盖仁宗意在遵守故常:

> 帝颇以好名为非,意在遵守故常。(《宋史》卷二百九十二《田况传》)

荐绅均以宽厚沉默为德。

> 时天下久安,荐绅崇尚虚名,以宽厚沉默为德,于事无所补。(《宋史》卷二百九十九《张洞传》)

而宰相吕夷简又"以姑息为安,以避谤为智"(《宋史》卷二百八十八《孙沔传》),所以史臣才说:

> 当仁宗在位时,宋兴且百年,海内嘉靖,上下安佚,然法制日以玩弛,徼幸之弊多。(《宋史》卷二百九十五《尹洙等传》论)

仁宗嘉祐三年,苏洵上言:

> 方天下初定,民厌劳役,则圣人务为因循之政,与之休息。及其久安而无变,则必有不振之祸。是以圣人破其苟且之心,而作其怠惰之气。汉之元成,惟不知此,以至于乱。今天下少惰,宜有以激发其心,使踊跃于功名,以变其俗……臣观今两制以上,非无贤俊之士,然皆奉法供职无过而已,莫肯于绳墨之外,为陛下深思远虑,有所建明。何者?陛下待之于绳墨之内也。(《嘉祐集》卷九《上皇帝书》)

此盖宋承唐末五代之后,朝廷所忌的乃是刚健好名之士,故乃奖用柔懦谨畏之人。然而因此士风民气日益萎靡。到了人主欲有所为,而左右前后皆无足使之才。苏轼说:

> 夫天下之未平,英雄豪杰之士务以其所长,角奔而争利,惟恐天下一日无事也。是以人人各尽其材,虽不肖者亦自淬厉而不至于怠废。故其勇者相劫,智者相贼,使天下不安其生。为天下者知夫大乱之本,起于智勇之士争利而无厌。是故天下既平,则削去其具,抑远刚健好名之士,而奖用柔懦谨畏之人。不过数十年,天下靡然无复往时之喜事也。于是能者不自激发而无以见其能,不能者益以弛废而无用。当是之时,人君欲有所为,而左右前后皆无足使者,是以纪纲日坏而不自知。(《东坡七集·应诏集》卷一《策略四》)

又不知利用刑赏,以奖刚健好名之士,而罚柔懦谨畏之徒。宋以儒立国,然而自古以来,"用儒而治者有之矣,用儒而乱者有之矣"(《李直讲文集》卷二十一《辨儒》)。用儒而乱者,盖只拘泥于孔子正诚修齐之说,而不识孔子治平之道。《孝经》(第七篇《三才》)云:"示之以好恶,而民知禁。"《正义》曰:"示有好必赏之令,以引喻之,使其慕而归善也。示有恶必罚之禁,以惩止之,使其惧而不为也。"《中庸》云:"或安而行之,或利而行之,或勉强而行之。"《正义》曰:"或安而行之,谓无所求为,安静而行之。或利而行之,谓贪其利益而行之。或勉强而行之,谓畏惧罪恶,勉力自强而行之。"仁宗时,李觏曾说:"刑罚之行尚矣,积圣累贤未有能去者也。非好杀人,欲民之不相杀也;非使畏已,欲民之自相畏也。"(《李直讲文集》卷十《刑禁第一》)"彼仁者爱善不爱恶,爱众不爱寡。不爱恶,恐其害善也。不爱寡,恐其妨众也。如使爱恶而害善,爱寡而妨众,则是仁者天下之贼也,安得圣贤之号哉?……仁者固尝杀矣。世俗之仁则讳刑而忌戮,欲以全安罪人,此释之慈悲、墨之兼爱,非吾圣人所谓仁也。"(《李直讲文集》卷二十一《本仁》)前已引过苏洵之言"方天下初定,民厌劳役,则圣人务为因循之政,与之休息。及其久安而无变,则必有不振之祸。是以圣人破其苟且之心,而作其怠惰之气。汉之元、成惟不知此,以至于乱。今天下少惰矣,宜有以激发其心,使踊跃于功名,以变其俗"(《嘉祐集》卷九《上皇帝书》)。如何激发其心,使踊跃于功名?他说:"人之情,非病风丧心,未有避赏而就刑者。"(《嘉祐集》卷八《谏论下》)故宜"以刑使人,以赏使人"(《嘉祐集》卷二《法制》)。且说:"夫刑者必痛之,而后人畏焉。罚者不能痛之,必困之,而后人惩焉。"(《嘉祐集》卷五《议法》)宋不知利用刑赏,尤不知"杀贵大"(《六韬》第二十二篇《将威》)的道理。"艺祖有誓约,藏之太庙,不杀大臣及言事官,违者不祥。"(《宋史》卷三百七十九《曹勋传》)不杀言事官,固然可令台谏言所欲言。至于不杀大臣,实有反于为政之道。孝宗曾云:"国朝以来,过于忠厚,宰相而误国,大将而败军,未尝诛戮。"(《宋史》卷三百九十六《史浩传》)用忠厚以治国,何能矫萎靡之风,而激发英豪之士敢于作为?苏轼说:

> 昔者圣人制为刑赏,知天下之乐乎赏,而畏乎刑也,是故施其所乐者自下而上,民有一介之善,不终朝而赏随之,是以天下之为善者,足以知其无有不赏也;施其所畏者自上而下,公卿大臣有毫发之罪,不终朝而罚随之,是以上之为不善者,亦足以知其无有不罚也……舜诛四凶而天下服,何也?此四族者,天下之大族也。夫惟圣人为能击天下之大族,以服小民之心,故其刑罚至于措而不用。周之衰也,商鞅、韩非峻刑酷法以督责天下,然其所以为得者,用法始于贵戚大臣,而后及于疏贱,故能以其

国霸。由此观之,商鞅、韩非之刑法非舜之刑,而所以用刑者舜之术也。
(《东坡七集·应诏集》卷二《策别六》)

到了后来,务行宽大之政。为政之道必须善善而恶恶。孔子说:"唯仁人为能爱人,能恶人。"(《礼记注疏》卷六十《大学》)"其善者爱之,其不善者恶之。"(《礼记注疏》卷五十二《中庸》)孔子又说:"以德报德,则民有所劝。以怨报怨,则民有所惩。"(《礼记注疏》卷五十四《表记》)所谓"以德报德"即以赏劝功,"以怨报怨"即以刑惩恶。宋以儒立国,然其所谓儒不过小乘之儒而已。弄到结果,竟如司马光对英宗所说:

> 朝廷近年务行宽政,吏有故出人罪者,率皆不问,或小有失入,则终身废弃……州县之吏专务掩蔽纵释,惟恐上闻……遂使顽民益无顾惮……王者之政当善善恶恶,若宽此悖逆之民以为仁政,臣实愚浅,未之前闻。(《司马文正公传家集》卷三十《乞今后有犯恶逆不令长官自劾札子》)①

---

① 道学家亦反对为政之不用刑。朱熹说:"今人说轻刑者只见所犯之人为可悯,而不知被伤之人尤可念也。如劫盗杀人者,人多为之求生,殊不念死者之为无辜。是知为盗贼计,而不为良民地也。"(《朱子语类》卷一百十《论刑·时举》)又说:"今之法家惑于罪福报应之说,多喜出人罪,以求福报。夫使无罪者不得直,而有罪者得幸免,是乃所以为恶尔,何福报之有?《书》曰:钦哉!钦哉!惟刑之恤哉!所谓钦恤者,欲其详审曲直,令有罪者不得免,而无罪者不得滥刑也。今之法官,惑于钦恤之说,以为当宽人之罪,而出其死。故凡罪之当杀者,必多为可出之涂,以俟奏裁,则率不减等,当斩者配,当配者徒,当徒者杖,当杖者笞。是乃卖弄条贯、舞法而受赇者耳,何钦恤之有?罪之疑者,从轻;功之疑者,从重。所谓疑者,非法令之所能决,则罪从轻而功从重;惟此一条为然耳。非谓凡罪皆可以从轻,而凡功皆可以从重也。今之律令,亦有此条,谓法所不能决者,则俟奏裁。今乃明知其罪之当死,亦莫不为可生之涂以上之;惟寿皇不然,其情理重者,皆杀之。"(《朱子语类》卷一百十《论刑》佃)陆九渊亦说:"孔子自言为政以德;又曰,道之以德,齐之以礼;又曰,政者正也。季康子问杀无道以就有道,何如?对曰,子为政,焉用杀?子欲善而民善矣。宜不尚刑也,而其为鲁司寇,七日必诛少正卯于两观之下,而后足以风动乎人,此又何也?"(《象山全集》卷二十四《策问》)又说:"尝谓古先帝王未尝废刑,刑亦诚不可废于天下。特其非君之心,非政之本焉耳。夫惟于用刑之际,而见其宽仁之心,此则古先帝王之所以为政者也。尧举舜,舜一起而诛四凶。鲁用孔子,孔子一起而诛少正卯。是二圣者以至仁之心,恭行天讨,致斯民无邪慝之害,恶惩善劝,咸得游泳乎洋溢之泽,则夫大舜、孔子宽仁之心,吾于四裔、两观之间而见之矣。"(《象山全集》卷三十《政之宽猛孰先论》)

此时也，契丹之患未息，西夏之祸已经嚣张，关中岁被侵掠，朝廷为之旰食。然而"人君生长深宫之中，法家拂士接耳目之时少，宦官女子共启处之日多"（《宋史》卷四百七十《佞幸传序》），往往数传之后，渐次失去奋发刚断之气。仁宗崩殂，英宗由外藩入承大统。英宗在位不过四年，继之践祚的则为神宗。他是英宗之子，在他十六岁以前（仁宗嘉祐八年，侍英宗入居庆宁宫），虽然不是长于民间，而亦不是深居禁中，因之民之疾苦、国之危难，颇能知道。而王珪为相，"当时目为三旨相公，以其上殿进呈，云取圣旨；上可否讫，云领圣旨；退谕禀事者云，已得圣旨也"（《宋史》卷三百一十二《王珪传》）。但是神宗为人"果于有为"（《宋史》卷三百一十三《富弼传》），吾人观其批评汉文帝，就可知道他是勇于改革的。

> 王安国至京师……帝曰，卿……以汉文帝为何如主？对曰，三代以后未有也。帝曰，但恨其才不能立国更制尔。（《宋史》卷三百二十七《王安国传》）

神宗勇于改革，而"当时议者猥用持盈守成之说，文苟简因循之治，天下之吏因以安常习故为俗"（《宋史》卷三百三十四《熊本传》）。然而因循苟且只可侥幸一时，旷日持久，未尝不终于大乱。这个时候忽然出现一位王安石，"慨然有矫世变俗之志"（《宋史》卷三百二十七《王安石传》），以为"人主制法，而不当制于法；人主化俗，而不当化于俗"（《宋史》卷三百六十三《李光传》），且谓"天变不足畏，祖宗不足法，人言不足恤"（《宋史》卷三百二十七《王安石传》）。这种勇气刚刚与神宗"果于有为"的性格相合。君臣相得，于是变法随之发生。王安石深知当时人士所以苟且因循，盖"以祸灾可以无及其身"（《王临川集》卷三十九《上时政疏》）。要矫正此种风气，只有"劫之以刑赏"，"古之人欲有所为，未尝不先之以征诛，则后得其意"。为政之道当以普通人为对象，"夫出中人之上者，虽穷而不失为君子；出中人之下者，虽泰而不失为小人。唯中人不然，穷则为小人，泰则为君子。计天下之士出中人之上下者，千百而无十一。穷而为小人，泰而为君子，则天下皆是也。先王以为众不可以力胜也，故制行不以己，而以中人为制"(《王临川集》卷三十九《上仁宗皇帝言事书》)。"圣人之为道也,人情而已矣。"(《王临川集》卷七十《策问十一道之五》)人情之所爱者爵禄,而所恶者贫贱。"今操利势以临天下之士,劝之以其所荣,而予之以其所愿,则孰肯背而不为者?"(《王临川集》卷四十一《拟上殿札子》)观王安石之言,可知他的政治思想乃与李觏、苏洵相去无几。

案神宗与王安石两人性格又有不同之点,宋承五代之后,其政治制度注重在制衡作用,最初是权力制衡,其后是大臣制衡,终则对于群臣均有不信任之心。仁宗时,何郯曾言:

> 且择官者宰相之职,今用一吏,则疑其从私,故细务或劳于亲决。分阃者将帅之任,今专一事,则疑其异图,故多端而加羁制。博访者大臣之体,今见一士,则疑其请托。相先后者士之常,今进其类,则疑为朋党。君臣交疑,而欲天下无否塞之患,不可得矣。(《宋史》卷三百二十二《何郯传》)

宋代天子大率深信制衡作用有利于帝权的安定。神宗虽然任用新派而又不去旧派。[①]

> 神宗谓执政曰,官制将行,欲新旧人两用之。又曰,御史大夫非司马光不可。(《宋史》卷三百一十二《王珪传》)

又如冯京批评变法失当,王安石指为邪说,请黜之。而神宗乃擢为枢密副使,进参知政事。

---

① 岂但神宗而已,甚至荒庸的徽宗虽然信任蔡京,同时又令人掣肘之。"徽宗知京不可颛任,乃以张商英、郑居中辈敢与京为异者参而用之。"(《宋史》卷三百五十一《郑居中传》)"张康国始因蔡京进,及得志,浸为崖异,帝恶京专愎,阴令阻其奸。"(《宋史》卷三百五十一《张康国传》)"侯蒙同知枢密院,进尚书左丞、中书侍郎。一日,帝从容问,蔡京何如人?对曰,使京能正其心术,虽古贤相何以加。帝领首,且使密伺京所为。京闻而衔之。大钱法敝,朝廷议改十为三,蒙不知。又尝有几事,蒙独受旨,京不知也。"(《宋史》卷三百五十一《侯蒙传》)这种作风到了南宋快要亡国之时,还是一样。文天祥说:"朝廷姑息牵制之意多,奋发刚断之义少。"(《宋史》卷四百一十八《文天祥传》)

神宗立，冯京为翰林学士，改御史中丞。王安石为政，京论其更张失当，累数千百言。安石指为邪说，请黜之。帝以为可用，擢枢密副使……进参知政事，数与安石论辩。(《宋史》卷三百一十七《冯京传》)

但是王安石乃是一位固执之人，议政之际，只求别人接受我之意见，决不采纳别人意见。新政发生流弊，王安石虽明知之，亦必强词夺理。

王安石性强忮，遇事无可否，自信所见，执意不回。(《宋史》卷三百二十七《王安石传》)

在同一内阁之内，竟然容纳意见相反之人，当然是决定政策之时，争辩不已。政策决定之后，又加掣肘，使其无法执行。由于此点，变法已经注定了失败的运命。

其次，一切改革均不可操之过急，只能逐渐施行。人类均有惰性，虽知旧制之弊，而新制之功效如何，人民并不之知。倘若猝然改变，人民必将以为新制之利未必能够抵消旧制之弊。阻力横生，而至于无法施行。苏轼说：

夫时有可否，物有废兴。方其所安，虽暴君不能废。及其既厌，虽圣人不能复。故风俗之变，法制随之，譬如江河之徙移，强而复之，则难为力。(《宋史》卷三百三十八《苏轼传》)

但是神宗求治之心太切，范纯仁曾以此规谏，他说：

道远者理当驯致，事大者不可速成。人材不可急求，积敝不可顿革。傥欲事功亟就，必为憸佞所乘。(《宋史》卷三百一十四《范纯仁传》)

苏轼亦谓：

陛下生知之性，天纵文武，不患不明，不患不勤，不患不断，但患求治太急，听言太广，进人太锐，愿镇以安静，待物之来，然后应之。(《宋史》卷三百三十八《苏轼传》)

王安石虽然知道"缓而图之，则为大利；急而成之，则为大害"，且谓"窃恐希功幸赏之人，速求成效于年岁之间，则吾法隳矣"(《王临川集》卷四十一《上五事札子》)。而实行之时，又复急功，违反这个原则，用刑赏以促进新政之施行。这种刑赏与法家的刑赏不同，法家用刑赏，使民遵守法令，王安石用刑赏，使吏急行法令。官吏为应付朝廷之要求，往往不择手段，以致害民。

哲宗亲政，范纯仁……入见，问先朝行青苗法如何？对曰，先帝爱民之意本深，但王安石立法过甚，激以赏罚，故官吏急切，以致害民。(《宋史》卷三百一十四《范纯仁传》)

且新政名目甚多，一法尚未成功，另一法已经颁布。法简则易行，事简则易举，商鞅变法所以成功，王莽改革所以失败，实因商鞅知道"察要"，王莽则"法令滋章"。不意王安石又蹈了王莽的覆辙。

王安石用事……韩琦奏言，新制日下，更改无常，官吏茫然，不能详记，监司督责，以刻为明。今农怨于圳亩，商叹于道路，长吏不安其职，陛下不尽知也。(《宋史》卷三百一十二《韩琦传》)

钦宗时，唐恪曾言：

革弊当以渐，宜择今日之所急者先之。(《宋史》卷三百五十二《唐恪传》)

王安石不辨当时之急，而欲一举而将昔日弊政尽行推翻，这已有反于为政之道，何况法令滋章，又给予奸吏以营私舞弊的机会。苏轼曾言：

今也法令明具,而用之至密,举天下惟法之知。所欲排者,有小不如法,而可指以为瑕。所欲与者,虽有所乖戾,而可借法以为解,故小人以法为奸。(《东坡七集·应诏集》卷二《策别八》)

　　而且变法太多,不能不利用许多人力与财力。苏辙有言:"善为国者,知财之最急,而万事赖焉。故常使财胜其事,而事不胜财,然后财不可尽,而事无不济。"(《栾城集》卷二十一《上皇帝书》)王安石变法甚多,需要许多财力,于是变法目的遂注重于财政,而牺牲了人民利益。吾人观免役法,即可知之。

　　免役法出,民商咸以为苦,虽负水、舍发、担粥、提茶之属,非纳钱者不得贩鬻。税务索市利钱,其末或重于本。商人至以死争,如是者不一。(《宋史》卷三百二十一《郑侠传》)

　　同时因为需要许多人力,于是贤不肖杂进。何况同一内阁之内又容纳意见不同之人,老成人用持盈守成之说,文苟简因循之治,不与安石合作。于是安石所用者尽是儇慧少年。

　　熙宁行新法,轻进少年争趋竞进,老成知务者逡巡引退。(《宋史》卷三百二十一《郑獬等传》论)
　　王安石罢黜中外老成人几尽,多用门下儇慧少年。(《宋史》卷三百二十七《王安石传》)

　　此辈儇慧少年要表现自己的才智,不惜生事以邀功。苏轼说:"事少而员多,则无以为功,必须生事以塞责。"(《东坡七集·续集》卷十一《上神宗皇帝书》)在王安石秉政之时,生事不单是塞责,目的乃欲邀功,借以开拓自己的前途。于是政界之中又发生了下列现象。

忠厚老成者,摈之为无能;狭少儇辩者,取之为可用。守道忧国者,谓之流俗;败常害民者,谓之通变。(《宋史》卷三百四十《刘挚传》)

终至于利民之法变质而至扰民。这种形况,神宗固然不知。

神宗召黄廉访时务,对曰,陛下意在便民,法非不良也,而吏非其人。朝廷立法之意则一,而四方推奉纷然不同,所以法行而民病,陛下不尽察也。(《宋史》卷三百四十七《黄廉传》)

而王安石亦受蒙蔽。

陆佃受经于王安石,熙宁三年,应举入京。适安石当国,首问新政。佃曰,法非不善,但推行不能如初意,还为扰民,如青苗是也。安石惊曰,何为乃尔?吾与吕惠卿议之……明日,安石谓之曰,惠卿云,私家取债,亦须一鸡半豚。已遣李承之使淮南质究矣。既而承之还,诡言于民无不便。(《宋史》卷三百四十三《陆佃传》)

即如刘挚所言:

政事如此,皆大臣误陛下,而大臣所用者,误大臣也。(《宋史》卷三百四十《刘挚传》)

变法的最大目的在于富国强兵,而要强兵,须先富国。神宗以为"政事之先,理财为急"(《宋史》卷一百八十六《食货志下八·均输》),而"王安石为政,(又)汲汲焉以财政兵革为先"(《宋史》卷一百八十六《食货志下八·市易》)。此种政策原可不必厚非。但理财须有理之之法,理之而不得法,只是聚敛。吾赞成苏辙之言,他说:

方今之计莫如丰财。然臣所谓丰财者，非求财而益之也，去事之所以害财者而已。夫使事之害财者未去，虽求财而益之，财愈不足。使事之害财者尽去，虽不求丰财，而求财之不丰，亦不可得也……事之害财者三，一曰冗吏，二曰冗兵，三曰冗费……三冗既去，天下之财得以日生而无害，百姓充足，府库盈溢，陛下所为而无不成，所欲而无不如意矣。(《栾城集》卷二十一《上皇帝书》)

对苏辙之言，明代丘濬曾评论云：

臣按苏辙论丰财之道，去其害财者而已。害财之事有三，所谓吏之冗员、兵之冗食，其中节目虽多，然大要有定名，有常数，除其繁冗，而存其切要，害斯去已。惟所谓费之冗杂者，则途辙孔多，窠白不一，横恩滥赐之溢出，修饰缮造之泛兴，祷祈游玩之纷举，不当用而用，不可予而予。三害之中，冗费之害尤大，必不得已而去之，吏兵无全去之理。惟费之冗者，则可权其缓急轻重而去之焉。凡所谓冗者，有与无皆可之谓也。事之至于可以有，可以无，吾宁无之而不有焉，则不至害吾财矣。(《大学衍义补》卷二十一《总论理财之道下》)

宋之害财确如苏辙所言，一曰冗吏，二曰冗兵，三曰冗费。吏冗非不可减，行之不得其道，将蹈唐时张延赏之裁员；兵冗非不可罢，行之不得其法，又蹈唐时萧俛之销兵。宋虽无方镇之祸，但猝然裁员销兵，亦得引起社会问题。至于冗费，实如丘濬之言，"宁无之而不有焉，则不至害吾财矣"。宋采政、军、财三权分立之制，管财政者为三司使，财政与行政本来不宜分立，王安石为减少三司使之权限，遂设"制置三司条例司"。

制置三司条例司，掌经画邦计、议变旧法，以通天下之利。(《宋史》卷一百六十一《职官志一》)

即制置三司条例司乃是财政之立法机关。国家每年应办哪几种事，事之缓急如何，经费需要多少，经费之来源是否有着，只唯负行政责任之人方能知道。宋令负行政者不知财之盈亏，理财政者不知事之缓急，当然是不合理之事。元丰改制，罢三司使，并归户部。制置三司条例司之设置可以说是撤废三司使之先声。但是制置三司条例司尚有一种职权，即"议变旧法"，以理财机关而议变法，其结果，新法的目的便完全注重于财政，而忘及国民经济。管仲有言，"凡治国必先富民，民富则易治也，民贫则难治也。奚以知其然耶？民富则安乡重家，安乡重家则敬上畏罪，敬上畏罪则易治也。民贫则危乡轻家，危乡轻家则敢凌上犯禁，凌上犯禁则难治也。故治国常富，而乱国常贫。是以善为国者，必先富民，然后治之"（《管子·治国》）。荀况亦说："王者富民，霸者富士，仅存之国富大夫，亡国富筐箧，实府库。筐箧已富，府库已实，而百姓贫。夫是之谓上溢而下漏，入不可以守，出不可以战，则倾覆灭亡可立而待也。"（《荀子·王制》）王安石只知富国，不知富民以培养税源，这是变法失败的原因。叶适曾言："理财与聚敛异，今之言理财者，聚敛而已矣。"（《水心集》卷四《财计上》）新政理财完全聚敛，而又"专以取息为富国之务"（《宋史》卷一百七十五《食货志上三·布帛》），其归失败，理之当然。案王安石何尝不知聚敛之害？他说："彼区区聚敛之臣务以求利为功，而不知与之为取。"（《王临川集》卷七十《议茶法》）然新政竟由理财变为聚敛，这实出于安石意料，但安石亦不能辞其责。兹于各种新政之中，择其最重要而失败最惨者，加以说明。

一、方田

宋承五代之弊，"天下田税不均"（《宋史》卷二百九十四《王洙传》），豪强占田无限，因为未曾陈报，赋税遂不增加。

> 宋……田制不立，圳亩转易，丁口隐漏，兼并冒伪，未尝考按。故赋入之利视前代为薄。丁谓尝言，二十而税一者有之，三十而税一者有之。（《宋史》卷一百七十四《食货志上二·赋税》）

中国人口以农民为最多，农民生活的穷苦，可举司马光之言以为证。他说：

> 农民值丰岁，贱粜其所收之谷以输官，比常岁之价或三分减二，于斗斛之数或十分加二，以求售于人。若值凶年，无谷可粜，吏责其钱不已。欲卖田，则家家卖田；欲卖屋，则家家卖屋；欲卖牛，则家家卖牛。无田可售，不免伐桑枣，撤屋材，卖其薪，或杀牛卖其肉，得钱以输官。一年如此，明年将何以为生乎？（《司马文正公传家集》卷四十五《应诏言朝政阙失状》）

而在土地兼并、田税不均之时，农民的生活更见艰苦，"民罕土著，或弃田流徙为闲民"（《宋史》卷一百七十三《食货志上一·农田》）。纵令国家许民复业，蠲其常租，而亦：

> 朝耕尺寸之田，暮入差徭之籍，追胥责问，继踵而来，虽蒙蠲其常租，实无补于捐瘠。（《宋史》卷一百七十三《食货志上一·农田》）

这样，就减少了国家的税收，太宗时，荒田无数，租税减耗。至道二年，陈靖上言：

> 今京畿周环二十三州，幅员数千里，地之垦者十才二三，税之入者又十无五六。（《宋史》卷一百七十三《食货志上一·农田》）

而仁宗皇祐年间，垦田虽比真宗景德年间为多[①]，而赋税所入反见减少。

> 皇祐中，天下垦田视景德增四十一万七千余顷。而岁入九谷，乃减

[①] 《宋史》卷一百七十三《食货志上一·农田》："景德中，垦田共一百八十六万余顷。皇祐中，垦田二百二十八万余顷。"

七十一万八千余石,盖田赋不均,其弊如此。(《宋史》卷一百七十四《食货志上二·赋税》)

当时"契丹增币,夏国增赐,养兵两陲,费累百万"(《宋史》卷一百七十三《食货志上一·农田》),财政问题迫令政府不能不改革税制。在各种租税之中,田赋乃最大的税收,而欲改革田赋,又须测量土地。这就是方田制度的来源。仁宗时,已行方田,但积弊既久,中途而罢。

> 谏官王素言,天下田赋轻重不等,请均定。而欧阳修亦言,秘书丞孙琳尝往洺州肥乡县,与大理寺丞郭谘,以千步方田法,括定民田,愿诏二人者任之。三司亦以为然,且请于亳寿蔡汝四州,择尤不均者均之。于是遣谘蔡州,谘首括一县,得田二万六千九百三十余顷,均其赋于民。既而谘言州县多逃田,未可尽括。朝廷亦重劳人,遂罢。(《宋史》卷一百七十四《食货志上二·方田》)

单单一县之内,得田二万六千九百三十余顷,可知天下匿田之多。王安石执政,又决心实行方田。

> 方田之法以东西南北各千步,当四十一顷六十六亩一百六十步为一方,岁以九月令佐分地计量,验地土肥瘠,定其色号,分为五等,以地之等,均定税数。(《宋史》卷三百二十七《王安石传》,参阅卷一百七十四《食货志上二·方田》)

方田乃依田之大小、土之肥瘠,而定赋税等第,甚合于公平原则。南宋时,朱熹在闽中,奉行经界,细民莫不鼓舞,而豪强占田隐税,设法阻止。由此可知,方田本来是有利于细民的。

> 臣僚请行闽中经界……诏漕臣陈公亮同朱熹(知漳州)协力奉

行……细民知其不扰而利于己,莫不鼓舞,而贵家豪右占田隐税、侵渔贫民者,胥吏为异论以摇之,前诏遂格。(《宋史》卷一百七十三《食货志上一·农田》)

但实行之时,人事若不健全,胥吏就有舞弊的机会。元丰八年,帝以官吏扰民,诏罢之。

八年,帝知官吏扰民,诏罢之。天下之田已方,而见于籍者,至是二百四十八万四千三百四十有九顷云。(《宋史》卷一百七十四《食货志上二·方田》)

盖方田使者希得功赏,只求赋税之多,不求赋税之平。

是时诸道方田使者希功赏,概取税虚额及尝所蠲者,加旧籍以病民。(《宋史》卷三百四十七《龚鼎臣传》)

徽宗时,又行方田,官吏不但妄增田税而已,又兼不食之山方之,使出刍草之直。

方田官吏非特妄增田税,又兼不食之山方之,俾出刍草之直,民户因时废业失所。(《宋史》卷一百七十四《食货志上二·方田》)

且高低任意,或以多报少,或以少报多。

宣和元年,臣僚言,方量官惮于跋履,并不躬亲,行缠拍峰、验定土色,一付之胥吏。致御史台受诉,有二百余亩方为二十亩者,有二顷九十六亩方为一十七亩者,虔之瑞金县是也。有租税十有三钱而增至二贯二百者,有租税二十七钱而增至一贯四百五十者,虔之会昌县者是也。(《宋史》卷一百七十四《食货志上二·方田》)

利民之政反而扰民，新政失败多半由于官吏贪邪。

二、青苗

中国以农立国，而农民又最穷苦，土地的生产不能维持一家之生计，在青黄不接之时，只有向财主借债，而以青苗为担保，等到收获之时，再把债务还清。"富者操奇赢之资，贫者取倍称之息"，"税调未毕，资储罄然"（《宋史》卷一百七十三《食货志上一·农田》）。仁宗时，陕西路已有官府借钱予民，俟谷熟，而后还官之事。

> 李参为陕西转运使，部多戍兵，苦食，求参审订其阙，令民自隐度麦粟之赢，先贷以钱，俟谷熟还之官，号青苗钱。经数年，廪有羡粮。熙宁青苗法盖萌于此矣。（《宋史》卷三百三十《李参传》）

神宗即位之初，京东路亦有发放青苗钱之事。

> 王广渊为京东转运使……以方春，农事兴，而民苦之。兼并之家，得以乘急要利。乞留本道钱帛五十万，贷之贫民，岁可获息二十五万，从之。其事与青苗钱法合。（《宋史》卷三百二十九《王广渊传》）

王安石秉政，又将青苗法施行于全国。

> 青苗法者以常平籴本作青苗钱，散与人户，令出息二分，春散秋敛。（《宋史》卷三百二十七《王安石传》）①

---

① 王安石欲行青苗之法，苏辙曰：以钱贷民，使出息二分，本非为利，然出纳之际，吏缘为奸，虽有法不能禁。钱入民手，虽良民不免非理费用；及其纳钱，虽富民不免违限。如此，则鞭笞必用，州县多事矣……安石自此逾月不言青苗。会河北转运司干当公事王广廉召议事，广廉尝奏乞度僧牒数千道为本钱，于陕西转运司私行青苗法，春散秋敛，与安石意合，至是请施行之河北，于是安石决意行之，而常平、广惠仓之法遂变而为青苗矣。（《宋史》卷一百七十六《食货志上四·常平义仓》）

青苗之法本来是用以救济贫农,而执行之时,官吏竟将社会政策供为增加税收之具。二分之利已经不轻,而一旦转变为财政政策,便不惜多放增息,以榨取民脂民膏,韩琦说:

今放青苗钱,凡春贷十千,半年之内,便令纳利二千。秋再放十千,至岁终又令纳利二千。则是贷万钱者,不问远近,岁令出息四千。(《宋史》卷一百七十六《食货志上四·常平义仓》)

并且青苗之法本来是"愿取则与之,不愿不强也"(《宋史》卷三百三十六《司马光传》),而官吏务以多散为功,不分贫富,强迫人民借用,而又使贫富相保,贫者散亡,富者亦至破产。司马光说:

今言青苗之害者,不过谓使者骚动州县,为今日之患耳。而臣之所忧,乃在十年之外,非今日也。夫民之贫富由勤惰不同,惰者常乏,故必资于人。今出钱贷民而敛其息,富者不愿取,使者以多散为功,一切抑配,恐其逋负,必令贫富相保。贫者无可偿,则散而之四方;富者不能去,必责使代偿。数家之负,春算秋计,展转日滋。贫者既尽,富者亦贫,十年之外,百姓无复存者矣。(《宋史》卷三百三十六《司马光传》)

苏轼亦说:

青苗放钱……虽云不许抑配……乃知青苗不许抑配之说亦是空文……纵使……果不抑配,计其间愿请之户必皆孤贫不济之人家。若自有赢余,何至与官交易?此等鞭挞已急,则继之逃亡。逃亡之余,则均之邻保,势有必至,理有固然。(《东坡七集·奏议集》卷一《熙宁四年上皇帝书》)

甚至城市之内没有青苗,官吏为要多放,亦强与之。青苗已经不是救济穷民,而是以放债取息为目的。然而王安石因其固执之性,不察胥吏执行之误,而乃强词夺理,加以袒护。

> 帝曰,坊郭安得青苗,而使者亦强与之。安石勃然进曰,苟从其所欲,虽坊郭何害?(《宋史》卷一百七十六《食货志上四·常平义仓》)

政府重息放债,而又强迫人民借用。人民"因欠青苗,至卖田宅、雇妻女、投水自缢者不可胜数"(《东坡七集·奏议集》卷三《乞不给散青苗钱斛状》)。人民破产了,至伐桑为薪,以易钱货。

> 近畿内诸县,督索青苗钱甚急,往往鞭挞取足,至伐桑为薪,以易钱货。(《宋史》卷三百一十五《韩维传》)

案青苗之法谓苗青在田,则贷民以钱,使之出息也。贷与一百文,使出息二十文。百分之二十之息,不可谓不重,然其由来已久,《汉书》(卷九十一)《货殖传》云"岁息万二千",就是其证。其与青苗不同者,汉制只是民间私自借贷,不是政府强迫民间借用,而征其最高利息。若依上举韩琦之言,政府所取之息,岂但百分之二十而已,且高至百分之四十。利息如此之高,难怪农村破坏,百姓贫穷,终至引起盗匪之乱。明丘濬说:

> 昔人谓其(青苗)所以为民害者三,曰征钱也,取息也,抑配也。条例司初请之时,曰随租纳斗斛,如以价(谷价)贵,愿纳钱者听,则是未尝征钱。曰凡以为民,公家无利其入,则是未尝取息(此语未必属实,《王安石传》已明言出息二分)。曰愿给者听,则是未尝抑配(韩琦亦言"条约虽禁抑配"云云,见《宋史》卷一百七十六《常平义仓》)。及其施行之际,实则不然者,建请之初,姑为此美言以惑上听,而压众论耳。(《大学衍义补》卷二十五《市籴之本》)

丘濬所举三害,应说明的则为征钱。盖立制之初,据曾布奏,"免役或输见钱,或纳斛斗,皆从民便"。而察之实际,又如司马光所言,"青苗赋敛多责见钱,钱非私家所铸,要须贸易。丰年追限,尚失半价。若值凶年,无谷可粜,卖田不售,遂致杀牛卖肉,伐桑鬻柴。来年生计不暇复顾,此农民所以重困也"(均见《宋史》卷一百七十七《食货志上五》)。宋代货币以铜钱为主,而吾国自古又复缺铜,政府要取得钱币,故令人民纳钱。

三、均输

均输之制早已实行于汉代,其失败理由,我在本书已经说明过了。宋的均输与汉不同。据《王安石传》：

> 均输法者以发运之职改为均输,假以钱货,凡上供之物,皆得徙贵就贱,用近易远,预知在京仓库所当办者,得以便宜蓄买。(《宋史》卷三百二十七《王安石传》)

据《食货志》：

> 均输之法,所以通天下之货,制为轻重敛散之术,使输者既便,而有无得以懋迁焉。(《宋史》卷一百八十六《食货志下八·均输》)

两书所载不甚明了,若据汉之制度,均输是令各地进贡货物于中央之时,进贡该地生产过多的货物,以抬高该货物的价格,再由政府运至缺乏该货物的地方,尽量抛售,以减低该货物的价格,辗转运贩,最后则将中央仓库所缺乏者输于京师。即均输的目的在于平抑物价。用意固然很佳,问题所在不是与民争利的问题,而是政府经商,吏缘为奸,整个政界必将随之腐化。前曾提过神宗与王安石均急急谋富国强兵之道,凡事可以富国强兵者,皆争为之。固然强兵须先富国,然要富国,须从国民经济之发展着手。国家经商,设官置吏,簿书廪禄,为费已多。而商贾之事又曲折难行。官吏既以事业成败与自己利害无关,何肯孜孜求事业之发达?苏轼说：

> 均输……立法之初，徒言徙贵就贱，用近易远，然而广置官属，多出缗钱。豪商大贾皆疑而不敢动，以为虽不明言贩卖，既已许之变易，变易既行，而不与商贾争利，未之闻也。夫商贾之事，曲折难行。其买也先期而予钱，其卖也后期而取直，多方相济，委曲相通，倍称之息，由此而得。今先设官置吏，簿书廪禄为费已厚，非良不售，非贿不行，是官买之价比民必贵。及其卖也，弊复如前。商贾之利何缘而得？(《东坡七集·奏议集》卷一《熙宁四年上神宗皇帝书》)

弄到结果，无利于国，有害于民，而从中渔利者则为一般官吏。均输"迄不能成"(《宋史》卷一百八十六《食货志下八·均输》)，可以说是势之必然。

四、市易

何谓市易？《王安石传》云：

> 市易之法听人赊贷县官财货，以田宅或金帛为抵当，出息十分之二。过期不输，息外，每月更加罚钱百分之二。(《宋史》卷三百二十七《王安石传》)

《食货志》云：

> 市易之设，本汉平准，将以制物之低昂而均通之。(《宋史》卷一百八十六《食货志下八·市易》)

即据《王安石传》，市易是一种赊贷，政府取息十分之二。据《食货志》，市易即汉之平准。平准是令各地官府于物价低廉的时候，尽量购买进来，使物价不会过低以害生产者；再于物价昂贵的时候，尽量贩卖出去，使物价不会过高，以害消费者。即平准也是平抑物价的。市易是哪一种制度呢？神宗说：

朝廷设市易，本为平准以便民，若周官泉府者。(《宋史》卷三百五十五《吕嘉问传》)

但是周官泉府之职不是平准，而是赊贷(《周礼》卷十五《泉府》)，唯据《食货志》所云：

先是有魏继宗者，自称草泽上言，京师百货无常价，贵贱相倾，富能夺，贫能与，乃可以为天下。今富人大姓乘民之亟，牟利数倍，财既偏聚，国用亦屈。请假榷货务钱，置常平市易司，择通财之官任其责，求良贾为之转易，使审知市物之价，贱则增价市之，贵则损价鬻之，因收余息，以给公上。(《宋史》卷一百八十六《食货志下八·市易》)

观"求良贾为之转易"一语，可知市易之责是由良贾负之，朝廷假以缗钱，岁收息十分之二。这就是赊贷。元祐年间，苏辙曾言：

市易欠钱……见今欠人共计二万七千一百五十五户，共欠钱二百二十七万余贯。其间大姓三十五、酒户二十七，共欠钱一百五十四万余贯。小姓二万七千九十三户，共欠钱八十二万余贯。(《栾城集》卷三十八《乞放市易欠钱状》)

此更可以证明市易是赊贷，而由贾人负平准之责，国家未曾设官置吏，而如汉代平准之制。不过贾人负此责任是依其自愿乎，抑是由于强迫，历史上没有记载。唯依苏辙之言，我们可以知道大户少而放款多，小户多而放款少，这大率因为放款多少是以贾人资产为标准的。但是什二之利甚重，纵是大户也不免拖欠不还。同时市易之责既委托于商人，于是目的遂见变更，即不是用以平抑物价，而是用以取得十分之二的年息。目的既然变更，从而商人所买卖的货物遂注意于哪一种货物得利最大。吾人观神宗"市易鬻果太烦碎"(《宋史》卷一百八十六《食货志下八·市易》)，"市易鬻及果实，大伤国体"(《宋史》卷三百五十

五《吕嘉问传》》之言,即可知之。市易的目的既在营利,于是又发生了一种现象:

> 商旅所有者尽收,市肆所无者必索,率贱市贵鬻,广袤赢余,是挟官府为兼并也。(《宋史》卷一百八十六《食货志下八·市易》)

据王安石之言,"市易之起,自为细民久困,以抑兼并尔"(《宋史》卷三百二十七《王安石传》),而其结果乃助长兼并,然而官府果能得到利益吗?

> 市易之患被于天下,本钱无虑千二百万缗,率二分其息,十有五年之间,子本当数倍,今乃仅足本钱。盖买物入官,未转售而先计息取赏。至于物货苦恶,上下相蒙,亏折日多,空有虚名而已。(《宋史》卷三百五十五《吕嘉问传》)

这样,市易遂同均输一样,无利于国,有害于民,终归失败。

五、免役

汉采正卒之制,同时又有更赋;唐用府兵之法,同时又有庸。更赋与庸都是免役税,而两者又有不同之点。在汉不问官府是否需要人民,人民都得出钱代役。在唐,只唯无事之时,才收其庸。宋兴,军队虽然以募代征,而力役却不能用钱代之。力役并不平等,民户分为九等,上四等给役,余五等免之。

> 建隆中,京西转运使程能,请定诸州户为九等,著于籍。上四等量轻重给役,余五等免之。后有贫富随时升降,诏加裁定。(《宋史》卷一百七十七《食货志上五·役法上》)

户分九等始于唐代(《唐会要》卷八十五《定户等第》武德九年),唐时,依户等第,令其纳粟,入于义仓,以备凶年之用(《唐会要》卷八十八《仓及常平仓》永徽二年)。宋则上户给役,下户免之,推立法之意,应该是许人以钱雇役。盖如哲宗时李常所说:"使民俱出资,则贫者难办;俱出力,则富者难堪。"(《宋史》卷三百四十四《李常传》)户分九等,上四等给役,余五等免之,即欲有钱者出钱,无钱而出力者得钱。只因宋之职役太过苛酷,上户虽欲出钱雇人,而贫者亦不肯就,于是上户只有自己往役。在各种职役之中,人民认为最难忍受的乃是衙前之役。仁宗时,韩琦说:

> 州县生民之苦,无重于里正衙前,有孀母改嫁,亲族分居,或弃田与人,以免上等,或非命求死,以就单丁。规图百端,苟免沟壑之患。(《宋史》卷一百七十七《食货志上五·役法上》)

英宗时,韩绛又说:

> 闻京东民有父子二丁,将为衙前役者。其父告其子曰,吾当求死,使汝曹免于冻馁,遂自缢而死。又闻江南有嫁其祖母及其母、析居以避役者,又有鬻田减其户等者。田归官户不役之家,而役并于同等见存之户。(《宋史》卷一百七十七《食货志上五·役法上》)

神宗即位之初,吴充亦言:

> 今乡役之中,衙前为重。民间规避重役,土地不敢多耕,而避户等;骨肉不敢义聚,而惮人丁。故近年上户浸少,中下户浸多。役使频仍,生资不给,则转为工商,不得已而为盗贼。(《宋史》卷一百七十七《食货志上五·役法上》)

徭役如斯苛重,所以英宗时代,纵是反对免役而欲恢复差役的司马光亦说:

> 置乡户衙前以来,民益困乏,不敢营生。富者反不如贫,贫者不敢求富。臣尝行于村落,见农民生具之微,而问其故,皆言不敢为也。今欲多

种一桑,多置一牛,蓄二年之粮,藏十匹之帛,邻里已目为富室,指抉以为衙前矣,况敢益田畴,葺间舍乎?臣闻其事,怒焉伤心,安有圣帝在上,五方无事,而立法使民不敢为久生之计乎?臣愚以为凡农民租税之外,宜无所预,衙前当募人为之。(《文献通考》卷十二《历代乡党版籍职役一》)

募人充役,则必有以酬之,此钱非出于官,当役者合输之,这就是免役。在神宗以前,虽然法制未备,而地方官亦尝权行,以救民之困苦。例如:

李复圭为两浙转运使,浙民以给衙前役,多破产。复圭悉罢遣归农,令出钱助长召人承募,民便之。(《宋史》卷二百九十一《李复圭传》)

张诜通判越州,民患苦衙前役。诜科别人户,籍其当役者,以差人钱为雇人充,皆以为便。(《宋史》卷三百三十一《张诜传》)

这有似于汉之更赋,王安石秉政,又将免役之制颁行于全国。

免役之法。据家赀高下,各令出钱雇人充役。下至单丁、女户本来无役者,亦一概输钱,谓之助役钱。(《宋史》卷三百二十七《王安石传》)①

按宋之税制乃承唐之旧。唐时有庸,庸即免役钱。德宗时,杨炎改租庸调为两税,所以两税之中已经有庸免役钱。宋之差役已经不对,差役改为免役,就是税上加税,苏轼说:

自唐杨炎废租庸调,以为两税。取大历十四年应下赋敛之数,以立两税之额,则是租调与庸,两税既兼之矣。今两税如故,奈何复欲取庸?

---

① 《宋史》卷一百七十七《食货志上五·役法上》:"凡当役人户,以等第出钱,名免役钱。其坊郭等第户,及未成丁、单丁、女户、寺观、品官之家,旧无色役,而出钱者,名助役钱。凡敷钱先视州若县应用雇直多少,随户等均取雇直。既已用足,又率其数,增取二分,以备水旱,欠阁虽增,毋得过二分,谓之免役宽剩钱。"

《东坡七集·续集》卷十一《上神宗皇帝书》）

苏辙亦说：

> 自唐杨炎废租庸调以为两税……则是租调与庸，两税既兼之矣。今两税如旧，奈何复欲取庸？盖天下郡县上户常少，下户常多，少者徭役频，多者徭役简（武案：上户可雇人代役），是以中下之户每得休闲。今不问户之高低，例使出钱助役，上户则便，下户实难，颠倒失宜，未见其可。（《栾城集》卷三十五《制置三司条例司论事状》）①

何况"女户、单丁盖天民之穷者也，古之王者首务恤此"（《东坡七集·续集》卷十一《上神宗皇帝书》）？而新政首欲役之，忍不加恤。而除了免役钱及助役钱之外，又"增取二分，以备水旱，欠阁虽增，毋得过三分，谓之免役宽剩钱"（《宋史》卷一百七十七《食货志上五·役法上》）。由此可知免役之制与汉时更赋不同。(1)更赋乃有役之人不往服役，才出钱雇人。而免役则本来无役之人亦一概输钱。(2)更赋乃不往服从之人，不论资产，一律出钱二千三百（践更二千，过更三百）。免役则依家资高下，各令出钱。(3)更赋乃官不自私，以给代役之人。免役则官府雇人充役，报酬多少，似不确定，而又增取二分，以备水旱。即其目的在于税收。马端临说：

> 按温公……所谓募人充衙前，即熙宁之法也。然既曰募，则必有以酬之，此钱非出于官，当役者合输之，则助役钱（应作免役钱）岂容于不征？而当时贤者论此事，复断断不可，何也？盖荆公新法大概主于理财，所以内而条例司，外而常平使者，所用皆苛刻小民。虽助役良法亦不免

---

① 上（神宗）好与两府议论天下事。尝谓晦叔（吕公著）曰，民间不知有役矣。对曰，上户昔日以役多破家，今则饱食安居，诚幸矣。下户昔无役，今索钱则苦矣。上曰，然则法亦当更矣。（《涑水记闻》卷十四）武以为救之之法，只有上户出钱以雇役，下户得钱以服役。至于衙前之役又须轻其役而重其酬。

以聚敛亟疾之意行之,故不能无弊。然遂指其法为不可行,则过矣。(《文献通考》卷十二《历代乡党版籍职役一》)

免役之制,每人出钱多少,既随家资高下,于是人民无不巧避失实。固然每隔三五年,考察贫富,为之升降。

> 然输钱计等高下,而户等著籍,昔缘巧避失实,乃诏责郡县坊郭三年、乡村五年,农隙集众稽其物产,考其贫富,察其诈伪,为之升降。若故为高下者,以违制论。(《宋史》卷一百七十七《食货志上五·役法上》)

然其结果徒增吏缘为奸的机会,或指富为贫,或指贫为富,东明、酸枣二县升降户等皆失实,即其明证(《宋史》卷一百七十七《食货志上五·役法上》)。兼以免役之制既供为理财之具,则聚敛小人乘此增取,乃是不可避免的事。

> 中书舍人范百禄言于(司马)光曰,熙宁免役法行,百禄为咸平县。开封罢遣衙前数百人,民皆欣幸。其后有司求羡余,务刻剥,乃以法为病。今第减助免钱额,以宽民力可也。(《宋史》卷一百七十七《食货志上五·役法上》)

案免役与差役各有利弊,但如上所言,宋之税制乃承唐代两税之旧,所以王船山说:"安石之立法已不念两税之已有雇赀,而温公(司马光)之主差役,抑不知本已有役,不宜重差之也。"(《宋论》卷六《神宗》)即王安石与司马光各执己见,不但均有所偏,而且不知役已在庸之中,庸又在两税之中,宋既继承唐之两税,则不问差役或免役,都是民力之所不堪。然时代不同,国家所需要的赋役,势不能不随之增加,唯在取之于民须有限度而已。吕中说:

> 司马光主差役,王安石主雇役(即免役),二役轻重相等,利害相半。盖尝推原二法之故,差役之法行,民虽有供役之劳,亦以为有田则有租,

有租则有役,皆吾职分当为之事,无所憾也。其所可革者,衙前之重役耳。官物陷失,勒之出官纲费用,责之供农民之所不堪,苟以衙前之役募而不差,农民免任,则民乐于差之法矣。至雇役之法行,民虽出役之直,而阖门安坐,可以为生生之计,亦无怨也。其可去者,宽剩之过数耳。实费之用固所当出,额外之需非所当诛,苟以宽剩之数散而不敛,则乐于雇之说矣。因其利而去其害,二役皆可行也。(《大学衍义补》卷三十一《傅算之籍》)

何况宋时有许多无田的民,与其收纳于军队,何如雇之服役,而给予衣食之资?当然此种经费应由富民之不役者出。苟能如吕中之言,革去衙前之重役,则免役比之差役,实更适宜于劳动力过剩之社会。

六、保甲

保甲与秦之什伍不同,什伍之目的在于防奸,即令"五家为保,十家相连,一家有罪,而九家连举发,若不纠举,则十家连坐"。保甲的目的最初也是使民检举罪犯,其后又用以训练军队,而恢复唐代府兵之制。按唐自改征为募之后,军队变为军阀的私兵,卒成方镇之乱。降至五代,未能改革,而引起契丹的侵略。神宗意欲实现太祖之志,恢复汉唐之盛,吾人观其蓄积财富,即可知之。

> 初艺祖尝欲积缣帛二百万易敌人首,又别储于景福殿。元丰初,乃更景福殿库名,自制诗以揭之曰:"五季失图,猃狁孔炽。艺祖造邦,思有惩艾。爰设内府,基以募士。曾孙保之,敢忘厥志?"一字一库以号之,凡三十二库。后积羡赢为二十库,又揭诗曰:"每虔夕惕心,妄意遵遗业。顾予不武姿,何日成戎捷?"(《宋史》卷一百七十九《食货志下一·会计》)

而王安石亦以富国强兵为其变法的目标。这在契丹雄张于东北,西夏叛乱于西北之时,当然是时代需要。王安石曾言:"异时尝多兵矣,而不以兵多故费财。今民之壮者多去而为兵，而租赋尽于粮饷，然亦不足于兵。"(《王临川集》卷七十《策问十一道之十一》)于是如何改良兵制，便成为问题。所谓保甲就是要渐次改募为征而设计的。

保甲之法，籍乡村之民，二丁取一。十家为保，保丁皆授以弓弩，教之战阵。(《宋史》卷三百二十七《王安石传》)①

按王安石在仁宗时已经上书说明射在教育上之重要，而主张一切男子均须学习。他说：

古者教士，以射御为急，其他技能则视其人才之所宜而后教之，其才之所不能，则不强也。至于射，则为男子之事。人之生有疾则已，苟无疾，未有去射而不学者也……《易》曰，弧矢之利，以威天下。先王岂以射为可以习揖让之仪而已乎？固以为射者武事之尤，大而威天下、守国家之具也。居则以是习礼乐，出则以是从战伐。士既朝夕从事于此，而能者众，则边疆宿卫之任皆可以择而取也。(《王临川集》卷三十九《上仁宗皇帝言事书》)

此即举国皆兵之意，故安石秉政之时，就提出保甲之制，而谓"保甲非特除盗，固可渐习为兵"(《宋史》卷一百九十二《兵志六·保甲》)。按征兵之制常施行于户口稀少、土地过剩之时，因为人民都有土地耕耘，当然不愿当兵。国家要组织军队，只有强制征调之法。倘若户口众庶，而土地集中，则一部分农民必被排斥于农村之外，变为闲民。这个时候不把闲民编为军队，反而征召农民，训练为兵，则一方闲民无所衣食，势将扰乱社会；他方农民无暇力穑，又有害农业的生产。宋在仁宗时代，百姓已经弃农为兵(《宋史》卷一百七十三《食货志上一·

---

① 其详见《宋史》卷一百九十二《兵志六·保甲》。该志云："王安石变募兵而行保甲。"又述王安石之言，"保甲非特除盗，固可渐习为兵"。可知保甲之制是改募为征，而使兵农合一。

农田》），保甲制度施行以后，"三路籍民为保甲，日聚而教之，禁令苛急，往往去为盗，郡县不敢以闻"（《宋史》卷三百一十八《王拱辰传》）。"河东、陕西、京西盗贼已多，至敢白昼公行，入县镇，杀官吏。"（《宋史》卷一百九十二《兵志六·保甲》）所以苏辙才说："今河北寇贼成群，访问皆是保甲余党，若因之以饥馑，则变故之作不可复知。"（《栾城集》卷三十六《乞招河北保甲充军以消盗贼状》）兼以古代农兵之制，乃于农隙讲武，宋则每五日一教，后改为一月之中并教三日。王岩叟说："夫三时务农，一时讲武，先王之通制也。一月之间并教三日，不若一岁之中并教一月。农事既毕，无他用心，人自安于讲武而无憾。"（《宋史》卷一百九十二《兵志六·保甲》）何况保丁又须自备弓箭，而"百姓买一弓，至千五百，十箭至六七百"，首都之民"有质衣而买弓箭者"（《宋史》卷一百九十二《兵志六·保甲》）？而安石乃谓"自生民以来，兵农为一，耒耜以养生，弓矢以免死，皆凡民所宜自具，未有造耒耜、弓矢以给百姓者也"（《宋史》卷一百九十二《兵志六·保甲》）。农民力田，本来不能维持生计，而一月之中又复辍耕三五日，复令其自备弓箭。于是"有逐养子、出赘婿、再嫁其母、兄弟析居以求免者，有毒其目、断其指、炙其肌肤以自残废而求免者，有尽室以逃而不归者，有委老弱于家而保丁自逃者"（《宋史》卷一百九十二《兵志六·保甲》）。保甲本欲强兵，而竟扰民如此，其不成功，理之当然。

七、保马

古代汉胡战争均用马队，而北方之地平坦，凡欲逐鹿中原，马队甚为重要。汉武帝讨伐匈奴，元狩五年，"天下马少，平牡马匹二十万"，如淳云："欲使人竞畜马。"（《汉书》卷六《武帝纪》）南北朝时，宋文帝将北伐，沈庆之即以马少为言（《宋书》卷七十七《沈庆之传》）。由此可知，马政在军事上是极重要的。宋初，中央置群牧司，诸州有牧监，太宗末年内外军马凡二十余万匹，而饲马兵校乃有一万六千三十八人。乾兴、天圣之间，天下久不用兵，"言者多以为牧马费广而亡补"，马政渐次不修。神宗熙宁二年，天下军马只有十五万三千六百有奇（《宋史》卷一百九十八《兵志十二·马政》）。马日以少，王安石曾言："异时尝多马矣,而不以马多故费土。今内则空可耕之地以为牧,盖巨万顷,外则弃钱币以取之四夷,然亦不足于马。"(《王临川集》卷七十《策问十一道之十一》)故他为相,就施行保马之法。

保马之法,凡五路义保愿养马者,户一匹,以监牧见马给之。或官与其直,使自市,岁一阅其肥瘠,死病者补偿。(《宋史》卷三百二十七《王安石传》)

按军马与民间所用之马不同,民间之马欲其载重行远,军马所要求的则为冲锋陷阵。《吴子》(第三篇《治兵》)云:"夫马必安其处所,适其水草,节其饥饱,冬则温厩,夏则凉庑,刻剔毛鬣,谨落四下,戢其耳目,无令惊骇,习其驰逐,闲其进止,人马相亲,然后可使。"军马之难畜也如此,安石乃散军马于编户,平日未加训练,一旦调之作战,何能为力?所以明人丘濬说:"按古今牧马之制,在官在民二者而已……牧之于官,虽不能无害,而犹得马之用。牧之于民,非独有害,而又不得马之用焉。"(《大学衍义补》卷一百二十五《牧马之政下》)何况病死者又须补偿,百姓自不愿意?文彦博早已说过:

议者欲赋牧地与民,而收租课;散国马于编户,而责孳息,非便。(《宋史》卷一百九十八《兵志十二·马政》)

其后又说:

国马宜不可阙,今法,马死者责偿,恐非民愿。(《宋史》卷一百九十八《兵志十二·马政》)

案马之不能蕃息,乃如文彦博所说:"散国马于编户,责其孳息……复不知户配一马,縶之维之,皆可蕃息乎?既不蕃息,则后将可继乎?"(《大学衍义补》卷一百二十四《牧马之政中》)此种见解早于太宗时,李觉已经说过。他谓"戎人畜牧转徙,驰逐水草,腾驹游牝,顺其物性,所以蕃滋其马。至于中国,縶之维之,饲以枯槁,离析牝牡,制其生性,玄黄虺隤,因而减耗,宜然矣"(《大学衍义补》卷一百二十四《牧马之政中》)。观李觉之言,更可了解吾国自古往往市马于外国之故。果然保马之法卒致烦扰,哲宗即位,保马遂罢(《宋史》卷一百九十八《兵志十二·马政》)。①

一切新政均归失败,其失败原因半在于制度本身之有问题,半在于执行之时,吏缘为奸。若舍其小疵,察其大体,新政可以说是合于时代的需要。只因其合于时代的需要,所以虽然有人反对,也复有人赞成,于是赞成与反对之间就发生了争议,最后酿成朋党之争。

宋鉴唐代朋党之祸,累朝天子无不深惧臣下结朋立党。真宗"尝语及唐人树党难制,遂使王室微弱"(《宋史》卷二百八十二《李沆传》)。然而天下事往往出人意料,皇室愈畏惧臣下结党,罢一宰相,凡所引荐,不问才否,同时罢黜。徽宗时,张嵲说:

> 今一宰相用,凡其所与者,不择贤否而尽用之。一宰相去,凡其所与者,不择贤否而尽逐之,宜其朋党之浸成也。(《宋史》卷四百四十五《张嵲传》)

这又与神宗时代新旧参用,完全不同,而等于朝廷迫使臣下结为朋党。仁宗时,曾因废立刘皇后之事,发生范仲淹与吕夷简的争议,吕夷简赞成废立,范

---

① 林駉曰:"汉初,劝民养马,有一匹者复卒三人。盖居闲则免三人之算,有事则当三人之卒,此内郡之制也。至于边塞,则纵民畜牧,而官不禁。乌氏居塞,则致马数千群;桥桃居塞,则致马千匹。于时内郡之盛,则众庶有马,阡陌成群。边郡之盛,则三十六苑分置西北。武帝初年,单于入塞,见马布野而无人牧者。征伐四夷,而马往来食长安者数万匹。既数出师,马大耗乏,乃行一切之令,自封君以下至三百石吏,以次出马,则内郡庶民之有马者,欲望复卒,难矣。又令民得畜边者,从官假马母而归其息什一,则边郡之欲畜牧者,难矣。又匿马者有罪,有以列侯匿马而腰斩者,有以民或匿马,马不具,而长安令几坐死者。故内郡不足,则借民马以补车骑;边郡不足,则发酒泉驴驼,负出玉门关。轮台之悔,始修马令。此汉牧于民而用于官之制也。"(《大学衍义补》卷一百二十四《牧马之政中》)案畜马须择其地空旷,而又富于水草者,故以边塞为佳。汉代乌氏居塞,致马数千群。"唐都关中,其地宜马","牧马置八坊四十八监,其牧地在岐幽泾宁间,即今陕西凤翔府及西安之邠州、平凉之泾州、庆阳之宁州其地也"(《大学衍义补》卷一百二十四《牧马之政中》臣按)。宋人失幽燕、宁夏之地,其后并中原而失之,其缺乏马匹,实有原因。

仲淹反对废立。英宗时，又发生濮议，欧阳修主张应追称濮王（英宗之本生父）为皇伯，吕诲、范纯仁等谓不宜尊王为皇。这种宫廷之事，在西汉时代，大臣多不过问。盖宫中府中既有区别，宫中之事除其有害府中之事之外，大臣无须干涉。宋尚儒学，儒家由修身齐家，进至治国平天下。孔子又云，"必也正名乎"，故宋儒汲汲于皇帝齐家之事，又汲汲于正名。史称：

> 初仲淹以忤吕夷简，放逐者数年，士大夫持二人曲直，交指为朋党……及夷简罢，召还，倚以为治……仲淹以天下为己任，裁削幸滥，考核官吏……侥幸者不便，于是谤毁稍行，而朋党之论浸闻上矣。(《宋史》卷三百一十四《范仲淹传》)

由"裁削幸滥，考核官吏"、"侥幸者不便"、"而朋党之论浸闻上矣"数语观之，可知朋党之争必与官位有所关系。宋在仁宗时，承平日久，文化发达，士人人数年年增加。降至熙宁年间，则如苏辙所说：

> 凡今农工商贾之家未有不舍其旧而为士者也。为士者日多，然天下益以不治。举今世所谓居家不事生产、仰不养父母、俯不恤妻子、浮游四方、侵扰州县、造作诽谤者，农工商贾不与也。(《栾城集》卷二十一《熙宁二年上皇帝书》)

吾国士人所学者为治国平天下的道理。他们要实现治国平天下的抱负，非踏上政治舞台、夺取政权不可。士人人数过多，则夺取政权之人随之增加。叶适说："今者化天下之人而为士，尽以入官。"(《水心集》卷三《法度总论三》)士人过多，官数有限，仁宗时，"在京官司有一员阙，则争夺者数人"(《范文正公集·奏议卷上·答手诏条陈十事》)。范仲淹说：

> 仕途纷纭，禄位填委，文武官吏，待阙逾年。贪者益励其爪牙，廉者悉困于寒饿。(《范文正公集》卷七《天圣三年奏上时务书》)

按宋之职官，据曾巩言，真宗景德年间一万余员，仁宗皇祐年间二万余员，英宗治平年间二万四千余员（《元丰类稿》卷三十《议经费》）。到了哲宗时代，又增加为二万八千余员（《宋史》卷一百五十八《选举志四·铨法上》）。司马光说："设官则以冗增冗。"（《司马文正公传家集》卷四十四《乞罢条例司常平使疏》）官既冗了，尚不能容纳大部分的士人。以哲宗时代官数为准，依唐代刘祥道计算，每年须补充九百三十三人（$28\,000÷30≈933$）。然宋"入流之路不胜其多"（《宋史》卷三百四十《吕大临传》），只就科举言之，太祖时代尚承唐代之旧，取士较少，最多的是开宝六年，然进士不过十一人，再试取十六人，共二十七人，诸科九十六人。到了太宗淳化三年，进士三百五十三人，诸科七百七十四人。真宗咸平三年，进士四百九人，诸科一千一百二十九人。这是宋代取士的最高纪录。仁宗皇祐五年，进士五百二十人，诸科五百二十二人，亦在千人以上。英宗时代录取较少。神宗元丰八年，单单进士一科，就取四百八十五。哲宗元符三年，进士取五百六十一人。徽宗宣和六年，进士取八百五人，而诸科不与焉。（《文献通考》卷三十二《宋登科记总目》）单单科举一科，录取之人已经超出政界所需要的人数，其未录取者尚不知有多少。例如太宗淳化三年，诸道贡士凡万七千余人（《宋史》卷一百五十五《选举志一·科目上》），而是年录取人数只有进士三百五十三人，诸科七百七十四人，共计一千一百二十七人，即十五分取一。徽宗大观六年，礼部试进士万五千人，赐第者八百余人（《宋史》卷一百五十五《选举志一·科目上》），即十八分取一，其余皆散在民间。士人人数超过职官之数数倍，他们为开拓前途，何能不集朋结党，设法引起政变？神宗时，苏辙曾言：

> 近世以来……士之来者无穷，而官有限极……是以吏多于上，而士多于下。上下相窒，譬如决水于不流之泽，前者未尽，来者已至，填咽充满，一陷于其中，而不能出。故布衣之士多方以求官，已仕之吏多方以求进，下慕其上，后慕其前，不愧诈伪，不耻争夺，礼义消亡，风俗败坏，势之穷极遂至于止。（《栾城集》卷二十一《熙宁二年上皇帝书》）

王安石为相,颁布新法,朝中大臣多加反对,安石要贯彻自己的主张,不能不登用新人,于是朋党之争就萌芽了。宋代朋党与汉唐两代不同。汉唐朋党没有政见,宋则不然,旧党欲墨守祖宗之制,新党则主张变法图强,政见不同,互相排挤,这由政党政治的立场观之,固然未可厚非。唯在古代,没有民意机关,因之哪一个政见可以实行,就由君主个人决定。君主幼冲,权归后庭,就由母后决定。古代没有政党组织,干禄之徒只有依附宰相,而宰相又各有成见,"同我者谓之正人,异我者疑为邪党。既恶其异我,则逆耳之言难至。既喜其同我,则迎合之佞日亲。以至真伪莫知,贤愚倒置"(《宋史》卷三百一十四《范纯仁传》)。这不但王安石如此,就是司马光也是一样,吾人观其不顾范纯仁与苏轼之言,罢免役而复差役一事,即可知之(《宋史》卷三百一十四《范纯仁传》、卷三百三十八《苏轼传》)。神宗时代,新党固然为盛,而旧党亦参差其间。哲宗即位,元祐年间,旧党上台(司马光、文彦博等),但新党并不绝迹,章淳唱于绍圣之初,蔡京和于崇宁之后,五十余年互相攻讦。元祐年间,英宗宣仁高皇后(神宗母、哲宗祖母)听政。她曾对神宗说:"安石乱天下。"(《宋史》卷三百二十七《王安石传》)所以一经临朝,就起用旧党,罢黜新党。哲宗年幼,"每大臣奏事,但取决于宣仁后,哲宗有言,或无对者"(《宋史》卷三百四十《苏颂传》)。这由哲宗观之,实有害皇帝的尊严。所以亲政之后,改元绍圣,"以绍述为国是"(《宋史》卷四百七十一《章淳传》),驱逐旧党,凡元祐所革,一切复之。哲宗崩殂,徽宗(神宗子)入承大统,神宗钦圣向皇后权同处分军国事,"凡绍圣、元符以还,章淳所斥逐贤大夫士,稍稍收用之"(《宋史》卷二百四十三《神宗钦圣向皇后传》)。向皇后临朝不过六个月,即行崩殂。此时徽宗年已十八,过去大臣唯太后之意见是视,所以亲政之后,改元崇宁,以示推崇熙宁之意,于是蔡京之徒就登用了。到了这个时候,党争已经离开政见,唯以排斥异己为事。故在新党之中,曾布与章淳不和,蔡京又与曾布不和(《宋史》卷四百七十一《曾布传》)。高宗时,沈与求说:

> 近世朋党成风,人才不问贤否,皆视宰相出处为进退。(《宋史》卷三百七十二《沈与求传》)

他们互相指斥对方为朋党,其所以如此者,仁宗时,欧阳修已经说过:

> 自古小人……欲广陷良善,不过指为朋党……其故何也?去一善人,而众善人尚在,则未为小人之利。欲尽去之,则善人少过,难为一一求瑕。唯指以为党,则可一时尽逐。(《宋史》卷三百一十九《欧阳修传》)

而又不论事之可否、人之贤愚,凡属于别党者无不排斥,而如范纯仁所说:

> 今议论之臣有不得志,故挟此借口。以元丰为是,则贤元丰之人;以元祐为非,则欲斥元祐之士。其心岂恤国事,直欲快私意,以售其奸。(《宋史》卷三百一十四《范纯仁传》)

秉政之人既不安定,遂影响于政策方面,时时变更。吕公著说:

> 前日所举,以为天下之至贤,而后日逐之,以为天下至不肖。其于人材既反复不常,则于政事亦乖戾不审矣。(《宋史》卷三百三十六《吕公著传》)

这是党争的最大流弊。法莫如固而一,韩非有言:"法禁变易,号令数下,可亡也。"(《韩非子·亡征》)又说:"治大国而数变法,则民苦之,是以有道之君贵虚静而重变法。"(《韩非子·解老》)欧阳修谓"古之善治其国而爱养斯民者,必立经常简易之法"。丘濬解释云:"经常则有所持循,而无变易之烦。简易则易以施为,而无纷扰之乱。"(《大学衍义补》卷二十四《经制之义下》)宋代因天子之好恶,引起大臣之更迭,又因大臣之更迭,引起法令的改变。仁宗时,尹洙已经说过:

> 夫命令者,人主所以取信于下也。异时民间,朝廷降一命令,皆竦视之。今则不然,相与窃语,以为不久当更,既而信然,此命令日轻于下也。命令轻,则朝廷不尊矣。(《宋史》卷二百九十五《尹洙传》)

元祐以后,法令之变易更甚,尤以经济政策为然。史臣云:

> 终宋之世,享国不为不长……内则牵于繁文,外则挠于强敌。供亿既多,调度不继,势不得已征求于民。谋国者处乎其间,又多伐异而党同,易动而轻变。殊不知大国之制用如巨商之理财,不求近效,而贵远利。宋臣于一事之行,初议不审,行之未几,即区区然较其失得,寻议废格。后之所议,未有以愈于前,其后数人者又复訾之如前,使上之为君者,莫之适从;下之为民者,无自信守。因革纷纭,非是贸乱,而事弊日益以甚矣。世谓儒者论议多于事功,若宋人之言食货大率然也。(《宋史》卷一百七十三《食货志上一·农田》)

然而天下事往往是利害相半,无全利全害之理。政治家择其利多害少者为之,就可以了。史臣论宋人议论多于事功,切中当时之弊。宋人于一切政务皆然,而于食货一事为甚。大政方针既不确定,其结果也,便疑人疑法,因法之不行,而疑用人之失;因人之有失,而疑法之不善。法日变,国家无一定的政策。人日易,内阁的基础不能安定。苏轼说:

> 夫天下有二患,有立法之弊,有任人之失,二者疑似而难明,此天下之所以乱也。当立法之弊也,其君必曰,吾用某也,而天下不治,是某不可用也。又从而易之,不知法之弊,而移咎于其人。及其用人之失也,又从而尤其法,法之变未有已也。如此,则虽至于覆败,死亡相继而不悟,岂足怪哉?(《东坡七集·应诏集》卷一《策略三》)

在这种政局之下,国家不乱已经不易,更何能富国强兵,以御外侮?金人入寇,二圣被虏,虽然原因甚多,而变法引起党争之祸,王安石与司马光均不能辞其咎。

第四节
宋的南渡

当宋之君臣忙于党争之时,女真已经勃兴于东北。女真即隋唐之靺鞨。《旧唐书》云:

> 靺鞨盖肃慎之地,后魏谓之勿吉,在京师东北六千余里,东至于海,西接突厥,南界高丽,北邻室韦。其国凡为数十部,各有酋帅,或附于高丽,或臣于突厥。而黑水靺鞨最处北方,尤称劲健。每恃其勇,恒为邻境之患。俗皆编发,性凶悍,无忧戚,贵壮而贱老。无屋宇,并依山水,掘地为穴,架木于上,以土覆之,状如中国之冢墓,相聚而居。夏则出,随水草,冬则入处穴中。父子相承,世无君长。俗无文字,兵器有角弓及楛矢,其畜宜猪,富人至数百口,食其肉而衣其皮。(《旧唐书》卷一百九十九下《靺鞨传》)

《新唐书》云:

> 黑水靺鞨居肃慎地……元魏时曰勿吉,直京师东北六千里,东濒海,西属突厥,南高丽,北室韦。离为数十部,酋各自治……本臣高丽,王师取平壤,其众多入唐……唯黑水完强,分十六落,以南北称,盖其居最北方者也。人劲健,善步战,常能患它部。俗

编发,缀野豕牙,插雉尾为冠饰,自别于诸部。性忍悍,善射猎,无忧戚,贵壮贱老。居无室庐,负山水坎地,梁木其上,覆以土,如丘冢然。夏出随水草,冬入处,以溺盥面,于夷狄最浊秽。《新唐书》卷二百十九《黑水靺鞨传》)

由此可知隋唐时代,女真还是野蛮种族,其社会组织尚未突破部落,而进入部落联盟。其经济生活还是刚由狩猎而进入游牧。五代之世,女真降附于契丹,而分为生熟二部,熟女真已由契丹接受中国文化;生女真尚无文字,无官府,亦不知岁月晦朔。其时有石鲁(昭祖)者稍以条教为治。其子乌古乃(景祖)渐并诸部,契丹以为生女真节度使,于是始有官属,纪纲渐立,而尚不知冶铁之法。只能从邻国购买,以修弓矢。兵势稍振,前后愿附者众,遂为契丹之劲敌。

金之先出靺鞨氏,靺鞨本号勿吉,勿吉古肃慎地也。元魏时,勿吉有七部,曰粟末部,曰伯咄部,曰安车骨部,曰拂涅部,曰号室部,曰黑水部,曰白山部,隋称靺鞨,而七部并同。唐初,有黑水靺鞨、粟末靺鞨,其五部无闻。粟末靺鞨始附高丽……李绩破高丽,粟末靺鞨保东牟山,后为渤海称王。……黑水靺鞨居肃慎地,东濒海,南接高丽,亦附于高丽……五代时,契丹尽取渤海地,而黑水靺鞨附属于契丹。其在南者籍契丹,号熟女直(女直即女真,下同)。其在北者,不在契丹籍,号生女直……黑水旧俗无室庐,负山水坎地,梁木其上,覆以土,夏则出,随水草以居。冬则入处其中,迁徙不常……生女直无书契,无约束,不可检制,昭祖(石鲁)稍以条教为治,部落浸强……尚未有文字,无官府,不知岁月晦朔……景祖(乌古乃)稍役属诸部……辽主以为生女直部族节度使……既为节度使,有官属,纪纲渐立矣。生女直旧无铁,邻国有以甲胄来鬻者,倾赀厚贾以与贸易……得铁既多,因之以修弓矢,备器械,兵势稍振,前后愿附者众。(《金史》卷一《世纪》)

到了徽宗政和年间,太祖阿骨打嗣位,乃谋叛辽,屡败辽军,遂称帝,国号金。此时辽政已乱,不能为宋之患。而蔡京、童贯用事,志欲恢复燕云,乃遣使与金约,夹攻契丹。吾国古代对付夷狄有"以夷制夷"及"远交近攻"之策。不过实行之时,应依一定原则。远者不会因为近者之亡,而直接胁迫我之安全;近者须是我之劲敌,而非我与远者之缓冲。汉武帝西结乌孙,盖如扬雄所说:"乌孙不能逾白龙堆而寇西边,乃以制匈奴也。"(《汉书》卷九十四下《匈奴传》)而宋却违反这个原则,以致贻祸无穷。徽宗时,金乃新兴之邦,宋为积弱之国,宋金能够相安无事,实因辽在其间,为其缓冲。唯自五代以来,中国历受契丹的侵略,宋欲报仇雪耻,无遑深思远虑此中利弊。安尧臣已经警告"唇亡齿寒之患"(《宋史》卷三百五十一《郑居中传》),宇文虚中亦说:

> 用兵之法,必先计强弱,策虚实,知彼知己,当图万全。今边围无应敌之具,府库无数月之储,安危存亡,系兹一举,岂可轻议?且中国与契丹讲和,今逾百年,自遭女真侵削以来,向慕本朝,一切恭顺。今舍恭顺之契丹,不羁縻封殖,为我蕃篱。而远逾海外,引强悍之女真,以为邻域。女真借百胜之势,虚喝骄矜,不可以礼义服,不可以言说诱,持卞庄两斗之计,引兵逾境。以百年怠惰之兵,当新锐难抗之敌;以寡谋安逸之将,角逐于血肉之林。臣恐中国之祸,未有宁息之期也。(《宋史》卷三百七十一《宇文虚中传》)

辽主亦求宋勿贪一时之利,而招后日之祸。

> 童贯谋伐燕……辽使来请曰,女真之叛本朝,亦南朝之所甚恶也。今射一时之利,弃百年之好;结豺狼之邻,基他日之祸,谓为得计可乎?救灾恤邻,古今通义,惟大国图之。(《宋史》卷三百三十五《种师道传》)

就是高丽也谓存辽足为边扞。

王俣(高丽王)之在位也,求医于朝。诏使二医往,留二年而归,楷(俣子)语之曰,闻朝廷将用兵伐辽,辽兄弟之国,存之足为边扞。女真狼虎耳,不可交也。业已然,愿二医归报天子,宜早为备。归奏其言,已无及矣。(《宋史》卷四百八十七《高丽传》)

可惜宋之君臣昧于当时形势,出兵伐辽,辽受南北夹攻,金遂西陷黄龙,南取辽阳,进略临潢,取中京,又西得云中,遂入居庸,而并幽蓟。宣和五年,太宗吴乞买嗣位。七年,辽亡。

辽亡之后,宋遂与金为界。"时承平百余年,边备不整"(《宋史》卷三百五十一《管师仁传》),而华夷交战,又以马队为主。仁宗时,郭谘曾言,"契丹所恃者唯马而已"(《宋史》卷三百二十六《郭谘传》),而中国则"诸路骑兵不能驰险……马高不及格"(《宋史》卷三百二十四《张亢传》)。丁度曾"请令民畜一马者,得免二丁"(《宋史》卷二百九十二《丁度传》)。顾"天下久安,务安循而厌生事"(《宋史》卷三百九十一《吴育传》),议遂不行。同时赏罚复不公平,邓肃说:

> 金人不足畏,但其信赏必罚,不假文字,故人各用命。朝廷则不然,有同时立功,而功又相等者,或已转数官,或尚为布衣,轻重上下,只在吏手。赏既不明,谁肯自劝?(《宋史》卷三百七十五《邓肃传》)

邓肃之言是在钦宗时代,他比较宋金两方刑赏之不同,以证明宋弱金强的原因。早在仁宗时,欧阳修已经说及宋之刑赏不公。

> 欧阳修言于仁宗曰,用人之术不过赏罚。然赏及无功,则恩不足劝;罚失有罪,则威无所惧,虽有人不可用矣……昨关西用兵四五年矣。大将以无功罢者,依旧居官。军中有无功者,不妨得好官,则诸将谁肯立功矣?裨将畏懦逗遛者,皆当斩罪,或罚贬而寻迁,或不贬而依旧。军中见有罪者不诛,则诸将谁肯用命?所谓赏不足劝,威无所惧,赏罚如此,而欲用人,其可得乎?(《大学衍义补》卷一百四十《赏功之格下》)

兼以财政穷匮,徽宗时,"诸路转运使类以乏告"(《宋史》卷一百七十九《食货志下一·会计》),"兵士饥忿,有掷瓦石击守贰、刃将官者"(《宋史》卷一百七十五《食货志上三·和籴》)。于是金遂乘胜,遣将南寇,由云中陷太原(河东路),由保州陷真定(河北路),引兵南下,而威胁汴州的安全。金知宋之君臣只有苟安之念,而无决死之心。于是乍战乍和,以摇动宋之军心。而宋乃不知"能守而后可战,能战而后可和"(《宋史》卷三百五十八《李纲传上》)。边警告急,大臣莫知所为,北兵一去,又复"上下恬然,置边事于不问"(《宋史》卷三百五十八《李纲传上》)。此时也,宋的政治又极腐化。其腐化由来已久,司马光归咎于王安石"好人同己,而恶人异己","群臣有与之同者,则擢用不次;与之异者,则祸辱随之。人之情谁肯弃福而取祸,去荣而就辱?于是天下之士躁于富贵者,翕然附之"(《司马文正公传家集》卷四十五《应诏言朝政阙失状》)。士无气节,大臣以"威福在己,人不敢言",小臣则"阿意钳口,容身窃禄"(《司马文正公传家集》卷四十六《乞开言路状》)。弄到最后,王安石虽能洁身自爱,其他官吏便如苏轼所说:

> 凡贿赂先至者,朝请而夕得;徒手而来者,终年而不获。至于故常之事,人之所当得而无疑者,莫不务为留滞,以待请属。举天下一毫之事,非金钱无以行之。昔者汉唐之弊,患法不明而用之不密,使吏得以空虚无据之法而绳天下,故小人得以法为奸。今也法令明具,而用之至密,举天下惟法之知,所欲排者,有小不如法,而可指以为瑕;所欲与者,虽有所乖戾,而可借法以为解,故小人以法为奸。今天下所为多事者,岂事之诚多耶?吏欲有所鬻而未得,则新故相仍,纷然而不决。此王化之所以壅遏而不行也。(《东坡七集·应诏集》卷二《策别八》)

南宋时,张栻有言:"夫欲复中原之地,先有以复中原之心;欲得中原之心,先有以得吾民之心。"(《宋史》卷四百二十九《张栻传》)哪知南渡以前,政治就已腐化,凡因政治腐化,而须远避敌人者,很难革新政治,以驱逐敌人。宋到徽宗时代,政治腐化极矣。徽宗是一位风流天子,其好货不减于隋炀帝,吾人观其征求花石,即可知之。

> 徽宗颇垂意花石……政和中……舳舻相接于淮汴,号花石纲……朱勔擢至防御使、东南部刺史……所贡物豪夺渔取于民,毛发不少偿。士民家一石一木,稍堪玩,即领健卒直入其家,用黄封表识,未即取,使护视之,微不谨,即被以大不恭罪。及发行,必彻屋抉墙以出,人不幸有一物小异,共指为不祥,唯恐芟夷之不速。民预是役者,中家悉破产,或鬻卖子女以供其须。斫山辇石,程督峭惨,虽在江湖不测之渊,百计取之,必出乃止。尝得太湖石高四丈,载以巨舰,役夫数千人,所经州县,有折水门桥梁,凿城垣以过者。既至,赐名神运昭功石。截诸道粮饷纲,旁罗商船,揭所贡暴其上,篙工、柁师倚势贪横,陵轹州县,道路相视以目。(《宋史》卷四百七十《朱勔传》)

结果遂引起方腊之乱,破六州五十二县,戕平民二百万。

> 时吴中困于朱勔花石之扰,比屋致怨,腊因民不忍,阴聚贫乏游手之徒。宣和二年十月,起为乱,自号圣公,建元永乐,置官吏将帅,以巾饰为别。自红巾而上凡六等,无弓矢介胄,唯以鬼神诡秘事相扇訹,焚室庐,掠金帛子女,诱胁良民为兵。人安于太平,不识兵革,闻金鼓声,即敛手听命,不旬日聚众至数万。……凡得官吏,必断脔支体,探其肺肠,或熬以膏油,丛镝乱射,备尽楚毒,以偿怨心。警奏至京师,王黼匿不以闻,于是凶焰日炽……四月(政和三年),生擒腊……四年三月,余党悉平……腊之起,破六州五十二县,戕平民二百万。(《宋史》卷四百六十八《方腊传》)

钦宗即位,虽然屡下恤民之诏,而皆是空文,未可实行。刘珏说:

> 恤民之诏累下,未可行者多,是为空文无实德,此政事失信之开端也。(《宋史》卷三百七十八《刘珏传》)

金人则一面言和,同时进攻。诸将以和谈之故,均闭壁不战。

> 金人既退,大臣不复顾虑,武备益弛……及边警急,大臣不知所出,遣使讲解,金人佯许,而攻略自如。诸将以和议故,皆闭壁不出。(《宋史》卷三百六十二《吕好问传》)

黄河南岸没有一人御敌,金师遂直叩京城。

> 金师南下……黄河南岸无一人御敌,金师遂直叩京城。(《宋史》卷三百五十七《何灌传》)

靖康二年,金人攻陷汴州,虏二帝而去。这个时候宋代士大夫是否同五代一样,只有保家之念,而无殉国之情?历史虽说:

> 士大夫忠义之气,至于五季变化殆尽。宋之初兴,范质、王溥犹有余憾,况其他哉?艺祖首褒韩通,次表卫融,足示意向……真仁之世,田锡、王禹偁、范仲淹、欧阳修、唐介诸贤以直言谠论倡于朝,于是中外缙绅,知以名节相高、廉耻相尚,尽去五季之陋矣。(《宋史》卷四百四十六《忠义传序》)

其实宋代士大夫心理上受了经义的拘束,而于仕进方面又受科举的束缚,渐次失去豪迈之气。只知循常习故,不敢毫发出入于规矩绳墨之间。一旦猝然遇到危难,遂不知如何应付。然而举世士君子又复吹毛求疵,攻人之短,似天下无一完人。仁宗时,李觏曾言:

> 窃观世俗之论……不求于己,而专责于人。不用其长,而专攻其短。适时则谓之违礼,从权则谓之坏法。刚毅则谓之不逊,倜傥则谓之不检。轻财则谓之不俭,为生则谓之不廉。(《李直讲文集》卷十七《强兵策第九》)

孝宗时,陈亮说得更见率直。

> 本朝以儒道治天下,以格律守天下,而天下之人知经义之为常程,科举之为正路,法不得自议其私,人不得自用其智,而二百年之太平由此而出也。至于艰难变故之际,书生之智知议论之当正,而不知事功之为何物;知节义之当守,而不知形势之为何用;宛转于文法之中,而无一人能自拔者。陛下虽欲得非常之人,以共斯世,而天下其谁肯信乎?(《龙川文集》卷一《戊申再上孝宗皇帝书》)

自党争发生之后,士务奔竞,而寡廉耻。陆佃说:

> 近时学士大夫,相领竞进,以善求事为精神,以能讦人为风采,以忠厚为重迟,以静退为卑弱,相师成风,莫之或止。(《宋史》卷三百四十三《陆佃传》)

李纲亦说:

> 近世士大夫寡廉鲜耻,不知君臣之义。(《宋史》卷三百五十八《李纲传上》)

士大夫寡廉鲜耻,当然敌人来侵,不肯杀身以成仁,只知求生以害义,而如李纲所言:

> 国家更大变,鲜仗节死义之士,而受伪官以屈膝于其庭者不可胜数。
> (《宋史》卷三百五十八《李纲传上》)

卫肤敏亦说:

> 前日金人凭陵,都邑失守,朝臣欲存赵氏者,不过一二人而已。其他

皆屈节受辱,不以为耻。甚者为敌人敛金帛,索妃嫔,无所不至,求其能诈楚如纪信者无有也。及金人伪立叛臣,僭窃位号,在廷之臣,逃避不从,及约寇退,归位赵氏者,不过一二人而已。其他皆委质求荣,不以为愧。甚者为叛臣称功德,说符命,主推戴之议,草劝进之文,无所不为,求其击朱泚如段秀实者无有也。(《宋史》卷三百七十八《卫肤敏传》)

兼以金人的政策又甚毒辣,凡守令以城降者,金人即任命为守令。

建炎初,金人陷关陕,守令以城降者,金人因而命之。(《宋史》卷四百五十三《刘化源传》)

这个政策果然奏效,试看金人之言:

金人相与言,辽国之亡,死义者十数,南朝惟李侍郎一人。(《宋史》卷四百四十六《李若水传》)①

宋的政权完全颠覆,于是盗贼群起。

是时四方溃兵为盗者十余万人,攻劫山东、淮南、襄汉之间……车驾遂东幸,两河郡县相继沦陷……而中原盗贼蜂起矣。(《宋史》卷三百五十八《李纲传上》)

山东盗起,州县不能制。(《宋史》卷三百七十七《李璆传》)

河北红巾贼甚众。(《宋史》卷四百四十九《魏行可传》)

中原鼎沸,虽有害于宋的恢复工作,亦有害于金之建立政权。于是金遂应用以华制华的政策。其攻下汴州之时,立张邦昌为楚帝。高宗即位于宋州(宋

---

① 《宋史》卷三百五十八《李纲传上》,纲亦云:"近世士大夫寡廉鲜耻,不知君臣之义。靖康之祸,能仗节死义者,在内惟李若水,在外惟霍安国。"

建四京,开封府为东京,河南府为西京,应天府〔宋州〕为南京,大名府为北京),邦昌赐死。金复立刘豫为齐帝。岳飞说:

> 金人所以立刘豫于江南,盖欲荼毒中原,以中国攻中国,粘罕因得休兵观衅。(《宋史》卷三百六十五《岳飞传》)

但是刘豫每次入寇,率皆败北。金人知其不足恃,从又废之,而以河南之地还宋。陈橐说:

> 金每挟讲和以售其奸谋。论者因其废刘豫,又还河南地,遂谓其有意于和。臣以为不然。且金之立豫,盖欲自为捍蔽,使之南窥,豫每犯顺,率皆败北。金知不足恃,从而废之,岂为我哉?河南之地,欲付之他人,则必以豫为戒,故捐以归我。(《宋史》卷三百八十八《陈橐传》)

这个时候车驾尚在南京(宋州),未至大江之南,而两河州郡亦多为宋守。所谓两河即河东、河北,张所曾言"河东、河北天下之根本"(《宋史》卷三百六十三《张所传》)。当时金兵于河东至太原,于河北至真定,而两河郡县之未沦陷者尚多。李纲说:

> 河北、河东者国之屏蔽也……今河东所失者忻、代、太原、泽、潞、汾、晋,余郡犹存也。河北所失者不过真定、怀、卫、浚四州而已,其余三十余郡皆为朝廷守。(《宋史》卷三百五十八《李纲传上》)

唯在钦宗时代,宋已失去三关四镇。三关为高阳、瓦桥、益津三关,四镇为太原、中山、河间、真定四镇。聂昌说:"三关四镇,国家藩篱也。"(《宋史》卷三百五十三《聂昌传》)陈东亦说:

> 河北实朝廷根本,无三关四镇,是弃河北,朝廷能复都大梁乎?(《宋

史》卷四百五十五《陈东传》)

在四镇之中,真定控燕蓟而迫河洛。宋祁说:

> 河朔天下根本,而真定又河朔之根本。(《读史方舆纪要》卷十四《真定府》)

太原又踞天下之肩背,为河东之根本。刘安世说:

> 太原下瞰长安(谓开封),才数百里,弃太原,则长安京城不可都也。(《读史方舆纪要》卷四十《太原府》)①

宋既失去两地,不但汴州不可以都,即宋州亦不安全。殊不知"退避之策,可暂而不可常,可一而不可再,退一步则失一步,退一尺则失一尺"(《宋史》卷三百五十九《李纲传下》)。然而高宗竟从黄潜善、汪伯彦之言,驾幸东南,而定都于临安(杭州)。李纲曾言:

> 车驾巡幸之所,关中为上,襄阳次之,建康为下。陛下纵未能行上策,犹当且适襄邓,示不忘故都,以系天下之心。不然,中原非复我有,车驾还阙无期,天下之势遂倾不复振矣。(《宋史》卷三百五十八《李纲传上》)

岂但李纲,赵鼎亦云:"经营中原,当自关中始。"(《宋史》卷三百六十《赵鼎传》)张浚也说:"中兴当自关陕始。"(《宋史》卷三百六十一《张浚传》)盖天下形势乃如汪若海所说:

> 天下者常山蛇势也。秦蜀为首,东南为尾,中原为脊。今以东南为

---

① 《宋史》卷四百四十六《张确传》,确说:"河东天下根本,安危所系。无河东,岂特秦不可守,汴亦不可都矣。"

首,安能起天下之脊哉?将图恢复,必在川陕。(《宋史》卷四百四《汪若海传》)

顾当时乃有诏欲幸东南避敌之言,所以李纲又请暂以南阳为都。

  自古中兴之主,起于西北,则足以据中原,而有东南。起于东南,则不能以复中原,而有西北。盖天下精兵健马皆在西北,一旦委中原而弃之,岂惟金人将乘间以扰内地,盗贼亦将蜂起为乱,跨州连邑,陛下虽欲还阙,不可得矣,况欲治兵胜敌以归二圣哉?夫南阳光武之所兴,有高山峻岭可以控扼,有宽城平野可以屯兵。西邻关陕,可以召将士。东达江淮,可以运谷粟。南通荆湖、巴蜀,可以取财货。北距三都,可以遣救援。暂议驻跸,乃还汴都,策无出于此者。今乘舟顺流而适东南,固甚安便,第恐一失中原,则东南不能必其无事,虽欲退保一隅,不易得也。(《宋史》卷三百五十八《李纲传上》)

但是高宗竟然退居临安,这是李纲所意料不到的。于是李纲前此谓"车驾巡幸之所……建康为下",现在不能不退一步,而请移跸建康了。

  李纲奏,若夫万乘所居,必择形胜以为驻跸之所,然后能制服中外,以图事业。建康自昔号帝王之宅,江山雄壮,地势宽博,六朝更都之。臣昔举天下形势而言,谓关中为上;今以东南形势而言,则当以建康为便。(《宋史》卷三百五十九《李纲传下》)

张浚亦谓:

  张浚每论定都大计,以为东南形势莫如建康,人主居之,可以北望中原,常怀愤惕。至如钱塘僻在一隅,易于安肆,不足以号召北方。(《宋史》卷三百六十一《张浚传》)

盖就建康之形势言之，乃如吴芾所言：

> 今欲控带襄汉，引输湖广，则临安不如建康便。经理淮甸，应接梁宋，则临安不如建康近。(《宋史》卷三百八十七《吴芾传》)

顾宋自金人南侵之后，就一意以求和乞盟为事，宗泽曾言：

> 自金人再至，朝廷未尝命一将，出一师，但闻奸邪之臣朝进一言以告和，暮入一说以乞命，终致二圣北迁，宗社蒙耻。(《宋史》卷三百六十《宗泽传》)

高宗迁都临安，完全出于苟安的心理，其不愿北伐，收复河山，是早已决定的。所以秦桧用事就以解仇议和为国策。

> 二帝北迁……康王（高宗）即位……始朝廷虽数遣使，但且守且和，而专与金人解仇议和，实自桧始。(《宋史》卷四百七十三《秦桧传》)

按自金人南侵之时，和战已经不决。钦宗时，程振曾言：

> 金人交兵半岁，而至今不解者，以和战之说未一故也……今日一人言之，以为是而行。明日一人言之，以为非而止。(《宋史》卷三百五十七《程振传》)

而最后胜利必属于主和之人，钦宗时代李邦彦、耿南仲主和，而二帝遂北狩矣(《宋史》卷三百五十三《耿南仲传》)；高宗初年，黄潜善、汪伯彦主和，而宋遂南渡矣(《宋史》卷四百七十三《黄潜善汪伯彦传》)。其后秦桧主和，而中原不能恢复，遂成为定局矣(《宋史》卷四百七十三《秦桧传》)。其所以如此者，固然因为逐鹿中原，马队极为重要。南渡之后，"西北之马不可得，而东南之马不可用"(《宋史》卷三百五

十八《李纲传上》)。而国家承平日久,苟且偷生之念太深,亦不失为原因之一。宗泽说:

> 国家承平二百年,不识兵革,以敌国诞谩为可凭信,恬不置疑。不惟不严攻讨之计,其有实欲贾勇思敌所忾之人,士大夫不以为狂,则以为妄,致有前日之祸。(《宋史》卷三百六十《宗泽传》)

由于苟且偷生,遂发生自卑之念,而欲坐待强敌自弊。王居正曾对高宗说:

> 昔人于难者,勉强为之,今以为难,不复有所为,以俟天意自回、强敌自毙也。宣和末,以为难者十五六,至靖康与宣和孰难?靖康末,以为难者十八九,至建炎与靖康孰难?由此而言,今日虽难于前日,安知他日不难于今日?盖宣和以为难,故有靖康之祸。靖康以为难,故有今日之忧。今而亦云,臣有所不忍闻。(《宋史》卷三百八十一《王居正传》)

但高宗所以不欲北伐,也有其特殊原因。宋自太祖以来,鉴唐末五代方镇之乱,一切用人行政均以预防武将为目的。而在金人南渡、二帝北狩之时,中原纷乱,"诸路各拥重兵,率骄蹇不用命"(《宋史》卷四百七十五《杜充传》)。张守说:

> 今之大将皆握重兵……故朝廷之势日削,兵将之权日重。(《宋史》卷三百七十五《张守传》)

季陵亦说:

> 今将帅拥兵自卫,浸成跋扈。(《宋史》卷三百七十七《季陵传》)

吾人观刘豫遣子麟、猊分道寇淮西,麟败,高宗语赵鼎曰:"刘麟败北不足喜,诸将知尊朝廷为可喜。"(《宋史》卷三百六十五《岳飞传》)可知高宗所忌者乃诸将,而非金人。其接受秦桧主和之说,即因"秦桧谋收诸将兵权"《宋史》卷四百七十四《万俟卨传》,而深合于宋代祖宗遗训。且看叶适之言:

> 诸将自夸豪雄……各以成军雄视海内……当是时廪食惟其所赋,功勋惟其所奏,将校之禄多于兵卒之数……其后秦桧……急于求和,以屈辱为安者,盖忧诸将之兵未易收,浸成痈赘,则非特北方不可取,而南方亦未易安也。(《水心集》卷五《四屯驻大兵》)

吾国自古以来,就有华夷之别,这个民族意识,下层阶级似比高等华人尤为强烈。五代时,契丹入主中原,而不与契丹合作者不是官僚,而是一般平民。金兵渡河,求割三镇(太原、中山、河间),钦宗罢主战之李纲,"太学生陈东等诣阙上书,明纲无罪,军民不期而集者数十万,呼声动地,患不得报,至杀伤内侍"《宋史》卷三百五十八《李纲传上》。到了"金人逼二帝北行,宗社失主,宗泽一呼,而河北义旅数十万众,若响之赴声"《宋史》卷三百六十《宗泽赵鼎传》论。及高宗初年,"河东北虽陷,土豪聚众保险"《宋史》卷四百五十二《翟兴传》。所以宗泽有言:

> 今河东西不从敌国而保山砦者,不知其几。诸处节义之夫自黥其面而争先救驾者,复不知其几。(《宋史》卷三百六十《宗泽传》)

岳飞进军朱仙镇,因宰相秦桧主和,不能不班师而还,当时情况如次:

> 岳飞进军朱仙镇,距汴京四十五里,与兀术对垒而阵……大破之,兀术遁汴京……父老百姓争挽车牵牛,载糗粮以馈义军,顶盆焚香迎候者,充满道路。自燕以南,金号令不行。兀术欲签军以抗飞,河北无一人从者。乃叹曰,自我起兵北方以来,未有如今之挫衄……秦桧……令班师……一日奉十二金字牌。飞愤惋泣下,东向再拜曰,十年之力,废于一旦。飞班师。民遮马恸哭诉曰,我等戴香盆,运粮草,以迎官军,金人悉

> 知之,相公去,我辈无噍类矣。飞亦悲泣,取诏示之曰,吾不得擅留。哭声震野,飞留五日,以待其徙,从而南者如市。亟奏,以汉上六郡闲田处之。(《宋史》卷三百六十五《岳飞传》)

然而朝廷既主和议,百姓哪有办法?于是岳飞牺牲,而偏安遂成为定局。

> 岳飞既归,所得州县旋复失之……兀术遗桧书曰,汝朝夕以和请,而岳飞方为河北图,必杀飞始可和。桧亦以飞不死,终梗和议,已必及祸,故力谋杀之……遣使捕飞父子……坐系两月……岁暮狱不成,桧手书小纸付狱,即报飞死,时年三十九。(《宋史》卷三百六十五《岳飞传》)

然则金兵何以不能南下灭宋?在高宗时代,金何曾不想吞并中国?但绍兴元年,吴玠、吴璘败金兵于和尚原,金已不能入据四川,以长江上流之势压迫江南。绍兴四年,韩世忠又败金兵于黄天荡。三十一年,虞允文复败金于采石矶,金不能占领建康,而直接威胁临安。而前此绍兴十年,岳飞大破金兵于郾城,进攻朱仙镇,更令金不敢轻视南军。宋经数次胜利之后,偏安之局已经巩固,而宋之军队又守在江北。李纲曾云:

> 夫六朝之所以能保江左者,以强兵巨镇尽在淮南、荆襄间。(《宋史》卷三百五十九《李纲传下》)

南宋未曾违反这个原则,其重兵所驻之地,由汉中而至京口共有五镇。黄裳说:

> 自吴至蜀,绵亘万里,曰汉中,曰襄阳,曰江陵,曰鄂渚,曰京口,当为五镇……五镇强,则国体重矣。(《宋史》卷三百九十三《黄裳传》)

南宋定都临安,即在长江下游。四川之地极为重要,张嵲说:"吴蜀唇齿之势也。"(《宋史》卷四百四十五《张嵲传》)余端礼云："无蜀是无东南也。"(《宋史》卷三百九十八《余端礼传》)金固不忘于取蜀。綦崇礼奏"金人二三岁来，悉力窥蜀，其意以为蜀若不守，江浙自摇，故必图之"(《宋史》卷三百七十八《綦崇礼传》)。然金欲取蜀，须先入关，而后再由汉中以胁益州。张浚曾"虑金人或先入陕取蜀，则东南不可保"(《宋史》卷三百六十一《张浚传》)。然宋南迁之后，关中已经失守，浚乃命吴玠聚兵扼险于凤翔之和尚原(《宋史》卷三百六十一《张浚传》)。杨存中说："和尚原，陇右之藩要也。敌得之则可以睥睨汉川，我得之则可以下兵秦雍……愿毋弃。"(《宋史》卷三百六十七《杨存中传》)吴玠"每战辄胜"，和尚原之役，玠又大破金师，所以"关陕虽失，而全蜀安堵，且以牵制东南，江淮亦赖以安"(《宋史》卷三百六十一《张浚传》)。

襄阳呢？孟珙说："襄樊为朝廷根本。"(《宋史》卷四百十二《孟珙传》)王应麟说："国家所恃者大江，襄樊其喉舌。"(《宋史》卷四百三十八《王应麟传》)高宗初年，襄阳曾一度失守，宰相朱胜非言："襄阳国之上流，不可不急取。"遂令岳飞出师，而复襄阳(《宋史》卷三百六十《赵鼎传》)。盖"襄阳为荆楚门户"(《宋史》卷三百八十五《汪彻传》)，而如李宗勉所说："襄州失，则江陵危。江陵危，则长江之险不足恃。"(《宋史》卷四百五《李宗勉传》)宋既坚守襄阳，江陵遂赖以安。

江陵"雄据上流，表里襄汉，西控巴蜀，南扼湖广"(《宋史》卷四百五十《杨霆传》)，实是南北战争之时，兵家必争之地。盖武昌居建康上游，江陵又居武昌上游，其势乃如史璟卿所说："江陵之势苟孤，则武昌之势未易守。荆湖之路稍警，则江浙之诸郡焉得高枕而卧？"(《宋史》卷四百十四《史嵩之传》)宋用襄阳以确保江陵，又利用江陵上流之势，使长江下流安堵无事。南宋能够苟安，有恃于地理者甚多。

鄂渚就是汉代的夏口，亦即今日之武昌，自古以来为兵冲要地。今试举顾祖禹之言，以明鄂渚之重要。

六朝之际，上流有事，夏口为必争之所……唐之中叶，以淮汝多虞，荆江隔远，因立军府于此，为控御之备，自是鄂渚为雄镇。南宋初，吕氏曰，武昌江湖之冲也，西扞郢，南拒岳，西南据江陵，东南蔽九江，表里扞蔽,最为强固。又薛氏曰,武昌之地襟带江沔,依阻湖山,左控庐汜,右连襄汉,南北二涂,有如绳直。金人南牧,尝出此以袭豫章,境壤易越也。张浚曰,鄂州城东通武昌、樊口,昔孙权欲都武昌以拒魏者,盖以渡江而西,接连川陕,中原声援,络绎可通耳。淳祐中,史璟卿言,鄂渚形势之地,西可以援蜀,东可以援淮,北可以镇荆湖。咸淳中,汪立信议置重兵于此,为上流之卫……地利顾不重欤?《读史方舆纪要》卷七十六《武昌府》）

至于京口即今日之镇江,"京口控扼大江,为浙西门户"（《宋史》卷三百七十八《刘宁止传》）。其对岸则为扬州,袁韶说:"扬失守,则京口不可保。"（《宋史》卷四百十五《袁韶传》）赵范亦言:"扬州者国之北门,一以统淮,一以蔽江,一以守运河。"（《宋史》卷四百十七《赵范传》）扬州根柢淮左,遮蔽金陵,宋室南迁,以扬州枕江臂淮,倚为襟要。扬州有备,而后淮南可守,淮南可守,而后长江才有屏蔽。王德说:"淮者江之蔽也,弃淮不守,是谓唇亡齿寒也。"（《宋史》卷三百六十八《王德传》）韩肖胄说:"中原未复,所恃长江之险,淮南实为屏蔽。"（《宋史》卷三百七十九《韩肖胄传》）丘崈说:"弃淮,则与敌共长江之险矣。吾当与淮南俱存亡。"（《宋史》卷三百九十八《丘崈传》）赵范说:"有淮则有江。无淮,则长江以北港汊芦苇之处,敌人皆可潜师以济,江面数千里何从而防哉?"（《宋史》卷四百十七《赵范传》）杨万里说:"论者或谓弃淮而保江,既无淮矣,江可得而保乎?"（《宋史》卷四百三十三《杨万里传》）南宋定都临安,依江为险。而其形势则如胡铨所说:"两淮不保,则大江决不可守;大江不守,则江浙决不可安。"（《宋史》卷三百七十四《胡铨传》）

南宋偏安江左,守汉中;防金人入蜀,守襄阳;防金人取荆,守扬州;防金人得淮,而江陵、武昌之地戒备亦不少弛。而金"俗本鸷劲,人多沉雄","加之地狭产薄,无事苦耕,可给衣食;有事苦战,可致俘获。劳其筋骨,以能寒暑。征发调遣,事同一家"。故能"变弱为强,以寡制众"。"及其得志中国,自顾其宗族国人尚少,乃割土地,崇位号以假汉人,使为之效力而守之。"又令其将士"杂厕汉地,听与契丹汉人婚"（《金史》卷四十四《兵志序》）。于是雄伟之气渐失,繁文缛礼遂兴。陈亮说:

> 昔者金人草居野处，往来无常，能使人不知所备，而兵无日不可出也。今也城郭官室、政教号令，一切不异于中国。点兵聚粮，文移往返，动涉岁月，一方有警，三边骚动，此岂能岁出师以扰我乎？（《龙川文集》卷一《上孝宗皇帝第一书》）

一方地理上宋之戒备颇严，他方风俗上金已失去斗志，金之不能南下灭宋，已经显明。然而宋自南迁之后，宴安于所托，无意于北伐。陈亮曾言：

> 自晋之永嘉，以迄于隋之开皇，其在南则定建业为都，更六姓而天下分裂者三百余年。南师之谋北者不知其几，北师之谋南者盖亦甚有数，而南北通和之时则绝无而仅有。未闻有如今日之岌岌然以北方为可畏，以南方为可忧，一日不和，则君臣上下朝不能以谋夕也。（《龙川文集》卷一《戊申再上孝宗皇帝书》）

这样，金宋对立遂成为定局。到了蒙古勃兴，金亡，宋亦随之而亡。

第五节
苟安心理与腐化政治

宋自神宗变法之后,继之有哲宗的绍圣,以绍述新政为国是;又继之有徽宗的崇宁,以表示推崇熙宁之意。然而三朝改革无不失败,卒至二帝北狩,高宗南渡,全国上下均溺于宴安,虽有战事,志在保境,进攻之心失,苟安之念生。李纲曾言:

> 大概近在闲暇,则以和议为得计,而以治兵为失策。仓卒则以退避为爱君,而以进御为误国。上下偷安,不为长久之计。天步艰难,国势益弱,职此之由。(《宋史》卷三百五十九《李纲传下》)

又说:

> 若夫退避之策,可暂而不可常,可一而不可再,退一步则失一步,退一尺则失一尺。往时自南都退至维扬,则关陕、河北、河东失矣。自维扬退而至江浙,则京东西失矣。万有一敌骑南牧,复将退避,不知何所适而可乎?(《宋史》卷三百五十九《李纲传下》)

复说:

边事粗定之时，朝廷所推行者，不过簿书期会不切之细务。至于攻讨防守之策、国之大计，皆未尝留意。(《宋史》卷三百五十九《李纲传下》)

最初高宗赞成和议，也许因为二圣拘留于北庭，一旦开战，徽钦二帝将受其祸。此时也，冯时行知"和议不可信，至引汉高分羹事为喻"(《宋史》卷四百七十三《秦桧传》)。为天下者不顾家，唯在儒家思想盛行的时代，这个见解是不容易入耳的，所以高宗才说"朕不忍闻"，"颦蹙而起"(《宋史》卷四百七十三《秦桧传》)。到了徽钦崩殂，这个时候若因梓宫未回，而赞成和议(《宋史》卷三百六十《赵鼎传》)，未免拘于小节，而忘国家之大耻。高宗曾诏"诸郡守臣相度，或守或避，令得自便"(《宋史》卷三百六十三《李光传》)。这种诏令可谓奇特之至，其实此际，以财政言，宋已不能战。"高宗在扬州，四方贡赋不以期至。"(《宋史》卷一百七十九《食货志下一·会计》)以兵力言，宋更不能战。"禁卫才五千余，羸老居半，至不能介胄者。"(《宋史》卷三百八十七《杜莘老传》)孝宗即位，最初尚想恢复中原，他说：

士夫讳言恢复，不知其家有田百亩，内五十亩为人所据，亦投牒理索否？(《宋史》卷三百九十六《赵雄传》)

史称孝宗"锐意北伐，示天下以所向"(《宋史》卷三百八十九《袁枢传》)。此种姿态是错误的，《六韬》(第十三篇《发启》)云："鸷鸟将击，卑飞敛翼；猛兽将搏，弭耳俯伏；圣人将动，必有愚色。"《孙子》(《始计》)云："兵者诡道也，故能而示之不能，用而示之不用。"自古以来，真欲报仇雪耻，必须暗中准备。勾践卧薪尝胆，何曾让夫差知道？袁枢曾言："古之谋人国者，必示之以弱。苟陛下志复金仇，臣愿蓄威养锐，勿示其形。"(《宋史》卷三百八十九《袁枢传》)余端礼亦对孝宗说：

谋敌决胜之道，有声有实。敌弱者先声后实，以耆其气。敌强者，先实后声，以俟其机。汉武乘匈奴之困，亲行边陲，威震朔方，而漠南无王庭者,詟其气而服之,所谓先声而后实也。越谋吴则不然,外讲盟好,内修武备,阳行成以种蠡,阴结援于齐晋,教习之士益精,而献遗之礼益密,用能一战而霸者,伺其机而图之,所谓先实而后声也。今日之事异于汉,而与越相若。愿阴设其备,而密为之谋。观变察时,则机可投矣。(《宋史》卷三百九十八《余端礼传》)

孝宗不明此理,既示其形了,就是无意北伐。当时朝中大臣多持和谈,吾人观隆兴初,"诏以和戎遣使,大询于庭,侍从、台谏预议者凡十有四人,主和者半,可否者半,言不可和者胡铨一人而已"(《宋史》卷三百七十四《胡铨传》)。当时朝臣如何苟且偷安,由此可以知道。陈亮曾言:"臣以为通和者,所以成上下之苟安,而为妄庸两售之地,宜其为人情之所甚便也。"(《龙川文集》卷一《上孝宗皇帝第一书》)孝宗受了朝臣的影响,意志不免动摇。王质曾批评孝宗如次:

> 今陛下之心志未定,规模未立。或告陛下金弱且亡,而吾兵甚振,陛下则勃然有勒燕然之志。或告陛下吾力不足恃,而金人且来,陛下即委然有盟平凉之心。或告陛下吾不可进,金不可入,陛下又蹇然有指鸿沟之意。(《宋史》卷三百九十五《王质传》)

人主立意不定,甚至敌人已至近郡,"庙堂犹主和议,至敕诸将无得辄称兵"(《宋史》卷四百二十九《张栻传》)。高宗时,林之奇已经警告当路:

> 久和畏战,人情之常。金知吾重于和,故常以虚声喝我,而示我以欲战之意。非果欲战,所以坚吾和。欲与之和,宜无惮于战,则其权在我。(《宋史》卷四百三十三《林之奇传》)

南渡稍久,君臣上下遂宴安于江左一隅之地,无意北伐,文恬武嬉,歌舞太平,前此痛心疾首,现在乃以钱塘为乐国。陈亮说:

>方南渡之初，君臣上下痛心疾首，誓不与虏俱生……三十年之余，虽西北流寓，皆抱孙长息于东南，而君父之大仇一切不复关怀……风俗固已华靡，士大夫又从而治园囿台榭，以乐其生于干戈之余，上下宴安，而钱塘为乐国矣。(《龙川文集》卷一《上孝宗皇帝第一书》)

岂但无意北伐，而且日夜惶惶焉唯恐北寇之南侵。陈亮说：

>自晋之永嘉以迄于隋之开皇，其在南则建业为都，更六姓，而天下分裂者三百余年。南师之谋北者不知其几，北师之谋南者盖亦甚有数，而南北通和之时则绝无而仅有。未闻有如今日之炭炭然以北方为可畏，以南方为可忧，一日不和，则君臣上下朝不能以谋夕也。(《龙川文集》卷一《戊申再上孝宗皇帝书》)

六十年之后，又以南北对立已经成形，自愿与宋齐梁陈并称。叶适说：

>陬处江浙，以为南北之成形，六十年矣……岂可坐而讲尧舜三代之旧，洋洋焉，熙熙焉，以与宋齐梁陈并称而已者乎？(《水心集》卷四《始论一》)

此辈苟且偷安之徒皆借辞于"乘机""待时"。叶适在孝宗时，曾谓"言者皆曰，当乘其机……言者皆曰，当待其时……机自我发，非彼之乘；时自我为，何彼之待"(《水心集》卷一《上孝宗皇帝札子》)。在光宗时，又说："事之未立，则曰乘其机也，不知动者之有机，而不动者之无机矣。纵其有机也，与无奚异？功之未成，则曰待其成也，不知为者之有时，而不为者之无时矣。纵其有时也，与无奚别？"(《水心集》卷一《上光宗皇帝札子》)他最反对待时乘机之论，他说：

>何谓待时，此今论者所常以为言也。夫时有未可而待其至，昔之谋国者固皆如此，而今所言，特似之而非也。越之报吴也，范蠡、文种以为必在二十年之外。二十年之内，句践欲不忍其愤而一决，则二人者出死

力以止之。至其成功也,果在二十年之外。此岂非所谓待时者邪?然二十年之内,越人日夜之所为,皆报吴之具也。故时未至则不动,时至则动而灭吴,若二十年之内无所为,而欲待于二十年之外,可乎?……陛下二十余年之间……闻待时之论,而行待时之说,熟矣。待时之说转而为乘机,此大臣之款大事而误陛下以自宽也。亮氏毙殒,北方请命,女真乱离,其时岂不至耶?……由乾道元年以迄今日,不知何时可待而何机可乘乎?时若是之久而当待,机若是之远而未可乘……使少壮至于耆老而终不见耶?……臣请决今日之论,时自我为之,则不可以有所待也。机自我发之,则不可以有所乘也。不为则无时矣,何待?不发则无机矣,何乘?陛下姑自为其时而自待之,毋使群臣相倚相背,徒流岁月,前者既去,后者复来,不过如此而已也。(《水心集》卷四《待时》)

凡偏安局面很难永久维持,我不伐贼,贼必伐我。当此之时,全国上下均应卧薪尝胆,刷新政治,十年生聚,十年教训。孝宗即位,宋之南渡已经三十年了。然而生聚如何,教训如何?吾人观张栻对孝宗之言,可知孝宗时代国计民生之情形。

时宰方谓敌势衰弱可图……张栻见上,上曰,卿知敌国事乎?栻对曰,不知也。上曰,金国饥馑连年,盗贼四起。栻曰,金人之事,臣虽不知,境中之事则知之矣。上曰,何也?栻曰,臣切见比年诸道多水旱,民贫日甚,而国家兵弱财匮,官吏诞谩,不足倚赖。正使彼实可图,臣惧我之未足以图彼也。上为默然久之。(《宋史》卷四百二十九《张栻传》)

朝廷既无意北伐,遂亦不想革新政治。本来避寇而徙都,而能复振者为数并不甚多。而政府当局在国难临头之时,不能一鼓作气,革新政治,则江河日下,又必渐次腐化。李纲说:

夫治天下者,必资于人才。而创业中兴之主,所资尤多。何则?继体守文,率由旧章,得中庸之才,亦足以共治。至于艰难之际,非得卓荦瑰伟之才,则未易有济。是以大有为之主,必有不世出之才,参赞翊佐,以成大业。(《宋史》卷三百五十九《李纲传下》)

然察之吾国历史,皇室数传之后,往往失去蓬勃之气,而耽于安乐。求其守成,已经不易,更何能于艰难之际,奋发有为? 皇室如斯,一般官僚上焉者持禄固位,多务因循;下焉者知国运之不长,又汲汲于于营私舞弊,为身后之计。理宗时,袁甫言:"人民所以愁苦者,由贪冒之风炽。"(《宋史》卷四百五《袁甫传》)政治腐化成为南宋的普遍现象,何能振起民气,而恢复中原?

其腐化原因由来已久,北宋时代政治上就无定见,用人方面,往往是"以一人之言进之,未几又以一人之言疑之"(《涑水记闻》卷五)。决策方面,又是"今日一人言之,以为是而行;明日一人言之,以为非而止"(《宋史》卷三百五十七《程振传》)。神宗熙宁年间,吕公著上疏言:

前日所举,以为天下之至贤,而后日逐之,以为天下至不肖。其于人材既反复不常,则于政事亦乖戾不审矣。(《宋史》卷三百三十六《吕公著传》)

徽宗宣和末,胡安国奏言:

为天下国家,必有一定不可易之计,谋议既定,君臣固守,故有志必成,治功可立。(《宋史》卷四百三十五《胡安国传》)

南渡之后,此风犹在。随政策之变更,宰相跟着更迭;随宰相之更迭,群臣跟着进退。人存五日京兆之心,何能有所建树? 曾从龙曾以地方官为例,说明任期太短之弊。

州郡累月阙守,而以次官权摄者,彼惟其摄事也,自知非久,何暇尽心于民事? 狱讼淹延,政令玩弛,举一郡之事,付之胥吏。幸而除授一

人，民望其至如渴望饮。足未及境，而复以他故罢去矣。(《宋史》卷四百十九《曾从龙传》)

此盖宋代天子自太祖以降，均有不信任大臣之心。高宗时，程俱说：

> 国家之患，在于论事者不敢尽情，当事者不敢任责。言有用否，事有成败，理固不齐。今言不合，则见排于当时；事不谐，则追咎于始议。故虽有智如陈平，不敢请金以行间。勇如相如，不敢全璧以抗秦。通财如刘晏，不敢言理财以赡军食。使人人不敢当事，不敢尽谋，则艰危之时，谁与图回而恢复乎？(《宋史》卷四百四十五《程俱传》)

孝宗时，陈亮说：

> 臣愿陛下……疑则勿用，用则勿疑。与其位，勿夺其职；任以事，勿间以言……才不堪此，不以其易制而姑留；才止于此，不以其久次而姑迁。(《龙川文集》卷二《论开诚之道》)

宁宗时，曹彦约说：

> 今庙堂之上，患士大夫不奉行诏令，恶士大夫不恪守忠实。故虽信而用之，又以人参之。虽以事权付之，又从中御以系维之。致使知事者不敢任事，畏事者常至失事。卒有缓急，各持己见。兵权财计，互相归咎。(《宋史》卷四百十《曹彦约传》)

理宗时，李韶又云：

> 人主职论一相而已。非其人不以轻授，始而授之，如不得已。既乃疑之，反使不得有所为。是岂专任责成之体哉？所言之事不必听，所用

之人不必从，疑畏忧沮而权去之矣。(《宋史》卷四百二十三《李韶传》)

始而授之以职，既又疑之使去，群臣多明哲保身。孝宗时，许及之奏，"群臣以不肯任事为简重，以不敢任怨为老成"(《宋史》卷三百九十四《许及之传》)。到了宁宗时代，"廷臣争务容默，有论事稍切者，众辄指以为异"(《宋史》卷四百一《刘爚传》)。群臣拱默，不肯任责，于是琐屑之事皆取决于朝省，朝省亦不决定，而取旨于天子。这在高宗时代已经如此。晏敦复说：

> 比来百司不肯任责，琐屑皆取决朝省，事有不当，上烦天听者，例多取旨。由是宰执所治，烦杂不减有司；天子听览，每及细务。(《宋史》卷三百八十一《晏敦复传》)①

据法家思想，"人主之道，不自操事，不自计虑"(《韩非子》第五篇《主道》)，盖如慎子所说："君之智未必最贤于众也，以未最贤而欲以善尽被下，则不赡矣。若使君之智最贤，以一君而尽赡下则劳，劳则有倦，倦则衰，衰则复返于不赡之道也。是以人君自任而躬事，则臣不事事，是君臣易位也，谓之倒逆，倒逆则乱矣。人君苟任臣，而勿自躬，则臣皆事事矣，是君臣之顺。治乱之分，不可不察也。"(《慎子·民杂论》)"宋仁宗朝，有劝仁宗以收揽权柄，凡事皆从中出，勿令人臣弄威福。仁宗曰，卿言固善，然措置天下事，正不欲专从朕出。若自朕出，皆是则可，有一不然，难以遽改。不若付之公议，令宰相行之，行之而天下不以为便，则台谏公言其失，改之为易。"(《龙川文集》卷二《中兴论·论执要之道》)即仁宗以为国家的政策应由大臣决定，政策之良窳应由台谏批评；人主只可依台谏之意，更迭大臣；依大臣之意，决定政策。其实，仁宗未必守此原则，庞籍言，"平时百官奏事上前，不自批章，止送中书、枢密院。近岁玺书内降，浸

---

① 宋代公文往返，往往浪费时日。苏辙说："文书至尚书省，自省付诸部，自部付诸司，其开拆呈覆用印，皆有日限，逐处且以五日为率，凡十五日。其勘当于外，日数又多，幸而一出，得完具者，自诸司申部，自部申省，其限日如前，则已一月余矣。不幸复有问难，又复一月，自此盖有不可知者。费日虽久，而遵限如法，虽欲加罪，终不可得。"见《栾城集》卷三十七《论三省事多留滞状》。

多于旧，无以防偏请、杜幸门矣"（《宋史》卷三百十一《庞籍传》）。神宗亦好亲批，富弼言："陛下多出亲批，若事事皆中，亦非为君之道，脱十中七八，积日累月，所失亦多。"（《宋史》卷三百一十三《富弼传》）"哲宗亲政，是时用二三大臣，皆从中出，侍从、台谏官亦多不由进拟。"（《宋史》卷三百一十四《范纯仁传》）徽宗时，"御笔一日数下，而前后相违"（《宋史》卷三百五十四《陆蕴传》）。王介曾言："崇宁、大观间，事出御批，遂成北狩之祸。"（《宋史》卷四百《王介传》）到了钦宗即位，外患迫在眉睫，而帝又"内降数出"（《宋史》卷三百七十八《刘珏传》）。按宋之制度，命令须经中书发布。刘黻说："政事由中书则治，不由中书则乱。"（《宋史》卷四百五《刘黻传》）盖"命令帝王之枢机，必经中书参试，门下封驳，然后付尚书省施行"（《宋史》卷四百五《刘黻传》）。据洪迈说，中书发布诏令，应经下述程序。

> 三省事无巨细，必先经中书书黄①，宰执书押，当制舍人书行，然后过门下，给事中书读。如给舍有所建明，则封黄具奏，以听上旨。（《宋史》卷三百七十三《洪迈传》）

这种诏令的公布程序，元时高鸣之言，更见明显。他说：

> 臣闻三省设自近古，其法由中书出政，移门下议，不合，则有驳正，或封还诏书。议合，则还移中书，中书移尚书，尚书乃下六部郡国。（《元史》卷一百六十《高鸣传》）

由此可知"政事由中书则治"，实因中间经过许多审查，而后方付尚书施行。大臣患人阻止，故用御笔手谕。凡事由御笔决定者，"违者以大不恭论"（《宋史》卷三百五十二《吴敏传》）。于是用人行政虽不合法或不合理，而台谏、给舍亦莫如之何。史谓：

---

① 所谓书黄，据叶梦得说："唐制，降敕有所更改，以纸贴之，谓之贴黄。盖敕书用黄纸，则贴者亦黄纸也。今奏状札子皆白纸，有意所未尽，揭其要处，以黄纸别书于后，乃谓之贴黄，盖失之矣。"《石林燕语》卷三）

初国制，凡诏令皆中书、门下议，而后命学士为之。至熙宁间，有内降手诏，不由中书、门下共议，盖大臣有阴从中而为之者。至京，则又患言者议己，故作御笔密进，而丐徽宗亲书以降，谓之御笔手诏。违者以违制坐之，事无巨细，皆托而行，至有不类帝札者，群下皆莫敢言。繇是贵戚近臣，争相请求，至使中人杨球代书，号曰书杨。京复病之，而亦不能止矣。(《宋史》卷四百七十二《蔡京传》)

南渡以后，此风仍不小戢。高宗常用特旨，破坏成法(《宋史》卷三百八十一《晏敦复传》)，而从官多以御笔除拜(《宋史》卷三百七十八《綦崇礼传》)。孝宗时，"廷臣多以中批斥去"(《宋史》卷三百八十六《李彦颖传》)，而又"禁中密旨直下诸军，宰相多不预闻"(《宋史》卷三百八十三《陈俊卿传》)。宁宗"即位未三月，策免宰相，迁易台谏，悉出内批"(《宋史》卷四百《王介传》)，结果乃为奸臣利用。"韩侂胄擅命，凡事取内批特旨。"(《宋史》卷三百九十八《倪思传》)理宗时，"今日内批，明日内批，邸报之间，以内批行者居其半"(《宋史》卷四百五《刘黻传》)。度宗时，"内批迭降"(《宋史》卷四百二十五《赵景纬传》)。末世天子不知人主之道，"使智者尽其虑，贤者效其才"(《韩非子·主道》)，而卒为奸臣掩蔽，而如朱熹对孝宗所说："陛下之号令黜陟不复出于朝廷，而出于一二人之门，名为陛下独断，而实此一二人者阴执其柄。"(《宋史》卷四百二十九《朱熹传》)这种情况吾人读宋之历史，即可知之。

抑有进者，吾国古代经济以农为主，现代式的企业组织完全没有。因之士大夫遂以干禄为维持生活之法。然而政治腐化，公平的考选制度不会存在。奸邪者易进，守道者数穷，士人学子只有舍正路而去依附权贵。倪思说：

士大夫寡廉鲜耻，列拜于势要之门，甚者匍匐门窦，称门生，不足，称恩坐、恩主，甚至于恩父者。谀文丰赂，又在所不论也。(《宋史》卷三百九十八《倪思传》)

叶适亦云：

奔竞成风,干谒盈门,较权势之轻重,不胜其求。若此者不特下之人知之,上之人亦知之矣。方其人之未得出乎此也,卑身屈体以求之,仆隶贱人之所耻者而不耻也,此岂复有其中之所存哉?及其人之既得脱乎此也,抗颜庄色以居之,彼其下者又为卑身屈体之状以进焉,彼亦安受之而已。(《水心集》卷三《荐举》)

举例言之,"秦桧为相,务使诸生为无廉耻以媚己,而以小利啖之"(《水心集》卷三《学校》);"时侂胄以势利蛊士大夫之心"(《宋史》卷四百七十四《韩侂胄传》)。"贾似道务以权术驾驭,不爱官爵,牢笼一时名士。"(《宋史》卷四百七十四《贾似道传》)然而势利所蛊惑者、官爵所牢笼者必非正人君子。此辈"以金珠为脯醢,以契券为诗文,宰相可啖,则啖宰相,近习可通,则通近习,惟得之求,无复廉耻"(《宋史》卷四百二十九《朱熹传》)。于是人事方面便如陈宓所言:

某人之迁,是尝重人罪,以快同列之私忿者。某人之擢,是尝援古事,以文迩日之天变者。直节重望,以私嫌而久弃。老奸宿藏,以巧请而牵复。(《宋史》卷四百八《陈宓传》)

政治方面则"言论多于施行,浮文妨于实务"(《宋史》卷四百八《吴昌裔传》),而如杜范所说:

秉国钧者,惟私情之徇;主道揆者,惟法守之侵。国家大政,则相持而不决;司存细务,则出意而辄行。命令朝更而夕变,纪纲荡废而不存。无一事之不弊,无一弊之不极。(《宋史》卷四百七《杜范传》)

法纪荡然,盖天子既如李宗勉所言:

人多好谀,揣所悦意,则侈其言;度所恶闻,则小其事。上既壅塞,下

亦欺诬。(《宋史》卷四百五《李宗勉传》)

群臣便同许及之所说：

> 群臣以苟且为安荣，以姑息为仁恕，以不肯任事为简重，以不敢任怨为老成。敢言者指为轻儇，鲜耻者谓之朴实。(《宋史》卷三百九十四《许及之传》)①

而一般士风又极颓敝。罗点云：

> 凡陋无所可否，则曰得体。与世浮沉，则曰有量。众皆默，己独言，则曰沽名。众皆浊，己独清，则曰立异。(《宋史》卷三百九十三《罗点传》)

于是台谏便随之失去效用，不能纠正阙失。台就是御史，谏就是谏官，御史监察违法，谏官监察失策，两者必须超然于政争之外，而后方能尽其职守，不为宰臣所利用。宋制，"宰执不得荐举台谏官"(《宋史》卷一百六十四《职官志四》)，而太祖尚有一种誓约，存之太庙，即"不杀大臣及言事官，违者不祥"(《宋史》卷三百七十九《曹勋传》)。这样，台谏应该可以畅所欲言，然而仁宗时代已经发生了"言事官多观望宰相意"的现象(《宋史》卷三百十一《庞籍传》)。叶清臣说：

> 台谏官为天子耳目，今则不然，尽为宰相肘腋。宰相所恶，则据以微瑕，公行击搏。宰相所善，则从而唱和，为之先容。中书政令不平，赏罚不当，则钳口结舌，未尝敢言。人主纤微过差，或宫闱小事，即极言过当，用为讦直。供职未逾岁时，迁擢已加常等……如此是长奔竞也。(《宋史》卷二百九十五《叶清臣传》)

---

① 《宋史》卷四百二十三《李韶传》，他批评南宋大臣云："以之用人，则能用其所知，岂能用其所不知？以之守法，则能守其所不与，不能守于其所欲与。"

到了王安石秉政，竟然推荐亲信为御史，所以胡宗愈言："大臣不法，谁复言之？"（《宋史》卷三百一十八《胡宗愈传》）自是而后，台谏不敢尽言，遂成宋代的风气。高宗建炎年间，张焘已经说过："侍从、台谏观望意指，毛举细务。至国家大事，坐视不言。"（《宋史》卷三百八十二《张焘传》）而秦桧秉政之时，又因为内外群臣皆以主和为非是，复择亲信为御史，借以弹击反对之人①。

赵鼎既去，秦桧独专国，决意议和，中朝贤士……力排和议……中书舍人勾龙如渊抗言于桧曰，邪说横起，胡不择台谏官击去之？桧遂奏如渊为御史中丞。（《宋史》卷四百七十三《秦桧传》）

从此以后，奸臣当国，遂以台谏为工具。例如"韩侂胄用事，私台谏之选，为己羽翼"（《宋史》卷四百《杨大全传》）。异己者用台谏以斥逐之。

韩侂胄恃功，为赵汝愚所抑，日夜谋引其党为台谏，以摈汝愚。（《宋史》卷三百九十二《赵汝愚传》）

台谏惧人批评其放弃责任，遂于每月之中，略举二三细事，状似尽公，然其挠法不亮，固已在其中矣。

韩侂胄势焰熏灼……言路阻塞，每月举论二三常事而已，谓之月课。（《宋史》卷四百七十四《韩侂胄传》）

贾似道执政之时，择阘茸者为台谏，台谏有所建白，须先告知似道。

十数年似道所制台谏皆阘茸，台中相承，凡有所建白，皆呈稿似道始行。（《宋史》卷四百五十一《陈文龙传》）

---

① 《宋史》卷四百三十三《洪兴祖传》："是时秦桧当国，谏官多桧门下，争弹劾以媚桧。"

台谏附属于宰相,"且甘为鹰犬,而听其指嗾焉。宰相所不乐者,外若示以优容,而阴实颐指台谏以去之。台谏所弹击者,外若不相为谋,而阴实奉承宰相以行之"(《宋史》卷四百五《刘黻传》)。宋代政治到了宁宗以后,日更腐化,台谏不能独立,不失为原因之一。

这个时候士大夫之洁身自爱者又埋首于理学的研究。理学创治于周敦颐,光大于二程及张载、邵雍,而继承于朱熹及陆九渊。他们皆尊崇儒家之说,然其所诵法孔子者,实如梁启超所言,"又往往遗其大体,撷其偏言,取其狷主义(有所不为),而弃其狂主义(进取);取其勿主义(惩忿窒欲),而弃其为主义(开物成务);取其坤主义(地道、妻道、臣道),而弃其乾主义(自强不息);取其命主义,而弃其力主义,于是进取冒险之精神澌灭以尽"(《论进取冒险》)。理学派的学者多先行讨论宇宙。但他们讨论宇宙,并不是依科学方法,说明宇宙的构成,而是用一种玄而又玄的观念,即由无极而太极,而阴阳,而五行,而四时,而万物,用此以说明天人之理。无极大约是指虚空,由虚空之中发生浑然一气,是之谓太极。太极一动一静,则生阴阳。阴阳变化,五行生焉,四时行焉。有了五行四时,而又加以阴阳二气之交感,于是化生万物。(《近思录集注》卷一濂溪先生曰)此种说法是否合理,吾人不敢遽下判断。然而理学派忽又一转而提出人性本善的问题来。朱子固谓"太极者又初无声臭之可言"(《近思录集注》卷一注,引朱子曰),既无声臭,哪有善恶?然而朱子不此之顾,竟谓"太极形而上之道也"(《近思录集注》卷一注,引朱子曰),"形而上者一理浑然,无有不善"(《近思录集注》卷一注,引朱子曰)。万物由太极之变化而发生,"惟人也得其秀而最灵"(《近思录集注》卷一濂溪先生曰)。所以"人性本善"(《近思录集注》卷一伊川先生曰),"性即理也……未有不善"(《近思录集注》卷一伊川先生曰)。这不过迎合孟子性善之说而已。但是孔子有上智下愚之别,这又如何解释呢?程颐以为:"语其性则皆善也,谓其才则有下愚之不移。"把性与才分开,固然合理,而下文又说"所谓下愚有二焉,自暴也,自弃也。……然天下自弃自暴者,非必皆昏愚也,往往强戾,而才力有过人者,商辛是也"(《近思录集注》卷一伊川先生曰)。这样,所谓下愚又不是单单指"才",又转而指"性"了。至于张载,他谓"上智下愚不移,充其德性则为上智,安于见闻则为下愚"(《宋元学案》卷十二《横渠学案·张横渠语录》)。然由吾人观之,智愚是知识上的问题,善恶是道德上的问题。他们不把智愚与善恶分开,而谓太极是理,阴阳只是气(《宋元学案》卷四十四《晦翁学案》),太极无有不善,而阴阳有时不能和穆,例如春凋秋荣、冬温夏寒,这样,在气的方面就有善与不善。人类由阳变阴合而发生,阴阳既有乖戾,则人类不免也有邪僻(《近思录集注》卷一濂溪先生曰)。如何矫正邪僻而为良善,理学家主张变化气质,"惩忿窒欲,迁善改过"(《近思录集注》卷五濂溪先生曰)。窒欲之极,遂由寡欲,进而希望无欲。周濂溪说,"孟子曰,养心莫善于寡欲。予谓养心不止于寡而存耳",当"寡焉以至于无"(《近思录集注》卷五濂溪先生曰)。如何使欲"寡焉以至于无",他们主张主静。"或问圣可学乎?濂溪先生曰,可。有要乎?曰有。请问焉,曰一为要,一者无欲也。"(《近思录集注》卷四)理学家主静之法,似受释氏的影响,主张静坐。"程子见人静坐,便叹为善学。朱子教人半日静坐。"(梁启超著《中国近三百年学术史》,中华版,第114页)盖静坐而能"止于所不见",则"外物不蔽,内欲不萌"(《近思录集注》卷四伊川先生曰)。唯由吾人观之,这不能视为道德行为。善哉梁启超之言,"宋明诸哲之训所以教人为圣贤也。尽国人而圣贤之,岂非大善,而无如事实上万不可致。恐未能造就圣贤,先已遗弃庸众。故穷理尽性之谭、正谊明道之旨,君子以之自律,而不以责人也"(《中国道德之大原》)。案节欲乃希望"节",无欲则希望"无",此两者皆出于欲望。离开欲望,吾不知其如何"节"而至于"无"。理学家不知人类的心理作用,硬要人士无欲,哪知若人类没有欲望,不但邪恶的行为,就是道德的行为,亦无从由动机之作用,而表现为身体的动作。势只有学小乘佛教那样,闭室静坐,以求涅槃圆寂而已。难怪颜习斋批评说:"五帝、三王、周孔皆教天下以动之圣人也,皆以动造成世道之圣人也。汉唐袭其动之一二以造其世也。晋宋之苟安、佛之空、老之无、周程朱邵之静坐,徒事口笔,总之皆不动也。而人才尽矣,世道沦矣。"(《言行录》卷下《学须篇》,引自梁启超著《中国近三百年学术史》,中华版,第116页)

理学家欲依《大学》所述,由格物致知,进而诚意正心,达到修身齐家之道,更进而治国平天下。我们须知孔子时代,还是封建国家,天子之地不过千里,千里之内又封有许多附庸;诸侯之国大者百里,百里之内又封有许多采邑。统治之区域既小，人主一举一动，百姓均得目睹。举动有亏礼法，自可引起百姓轻视。秦汉以后，成为一统的大国，天子所居，称为禁中。天子在宫廷之内，行动如何，百姓不但无从目睹，且又无从耳闻。天子纵能诚意正心、修身齐家，百姓亦莫之知。百姓既不知道，自难发生影响。所以贾谊才说："人主之行异布衣，布衣者饰小行，竞小廉……人主者天下安，社稷固不耳……故大人者不怵小廉，不牵小行，故立大便，以成大功。"(《新书》卷一《益壤》)更进一步言之，格物致知是知识上的问题，诚意正心、修身齐家是道德上的问题，治国平天下是政治上的问题。三个问题如何联系起来，孔子未加解释，理学家亦不阐明。他们由此出发，以为圣君须能正其心而诚其意，"以仁育万物，以义正万民"(《周子通书·顺化第十一》)。这乃迎合孟子所谓"亦有仁义而已矣"之言。但是圣君不可强求，"由尧舜至于汤，五百有余岁。由汤至于文王，五百有余岁。由文王至于孔子，五百有余岁"(《孟子·尽心下》)。五百余年才出现一位圣人，而圣人例如孔子，又未必能够做到天子，这样，以仁育万物，以义正万民，又不能实现了。

吾国政治自西汉元帝以后，日渐衰萎。推原其故，法家思想见弃于世，政治与道德混为一谈，实为最大原因。吾屡说过政治与道德绝不相同，道德乃劝人为善，戒人为恶。但是劝诫之言常至于穷，于是宗教方面就济之以天堂地狱之说，政治方面又济之以刑赏。赏是人人所爱的，刑是人人所畏的。这个爱畏情绪便是政治能够施行的心理条件。管子说："明主之治也，悬爵禄以劝其民，民有利于上，故主有以使之；立刑罚以威其下，下有畏于上，故主有以牧之。故无爵禄，则主无以劝民；无刑罚，则主无以威众。故人臣之行理奉命者，非以爱主也，且以就利而避害也；百官之奉法无奸者，非以爱主也，欲以受爵禄而避罚也。"(《管子·明法解》)商鞅说："羞辱劳苦者，民之所恶也。显荣佚乐者，民之所务也。"(《商君书·算地》)"好恶者赏罚之本也，夫人情好爵禄而恶刑罚，人君设二者以御民之志，而立所欲焉。"(《商君书·错法》)韩非说："明主之所导制其臣者，二柄而已矣。二柄者，刑德也。何谓刑德？曰杀戮之谓刑，庆赏之谓德。为人臣者，畏诛罚而爱庆赏，故人主自用其刑德，则群臣畏其威，而归其利矣。"(《韩非子·二柄》)孔子为鲁大司寇，摄行相事，必杀少正卯，而毁三孙之城,何曾专讲仁义惠爱?"世之学者说人主,皆曰仁义惠爱而已矣。世主美仁义之名,而不察其实,是以大者国亡身死,小者地削主卑。故善为主者,明赏设利以劝之,使民以功赏,而不以仁义赐;严刑重罚以禁之,使民以罪诛,而不以爱惠免。是以无功者不望,而有罪者不幸矣。"(《韩非子·奸劫弑臣》)理学家专谈仁义,因仁义而竟反对利欲,这种立论,就个人说,已有反于人情;就国家说,更不能依此以富国强兵。李觏云:"利可言乎?曰人非利不生,曷为不可言?欲可言乎?曰欲者人之情,曷为不可言?言而不以礼,是贪与淫罪矣。不贪不淫,而曰不可言,无乃贼人之生,反人之情。世俗之不喜儒,以此。孟子谓何必曰利,激也。焉有仁义而不利者乎?"(《李直讲文集》卷二十九《原文》)又说:"儒生之论但恨不及王道耳。而不知霸者强国也,岂易可及哉?管仲之相齐桓公,是霸也。外攘戎狄,内尊京师,较之于今何如?商鞅之相秦孝公,是强国也。明法术耕战,国以富而兵以强,较之于今何如?"(《李直讲文集》卷二十七《寄上范参政书》)他由这个观点出发,遂谓王与霸本来没有区别。王,天子之号,以安天下为务;霸,诸侯之号,以尊京师为务。(《李直讲文集》卷三十四《常语下》)进而主张富国之必要。

> 愚窃观儒者之论,鲜不贵义而贱利,其言非道德教化,则不出诸口矣。然《洪范》八政,一曰食,二曰货。孔子曰,足食足兵,民信之矣。是治国之实必本于财用,盖城郭宫室,非财不完;羞服车马,非财不具;百官群吏,非财不养;军旅征戍,非财不给;郊社宗庙,非财不事;兄弟婚媾,非财不亲;诸侯四夷,朝觐聘问,非财不接;矜寡孤独,凶荒札瘥,非财不恤。礼以是举,政以是成,爱以是立,威以是行,舍是而克为治者,未之有也。(《李直讲文集》卷十六《富国策第一》)

次又说明强兵之必要。

> 兵之作尚矣,黄帝、尧舜以来,未之有改也。故国之于兵,犹鹰隼之于羽翼,虎豹之于爪牙也。羽翼不劲,鸷鸟不能以死尺鷃。爪牙不锐,猛

兽不能以肉食。兵不强，圣人不能以制猲夫矣。(《李直讲文集》卷十七《强兵策第一》)

同时苏洵亦谓王与霸之区别不在于任德或任刑。"用刑不必霸，而用德不必王，各观其势之何所宜用而已。然则今之势何为不可用刑，用刑何为不曰王道？彼不先审天下之势，而欲应天下之务，难矣。"(《嘉祐集》卷一《审势》)苏洵又进而谓义利不可分开。

武王以天命诛独夫纣，揭大义而行，夫何恤天下之人，而其发粟散财何如此之汲汲也？意者，虽武王亦不能以徒义加天下也……君子之耻言利，亦耻言夫徒利而已。圣人聚天下之刚以为义……凡天下之言刚者皆义属也……故君子欲行之，必即于利；即于利，则其为力也易；戾于利，则其为力也艰。利在则义存，利亡则义丧……必也天下无小人，而后吾之徒义始行矣。呜呼难哉！(《嘉祐集》卷九《利者义之和论》)

李觏与苏洵均是仁宗时代的人，立论如此，此皆宋儒所不能言，而亦不敢言。那些理学家乃由无极，而太极，玄之又玄，极尽微妙。虽以孔孟为宗，其实与晋代士大夫之喜谈老庄无异。孝宗曾言："近世书生但务清谈，经纶实才盖未之见。朕以是每有东晋之忧。"(《宋史》卷三百八十六《刘珙传》)韩非云："微妙之言，上智之所难行也。今为众人法，而以上智之所难知，则民无从识之矣。"(《韩非子·五蠹》)在北宋时代，保守派的司马光已说："性者子贡之所不及，命者孔子之所罕言，今之举人发口秉笔，先论性命，乃至流荡忘返，遂入老庄。"(《司马文正公传家集》卷四十二《论风俗札子》)苏轼亦说："今之士大夫，仕者莫不谈王道，述礼乐，皆欲复三代，追尧舜，终于不可行，而世务因以不举。学者莫不论天人，推性命，终于不可究，而世教因以不明。自许太高，而措意太广。太高则无用，太广则无功。"(《东坡七集·前集》卷二十八《应制举上两制书一首》)此言也，可谓深知理学家的缺点。

降至南宋，理学之说大兴，陈亮与叶适亦加以抨击。陈亮说："始悟今世之儒士,自以为得正心诚意之学者,皆风痹不知痛痒之人也。举一世安于君父之仇,而方低头拱手以谈性命,不知何者谓之性命乎?"(《龙川文集》卷一《上孝宗皇帝第一书》)"二十年来,道德性命之学一兴,而文章政事几于尽废。"(《龙川文集》卷十一《廷对》)"自道德性命之说一兴,而寻常烂熟无所能解之人,自托于其间,以端悫静深为体,以徐行缓语为用,务为不可穷测,以盖其所无。一艺一能皆以为不足自通于圣人之道也。于是天下之士,始丧其所有,而不知适从矣。为士者耻言文章行义,而曰尽心知性;居官者耻言政事书判,而曰学道爱人。相蒙相欺,以尽废天下之实,则亦终于百事不理而已。"(《龙川文集》卷十五《送吴允成运干序》)叶适亦说:"高谈者远述性命,而以功业为可略;精论者妄推天意,而以夷夏为无辨。"(《水心集》卷一《上孝宗皇帝札子》)①而对于理学家之存天理、去人欲之言,认为不切实际,人类有欲,不能否认。先王制民之产,就是要使众人均能偿其所欲。然而人类用物以偿欲,欲已偿了,又复由物而生欲。政治的目的是使人人得其所欲,而又不妨害别人之欲。孟子虽说"养心莫善于寡欲",然其对梁惠王论政,亦谓"养生丧死,无憾,王道之始也"。而对齐宣王更明白说出"无恒产而有恒心者,唯士为能。若民,则无恒产,因无恒心"。恒产,物也;恒心,心也。心与物固有密切的关系,饥寒交迫,而尚曰物外也,心内也,人民哪会满意?(《宋元学案》卷五十四《水心学案上》)②

---

① 《水心学案》所举叶适的见解,余细读《水心集》,尚未发现其本于哪一篇。但陈亮反对心内物外之说,则有明文可证。他说:"万物皆备于我,而一人之身,百工之所谓具,天下岂有身外之事,而性外之物哉?百骸九窍具而为人,然而不可以赤立也,必有衣焉以衣之,则衣非外物也;必有食焉以食之,则食非外物也。衣食足矣,然而不可以露处也,必有室庐以居之,则室庐非外物也;必有门户藩篱以卫之,则门户藩篱非外物也。至是宜可已矣,然而非高明爽垲之地,则不可以久也;非弓矢刀刃之防,则不可以安也,若是者皆非外物也。有一不具,则人道为有阙,是举吾身而弃之也。然而高卑小大则各有分也,可否难易则各有辨也。徇其忲心而忘其分,不度其力……惟争夺之是务,以至于丧其身而不悔。然后从而省之曰,身与心内也,夫物皆外也。徇外而忘内,不若乐其内,而不顾乎其外也……而未知圣人本末具举之道……岂有内外轻重之异哉?"(《龙川文集》卷四《问答九》)
② 但我们不要以为理学家只会空谈道德性命。例如朱熹,他固以为,政治若已败坏,小弊尚可补救,大弊则非改弦更张不可。"譬如补锅,谓之小补可也,若要做,须是一切重铸。"(《朱子语类》卷一百八《论治道·德明》)他又主张为政不可废刑。"号令既明,刑罚亦不可弛,苟不用刑罚,则号令徒挂墙壁耳。与其不遵以梗吾治,曷若惩其一以戒百? 与其核实检察于其终,曷若严其始而使之无犯? 做大事岂可以小不忍为心?"(《朱子语类》卷一百八《论治道·道夫》)而其欲恢复中原之志并不亚 (转下页)

除了理学派之外，学生运动亦值得吾人一说。学生运动发生于西汉，到了东汉，渐次激烈。宋之学生运动开始在徽宗时代，即在蔡京致仕之时。

> 大观三年，蔡京致仕……太学生陈朝老追疏京恶十四事……其书出，士人争相传写，以为实录。（《宋史》卷四百七十二《蔡京传》）

这不过笔诛而已，尚未见诸行动，而既得世人赞扬，太学生的勇气增加了。故当钦宗即位，金人来侵，廷臣提议和谈之时，太学生陈东等便由言论，发挥为爱国运动。

> 陈东以贡入太学，钦宗即位……金人迫京师……李邦彦议与金和，李纲及种师道主战。邦彦因小失利罢纲，而割三镇。东复率诸生伏宣德门下，上书曰，在廷之臣，奋勇不顾、以身任天下之重者李纲是也，所谓社稷之臣也。其庸缪不才、忌疾贤能、动为身谋、不恤国计者，李邦彦……

（接上页）于陈亮、叶适。他讥笑晋元帝之偏安江左，不知进取中原（《朱子语类》卷一百三十六《历代三·闵祖》），且谓王导"只是随波逐流的人"，"自渡江来，都无取中原之意"。"谢安却较有建立，也煞有心于中原。"（《朱子语类》卷一百三十六《历代三·义刚》）又如陆九渊论政不尚空谈，他比较商鞅与王安石两人变法之成败，以为"商鞅是脚踏实地，他亦不问王霸，只要事成，却是先定规模。介甫慕尧舜三代之名，不曾踏得实处，故所成就者，王不成，霸不就"（《陆象山全集》卷三十五《语录》）。又反对人士只知师古，以为"今之天下所谓古者，有尧舜，有三代，自秦而降，历代固多……今朝廷有祖宗故事，祖宗故事尚且不一，今欲建一事，而必师古，则将安所适从？如必择其事之与吾意合者而师之，无乃有师古之名，而居自用之实乎？若曰吾择其当于理者而师之，则亦惟理之是从而已。师古之说无乃亦持其虚说而已乎"（《陆象山全集》卷二十四《策问》）。不过天下之事，有可以立致者，有只可驯致者。驯致之事而希望其立至，未有不至失败。"臣尝谓天下之事有可立致者，有当驯致者。旨趣之差、议论之失，是唯不悟，悟则可以立改，故定趋向，立规模，不待悠久，此则所谓可立致者。至如救宿弊之风俗，正久隳之法度，虽大舜、周公复生，亦不能一日尽如其意。惟其趋向既定，规模既立，徐图渐治，磨以岁月，乃可望其丕变，此则所谓当驯致之者。"（《陆象山全集》卷十八《删定官轮对札子四》）至其笑汉文帝安于嫁胡之耻，而说："夫文帝之为君固宽仁之君也，然其质不能不偏于柔。故其承高、惠之后，天下无事，不知上古圣人弦弧剡矢、重门击柝之义，安于嫁胡之耻，不能饬边备，讲武练兵，以戒不虞。而匈奴大举入寇者数四，甚至候骑达于雍甘泉，仅严细柳、灞上、棘门之屯，虽拊髀求将，御鞍讲武，而志终不遂。"（《陆象山全集》卷三十一《问汉文武之治》）此与朱熹斥晋元帝无意恢复中原，完全相同。故陆氏对孝宗说："陛下临御二十余年，版图未归，仇耻未复，生聚教训之实可为寒心。"（《陆象山全集》卷十八《删定官轮对札子一》）

之徒是也，所谓社稷之贼也……河北实朝廷根本，无三关四镇，是弃河北，朝廷能复都大梁乎？……幸陛下即反前命，复纲旧职，以安中外之心，付种师道以阃外之事……诸军民从者数万……旁，午众莫肯去……喧呼震地，有中人出，众脔而磔之。于是亟诏纲入，复领行营，遣抚谕，乃稍引去。(《宋史》卷四百五十五《陈东传》)

自是而后，亘南宋一代，学生运动不绝于史①。宁宗时代，学生运动的目的，在于驱逐韩侂胄而起用赵汝愚(《宋史》卷三百九十二《赵汝愚传》、卷四百《李祥传》、卷四百四《章颖传》、卷四百七十四《韩侂胄传》)。到了理宗时代，学生运动日益增加，然其目标已不纯正。当时学生所攻击之人，举其要者，一是攻击殿中侍御史陈垓，以间接打击宰相郑清之(《宋史》卷四百一十五《程公许传》)。但是郑清之"慨然以天下为己任，召还真德秀、魏了翁等人，时号小元祐"(《宋史》卷四百一十四《郑清之传》)。二是攻击宰相史嵩之，"谓其遭父丧，不当起复"。但是史嵩之"荐士三十有二人，其后董槐、吴潜皆号贤相"(《宋史》卷四百一十四《史嵩之传》，参阅卷四百一十四《董槐传》、卷四百一十八《吴潜传》)。三是攻击丁大全，丁大全在《宋史》中，属于《奸臣传》，"奸回险狡，狠毒贪残"(《宋史》卷四百七十四《丁大全传》)。然而此时学生运动渐近尾音。太学生伏阙上书者不过陈宜中等六人(《宋史》卷四百七十四《丁大全传》)。故以贾似道之奸邪，在理宗时代，自宝祐四年就执权柄，而太学生竟视若无睹。史称贾似道"加太学餐钱，宽科场恩例，以小利啖之"(《宋史》卷四百七十四《贾似道传》)。到了度宗时代，国势已危，才有"太学诸生上书言似道专权固位之事"(《宋史》卷四百一十四《叶梦鼎传》)。度宗即位，王爚、陈宜中为左右丞相。这位陈宜中就是理宗时代太学生陈宜中，他同同学六人攻击丁大全，时人号为六君子者。而一经执政，又受京学生的攻击(《宋史》卷四百一十八《王爚传》)，而据《陈宜中传》(《宋史》卷四百一十八)所言，宜中之被攻击，乃是王爚之子嗾京学生为之。由此可知南宋学生运动到了此时已经受人利用，而与陈

---

① 关于南宋之学生运动、高宗时事，可阅《宋史》卷三百八十五《周葵传》、卷三百八十七《王十朋传》。孝宗时事，可阅卷三百七十一《汤思退传》、卷三百八十三《陈俊卿传》、卷三百八十七《陈良翰传》。光宗时事，可阅卷三百九十四《何澹传》、卷四百四《章颖传》。

东时代大不相同了。按宋代学生运动虽然激烈,其所以不能发挥效力者实因"规规焉以君臣之义无所逃于天地之间"的思想有以累之。在吾国古代,有圣君而后有贤相,因为选择宰相之权在于天子。君主荒庸,往往"不知选贤",而"只选其心之所谓贤","燕子哙贤子之而非孙卿,故身死为僇。夫差智太子髭而愚子胥,故灭于越"(《韩非子·难三》)。宋代亦然,高宗贤黄潜善而非李纲,智秦桧而愚张浚、赵鼎,卒至偏安江南。宁宗又以韩侂胄为贤,理宗复以贾似道为智,国事遂不可为。这个时候,非先推翻宋之皇室,政治绝无革新的希望;政治不能革新,中原绝无恢复的希望。宋承五代之后,五代之世,政局变化有甚弈棋,君臣之分始终不能确立。在专制时代,政局能够安定,完全悬于君臣之分,宋儒有鉴于五代之弊,遂谓君臣之位犹天地之不可易也。宋儒思想推翻了孔孟的革命观念。孔孟的革命观念,本来与近代民主主义不同,只可视为暴君放伐论(Monarchomachen),宋儒又推翻了暴君放伐论。于是中国政治更停止于专制阶段,在国家危难之时,欲谋中兴,纵令庸主从中作梗,而人民亦莫如之何。

第六节
民穷财匮与宋之灭亡

吾人读中外历史,可以知道国家之乱常由于财政困难。国家为筹划经费,不能不繁敛于民。人民受了苛税的压迫,渐由贫穷而至破产,于是土匪遍地,朝代随之更易。宋代建国,定都汴京,汴京为四通五达之地,非有重兵,不能保障其安全。所以纵在平时,首都四周均有重兵驻防。而契丹又取得燕云十六州,西夏复蚕食夏(朔方)、绥(上郡)、银(西河)、灵(北地)各地,非有重兵戍边,北方绝不安全。所以宋代初年,即觉军队太多,太祖欲迁居长安,以去冗兵,即恐民力因为负担军费而至殚竭。

北宋时代,军队共有多少呢?"艺祖取天下,不过十五万人"(《宋史》卷三百八十四《蒋带传》),即太祖本来不是以兵立国的。端拱、淳化以后,蓄兵渐多。叶适说:

> 大历、贞元之间,节度固已为士卒所立,唐末尤甚。而五代接于本朝之初,人主之兴废皆群卒为之。推戴一出,天下俯首听命,而不敢较……太祖既稍收节度兵柄,故汰兵使极少,治兵使极严,所以平一僭乱、威服海内者,太祖统纪纲御之力,非特兵以为固者也。群臣不考本末,不察事势,忘昔日士卒奋呼专上无礼之患,而反以为太祖之所以立国者,其要在兵。都于大梁,无形势之险,其险以兵。夫都于大

梁，因周汉之旧，而非太祖择而都之也。使果恃兵以为固，则连营百万，身自增之，不待后世也。其数乃不满二十万，何哉？不以兵强，前世帝王之常道也。况太祖之兵不满二十万，其非恃兵以为固也，决矣。召募之日广，供馈之日增，盖端拱、淳化以后，契丹横不可制而然耳。康定、庆历谋国日误，恃兵为国之说大炽不禁，而后天下始有百万之兵。弱天下以奉兵，而其治无可为者矣。而上下方扬扬然以为得计，为之治文书，治财赋，尽用衰世衰刻之术，取于民以啖之，而犹不足。及其不可用也，则又为之俯首以事骄房，而使之自安于营伍之中也。（《水心集》卷五《兵论二》）

真宗以后，蓄兵更多。当时全国人口共一千九百九十六万，而兵则有九十一万二千，即常备军之数约合民数二十二分之一弱。仁宗庆历年间，口数二千一百八十三万，兵数一百二十五万九千，即兵数占口数十七分之一强。

> 真宗时，内外兵九十一万二千……宝元以后，募兵益广……至是（仁宗庆历年间）兵一百二十五万九千。（《宋史》卷一百七十九《食货志下一·会计》）

英宗时，兵数少损，然尚有一百十六万二千，而当时口数则为二千九百九万，即兵数约合口数二十四分之一弱。

> 治平中，兵数少损，隶籍者犹百十六万二千。（《宋史》卷一百七十九《食货志下一·会计》）

宋时军队有禁兵、厢兵、乡兵、蕃兵四种（《宋史》卷一百八十七《兵志一》），而以禁军为最多，"列营京畿，以备防卫，分蕃屯戍，以捍边圉"（《宋史》一百八十七《兵志一》）。养兵固然费财，而征行费财更多。且看苏轼之言：

> 今天下之兵，不耕而聚于京畿三辅者，以数十万计，皆仰给于县官……天下之财，近自淮甸而远至于吴蜀，凡舟车所至、人力所及，莫不

尽取以归于京师。晏然无事，而赋敛之厚至于不可复加，而三司之用犹苦其不给。其弊皆起于不耕之兵聚于内，而食四方之贡赋。非特如此而已，又有循环往来屯戍于郡县者。昔建国之初，所在分裂，拥兵而不服。太祖、太宗……既降其君而籍其疆土矣……恐其复发也，于是出禁兵以戍之，大自藩府，而小至于县镇，往往皆有京师之兵……费莫大于养兵，养兵之费莫大于征行。今出禁兵而戍郡县，远者或数千里，其月廪岁给之外，又日供其刍粮。三岁而一迁，往者纷纷，来者累累，虽不过数百为辈，而要其归无以异于数十万之兵三岁而一出征也。农夫之力安得不竭，馈运之卒安得不疲？（《东坡七集·应诏集》卷四《策别十九》）

哲宗时，沈括曾计算士兵征行时运粮之冗费。他说：

凡师行，因粮于敌，最为急务。运粮不但多费，而势难行远。予尝计之，人负米六斗，卒自携五日干粮，人饷一卒，一去可十八日（原注，米六斗，人食米二升；二人食之，十八日尽）；若计复回，只可进九日。二人饷一卒，一去可二十六日（米一石二斗，三人食日六升，八日则一夫所负已尽。给六日粮遣回，后十八日，二人食日四升并粮）；若计复回，止可进十三日（前八日日食六升，后五日并回程日食四升并粮）。三人饷一卒，一去可三十一日（米一石八斗，前六日半四人食日八升；减一夫，给四日粮，十七日三人食日六升；又减一夫，给九日粮，后十八日，二人食日四升并粮）；计复回，止可进十六日（前六日半日食八升，中七日日食六升，后十一日并回程日食四升并粮）。三人饷一卒，极矣，若兴师十万，辎重三之一止得驻战之卒七万人，已用三十万人运粮，此外难复加矣。运粮之法，人负六斗，此以总数率之也。其间队长不负，樵汲减半，所余皆均在众夫。更有死亡疾病者，所负之米又以均之，则人所负常不啻六斗矣。故军中不容冗食，一夫冗食，二三人饷之，尚或不足。若以畜乘运之，则驼负三石，马骡一石五斗，驴一石，比之人运，虽负多而费寡。然刍牧不时，畜多瘦死，一畜死，则并所负弃之，较之人负，利害相半。（《梦溪笔谈》卷

十一《官政一》)

宋为内保首都的安全,外抗辽夏的侵陵,置兵特多,固有它的理由。但是军队不加拣汰,羸疾老怯者又常过半。这徒浪费粟帛,而一旦交战,老弱者先奔,壮者亦相牵以败。仁宗时,吕景初奏:

> 用度之广,无如养兵。比年招置太多,未加拣汰。若兵皆勇健,能捍寇敌,竭民膏血,以啖之,犹为不可。况羸疾老怯者又常过半,徒费粟帛,战则先奔,致勇者亦相牵以败?(《宋史》卷三百二《吕景初传》)

南渡之后,国家为防备金寇,蓄兵益多,兵费愈广。例如:

> 刘光世军月费,二千万缗。(《宋史》卷三百六十九《刘光世传》)
> 吴玠军须,绍兴四年总为钱一千九百五十五万七千余缗,五年视四年,又增四百二十万五千余缗。(《宋史》卷三百七十四《赵开传》)

一地税收竟尽举之以供该地军费,上供之物几至停止。高宗时,季陵说:

> 今乘舆服御之费,十去七八,百官有司之费,十去五六,犹无益于国者,军太冗也。张浚一军,以川陕赡之。刘光世一军,以淮浙赡之。李纲一军,以湖广赡之。上供之物,得至司农、大府者无几。(《宋史》卷三百七十七《季陵传》)

高宗以后,招兵耗蠹愈甚。孝宗时,蒋芾说:

> 方今财最费于养兵……绍兴初,外有大敌,内有巨寇,然兵数亦不若今日之多。(《宋史》卷三百八十四《蒋芾传》)

而叶颙亦有"今日费财,养兵为甚"《宋史》卷三百八十四《叶颙传》)之言,黄度复有"今日养兵为巨患"(《宋史》卷三百九十三《黄度传》)之语,军队成为财政上之大累。光宗时,陈傅良说:

> 今天下之力竭于养兵。(《宋史》卷四百三十四《陈傅良传》)

宁宗时,项安世又言:

> 今天下之费最重,而当省者兵也。(《宋史》卷三百九十七《项安世传》)

理宗时,郑清之每谓:

> 天下之财困于养兵。(《宋史》卷四百一十四《郑清之传》)

难怪叶适于光宗时就说:

> 国家有休兵之实过于文景,而天下被用兵之害甚于武帝。(《水心集》卷一《上光宗皇帝札子》)

军队太多,在北宋,是谋首都的安全;真宗以后,是防辽夏之入寇;降至南宋,则欲抵抗金之南侵,固然均有不得已的理由。但分权太甚,各不相知,主兵者不知财之已匮,主财者又不知民之已穷,亦为重要原因。仁宗时,范镇曾言:

> 今中书主民,枢密主兵,三司主财,各不相知。故财已匮,而枢密院益兵不已;民已困,而三司取财不已。中书视民之困,而不知使枢密减兵、三司宽财者,制国用之职,不在中书也。(《宋史》卷一百七十九《食货志下一·会计》)

唐代财赋耗敛最大者,一是兵资,二是官俸,宋代亦然,即除兵资之外,官滥亦为耗费之一大原因。"开宝中,设官至少。"(《宋史》卷二百九十三《王禹偁传》)真宗以后,渐次加多,据曾巩说:

> 景德户七百三十万……皇祐户一千九十万……治平户一千二百九十万……景德官一万余员,皇祐二万余员,治平……二万四千员。(《元丰类稿》卷三十《议经费》)

按"景德员数已十倍于初"(《元丰类稿》卷三十一《再议经费》),而皇祐、治平的户数,比之景德没有倍增,而官之众乃一倍于景德。盖承平日久,文化发达,士人人数日益增加,国家要安插他们,不能不设置许多冗官。咸平四年,杨亿说过:

> 窃睹班簿,员外郎及三百余人,郎中亦及百数。自余太常、国子、博士、殿中丞、舍人、洗马俱不下数百人。率为常参,皆著引籍,不知职业之所守,多由恩泽而序迁。(《宋史》卷一百六十八《职官志八·合班之制》)

岂但中央官而已,地方官亦增加不已。王禹偁说:

> 臣本鲁人,占籍济上,未及第时,一州止有刺史一人、司户一人,当时未尝阙事。自后有团练推官一人。太平兴国中,增置通判、副使、判官、推官,而监酒、榷税算又增四员。曹官之外,更益司理。问其租税,减于曩日也。问其人民,逃于昔时也。一州既尔,天下可知。(《宋史》卷二百九十三《王禹偁传》)

兵冗官滥成为宋代财政的负荷,宋要整理内政,须由国民经济着手。而要复兴经济,必须减轻赋税;而要减轻赋税,又须紧缩预算;而要紧缩预算,复须裁兵省官。然此两事又可引起纠纷,先就省官言之,唐德宗时,张延赏为相,曾减天下吏员,弄到物议不平,道路怨叹,而竟无法实行(《旧唐书》卷一百二十九《张延赏传》),此前事之鉴也。宋时亦然。

  景祐三年正月,诏御史中丞杜衍沙汰三司吏。吏疑衍建言。己亥,三司吏五百余人诣宰相第喧哗,又诣衍第诟詈,乱掷瓦砾。诏捕后行三人,杖脊配沙门岛,因罢沙汰。(《涑水记闻》卷九)

次就裁兵言之,唐穆宗时,萧俛与段文昌当国,曾实营销兵之策,而所销之兵因无生业,竟聚山林间为盗贼(《新唐书》卷一百一《萧俛传》)。宋于皇祐二年,亦曾下诏裁兵,虽告无事,数年后,又选之以补禁军。

  文公(文彦博)为相,庞公(庞籍)为枢密使,以国用不足,省兵。于是拣放为民者六万余人,减其衣粮之半者二万余人。众议纷然,以为不可。施昌言、李昭亮尤甚,皆言衣食于官久,不愿为农,又皆习弓刀,一旦散之间阎,必皆为盗贼。上亦疑之,以问二公。公曰,今公私困竭,上下皇皇,其故非他,正由蓄养冗兵太多故也。今不省去,无有苏息。万一果有聚为盗贼者,二臣请以死当之。既而昭亮又奏,兵人拣放所以如是多者,大抵皆缩颈曲胭,诈为短小,以欺官司耳。公乃言,兵人苟不乐归农,何为诈欺如此?上意乃决,边储由是稍苏。后数年,王德用为枢密使,许怀德为殿前都指挥使,复奏选厢军以补禁军,增数万人。(《涑水记闻》卷五,参阅同书卷四)

宋代财政困难除兵冗官滥之外,宗室受禄之多亦不失为原因之一。由太祖而至真宗,已有九千七百八十五人了,降至仁宗中年,竟然增加为一万五千四百四十三人。

  真宗时,宗室吏员受禄者九千七百八十五。宝元以后……宗室蕃衍,吏员岁增。至是(仁宗庆历年间)……宗室吏员受禄者万五千四百四十三。(《宋史》卷一百七十九《食货志下一·会计》)

英宗治平中，比之仁宗皇祐年间，宗室吏员又增加十分之三。

> 治平中，宗室吏员视皇祐无虑增十之三。(《宋史》卷一百七十九《食货志下一·会计》)

宋代宗室吏员所以增加不已，这固然因为宗族蕃滋，而最大的原因却由于宋代对其宗室没有恩杀之制。苏辙曾言："两汉之制，帝之子为王，王之庶子犹有为侯者，自侯以降，则庶子无复爵土，盖有去而为民者，有自为民而复仕于朝者，至唐亦然。"(《栾城集》卷二十一《熙宁二年上皇帝书》)宋则不然，凡宗室子弟，不问嫡子或庶子，也不问其世代多远，一经出生，皆食于县官。请看苏辙之言：

> 宗室……无亲疏之差，无贵贱之等，自生齿以上，皆养于县官。长而爵之，嫁娶丧葬无不仰给于上，日引月长，未有知其所止者。(《栾城集》卷二十一《熙宁二年上皇帝书》)①

元丰改制，"所定吏额"竟比"旧额数倍"(《宋史》卷三百三十九《苏辙传》)。神宗"尝患增置官司费财，王安石谓增置官司，所以省费"(《宋史》卷一百七十九《食货志下一·会计》)。理由何在，吾人实难了解。他在仁宗时代，曾谓"人之情不足于财，则贪鄙苟得，无所不至。先王知其如此，故其制禄，自庶人之在官者，其禄已足以代其耕矣。由此等而上之，每有加焉，使其足以养廉耻而离于贪鄙之行"(《王临川集》卷三十九《上仁宗皇帝言事书》)。神宗时，他又谓"人主于士大夫能饶之以财，然后可责之以廉耻。方今士大夫所以鲜廉寡耻，其原亦多出于禄赐不足"(《王临川集》卷六十二《看详杂议·第三议》)。其主张厚禄，固有相当的理由。但员寡而禄厚，可也；员冗而又禄丰，则只增加国家的经费而已。案宋在神宗以前，胥吏本来无禄；熙宁三年，始制天下吏禄。

---

① 除宗室外，恩荫之滥，亦为耗费的原因，所以赵翼认为："非惟开幸进之门，亦徒耗无穷之经费，竭民力以养冗员，岂国家长计哉？"见《廿二史札记》卷二十五《宋恩荫之滥》。文长不录。

天下吏人素无常禄，唯以求赇为生，往往致富者。熙宁三年，始制天下吏禄，而设重法以绝请托之弊。是岁京师诸司岁支吏禄钱三千三十四贯二百五十四。岁岁增广，至熙宁八年岁支三十七万一千五百三十三贯一百七十八，自后增损不常，皆不过此数。京师旧有禄者及天下吏禄皆不预此数。(《梦溪笔谈》卷十二《官政二》)

胥吏固然得禄，而积弊难除，赇取如故。

时主新法者皆谓吏禄既厚，则人知自重，不敢冒法，可以省刑。然良吏实寡，赇取如故，往往陷重辟。(《宋史》卷一百七十九《食货志下一·会计》)

徽宗时代，蔡京当国，唱"丰、亨、豫、大之说，视官爵财物如粪土"(《宋史》卷四百七十二《蔡京传》)。"员既滥冗，名且紊杂，甚者走马承受升拥使华，黄冠道流亦滥朝品。"(《宋史》卷一百六十一《职官志一》)大观中，官数比之元祐，又增十倍。

御史中丞张克公言，今官较之元祐，已多十倍，国用安得不乏？(《宋史》卷一百七十九《食货志下一·会计》)

于时节度使八十员，留后至刺史数千员。

政和初，节度使八十员，留后至刺史数千员。(《宋史》卷二百八十八《范坦传》)

兵冗官滥为财政之蠹，仁宗时，"江淮岁运粮六百余万石，以一岁之入仅能充期月之用，三分二在军旅，一在冗食"(《宋史》卷一百七十九《食货志下一·会计》)。吴及曾"请汰冗兵，省冗官"(《宋史》卷三百二《吴及传》)。仁宗乃"谓禄廪皆有定制，毋遽变更，以摇人心"(《宋史》卷一百七十九《食货志下一·会计》)。哲宗时，吕大防请废胥吏之半，范百禄以为"废半则失业者众"(《宋史》卷三百三十七《范百禄传》）。苏辙亦请"阙吏勿补"，使"见吏知非身患，不复怨矣"（《宋史》卷三百三十九《苏辙传》）。由此可知，宋代的官僚组织乃是社会政策之一种，治国之意义少，而恤贫之意义多。"吏部以有限之官，待无穷之吏；户部以有限之财，禄无用之人"（《东坡七集·奏议集》卷四《论特奏名》），国家安有不穷？

南渡以后，领土丧失几半，而战机有一触即发之危险。领土迫蹙，官吏人数应该减少；战机危险，军事费用必定增加。叶颙曾言："今日费财，养兵为甚。"（《宋史》卷三百八十四《叶颙传》）而李迨乃说："冗滥在官员，不在军兵。"（《宋史》卷三百七十四《李迨传》）①则官数未曾减少，可想而知。

官冗兵滥固为宋之大患，而宫廷之滥费亦甚可观。例如仁宗时：

> 一才人之奉，月直中户百家之赋，岁时赐与不在焉。（《宋史》卷三百二《范师道传》）

神宗时：

> 宫中一私身之奉有及八十千者，嫁一公主，至费七十万缗。（《宋史》卷一百七十九《食货志下一·会计》）

于是财政上遂表现为收入不足以供支出的现象。"治平中，兵数少损"，而当时全国收支如次。

> 治平二年，内外入一亿一千六百十三万八千四百五，出一亿二千三十四万三千一百七十四。非常出者，又一千一百五十二万一千二百七十八。（《宋史》卷一百七十九《食货志下一·会计》）

---

① 据《李迨传》，"当时川陕官兵数计六万八千四百四十九人，决无一年用二百六十五万石米之理。数内，官员一万一千七员，军兵五万七百四十九人。官员之数，比军兵之数，约计六分之一，军兵请给钱比官员请给，不及十分之一，即是冗滥在官员，不在军兵也"。

即收入只 116 138 405 贯,而支出则经常费已经超过收入,共 120 343 174 贯。若再加以临时费 11 521 278 贯,共短少 15 426 047 贯。降至哲宗,"中外钱谷艰窘,户部给百官奉,常无数月之备"(《宋史》卷一百七十九《食货志下一·会计》);而徽宗时代,"户部岁入有限,支用无穷,一岁之入,仅了三季,余仰朝廷应付"(《宋史》卷一百七十九《食货志下一·会计》)。然则朝廷如何应付呢?

宋代管财机关分为两种,一是左藏库,以供经常之费;二是内藏库①,以供非常之用。

> 凡四方贡赋之输于京师者,辨其名物,视其多寡,别而受之,储于内藏者,以待非常之用;颁于左藏者,以供经常之费。(《宋史》卷一百六十五《职官志五·太府寺》)

这和汉代大司农与少府及水衡都尉之关系不同。大司农为国库,少府及水衡都尉为天子之私藏。租税由大司农掌之,山泽陂池之税由少府掌之。武帝时,水衡铸三官钱,铸钱之利亦为天子之私藏。宋制,何种贡赋归于左藏库,何种贡赋归于内藏库,历史并无明白记载。

大率内藏库之设置乃贮蓄金帛,以备不时之需。最初是将僭伪各国所藏之财赋移藏其中。建隆以来,年年用兵,真宗以后,官多兵冗,收支不能均衡,不得不贷于内藏。本欲候课赋有余,即还之,而累岁超支,"其名曰贷,实罕能偿"。

> 凡货财不领于有司者,则有内藏库,盖天子之别藏也。县官有巨费,左藏之积不足给,则发内藏佐之。宋初,诸州贡赋皆输左藏库,及取荆湖,定巴蜀,平岭南、江南,诸国珍宝金帛尽入内府。初太祖以帑藏溢盈,

---

① 内藏库即封椿库。《石林燕语》(卷三)云:"太祖初平诸伪国,得其帑藏金帛,以别库储之,曰封椿库,本以待经营契丹也。其后三司岁终所用,常赋有余,亦并归之。尝谕近臣,欲满三五百万,即以与契丹,以赎幽蓟故土;不从,则为用兵之费。上不欲常赋横敛于民,故不隶于三司。今内藏库是也。"至于封椿库何时改称内藏库,著者不欲考证。

又于讲武殿后,别为内库。尝谓军旅饥馑,当预为之备,不可临事厚敛于民。太宗嗣位,漳泉、吴越相次献地,又下太原,储积益厚,分左藏库为内藏库……帝因谓左右曰,此盖虑司计之臣不能节约,异时用度有阙,复赋率于民,朕不以此自供嗜好也。自乾德、开宝以来,用兵及水旱振给、庆泽赐赉,有司计度之所阙者,必籍其数,以贷于内藏,候课赋有余即偿之。淳化后二十五年间,岁贷百万,有至三百万者。累岁不能偿,则除其籍……异时,三司用度不足,必请贷于内藏,辄得之,其名为贷,实罕能偿。景祐中,内藏库主者言,岁斥缗钱六十万助三司。自太禧三年始,计明道二年,距今才四年,而所贷钱帛九百一十七万。在太宗时,三司所贷甚众,久不能偿,至庆历中诏悉蠲之。盖内藏岁入金帛,皇祐中二百六十五万七千一十一,治平一百九十三万三千五百五十四,其出以助经费,前后不可胜数。至于储积赢缩,则有司莫得详焉。(《宋史》卷一百七十九《食货志下一·会计》)

是则宋代初年,就感觉财政困难,其所以不至发生问题,实赖僭伪各国向民间榨取的金帛,尽移入内藏库。历年均取内藏库之所贮,以救财政上的危急。但是内藏库之金帛是有限的,年年借贷,必至于匮,所以神宗"每以财用为忧"(《宋史》卷一百七十九《食货志下一·会计》),而王安石亦以增加税收为变法的最大目的。至其失败原因乃在于不知培养税源。

现在试来研究宋代税收情况。宋之赋税有下述五种。

宋制岁赋其类有五,曰公田之赋,凡田之在官,赋民耕而收其租者是也。曰民田之赋,百姓各得专之者是也。曰城郭之赋,宅税地税之类是也。曰丁口之赋,百姓岁输身丁钱米是也。曰杂变之赋,牛革蚕盐之类,随其所出,变而输之是也。(《宋史》卷一百七十四《食货志上二·赋税》)

各种赋税之税率多少,历史没有明了记载。我们所知道的,五类之中,以田赋为最多。例如天禧末,总收入共一万五千八十五万一百贯(《宋史》卷一百七十九

《食货志下一·会计》）；在此十五年以前，即景德中，田赋已有四千九百一十六万九千九百贯（《宋史》卷一百七十四《食货志上二·赋税》）了。田赋有公田之赋与民田之赋两种。公田之赋犹如曹魏的民屯一样，其佃租多少，史阙其文。太宗时：

> 凡州县旷土，许民请佃为永业，蠲三岁租，三岁外，输三分之一。（《宋史》卷一百七十三《食货志上一·农田》）

至道二年，陈靖言：

> 逃民复业，及浮客请佃者，委农官勘验，以给授田土……其田制为三品，以膏沃而无水旱之患者为上品。虽沃壤而有水旱之患、埚瘠而无水旱之虑者，为中品。既埚瘠，复患于水旱者，为下品。上田人授百亩，中田百五十亩，下田二百亩。并五年后，收其租，亦只计百亩，十收其三。（《宋史》卷一百七十三《食货志上一·农田》）

这是国家以公田授民，而准其为永业的。南宋时：

> 绍兴三年十月，募佃江东西闲田，三等定租，上田亩输米一斗五升，中田一斗，下田七升。（《宋史》卷一百七十三《食货志上一·农田》）

这是公田之赋，至道与绍兴相隔一百三十年，税率未必相同。太宗时，"亩约收三斛"（《宋史》卷一百七十六《食货志上四·屯田》）。神宗时，"大约中岁亩一石"（《宋史》卷一百七十六《食货志上四·屯田》）。宋制，量有龠、合、升、斗、斛，权有铢、两、斤、钧、石（《宋史》卷六十八《律历志一》）。据沈括言："钧石之石，五权之名，石重百二十斤，后人以一斛为一石，自汉已如此。"（《梦溪笔谈》卷三《辨证一》）所谓"自汉已如此"，未必可靠。宋制，大率一斛即为一石。三斛与一石相差甚大。吾人无须依此以计算"十收其三"，实数多寡；输米一斗五升，税率大小。这种田赋加以宅税、地税就是唐代的两税。其税率之大，据林勋言：

本朝二税之数视唐增至七倍。(《宋史》卷一百七十三《食货志上一·农田》)

丁口之税就是唐代的庸。庸在唐德宗时代已经归并于两税之中。宋时,"男夫二十为丁,六十为老"(《宋史》卷一百七十四《食货志上二·赋税》),宋代既有差役,何以又有丁口之税？差役改为免役之后,丁口之税是否与免役税并存,历史上无文献可考。吾人所能知道的,徽宗大观年间,诏天下并输免夫钱,河北群盗因是大起。

天下并输免夫钱,夫二十千。淮浙、江湖、岭蜀夫三十千,凡得一千七百余万缗,河北群盗因是大起。(《宋史》卷一百七十五《食货志上三·和籴》)①

所谓杂变之税,种类甚多,试以盐税为例言之。盐之价格高低不等,高时"贫家至以盐比菜"(《宋史》卷一百八十二《食货志下四·盐中》)。按专卖的目的本来出于社会政策之意。倘若供为财政之用,则一方人民要吃盐,他方国家又以昂贵的独占价格出售,其有害民生,是很显明的。

赋税固然是供给国用,但绝不可妨害国民经济的发达。吾国古代以农立国,西汉时田赋不过三十税一,宋代赋税以田赋为最多,据历史所载,北宋时全国垦田与户数如次：

北宋垦田数与户数表(垦田之单位为顷)②

时代	垦田数	时代	户数
开宝末	2 953 320		
至道二年	3 125 251	至道三年	4 132 576

---

① 《宋史》卷四百七十《王黼传》云："王黼括天下丁夫,计口出算,得钱六千二百万缗。"
② 本表据《文献通考》卷四《田赋四》、卷十一《户口考二》。

续表

时代	垦田数	时代	户数
天禧五年	5 247 584	天禧五年	8 677 677
皇祐中	2 280 000	庆历八年	10 722 695
治平中	4 400 000	治平三年	12 917 221
元丰中	4 616 556	元丰八年	17 211 712

关此,马端临说:

> 汉元始定垦田八百二十七万五千余顷。隋开皇时,垦田一千九百四十万四千余顷。唐天宝时,应受田一千四百三十万八千余顷。其数比之宋朝,或一倍,或三倍,或四倍有余……其故何也?按治平会计录,谓田数特计其赋租以知其顷亩,而赋租所不加者十居其七。率而计之,则天下垦田无虑三千余万顷。盖祖宗重扰民,未尝穷按,故莫得其实。又按《食货志》言,天下荒田未垦者多,京襄唐邓尤甚。至治平、熙宁间,相继开垦,然凡百亩之内,起税止四亩。欲增至二十亩,则言者以为民间苦赋重,再至转徙,遂不增。以是观之,则田之无赋税者又不止十之七而已。盖田数之在官者虽劣于前代,而遗利之在民多矣。(《文献通考》卷四《田赋四》)

若以户数与垦田之数比较,更可知道天下隐田之多。

> 景德中,丁谓著《会计录》云,总得一百八十六万余顷。以是岁七百二十二万余户计之,是四户耕田一顷,繇是而知天下隐田多矣。(《宋史》卷一百七十三《食货志上一·农田》)

隐田不报,遗利不尽在民。太宗时:

> 畿甸民苦税重，兄弟既壮，乃析居其田亩，聚税于一家，即弃去。县岁按所弃地，除其租，已而匿他舍，冒名佃作。(《宋史》卷一百七十三《食货志上一·农田》)

真宗以后，承平日久，土地更见集中。

> 承平浸久，势官富姓占田无限，兼并冒伪，习以成俗，重禁莫能止焉。(《宋史》卷一百七十三《食货志上一·农田》)

固然仁宗初年曾有限田之诏，而"未几即废"。

> 仁宗诏限田，公卿以下毋过三十顷，牙前将吏应复役者毋过十五顷，止一州之内。过是者，论如违制律，以田赏告者……而任事者终以限田不便，未几即废。(《宋史》卷一百七十三《食货志上一·农田》)

豪强占田虽多，而他们却有免税的特权。

> 王蒙正恃章献太后亲，多占田嘉州，诏勿收赋。(《宋史》卷三百一《高觌传》)

此犹可以说是出于优典，以后优典竟变为制度，即官户均无科输。官户既无科输，其额乃移于下户。徽宗时，臣僚言：

> 迩者用兵东南，民入金谷，皆得补文武官，理选如官户，与士大夫泾渭并流，复其户，不受科输。是得数千缗于一日，而失数万斛于无穷也。况大户得复，则移其科于下户，下户重贫，州县缓急，责办何人？此又弊之大者。不听。(《宋史》卷一百五十八《选举志四》)

南渡以后，情况还是一样，有田者不耕，耕者无田。高宗绍兴末期，淮南一地之情况如次：

> 淮南土皆膏腴，然地未尽辟、民不加多者，缘豪强虚占良田，而无遍耕之力；流民襁负而至，而无开耕之地。(《宋史》卷一百七十三《食货志上一·农田》)

淮南如此，其他各地可想而知。豪强占领良田，田多无税。早在绍兴六年，章谊已言：

> 民所甚苦者，催科无法，税役不均。强宗巨室阡陌相望，而多无税之田，使下户为之破产。(《宋史》卷一百七十三《食货志上一·农田》)

理宗时：

> 孙子秀知婺州，婺多势家，有田连阡陌，而无赋税者。子秀悉核其田，书诸牍，势家以为厉己，嗾言者罢之。(《宋史》卷四百二十四《孙子秀传》)

他们能够利用言官，驱逐地方官，势力之大，可想而知。度宗时，土地愈集中，豪强愈不纳税。

> 邸第戚畹，御前寺观，田连阡陌，亡虑数千万计，皆巧立名色，尽蠲二税。(《宋史》卷一百七十四《食货志上二·赋税》)

豪强逋逃赋税，田赋遂尽归于小民负担。小民受了赋税的压迫，只有弃田不耕。北宋太宗末年时：

> 今京畿周环二十三州，幅员数千里，地之垦者十才二三，税之入者又

十无五六。复有匿里舍而称逃亡,弃耕农而事游惰,赋额岁减,国用不充。(《宋史》卷一百七十三《食货志上一·农田》)

仁宗时:

  百姓多弃农为兵。(《宋史》卷一百七十三《食货志上一·农田》)
  天下废田尚多,民罕土著,或弃田流徙为闲民。(《宋史》卷一百七十三《食货志上一·农田》)

英宗末年,百姓困穷,偶遭旱蝗,就流徙四方。治平四年,司马光奏言:

  监司守宰多不得人,视民之穷,曾无矜悯,增无名之赋,兴不急之役。吏缘为奸,蠹弊百出,民搏乎计穷,无以为生,则不免有四方之志矣。意谓他处必有饶乐之乡、仁惠之政,可以安居。遂伐其桑枣,撤其庐舍,杀其耕牛,委其良田。累世之业一朝破之,相携就道。若所诣之处复无所依,使之进退失望。彼老弱不转死壑沟,壮者不起为盗贼,将安归乎?(《司马文正公传家集》卷三十九《言赈赡流民札子》)

神宗熙宁七年,苏轼亦说:

  今中民以下,举皆阙食,冒法而为盗则死,畏法而不盗则饥。饥寒之与弃市,均是死亡,而赊死之与忍饥,祸有迟速,相率为盗,正理之常,虽日杀百人,势必不止。(《东坡七集·奏议集》卷二《论河北京东盗贼状》)

到了南宋,情形更见严重。度宗时,司农卿兼户部侍郎李镛言:

  夫经界(即测量田地)尝议修明矣,而修明卒不行;尝令自实矣,而自实卒不竟。岂非上之任事者每欲避理财之名,下之不乐其成者又每倡为扰民之说？故宁坐视邑政之坏，而不敢诘猾吏奸民之欺；宁忍受下户之苛，而不敢受豪家大姓之怨。(《宋史》卷一百七十三《食货志上一·农田》)

又者，吾国自古以来，人民惮役甚于惮税。宋代徭役特别繁重。

初祖宗时，差役行久生弊。编户充役者不习其役，又虐使之，多致破产。狭乡民至有终岁不得息者。(《宋史》卷三百三十八《苏轼传》)

官吏复有免役的特权。

初官八品以下死者，子孙役同编户。至是(景祐中)诏特蠲之。(《宋史》卷一百七十七《食货志上五·役法上》)

即景祐以前，八品以上官荫及子孙，景祐以后，一切品官均得荫其子孙。皇祐四年，李觏说：

古之贵者，舍征止其身耳。今之品官及有荫子孙、当户差役，例皆免之，何其优也！承平滋久，仕宦实繁，况朝臣之先又在赠典，一人通籍，则旁及兄弟，下至曾孙之子安坐而已。(《李直讲文集》卷二十八《寄上孙安抚书》)

开封府多官户，祥符县只有一户应差。

开封府多官户，祥符县至阌乡止有一户应差。(《宋史》卷一百七十八《食货志上六·役法下》)

官户既有特权，小民遂投靠权贵，以规免役。理宗时，谢方叔说：

今百姓膏腴，皆归贵势之家，租米有及百万石者。小民百亩之田，频年差充保役,官吏诛求百端,不得已则献其产于巨室,以规免役。小民田日减,而保役不休;大官田日增,而保役不及。以此弱之肉,强之食,兼并浸盛,民无以遂其生。(《宋史》卷一百七十三《食货志上一·农田》)

同时,宋承唐代之弊,沙门亦得免役。

民避役者,或窜名浮图籍,号为出家,赵州至千余人。诏出家者,须落发为僧,乃听免役。(《宋史》卷一百七十七《食货志上五·役法上》)

人民争相出家,国家不能不加限制,然诸路每岁所度人数乃逐渐增加,由三百人度一人,增至一百人度一人。

时(仁宗时)天下户口日蕃,民去为僧者众……至和元年敕,增岁度僧,旧敕诸路三百人度一人,后率百人度一人。(《宋史》卷二百九十九《张洞传》)

于是特许出家遂成为政府财源之一。凡欲出家者须购买政府发行之度牒,此制乃开始于神宗熙宁元年。

宋神宗熙宁元年,钱公辅言,祠部遇岁饥河决,鬻度牒以佐一时之急。自今官禁恩赐,度牒裁减,稍去剃度之冗。是年因公辅始卖度牒。(《大学衍义补》卷三十二《鬻筭之失》)

丘濬评云:"臣按前此虽鬻僧(鬻僧始于唐天宝末,安禄山反时),未有牒也。卖度牒始于此。"(《大学衍义补》卷三十二《鬻筭之失》)神宗对此,曾生疑念,王安石以为可卖。

神宗问王安石曰,程颢言不可卖度牒为常平本,如何?安石曰,今度牒所得，可置粟凡四十五万石，若凶年，人贷三石，则可全十五万人性命，所剂者三千人头耳。(《大学衍义补》卷三十二《鬻筭之失》)

宋以卖度牒为国家财源之一，南渡以后，卖愈多，牒愈贵。宁宗时，度牒每道为钱一千贯，后增至一千五百贯。此时金每两为钱四十贯。(《宋史》卷一百八十一《食货志下三·会子》)度牒变成钞票，可以用之为本钱。

河北转运判官王广兼奏，乞度僧牒数千为本钱，于陕西漕司私行青苗法，春散秋敛。(《宋史》卷三百三十九《苏辙传》)

可以用之易米谷。

苏轼知杭州……请于朝……得赐度僧牒，易米以救饥者。(《宋史》卷三百三十八《苏轼传》)

可以用之充赐予。

冬至节旨下礼部，取度牒四百充赐予。(《宋史》卷三百八十一《晏敦复传》)

可以用之助经费。

袁甫提举江东常平……告于朝曰，江东或水而旱，或旱而水，重以雨雪连月，道殣相望，至有举家枕藉而死者。此去麦熟尚赊，事势益急。诏给度牒百道助费。(《宋史》卷四百五《袁甫传》)

度牒之贩卖只能救一时之急，结果则丁口减少，徭赋乏匮，而国家财政愈益困难。政府为弥缝赤字预算，只有向小民尽量榨取。仁宗时：

> 北俗以麻桑为产，籍民惧赋不敢艺，日益贫。(《宋史》卷三百二十《彭思永传》)

降至南宋，又有预借租赋之事。理宗淳祐八年，陈求鲁说：

> 常赋之入尚为病，况预借乎？预借一岁未已也，至于再，至于三。预借三岁未已也，至于四，至于五。窃闻今之州县，有借淳祐十四年者矣，以百亩之家计之，罄其永业，岂足支数年之借乎？(《宋史》卷一百七十四《食货志上二·赋税》)

国家财政乃以国民经济为基础，人民受了赋税的压迫，逐渐破产。按宋代农业生产力本来可以供给社会的需要，太宗时，"亩约收三斛"(《宋史》卷一百七十六《食货志上四·屯田》)；神宗时，"大约中岁亩一石"(《宋史》卷一百七十六《食货志上四·屯田》)。前者是否指粟，后者是否指米，吾人不想浪费时间去考证。今以每亩收米一石为准。宋之垦田，以元丰中为最多，共 4 616 566 顷，一亩出米一石，共出米 $4\ 616\ 566 \times 100 = 461\ 656\ 600$ 石。口数以徽宗崇宁元年为最多，共 43 820 769 人。人之食量，古今一样，汉时一人一日吃米二升；唐时"少壮相均，人日食米二升"。宋时，据沈括言，"米六斗，人食日二升；二人食之，十八日尽"(《梦溪笔谈》卷十一《官政一》)，即人每日亦吃米二升。一日二升，一年七斛二斗，全国人数 $43\ 820\ 769 \times 7.2 = 315\ 509\ 536.8$ 斛，所以全国所生产的米可以供给全国编户的需要。其所以"编民之内贫窭者多，春蚕所成，止充赋调之备；晚蚕薄利，始及卒岁之资"(《宋史》卷四百三十一《孔维传》)，实因受了赋役的压迫[①]。

中国人口以农民居多，农民受了赋役的压迫，而商业资本却乘农民穷困

[①] 据岳珂所述："太宗……时，人稀米贱，米一斗十余钱……其后人益众，物益贵……熙宁八年八月，吕惠卿曰，臣等有田在苏州，一贯钱典得一亩。田岁收米四五六斗，然常有拖欠，仅如两岁一收，上田得米三斗，斗五十钱，不过直百五十钱……观太平兴国至熙宁，止百余年，熙宁至今(宁宗时)亦止百余年，田价米价乃十倍，倍蓰如此。"(《愧郯录》卷十五《祖宗朝田直》)这可以供为研究宋代米价与农业生产力者之参考。

之时，吞并了农村的财富。试观仁宗时李觏之言：

> 古人有言曰，谷甚贱则伤农，贵则伤末，谓农常枭而末常籴也。此一切之论也。愚以为贱则伤农，贵亦伤农。贱则利末，贵亦利末……以一岁之中论之，大抵敛时多贱，而种时多贵矣。夫农……不得已而枭者，则有由焉。小则具服器，大则营婚丧，公有赋役之令，私有称贷之责，故一谷始熟，腰镰未解，而日输于市焉。枭者既多，其价不得不贱，贱则贾人乘势而囷之，轻其币而大其量，不然，则不售矣。故曰敛时多贱，贱则伤农而利末也。农人仓廪既不盈，窦窖既不实，多或数月，小或旬时，而用度竭矣。土将生而或无种也，未将执而或无食也，于是乎日取于市焉。籴者既多，其价不得不贵，贵则贾人乘势而闭之，重其币而小其量，不然则不予矣。故曰种时多贵，贵亦伤农而利末也。农之枭也，或阖顷而收，连车而出，不能以足用。及其籴也，或倍称贱卖，毁室伐树，不足以足食。而坐贾常规人之余，幸人之不足，所为甚逸，而所得甚饶，此农所以困穷，而末所以兼恣也。（《李直讲文集》卷十六《富国策第六》）

兼以币制不立，政府不知铸钱乃以通商贾交易，非以为利，而宋代竟以铸钱为国家收入之一。神宗时，沈括说：

> 国朝初平江南，岁铸七万贯，自后稍增广，至天圣中，岁铸一百余万贯。庆历间，至三百万贯。熙宁六年以后，岁铸铜铁钱六百余万贯。（《梦溪笔谈》卷十二《官政二》）

年年铸钱，以供国用，"钱多则轻，轻则物重；钱少则重，重则物轻"（《李直讲文集》卷十六《富国策第八》）。此货币学最浅显的原理，宋乃铸钱不已，不但通货膨胀，而钱又渐渐薄恶，盗铸因之发生，物价翔贵，民不聊生。吕东莱说：

> 国家之所以设钱，以权轻重本末，未尝取利。论财计不精者，但以铸

钱所入多为利,殊不知权归公上。铸钱虽多,利之小者;权归公上,利之大者。南齐孔颛论铸钱不可以惜铜爱工。若不惜铜,则铸钱无利;若不得利,则私铸不敢起。私铸不敢起,则敛散归公上,鼓铸权不下分,此其利之大者。徒徇小利,钱便薄恶,如此,奸民务之,皆可以为。钱不出于公上,利孔四散,乃是以小利失大利。南齐孔颛之言乃是不可易之论。

(《文献通考》卷九《钱币二》)

按"太祖初铸钱,文曰宋通元宝",太宗改元太平兴国,更铸太平通宝。淳化更铸,又亲书淳化元宝。后改元更铸皆曰元宝,而冠以年号(《宋史》卷一百八十《食货志下二·钱币》。但亦有例外,仁宗宝元年间所铸者以皇宋通宝为文,徽宗崇宁年间所铸者以圣宋通宝为文)。是则每次改元之时,不是改铸,而是增铸。据丘濬说,"宋自开宝每更一号,必铸一钱。故每帝皆有数种。最多者仁宗,帝在位四十二年,九更年号,而铸十种钱"(《大学衍义补》卷二十七《铜楮之币下》)。人口未尝增加,而货币增铸不已,其促成通货膨胀,而致物价腾踊,是理之当然的。徽宗时,马景夷说:

诸州钱监鼓铸不已,岁月增多,以鼓铸无穷之钱,而供流转有限之用。更数十年,积滞一隅,暴如丘山,公私为害,又倍于今日矣。(《宋史》卷一百八十《食货志下二·钱币》)

而币制又不合理。宋初,钱有铜铁二种,"铜钱一当铁钱十"(《宋史》卷一百八十《食货志下二·钱币》。这都是小钱),然其价格,各地已经不一。

利州以铜钱一换铁钱五,锦州铜钱一换铁钱六,益州铜钱一换铁钱八。(《宋史》卷二百九十三《张咏传》)

其后太宗又铸大铁钱,大钱一当小钱十。仁宗复铸大铜钱,亦以一当十。(《宋史》卷一百八十《食货志下二·钱币》)其四种比价可列表如次:

>大铜钱一当小铜钱十
>
>小铜钱一当小铁钱十
>
>大铁钱一当小铁钱十

即小铜钱与大铁钱同价。所以志云:"大(铁)钱以准铜钱。"(《宋史》卷一百八十《食货志下二·钱币》)大小铜钱之价格虽是十与一之比,而其比重乃是三与一之比。仁宗时已经发生盗铸之事。

>大约小铜钱三,可铸当十大铜钱。以故民间盗铸者众,钱文大乱,物价翔踊,公私患之。(《宋史》卷一百八十《食货志下二·钱币》)

盗铸之发生乃由于同一金属之钱币,大小两种所有之价值与其所表示之价格不能成为比例。而在铜铁两种钱币之间,政府既不知市场上铜铁之比价如何,复不注意铜铁两钱之数量应如何保持均衡。真宗时,铜钱之价太高,因之人民多盗镕铁钱为器。

>铜钱一当小铁钱十,兼用后,以铁重,多盗镕为器。(《宋史》卷一百八十《食货志下二·钱币》)

其后铜钱渐次贬值。到了哲宗时代,铜钱日少,因之铁钱之价浸轻。

>熙丰间,铜铁钱尝并行,铜钱千易铁钱千五百,未闻轻重之弊。及后铜钱日少,铁钱滋多,绍圣初,铜钱千,遂易铁钱二千五百,铁钱浸轻。(《宋史》卷一百八十《食货志下二·钱币》)

政府为矫正这个缺点,乃将大钱之价格贬低,即大钱忽而当二,忽而当三,忽而当五。"民出不意,荡产失业,多自经死。"(《宋史》卷三百八十《傅求传》)

河东铁钱以二当铜钱一行之,一年又以三当一,或以五当一……江南仪商等州大铜钱一当小钱三,小铁钱三当铜钱一,河东小铁钱如陕西亦以三当一……又令陕西大铜钱、大铁钱皆以一当二……然令数变,兵民耗于资用,类多咨怨。(《宋史》卷一百八十《食货志下二·钱币》)

　　由此可知,宋代初年币制已经纷乱。神宗元丰年间,铸折二钱(《宋史》卷一百八十《食货志下二·钱币》)。徽宗崇宁年间,又铸小平钱(《宋史》卷一百八十《食货志下二·钱币》),不久复以小平钱增料改铸当五铜钱,以圣宋通宝为文。继而改铸折二钱为折十,未几折十钱复改为折五(《宋史》卷一百八十《食货志下二·钱币》)。大观四年,"凡以私钱得罪,有司上名数,亡虑十余万人"(《宋史》卷一百八十《食货志下二·钱币》)。蔡京用事,更铸夹锡钱,本欲使钱币稍重,而竟与铁钱等,物价日增,患甚于当十小钱。"小民往往以药点染,与铜钱相乱。"(《宋史》卷一百八十《食货志下二·钱币》)"市区昼闭,人持钱买物,至日旰,皇皇弗肯售……一时商贾束手,或自杀。"(《宋史》卷三百二十八《章楶传》)京去相,童贯尽废夹锡,不得用,民益以为苦。贾炎说:

　　钱法屡变,人心愈惑……中产之家,不过畜夹锡钱一二万,既弃不用,则惟有守钱而死耳。(《宋史》卷二百八十五《贾炎传》)

　　南渡之后,币制仍未改善。高宗绍兴年间,"钱愈锲薄"。孝宗乾道年间,民"多毁钱,夹以沙泥重铸,号沙尾钱"。宁宗以后,钱币随时改铸,忽而当三,忽而当五,忽而当二(《宋史》卷一百八十《食货志下二·钱币》),不但当时的人,就是我们读史的人亦难了解。

　　宋代又有会子、交子之法,"盖有取于唐之飞钱"(《宋史》卷一百八十一《食货志下三·会子》),最初只是汇票。

　　先是太祖时取唐飞钱故事,许民入钱京师,于诸州便换。其法商人入钱左藏库,先经三司投牒,乃输于库……给以券,仍敕诸州,凡商人赍券至,当日给付,违者科罚。(《宋史》卷一百八十《食货志下二·钱币》)

其后益州人民以铁钱重,书纸代钱,以便市易,称之为交子,于是会子的汇票又进化为交子的纸币。

蜀用铁钱,民苦转贸重,故设法书纸代钱,以便市易。(《宋史》卷二百九十五《孙甫传》)

益州……民间以铁钱重,私为券,以便交易,谓之交子。(《宋史》卷三百一《薛田传》)

蜀用铁钱,以其艰于转移,故权以楮券。(《宋史》卷三百四十七《席旦传》)

既然变为纸币,政府便负发行之责,一交一缗。今日国家银行发行纸币,必有准备金。宋初,亦有本钱,即如李光所说:"有钱则交子可行……椿办若干钱,行若干交子。"(《宋史》卷三百六十三《李光传》)纸币一经发行,除了破裂之外,无须限期收回,交子则以三年为界。

会子、交子之法盖有取于唐之飞钱……一交一缗,以三年为一界而换之,六十五年为二十二界,谓之交子……界以百二十五万六千三百四十缗为额。(《宋史》卷一百八十一《食货志下三·会子》)

又者今日货币乃通行于全国,钱币如此,纸币亦然。宋因钱重难运,因之钱币不能统一,这与汉的五铢已经不同了。楮币虽轻,乃同钱币一样,各地交子各自印造,而致后来或废或用,号令反复,民听疑惑。马端临说:

(宋)自中兴以来,始转而用楮币。夫钱重而直少,则多置监以铸之可也。楮轻而直多,则就行都印造足矣。今既有行在会子,又有川引、淮引、湖会,各自印造,而其末也,收换不行,称提无策,何哉?盖置会子之初意，本非即以会为钱，盖以茶盐钞引之属视之，而暂以权钱耳。然钞引则所直者重（原注，承平时，解盐场四贯八百售一钞，请盐二百斤），而会子则止于一贯，下至三百二百。钞引只令商人凭以取茶盐香货，故必须分路（原注，如颗盐钞只可行于陕西，末盐钞只可行于江淮之类），会子则公私买卖支给无往而不用。且自一贯造至二百，则是明以之代见钱矣。又况以尺楮而代数斤之铜，赍轻用重，千里之远，数万之缗，一夫之力克日可到，则何必川自川，淮自淮，湖自湖，而使后来或废或用，号令反复，民听疑惑乎？盖两淮荆湖所造，朝廷初意欲暂用而即废，而不知流落民间，便同见镪。所以后来收换生受，只得再造，遂愈多而愈贱，亦是立法之初讲之不详故也。（《文献通考》卷九《钱币二》）

到了国家财政困难，就如滥发纸币一样，滥发会子。"官无本钱，民何以信"《宋史》卷一百八十一《食货志下三·会子》），"会子太多，而本钱不足，遂致有弊"（《宋史》卷一百八十一《食货志下三·会子》）。神宗时已有这种现象。

自用兵取湟廓、西宁，籍其法（会子）以助边费，较天圣一界逾二十倍，而价愈损。及更界年，新交子一当旧者四。（《宋史》卷一百八十一《食货志下三·会子》）

徽宗时，会子更见跌价，一缗当钱十数。

凡旧岁，造一界，备本钱三十六万缗。新旧相因，大观中，不蓄本钱，而增造无艺，至引一缗当钱十数。（《宋史》卷一百八十一《食货志下三·会子》）

南渡以后，会子之制更滥，本来是一交一缗，其后乃降低为二百三百文。本来一界不过一百十六余万贯，其后一界乃增至一千万贯，更增至三千万贯。本来是三年一偿，其后乃不断展期，无法还偿，乃发行新会子以易旧会子，而又贬低旧会子之价。

孝宗兴隆元年，更造五百文会，又造二百三百文会……三年立为一界，界以一千万贯为额……淳熙三年，诏第三界四界各展限三年……光宗绍熙元年，诏第七第八界会子各展三年。臣僚言，会子界以三年为限，今展至再，则为九年，何以示信？于是诏造第十界，立定年限。宁宗庆元元年，诏会子界以三千万为额。嘉定二年……以旧会之二易新会之一。（《宋史》卷一百八十一《食货志下三·会子》）

当时印刷术不甚精良，因之伪造交子乃比盗铸钱币为易。高宗时，胡交修说：

以今交子校之大钱，无铜炭之费，无鼓铸之劳。一夫挟纸，日作十数万，真赝莫辨，售之不疑。（《宋史》卷三百七十八《胡交修传》）

孝宗时，会子已经过剩，人民纳税多用会子。

当时（孝宗淳熙年间）户部岁入一千二百万，其半为会子。（《宋史》卷一百八十一《食货志下三·会子》）

国家一切开支亦以楮代币，而楮又不断地跌价。宁宗时：

朝廷给会子数多，至是折阅日甚，朝论颇严称提，民愈不售，郡县科配，民皆闭门牢避。行旅持券，终日有不获一钱一物者。（《宋史》卷四百十五《黄畴传》）

理宗时，伪造会子竟充斥于市场之上。

端平三年，臣僚言，今官印之数虽损，而伪造之券愈增。且以十五十六界会子言之，其所入之数，宜减于所出之数，今收换之际，元额既溢，举者未已，若非伪造，其何能致多如是？大抵前之二界，尽用川纸，物料既精，工制不苟，民欲为伪尚或难之。迨十七界之更印，以杂用川杜之纸；至十八界，则全用杜纸矣。纸既可以自造，价且五倍于前，故昔之为伪者难，今之为伪者易。人心徇利，甚于畏法，况利可立致，而刑未即加者乎？（《宋史》卷一百八十一《食货志下三·会子》）

因之，物价腾贵，饿殍盈道。

> 楮券猥轻，物价腾踊，行都之内，气象萧条。左浙近辅，殍死盈道。流民充斥……剽掠成风。（《宋史》卷四百七《杜范传》）

李韶亦说：

> 端平以来……楮券日轻，民生流难，物价踊贵。（《宋史》卷四百二十三《李韶传》）

马端临关于楮币之祸，曾有言云：

> 然籴本以楮，盐本以楮，百官之俸给以楮，军士支犒以楮，州县支吾无一而非楮。铜钱以罕见为宝，前日椿积之本皆绝口而不言矣。是宜物价翔腾，楮价损折，民生憔悴，战士常有不饱之忧，州县小吏无以养廉为叹，皆楮之弊也。楮弊而钱亦弊。昔也，以钱重而制楮，楮实为便。今也，钱乏而制楮，楮实为病，况伪造日滋，欲楮之不弊不可得也。（《文献通考》卷九《钱币二》）

政治腐化，财政紊乱，卒至民生憔悴，这个时候民众若不起来革命，推翻宋室，实难免亡国之惨，然而宋人深受理学派学说之影响，欲由格物致知、诚意正心，进至修齐治平。政治上的动静受了伦理观念的影响，惩忿窒欲，抑制感情之冲动,自不能发挥为暴民之乱,以推翻腐化的政权。何况"天尊地卑,君臣定矣。君臣之位犹天地之不可易也",而金人于我又有不共戴天之仇?《春秋》明华夷之别,齐襄复九世之仇,《春秋》大之。宋人嫉恨金人,乃是理之当然。其实这个时候金已汉化,"城廓宫室,政教号令,一切不异于中国"(《龙川文集》卷一《上孝宗皇帝第一书》),而游牧的蒙古种族乃勃兴于漠北。徐应龙已经警告,"金亡,更生新敌,尤为可虑"(《宋史》卷三百九十九《徐应龙传》)。而南宋君臣不能振作自强,军事极端腐化。杜范说:

> 边方帅臣,黄金不行于反间,而以探刺朝廷。厚赐不优于士卒,而以交通势要。(《宋史》卷四百七《杜范传》)

又说:

> 疆场之臣,肆为欺蔽,胜则张皇而言功,败则掩覆而不言。(《宋史》卷四百七《杜范传》)

军事如斯腐化,当然是"贼至一州,则破一州;至一县,则破一县"(《宋史》卷四百一十八《文天祥传》)。而宋尚欲以夷攻夷,卒蹈北宋的覆辙,结蒙古以伐金。金亡之后,宋与蒙古为邻,此时也,蒙古之"兵岁至,和不可,战不能"(《宋史》卷四百二十三《李韶传》)。度宗咸淳七年,蒙古改国号曰元,以新兴之邦,攻腐化之国,当然是势如拉朽,先取蜀,次取襄樊,遂依上流之势,攻陷建康,进取临安,虏少帝以去。张世杰、陆秀夫立益王昰于福州,欲保闽广以图恢复,元以舟师出明州,迫福州;以骑兵出江西,逾梅岭(即大庾岭),趋广州。文天祥等竭蹶于闽广之间,卒不获振。祥兴二年,张世杰等奉帝昺以舟师保崖山,兵败国亡。

第七节
宋的政治制度

第一项 中央官制

宋承唐及五代之旧，既采三省之制，使三省互相制衡，又将民政、军政、财政分立起来，使臣下无法弄权。兹将宋之中央官制列表如次，而后再加说明。

宋中央官制表①

机关	职掌	职官	权限	元丰改制前	元丰改制后	南渡后
三省	中书省	掌进拟庶务，宣奉命令。	中书令	掌佐天子议大政，授所行命令而宣之。	国朝未尝真拜，以他官兼领者，不预政事。	因官高不除人，以右仆射兼中书侍郎，行令之职。	孝宗乾道八年，置左右丞相，省令不置。
		中书侍郎	掌贰令之职，参议大政，授所宣诏旨而奉之。	置。	别置侍郎，以佐右仆射之行中书令之职。	孝宗乾道八年，置参知政事，省中书侍郎不置。
		此外尚有右散骑常侍、右谏议大夫、右司谏、右正言同掌规谏讽谕，凡朝政阙失、大臣至百官任非其人、三省至百司事有违失，皆得谏正。又有中书舍人，凡事有失当及除授非其人，则论奏封还词头。

---

① 据《宋史·职官志》。

续表

机关	职掌	职官	权限	元丰改制前	元丰改制后	南渡后
门下省	受天下之成事，审命令，驳正违失。	侍中	掌佐天子议大政，审中外出纳之事。	国朝以秩高罕除，虽有用他官兼领，而实不任其事。	因官高不除，以左仆射兼门下侍郎，行侍中职。	孝宗乾道八年，置左右丞相，省侍中不置。
		门下侍郎	掌贰侍中之职，省中外出纳之事。	置。	别置侍郎，以佐左仆射之行侍中职。	孝宗乾道八年，置参知政事，省门下侍郎不置。
	此外尚有左散骑常侍、左谏议大夫、左司谏、左正言，与中书省同。又有给事中，若政令有失当、除授非其人，则论奏而驳正之。南渡后，罢门下省不置，乃另置一局以处左右谏官（《历代职官表》卷十九《都察院下》，引王应麟《玉海》）。给事中则与起居郎同为掌记天子言动之官。					
尚书省	掌施行制命。	尚书令	掌佐天子议大政，奉所出命令而行之。	自建隆以来不除，唯亲王元佐、元俨以使相兼领，不与政事。	虚设其名，无有除者。	南渡后不置。
		左右仆射	掌佐天子议大政，贰令之职，与三省长官皆为宰相之任。	置。	自官制行，不置侍中、中书令，以左仆射兼门下侍郎，右仆射兼中书侍郎，行侍中、中书令职事。	孝宗乾道八年，置左右丞相，省仆射不置。
		左右丞	掌参议大政，通治省事，以贰令、仆射之职。	置。	置。	南渡后，置参知政事，省左右丞不置。
	有六部，曰吏部，曰户部，曰礼部，曰兵部，曰刑部，曰工部。每部除本司外，又各置三曹，即与隋唐各部四曹相似。宋初，天下财计归之三司，户部无职掌。					

续表

机关	职掌	职官	权限	元丰改制前	元丰改制后	南渡后
	而兵政总于枢密使,武选属于吏部,兵部亦同虚设。他如礼部,权分于鸿胪与光禄,工部之权分于将作与都水。据《文献通考》(卷五十二《职官志六》),宋除吏部外,不置尚书,只置判部事一人或二人。					
枢密院	掌军国机务、兵防边备戎马之政令,出纳密命以佐邦治。	枢密使	佐天子执兵政。	庆历中,二边用兵,令宰相兼枢密使。	不复兼。	或兼或否,至开禧,以宰臣兼使,遂为永制。
	有副使为使之贰。不置使,则有知院事、同知院事为之贰。苟其人资浅,则用直学士签书院事、同签书院事。					
三司使	总国计,应四方贡赋之入,朝廷不预,一归三司,通管盐铁、度支、户部,号曰计省。	三司使	掌邦国财用之大计,总盐铁、度支、户部之事,以经天下财赋而均其出入焉,位亚执政,目为计臣。	置。	罢三司使,并归户部。	无。
	盐铁掌天下山泽之货、关市河渠军器之事,以资邦国之用。度支掌天下财赋之数,每岁均其有无,制其出入,以计邦国之用。户部掌天下户口税赋之籍、榷酒工作衣储之事,以供邦国之用。					
御史台	掌纠察官邪、肃正纲纪,大事则廷辩,小事则奏弹。	御史中丞	为台主。	置。	置。	置。
	御史大夫宋初不除正员,止为加官。御史台之属有三院,一曰台院,侍御史一人掌贰台政。二曰殿院,殿中侍御史二人,掌以仪法,纠百官之失。三曰察院,监察御史六人,掌分察六曹及百司之事,纠其谬误,大事则奏劾,小事则举正。					

此外尚有九寺五监。太宗时,罗处约言:"九寺三监(当时只有国子、少府、将作三监)多为冗长之司,虽有其官,不举其职。"(《宋史》卷四百四十《罗处约传》)九寺,即太常寺、宗正寺、光禄寺、卫尉寺、太仆寺、大理寺、鸿胪寺、司农寺、太府寺,或置卿一人,或置判寺事

续 表

机关	职掌	职官	权限	元丰改制前	元丰改制后	南渡后

一人或二人。五监,即国子监、少府监、将作监,各置判寺事一人;军器监,国初戎器之职领于三司胄曹案,官无专职,元丰正名,始置监一人;都水监,旧隶三司河渠案,元丰正名,置使者一人。

现在先论宰相,宋承前代之制,置三省,三省长官即侍中、中书令、尚书令皆"佐天子议大政",而为宰相之职。然侍中"以秩高罕除,虽有用他官兼领,而实不任其事"。中书令"国朝未尝真拜,以他官兼领者,不预政事"。尚书令"自建隆以来不除,惟亲王元佐、元俨以使相兼领,不与政事"(《宋史》卷一百六十一《职官志一》),所以宰相不是三省长官。宋志云:

> 宰相之职,佐天子,总百官,平庶政,事无不统。宋承唐制,以同平章事为真相之任,无常员。(《宋史》卷一百六十一《职官志一》)
>
> 参知政事掌副宰相,毗大政,参庶务。乾德二年置,以枢密直学士薛居正、兵部侍郎吕余庆并本官参知政事……仍令不押班,不知印,不升政事堂……开宝六年,始诏居正、余庆于都堂与宰相同议政事①。至道元年,诏宰相与参政(即参知政事)轮班知印,同升政事堂,押敕齐衔,行者并马。(《宋史》卷一百六十一《职官志一》)

此宋代初年制也。宋初,真正的宰相乃是同平章事。唐制,同平章事多以侍郎为之;宋制亦然,而以中书、门下两省侍郎居多,吾人观《宋史·宰辅表》,即可知之。元丰改制之后,虽以左右仆射为宰相,然而左仆射乃兼门下侍郎,右仆射亦兼中书侍郎(《宋史》卷一百六十一《职官志一》)。高宗建炎三年,左右仆射并加同平章事,无须再兼二省侍郎。二省侍郎改为参知政事。孝宗乾

---

① 案唐制,尚书省本名尚书都省,都堂乃唐时尚书省中厅之称。宋时参知政事何以在都堂,而不在政事堂,与宰相同议政事?是否太宗至道元年以前,参知政事只能在都堂与宰相议事;至道元年以后,才均至政事堂议事,当考。参阅《历代职官表》卷三《内阁中》,引江少虞《宋朝事实类苑》。

道八年,又改左右仆射为左右丞相,其参知政事如故。(《宋史》卷一百六十一《职官志一》)

所谓参知政事本来不是官名,凡职官加有参知政事之衔,就"得与宰相同议政事",所以参知政事可以称为副相。元丰以前,任何职官均得加以参知政事之衔,如乾德二年,吕余庆以兵部侍郎参知政事;太平兴国八年,宋琪以左谏议大夫参知政事(《宋史》卷二百一十《宰辅表》)。元丰改制,废参知政事。建炎三年以后,以中书、门下侍郎为参知政事。(《宋史》卷二百一十《宰辅表》)由此可知,三省长官虽非宰相之任,而为宰相者确以三省长官之贰(门下侍郎、中书侍郎及左右仆射,徽宗政和中,改左右仆射为太宰、少宰,仍兼两省侍郎;孝宗乾道八年,改左右仆射为左右丞相)居多。

宋代宰相官名前后变更数次,读者只看上文所述,亦必不知所指,兹将宋代三省长官之更置情形,列表如次,借此说明宋代宰相之为何种职官。

宋三省长官更置表[①]

省名	官名	职掌	前后更置			备考
			元丰改制前	元丰改制	南渡后	
门下省	侍中	掌佐天子议大政,审中外出纳之事。	以秩高罕除,虽有用他官兼领,而实不任其事。	以官高不除人,以左仆射兼门下侍郎,行侍中职。	置参知政事,省门下侍郎不置。	据《续通考》,宋南渡后,不置门下省。
	门下侍郎	掌贰侍中之职,省中外出纳之事。	置。	别置侍郎,以佐左仆射。	置左右丞相,省侍中不置。	
中书省	中书令	掌佐天子议大政,授所行命令而宣之。	未曾真拜,以他官兼领者,不与政事。	以官高不除人,以右仆射兼中书侍郎,行令之职。	置左右丞相,省令不置。	

[①] 《历代职官表》(卷三《内阁中》)云:"谨案,宋宰相官名前后凡五变,同平章事一也(元丰改制前),左右仆射二也(元丰改制),太宰、少宰三也(徽宗政和以后),复为左右仆射四也(钦宗靖康以后),左右丞相五也(孝宗乾道八年以后)。"

续表

省名	官名	职掌	前后更置			备考
			元丰改制前	元丰改制	南渡后	
	中书侍郎	掌贰令之职，参议大政，授所宣诏旨而奉之。	置。	别置侍郎，以佐右仆射。	置参知政事，省中书侍郎不置。	
尚书省	尚书令	掌佐天子议大政，奉所出命令而行之。	自建隆（太祖）以来不除，唯亲王元佐、元俨以使相兼领，不与政事。	虚设其名，无有除者。	并省不置。	其属有六部，曰吏部、户部、礼部、兵部、刑部、工部。
	左右仆射	掌佐天子议大政，贰令之职，与三省兵官皆为宰相之职。	置。	自元丰官制行，不置侍中、中书令，以左仆射兼门下侍郎，右仆射兼中书侍郎，行侍中、中书令职事。政和中，改左右仆射为太宰、少宰。以太宰兼门下侍郎，少宰兼中书侍郎。靖康元年，复为左右仆射。	置左右丞相，省仆射不置。	
	左右丞	掌参议大政，通治省事，以贰令、仆射之职。	置。	置。	复置参知政事，省左右丞不置。	

宋代宰相人数不多，普通不过二人或三人，再加以参知政事，亦不过四五人而已。宰相二人时，一人为昭文馆大学士，监修国史，一人为集贤殿大学士。若置三人，则一人为昭文，一人为集贤，一人监修国史。"国初范质昭文学士，王溥监修国史，魏仁浦集贤学士，此为三相例也。"（《宋史》卷一百六十一《职

官志一》)宰相人数既在两人以上,凡事不能不开会讨论,因之意见不同,不能避免,或政事依违不决:

> 时宰相吕夷简、王曾论议数不同,宋绶多是夷简。而参知政事蔡齐,间有所异。政事籁此依违不决。(《宋史》卷二百九十一《宋绶传》)

或宰相互相排挤:

> 宋庠为相,与宰相吕夷简论数不同。凡庠与善者,夷简皆指为朋党。

(《宋史》卷二百八十四《宋庠传》)

但是最后决定权乃属于天子,因之相权大小又随天子的个性而异。孝宗时,"事皆上决,执政惟奉旨而行"(《宋史》卷三百九十七《徐谊传》)。宁宗时,"史弥远入相,专国事"(《宋史》卷四百三十七《魏了翁传》)。权在天子之时,天子英明,虽能兼听而独断,否则难免偏听而酿成乱阶。崔与之说:"大抵独断当以兼听为先。倘不兼听而断,其势必至于偏听,实为乱阶。"(《宋史》卷四百六《崔与之传》)但是既兼听矣,就须以多数人之意见为标准,兼听而又独断,结果必生问题。邹浩说:

> 孟子曰,左右诸大夫皆曰贤,未可也。国人皆曰贤,然后察之,见贤焉,然后用之。左右诸大夫皆曰不可,勿听。国人皆曰不可,然后察之,见不可焉,然后去之。于是知公议不可不恤,独断不可不谨。盖左右非不亲也,然不能无交结之私。诸大夫非不贵也,然不能无恩仇之异。至于国人皆曰贤,皆曰不可,则所谓公议也。公议之所在,概已察之,必待见贤然后用,见不可然后去,则所谓独断也。惟恤公议于独断未形之前,谨独断于公议已闻之后,则人君所以致治者,又安有不善乎?(《宋史》卷三百四十五《邹浩传》)

公议之所谓贤,而必再加访察而后用;公议之所谓不可,亦必再加访察而后去,这就是孔子所说"众恶之,必察焉;众好之,必察焉"(《论语·卫灵公》)之意。试问由谁访察?左右访察,权归近习。诸大夫访察,权归官僚。人主自察,然而人主未必皆贤,则其所独断者又未必可为是非的标准。吾国政治思想不能由专制进至民主,这种理论实为之梗。

何况天子柔懦不振,则往往是"果断不用于斥邪佞,反用于逐贤人"(《宋史》卷四百五《袁甫传》)? 富弼曾言:"人主好恶,不可令人窥测,可测,则奸人得以傅会。"(《宋史》卷三百一十三《富弼传》)这就是商鞅所说"凡人臣之事君也,多以主所好事君"(《商君书·修权》),也就是韩非所说"君无见其所欲,君见其所欲,臣将自雕琢。君无见其意,君见其意,臣将自表异。故曰去好去恶,臣乃见素;去智去旧,臣乃自备"(《韩非子·主道》)之意。高宗绍兴年间的秦桧、宁宗开禧年间的韩侂胄、嘉定以后的史弥远、理宗开庆以后的贾似道都是窥测人主之意,而操弄权柄的。

宰相"佐天子,总百官,平庶政,事无不统"(《宋史》卷一百六十一《职官志一》)。其法则为副署,即天子所颁诏令,须经宰相副署:

> 乾德二年,范质等三相并罢,越三日,始命赵普平章事。制书既下,太祖问翰林学士曰,质等已罢,普敕何官当署?承旨陶谷时任尚书,乃建议相位不可以久虚,今尚书乃南省六官之长,可以署敕。仪曰,谷所陈,非承平之制。皇弟开封尹同平章事,即宰相之任。太祖曰,仪言是也。即命太宗署敕赐之。(《宋史》卷二百六十三《窦仪传》)

副署乃所以表示同意,故凡不同意之事,宰相可以拒绝副署。

> 袁韶绍定元年拜参知政事。胡梦昱论济王事,当远窜。韶独以梦昱无罪,不肯署文书。(《宋史》卷四百一十五《袁韶传》)

只唯宰相才有副署的权,而有副署之权者又是同平章事与参知政事,由此更可以证明宋代宰相不是三省长官,而是同平章事与参知政事。

若就实际情况言之,宋代宰相自始就没有宰相之权。汉时,"丞相所请,靡有不听";宋时,宰相不过依圣旨而草诏令而已。王曾说:

> 旧制,宰相早朝上殿,命坐,有军国大事则议之,常从容赐茶而退。自余号令、除拜、刑赏、废置,事无巨细,并熟状拟定进入。上于禁中亲览,批纸尾,用御笔,可其奏,谓之印画,降出奉行而已。由唐室历五代不改其制。国初,范质、王溥、魏仁浦在相位,自以前朝相,且惮太祖英睿,请具札子,面取进止。朝退,各疏其所得圣旨,同署字以志之,尽禀承之方,免差误之失,帝从之。自是奏御浸多,或至旰昃,于今遂为定式。(《历代职官表》卷三《宋内阁》,引王曾《笔录》)

即宋之宰相不是议大政,而是办理文书。不过天子荒庸,宰相就由办理文书,进而决定军国大计。唯此军国大计亦须与天子的意见相同,秦桧、韩侂胄、史弥远、贾似道能够操弄国权,就是因为他们能够迎合天子之意。

次就三省言之,唐制,中书主出命,门下主封驳,尚书主奉行,而自设置政事堂之后,中书、门下已合为一。宋承唐制,亦置三省。太宗说"中书政本"(《宋史》卷二百八十七《李昌龄传》)。盖中书乃出纳王命的机关,即宣示诏令与传达诏令,而为天子的喉舌。然而任何职官既得除为同平章事,则议政之权自非专属于中书。何况宋自元丰改制之后,又以左右仆射兼中书、门下两省侍郎?如此,中书、门下两省之职权已为尚书省所合并,所以元丰以后,"中书政本"之言已经不合于实际。至于尚书省之权虽只"掌施行制命",其属六部负行政之责,"凡天下之务,六曹所不能与夺者",由尚书省"总决之"。其"应取裁者","随所隶,送中书省、枢密院"(《宋史》卷一百六十一《职官志一》)。即尚书只能决定普通事务,至于军国大计,则须通过中书省、枢密院,由宰相与天子决定。纵云,"中书独取旨"(《历代职官表》卷三《内阁中》,引彭百川《太平治迹统类》),然右仆射既兼中书侍郎,则"中书独取旨"亦等于右仆射独取旨耳。故除军政外,一切民政乃属于尚书省右仆射,只因右仆射不过宰相之一员,而宰相议事又在政事堂。宋似依唐之制（中宗以后），政事堂设在中书省，因之后人遂误会中书为政之枢机。神宗"诏自今事不以大小，并中书省取旨，门下省覆奏，尚书省施行"。神宗且说："中书揆而议之，门下审而覆之，尚书承而行之。"（《历代职官表》卷三《宋内阁中》，引彭百川《太平治迹统类》）这种制度乃恢复唐初之制，然要行之合理，必须分别哪几种事应依这个程序，哪几种事可由各单位主管单独决定，否则事事讨论，事事审覆，实有反于分层负责之制。苏辙有言：

> 凡事皆中书取旨，门下覆奏，尚书施行，所以为重慎也。臣谓国之大事及事之已成者，依此施行则可。至于日生小事及事之方议者，一切依此，则迂缓之弊所从出也。假如百官之假、有司请给器用之类，此所谓日生小事也。臣僚陈请兴革废置，朝廷未究本末，欲行勘当之类，此所谓事之方议者也。昔官制未行，如此等事皆执政批状，直付有司，故径而易行。自行官制，遂罢批状。每有一事，辄经三省。誊写之劳既已过倍，勘当既上，小有差误，重复施行，又经三省循环，往复无由了绝。至于疆场机事、河防要切，一切如此，求此之速办不可得也。（《栾城集》卷三十七《论三省事多留滞状》）

苏辙所作分类虽有小疵，而大体上尚称妥善。何况元丰改制，仍置二省？倘"省分为三，各有所掌，而其官亦复不一"（《文献通考》卷四十九《宰相》），则三省之设不为具文。顾神宗乃"以尚书令之贰左右仆射为宰相，左仆射兼门下侍郎，右仆射兼中书侍郎"（《宋史》卷一百六十一《职官志一》）。这种制度，若就左右仆射兼二省侍郎言之，实如前所言，尚书侵占两省之权。按"门下之职所以驳正中书违失"（《宋史》卷一百六十一《职官志一》）。今以奉行法令之机关兼制定法令之职，则中书已经失掉"揆而议之"之权。而审查法令的机关亦兼奉行法令之职，则门下何必"审而议之"？叶梦得说：

> 自两汉以来，谓中书为政本，盖中书省出令，而门下省覆之，王命之重莫大于此。故唐以后，以同中书门下平章事为宰相者，此也。尚书省

但受成而行之耳。本朝（宋）沿习唐制，官制行，始用《六典》，别尚书、门下、中书为三省，各以其省长官为宰相，则侍中、中书、尚书令是也。既又以秩高不除，故以尚书令之贰左右仆射为宰相。而左仆射兼门下侍郎，以行侍中之职。右仆射兼中书侍郎，以行中书令之职。而别置侍郎以佐之，则三省互相兼矣。然左右仆射既为宰相，则凡命令进拟，未有不由之出者。而左仆射又为之长，则出命令之职，自已身行，尚何省而覆之乎？方其进对，执政无不同，则所谓门下侍郎者亦预闻之矣。故批旨皆曰，三省同奉圣旨。既已奉之，而又审之，亦无是理。门下省惟给事中封驳而已，未有右仆射与门下侍郎自驳已奉之命者，则侍中、侍郎所谓省审者，殆成虚文也。（《石林燕语》卷三）

南渡后，不置门下省（《续文献通考》卷五十二《门下省》）。而孝宗乾道八年，既置左右丞相，省仆射不置，又用左右丞相以代中书令与侍中，复置参知政事，省左右丞不置，而参知政事又代中书侍郎与门下侍郎，则中书省名存实亡，所以宋志才云"三省之政合乎一"（《宋史》卷一百六十一《职官志一》），而隋唐以来三省分立完全消灭。

三省分立本来是用以预防权臣专擅。元丰改制之后，三省长官互兼其职，制衡之作用已失。还好宋代依唐之制，设有许多谏官，即散骑常侍、谏议大夫、司谏、司言，分为左右。左隶门下，右隶中书。谏官与御史不同，御史乃纠弹违法，谏官则矫正失策。且看洪迈之言。

御史掌纠察官邪、肃正纲纪。谏官掌规谏讽谕，凡朝政阙失、大臣至百官任非其人、三省至百司事有失当，皆得谏正。（《容斋四笔》卷十四《台谏分职》）

胡致堂亦云：

御史只合弹击官邪，与夫败坏已成宪度者。至于政事得失，专责大

臣与谏者。(《文献通考》卷五十《谏议大夫》,引胡致堂《寄政府书》)

中书省又有中书舍人四人(本六人),"分治六房,凡事有失当及除授非其人,则论奏封还词头"(《宋史》卷一百六十一《职官志一》)。门下省亦有给事中四人,"分治六房",这就是明代六科给事中的起源。"若政令有失当,除授非其人,则论奏而纠正之。"(《宋史》卷一百六十一《职官志一》)三省、中书舍人及给事中之办事程序,照洪迈说:

> 三省事无巨细,必先经中书书黄,宰执书押,当制舍人书行,然后过门下,给事中书读。如给舍有所建明,则封黄具奏,以听上旨。惟枢密院既得旨,即书黄,过门下,例不送中书,谓之密白。(《宋史》卷三百七十三《洪迈传》)

谏官与御史合称为台谏,给事中与中书舍人合称为给舍。关于给事中,本书于唐代中央官制中已有说明。中书舍人之官由来已久,南北朝时,南朝中书舍人"专掌诏诰,兼呈奏之事"(《通典》卷二十一《中书省中书舍人》)。即有出纳王命之权,卒至操弄国政。关此,本书于南北朝中央官制中,亦已说明,不再重复。隋兴,改中书省为内史省,改中书舍人为内史舍人,虽掌诏诰,然其权力已不如南朝。唐武德初,又复旧名;永淳以后,用人殊重。杜佑云:

> 武德三年,改为中书舍人,专掌诏诰……自永淳已来,天下文章道盛,台阁髦彦无不以文章达。故中书舍人为文士之极任、朝廷之盛选,诸官莫比焉。(《通典》卷二十一《中书省中书舍人》)

然亦不过起草诏令。降至宋代,权限渐大。"唐制,唯给事中得封还诏书,宋代中书舍人缴词(封还词头)自富弼始。"(《文献通考》卷五十一《中书舍人》,案宋依唐制,中书舍人置知制诰,时弼为知制诰)即中书舍人在仁宗时,其权已与给事中相埒。案台谏与给舍乃用以牵制宰相之专擅。吕祖谦说:

臣下权任太重，惧其不能无私，则有给舍以出纳焉，有台谏以救正焉。(《宋史》卷四百三十四《吕祖谦传》)

台谏与给舍，意见未必相同，如其不同，照高闶说，应依台谏之意。

政事之行，给舍得缴驳，台谏得论列，若给舍以为然，台谏以为不然，则不容不改。(《宋史》卷四百三十三《高闶传》)

南渡之后，既废门下省了，因之谏官虽然仍分为左右，乃不属两省，另置一局以处之(《文献通考》卷五十《谏议大夫》及《拾遗补阙》)。其职亦为谏诤朝政阙失。孝宗淳熙末，曾因"谏诤之官往往行御史之职，至于箴规阙失，寂无闻焉"，乃从兵部侍郎林栗之言，"置拾遗补阙左右一员，专掌谏诤，不许纠弹。光宗立，复省"(《文献通考》卷五十《拾遗补阙》)。至于给舍仍然存在。岳珂说：

元丰改官名，门下省则有给事中，中书省则有中书舍人。然中兴以后，三省合为一，均为后省①。(《愧郯录》卷八《给舍论驳》)

中书舍人既得封还词头，则不宜再掌诏诰，因为自己起草诏诰，而又自己封驳诏诰，这是不合理的事。唐时诏诰虽常由翰林学士执笔，而陆贽乃谓"词诏所出，中书舍人之职"(《旧唐书》卷一百三十九《陆贽传》)。到了宋代，翰林学士法律上遂"掌制诰诏令撰述之事"(《宋史》卷一百六十二《职官志二》)。翰林学士日益华贵，"乘舆所幸，则侍从以备顾问"(《宋史》卷一百六十二《职官志二》)，重要之事均由学士起草，而后付中书宣示。

---

① 所谓"后省"，据王应麟《玉海》(引自《历代职官表》卷十九《都察院下》)，"元丰官制，门下增设后省，以左散骑常侍、左谏议大夫、左司谏、左正言、给事中为门下后省。建炎三年诏，谏院别置局，不隶两省。又因旧制，置门下后省，以给事中为长官"。但到了后来，给事中乃同起居郎"掌记天子言动"(《宋史》卷一百六十一《职官志一》)，而非谏诤之官。

凡拜宰相及事重者，晚漏上，天子御内东门小殿，宣召面谕，给笔札，书所得旨，禀奏归院。内侍锁院门，禁止出入。夜漏尽，具词进入。迟明，白麻出，阁门使引授中书，中书授舍人宣读。(《宋史》卷一百六十二《职官志二》，此际中书得封还词头)

翰林学士既在天子左右，在必要时，尚得向天子贡献意见。

英宗立，张方平还为学士承旨，帝不豫，召至福宁殿。帝冯几言，言不可辨。方平进笔请。乃书云，明日降诏立皇太子。方平抗声曰，必颖王也，嫡长而贤，请书其名。帝力疾书之。乃退草制，神宗即位。(《宋史》卷三百一十八《张方平传》)

兹将翰林院之组织列表如次：

翰林院组织表

官名	备考
翰林学士承旨	不常置，以学士久次者为之。
翰林学士	
知制诰	知制诰，有似加官，其本官以翰林学士为多。但加在他官者亦有之，如康定元年，晁宗悫以左司郎中知制诰是也。(见《宋史》卷二百一十一《宰辅表》)
直学士院	凡他官入院，未除学士，谓之直院。
翰林权直、学士院权直	学士俱阙，他官暂行院中文书，谓之权直。淳熙五年，更为学士院权直，后复称翰林权直。
以上均掌制诰诏命撰述之事，见《宋史》卷一百六十二《职官志二》。	

翰林学士既然接近天子，故常迁为辅相，如至道元年，张洎以翰林学士除参知政事；景祐四年，石中立自翰林学士承旨除参知政事；宝元二年，宋庠自翰林学士知制诰除参知政事(《宋史》卷二百一十、卷二百一十一《宰辅表》)。其未迁为

参知政事者，亦常权牟宰辅。例如熙宁元年，唐介为参知政事，王安石为翰林学士。关于用人行政，神宗每问王安石。唐介说：

> 陛下以安石可大用，即用之。岂可使中书政事，决于翰林学士？臣近每闻宣谕某事，问安石可，即行之；不可，不行。如此则执政何所用，恐非信任大臣之体也。(《宋史》卷三百一十六《唐介传》)

宋虽放弃三省分权，而为制衡起见，又采政军财分立之制。三省分权为权力之分配，即中书制定诏令，门下审查诏令，尚书奉行诏令。政军财分立为事项之分配，即政事属于中书省，军事属于枢密院，财用属于三司使。而如谢泌所说："凡政事送中书，机事送枢密，金谷送三司。"(《宋史》卷三百六《谢泌传》)此种分权实患了制度上最大错误。本书已经引过仁宗时范镇(字景仁)之言：

> 古者宰相制国用，今中书主民，枢密院主兵，三司主财，各不相知。故财已匮，而枢密院益兵不已。民已困，而三司取财不已。中书视民之困，而不知使枢密减兵、三司宽政者，制国用之职不在中书也。(《文献通考》卷二十四《国用二》，参阅《宋史》卷三百三十七《范镇传》。苏轼为范镇作墓志铭，亦引此言，见《东坡七集·前集》卷三十九《范景仁墓志铭》)

关于中书，本书已有说明，兹只述枢密院及三司使。先就枢密院言之：

> 宋初，循唐五代之制，置枢密院，与中书对持文武二柄，号为二府。(《宋史》卷一百六十二《职官志二》)

此盖宋代有鉴于五代军人跋扈之弊，故不欲以文武二柄委托一人，而如刘安世所说："国朝革五代之弊，文武二柄未尝专付一人。"(《宋史》卷一百六十二《职官志二》)所以宰相若与枢密使有亲族关系，常引起天子怀疑。例如：

赵普拜相……故事，宰相、枢密使每候对长春殿，同止庐中。上闻普子承宗娶枢密使李崇矩女，即令分异之。（《宋史》卷二百五十六《赵普传》）

李崇矩拜枢密使……时赵普为相，崇矩以女妻普子承宗，相厚善。帝闻之不悦。（《宋史》卷二百五十七《李崇矩传》）

但是军事与政事甚有关系，实难分开。真宗时，田锡上疏言：

枢密公事，宰相不得与闻；中书政事，枢密使不得与议，以致兵谋未精，国计未善……此政化堙郁之大者也。（《续资治通鉴》卷二十真宗咸平元年二月）

庆历中，二边用兵，仁宗从富弼及张方平之言，使宰相兼枢密使之任。然此不过暂时之事，并未成为永制。

庆历中，二边用兵，知制诰富弼建言，边事系国安危，不当专委枢密。仁宗以为然，即诏中书同议。谏官张方平亦言，中书宜知兵事，乃以宰相吕夷简、章得象并兼枢密使。（《宋史》卷一百六十二《职官志二》，参阅卷三百一十三《富弼传》、卷三百一十八《张方平传》）

神宗即位之初，滕元发又上疏极言，政事与军事不应分开，各行其是。

中书、枢密议边事多不合，中书赏战功，而枢密降约束。枢密诘修堡，而中书降褒诏……战守大事也，而异同如是，愿敕二府必同而后下。（《宋史》卷三百三十二《滕元发传》）

元丰改制，议者如王安石等皆欲罢枢密院，归兵部。顾神宗仍遵祖宗遗训，不欲文武二柄归于同一机关，而希望其能互相维制。

元丰五年,将改官制,议者欲废枢密院,归兵部。帝曰,祖宗不以兵柄归有司,故专命官以统之,互相维制,何可废也?于是得不废。(《宋史》卷一百六十二《职官志二》)①

然而因此,中书与枢密行事,遂多龃龉。吾人观真宗时田锡、神宗时滕元发之言,即可知之。若据马端临研究,宋虽实行军事与政事分权,然其所实行的只关于弊的方面。积弊既深,亘北宋一代,要改革,亦无法改革。

祖宗时(宋时),枢密院官虽曰掌兵,亦未尝不兼任宰相之事。景德四年,中书命秘书丞杨士元通判凤翔府,枢密院命之掌内香药库。两府不相知,宣敕各下。乃诏自今中书所行事关军机及内职者,报枢密院。枢密院所行关民政及京朝官者,报中书。是枢密院得以预除授之事也。又是年命宰臣王旦监修两朝正史,知枢密王钦若、陈尧叟,参知政事赵安仁并修国史,是枢密院可以预文史之事也。至庆历以后,始以宰臣兼枢密使。及元丰官制行,欲各主其名,遂不复兼,乃诏厘其事大小,大事三省与密院同议,进呈画旨,称三省、枢密院同奉圣旨,三省官同签书,付枢密院行之;小事枢密院独取旨,行讫,关三省。(此与上举之《石林燕语》完全相同)每朝,三省、枢密先同对,枢密院退待于殿庐。三省始留,进呈三省事退,枢密院再上进呈,独取旨,遂为定制。然熙宁初,以司马温公为枢密副使,公以言新法不见听,力辞。上使人谓之曰,枢密兵事也,官各有职,不当以他事辞。其时文潞公亦在枢府,虽持正论,终不能抑新法之行。至哲宗初即位,蔡确为相,温公为门下侍郎,章惇知枢密院。温公欲复差役法,而确言此大事,当与枢密院同议取旨,惇果驳温公所言。然则密院虽可以谋三省之事,而又在所以委任之者如何。温公、潞公当熙

---

① 《石林燕语》卷五:"神宗初更官制,王荆公诸人皆欲罢枢密院。神宗难之,其后遂定官制。论者终以宰相不预兵政为嫌,使如故事复兼,则非正名之意。乃诏厘其事大小,大事三省与枢密同议,进呈画旨,称三省、枢密院同奉圣旨,三省官皆签书,付枢密院行之;小事枢密院独取旨,行讫,关三省。"

宁之时，与国论不合，则欲其专任本兵，不预他事。蔡确当元祐之初，欲引章惇以自助，则欲其共立异议，阴排正人。至绍圣以后，则两府皆憸人，附会绍述，更无异议，亦不复闻以文马之俦，参错其间矣。(《文献通考》卷五十八《枢密院》)

观马氏之言，可知宋代虽分别文武二权，而中书、枢密之职掌如何划分，并不显明，所以流弊甚多。南渡之后，常有战事，军事与政事不能分开，更见明了。所以高宗常令宰相兼枢密使之任。其后或兼或否，至开禧，宰相兼使，遂为永制。

绍兴七年，诏枢密本兵之地，事权宜重，可依故事，置枢密使，以帝相张浚兼之……其后或兼或否，至开禧以宰臣兼使，遂为永制。(《宋史》卷一百六十二《职官志二》)

次就三司使言之。

三司之职，国初沿五代之制，置使以总国计，应四方贡赋之入，朝廷不预，一归三司，通管盐铁、度支、户部，号曰计省，位亚执政，目为计相。(《宋史》卷一百六十二《职官志二》)

三司使总盐铁、度支、户部之事。

三司使……掌邦国财用之大计，总盐铁、度支、户部之事，以经天下财赋而均其出入焉。盐铁掌天下山泽之货、关市河渠军器之事，以资邦国之用。度支掌天下财赋之数，每岁均其有无，制其出入，以计邦国之用。户部掌天下户口税赋之籍、榷酒工作衣储之事，以供邦国之用。(《宋史》卷一百六十二《职官志二》)

盐铁、度支、户部所掌，据叶梦得说：

> 唐制，户部、度支各以本司郎中、侍郎判其事。盖户部掌纳，度支掌出，谓常赋常用也。又别制盐铁转运使，以掌山泽之入，与督漕挽之事。中世用兵，因以宰相领其职。乾符后，改置租庸使以总之。至后唐孔谦暴敛，明宗诛谦，遂罢使额，以盐铁、户部、度支分为三司，而以大臣一人总判，号曰判三司。未几，张延朗复请置三司使，乃就命延朗，班宣徽使之下。本朝因其名，故三司使权常亚宰相。(《石林燕语》卷六)

即户部掌收入，度支掌支出，而盐铁则掌山泽之利与漕运之事。宋兴，"太平兴国八年，分置三使。淳化四年，复置使一员，总领三部"(《宋史》卷一百六十二《职官志二》)。即三部各有使以领之(例如咸平四年，王嗣宗为盐铁使，梁鼎为度支使，梁颢为户部使，见《宋史》卷二百八十七《王嗣宗传》)。同时又置一使，号曰三司使，总领三部。"凡干涉计度者，三使通议之。"(《宋史》卷一百六十二《职官志二》)使上有使，官制上不甚合理。咸平六年，罢三部使，置副使三人，以领三部，其总领三部之三司使如故(《宋史》卷一百六十二《职官志二》)。

三司使所掌，范围颇见广泛，不但剥夺户部的职权，且又夺取工部、太府寺、将作监、都水监、军器监的职权。据《宋史》及《文献通考》所载：

> 户部，国初以天下财计归之三司，本部无职掌，止置判部事一人……以受天下上贡，元会陈于庭。元丰正官名，始并归户部。(《宋史》卷一百六十三《职官志三》)

> 宋初，工部……凡城池土木工役皆报三司修造案，本曹无所掌。(《文献通考》卷五十二《工部尚书》)

> 太府寺，旧置判寺事一人……凡廪藏贸易、四方贡赋、百官奉给，时皆隶三司，本寺但掌供祠祭香币、帨巾、神席及校造斗升衡尺而已。元丰官制行，始正职掌。(《宋史》卷一百六十五《职官志五》，参阅《文献通考》卷五十六《太府卿》)

将作监，旧制，判监事一人……凡土木工匠之政、京都缮修，隶三司修造案。本监但掌祠祀供省牲牌、镇石、炷香、盥手、焚版币之事。元丰官制行，始正职掌。(《宋史》卷一百六十五《职官志五》，参阅《文献通考》卷五十七《将作监》)

军器监，国初戎器之职领于三司胄曹案。官无专职。(《宋史》卷一百六十五《职官志五》，参阅《文献通考》卷五十七《军器监》)

都水监，旧隶三司河渠案。(《宋史》卷一百六十五《职官志五》)

因三司使之设置，许多机关等于虚设。太宗时，罗处约曾谓"九寺三监多为冗长之司，虽有其官，不举其职"(《宋史》卷四百四十《罗处约传》)。他极论三司之制非古。

臣以三司之制非古也。盖唐朝中叶之后，兵寇相仍，河朔不王，军旅未弭，以赋调筦榷之所出，故自尚书省分三司以董之……以臣所见，莫若复尚书都省故事……以今三司钱刀、粟、帛、筦榷、支度之事均归二十四司(尚书省六部，各有四司，故为二十四司)，如此，则各有司存，可以责其集事。(《宋史》卷四百四十《罗处约传》)

神宗即位，熙宁三年，将三司使的某几种职权移归于各部寺监管辖，于是"三司之权始分"。元丰改制，罢三司，归户部，于是"三司之名始泯"。

熙宁三年，以常平、免役、农田、水利新法归司农，以胄案归军器监，修造归将作监，推勘公事归大理寺，帐司、理欠司归比部，衙司归都官，坑冶归虞部，而三司之权始分矣。元丰官制行，罢三司，归户部左右曹，而三司之名始泯矣。(《宋史》卷一百六十三《职官志三》)

所以志云：

元丰官制既行,三司所掌职务,散于六曹诸寺监。(《宋史》卷一百七十九《食货志下一·会计》)

三司之名虽泯,而财用与政事似尚不能联系。哲宗时,杜纯说:

出财之司则常忧费而缓不急。用财之官则宁过计而无不及。(《宋史》卷三百三十《杜纯传》)

苏辙为户部侍郎,职掌天下财用,亦说:

他司以办事为效,则不恤财之有无。户部以给财为功,则不问事之当否。(《宋史》卷三百三十九《苏辙传》)

所以南渡之后,"多以宰相兼领兵政财用之事,而执政同预焉"(《宋史》卷一百六十二《职官志二》)。今日民主国,军政之权必属于行政机关,预算案必由行政机关提出,立法机关不得为增加支出之决议,政军财不可分立,是理之当然的。

更就御史台言之,"御史台掌纠察官邪,肃正纲纪"(《宋史》卷一百六十四《御史台》),虽置御史大夫,而不除人,故御史中丞乃是台长。其属依唐之制,置三院,三院名称与唐同,职权稍异。宋代御史台组织如次:

宋御史台组织表①

官名	员数	职掌	备考
御史大夫			宋初不除正员,止为加官。

---

① 本表据《宋史》卷一百六十四《职官志四·御史台》。据《文献通考》,"又有知杂御史一员,副中丞判台事"。又据《续资治通鉴长编》,"御史台自薛奎后,中丞缺人不补。侍御史知杂事韩亿独掌台务者逾年。天圣四年,始命王臻权御史中丞"。以上均见《历代职官表》卷十八《都察院上·宋》。然则台院侍御史之外,尚有知杂御史乎,抑台院侍御史即兼知杂御史乎?案知杂始于唐代,唐台院侍御史六人,久次者一人知杂事(《新唐书》卷四十八《御史台》)。宋台院侍御史只一人,则此一人是否兼知杂之任?何以《通考》用"又有"二字?其应如何解释,当考。

续 表

官名		员数	职掌	备考
御史中丞		一人	为台长。	旧例,中丞、侍御史不并置,见《宋史》卷三百八十《罗汝楫传》。
台院	侍御史	一人	掌贰台政。	
殿院	殿中侍御史	二人	掌以仪法,纠百官之失。	
察院	监察御史	六人	掌分察六曹及百司之事,纠其谬误,大事则奏劾,小事则举正。	

观上表所列宋御史台之组织,不免引起许多问题。既置御史大夫了,何以不除正官?若如叶梦得所说:"御史大夫未尝除人,盖台谏之官非宰相所利,故无有启之者。崇宁中,朱圣予尝请除,竟不行。"(《历代职官表》卷十八《都察院上》,引叶梦得《石林燕语》)但中丞既为台长,何以不成为"非宰相所利"?若谓中丞之权不大,又何能纠察官邪,肃正纪纲?此问题之一也。侍御史只有一人,而又为台长之贰,何必令其单独组织一院?殿中侍御史只有二人,由二人组织一院,亦不甚妥。此问题之二也。然此实开元明清三代缩小御史台之组织,由二院,更缩小为不分院了。监察御史只置六人,哪有时日分察六曹及百司之事?此问题之三也。

案御史台乃"掌纠察官邪,肃正纲纪"(《宋史》卷一百六十四《御史台》)。要达到这个目的,一须御史不由宰臣荐举。仁宗明道二年诏,"自今台官有缺,非中丞知杂保荐者,毋得除受"(《续资治通鉴》卷三十九仁宗明道二年)。宝元二年,"诏御史阙员,朕自择举"(《宋史》卷十《仁宗纪》)。神宗时,王安石言,"旧法,凡执政所荐,既不得为御史,执政取其平日所畏者荐之,则其人不复得言事矣",帝乃令悉除旧法,一委中丞举之(《宋史》卷一百六十《选举志》)。哲宗时,章惇谓:"故事,执政初除,苟有亲戚及尝所荐引者,见为台臣,则皆他徙,防壅弊也。"(《宋史》卷一百六十《选举志》)到了钦宗靖康年间,又重申旧制,"诏宰执不得荐举台谏官"(《宋史》卷一百六十四《御史台》)。即台官非由天子择举,即由台长保荐,此乃维持御史台超然的地位,不受宰执的干涉。二须台臣与其他职官不得互兼。固然《宋史》中常见中丞兼其他职官,例如真宗时,王嗣宗拜御史中丞,加兼工部侍郎,权判吏部铨(《宋史》卷二百八十七《王嗣宗传》)。又令其他职官兼御史中丞,例如仁宗时,晏殊迁刑部尚书,以本官兼御史中丞(《宋史》卷三百一十一《晏殊传》)。据马端临说,"中丞除正员外,或带他官者,尚书则曰某官兼御史中丞,丞郎则曰御史中丞兼某官"(《文献通考》卷五十三《御史台》)。是则上举之例,不是一以御史中丞兼工部侍郎,一以刑部尚书兼御史中丞,而是视所兼之官之高低,而有区别而已。学者因此遂谓监察官与行政官互兼其职,将何以纠察官邪?但宋制,"有官,有职,有差遣"(《宋史》卷一百六十一《职官志一》)。差遣才是该人之职掌。只因《宋史》所述不加区别,故令学者发生疑问。宋制之弊乃是谏官与御史渐次混同,而开了元代以后,两者合并为一之端。真宗天禧元年二月八日,始置言事御史。仁宗庆历五年正月,以殿中梅挚、监察李京并为言事御史。(《历代职官表》卷十八《都察院上》,引王应麟《玉海》)《宋史》云:

> 靖康元年,监察御史胡舜陟言,监察御史自唐至本朝,皆论政事,击官邪,元丰、绍圣著于甲令。崇宁大臣欲其便己,遂更成宪。乞命本台增入监察御史言事之文,语依祖宗法。(《宋史》卷一百六十四《御史台》)

对此,《历代职官表》(卷十八《都察院上》)有所批评,其言如次:

> 谨案,历代本别有谏议大夫,属门下省,以主谏诤,而御史则专以纠察非违为职。自宋真宗置言事御史,许之论列时政,而台谏始合为一。然元丰初制,以殿中为言事官,监察为六察官,犹各有司存。其后复令其互兼御史,遂尽得建言,不专弹劾。逮金元以后,而谏议之官遂废,亦台臣积重之势然也。

宋代御史言事,最初亦若唐初之制,必先白中丞。仁宗初,刘筠为御史中丞,才依唐萧至忠之言,御史得各弹击,不相关白(《唐会要》卷六十一《弹劾》)。

仁宗即位,刘筠拜御史中丞。先是三院御史言事,皆先白中丞。筠榜台中,御史自言事,毋白中丞杂知。(《宋史》卷三百五《刘筠传》,所谓杂知盖御史台有知杂御史一员,副中丞判台事)

此外,"宋制,御史入台,满十旬无章疏者,有辱台之罚"(《大学衍义补》卷八《重台谏之官》)。盖御史之职在于弹击官邪,缄默不言,是为失职。苏洵说:

人岂有勇怯哉?要在以势驱之耳。……所谓性忠义,不悦赏,不畏罪者,勇者也,故无不谏焉。悦赏者,勇怯半者也,故赏而后谏焉。畏罪者,怯者也,故刑而后谏焉。先王知勇者不可常得,故以赏……以刑……使其前有所趋,后有所避,其势不得不极言规失,此三代所兴也。末世不然,迁其赏于不谏,迁其刑于谏,宜乎臣之噤口卷舌,而乱亡随之也。(《嘉祐集》卷八《谏论下》)

最后关于宋代政制尚须一言者,中国政制到了宋代,紊乱极矣。官与职未必符合,必须别为差遣,而后才治其事。例如"吏部尚书为阶官",未必就掌选举考课之政,苟加以同中书门下平章事,则为宰相,亦非吏部之长官。举例言之:

和㠓,至道元年……与王旦同判吏部铨,是秋……卒……长子㻛才十岁,即授大理评事,次子墩补太庙斋郎。(《宋史》卷四百三十九《和㠓传》)

按评事乃断刑之官(《宋史》卷一百六十五《职官志五·大理寺》),多由法科出身者补之,蔡洸以荫补将仕郎,中法科,除大理评事(《宋史》卷三百九十《蔡洸传》);莫蒙以祖荫将仕郎,两魁法科,官至大理评事(《宋史》卷三百九十《莫蒙传》),即其例也。和㻛才十岁,何能断刑,所以其任命为大理评事,单单是官,因为未曾差遣,故不治事。宋志云:

三省、六曹、二十四司，类以他官主判，虽有正官，非别敕不治本司事。事之所寄，十亡二三。故中书令、侍中、尚书令不预朝政，侍郎、给事不领省职，谏议无言责，起居不记注，中书常阙舍人，门下罕除常侍，司谏、正言非特旨供职，亦不任谏诤。至于仆射、尚书丞、郎、员外居其官，不知其职者，十常八九。其官人受授之别，则有官，有职，有差遣。官以寓禄秩，叙位著。职以待文学之选，而别为差遣，以治内外之事。其次又有阶，有勋，有爵，故仕人以登台阁、升禁从为显宦，而不以官之迟速为荣滞；以差遣要剧为贵途，而不以阶勋爵邑有无为轻重。时人语曰，宁登瀛，不为卿；宁抱椠，不为监。虚名不足以砥砺天下若此。（《宋史》卷一百六十一《职官志一》）

所谓"有官，有职，有差遣"，据明代王鏊言，宋时，"其所谓官乃古之爵也，所谓差遣乃古之官也，所谓职者乃古之加官也"（《震泽长语》卷上《官制》）。王鏊之言未必适当。官不是爵，乃以寓禄秩，职才是古之官，但须别为差遣，而后才莅其职。政制如斯紊乱，政事哪有革新的希望？宋自建国以后，国势即微弱不振，虽然是外有强敌，然而辽夏之强不及匈奴，而宋始终无法抵抗，卒至亡于蒙古，政制之不合理不失为原因之一。

第二项 地方官制

《宋史·职官志》所述地方制度，令人难于了解。吾人再读《地理志》，始知宋仍循隋唐之制，地方采州（郡）县二级制度。州县之上尚有路。

至道三年，分天下为十五路，天圣析为十八，元丰又析为二十三，曰京东东西，曰京西南北，曰河北东西，曰永兴，曰秦凤，曰河东，曰淮南东西，曰两浙，曰江南东西，曰荆湖南北，曰成都，曰梓（西川梓州路）、利（峡西利州路）、夔（峡西夔州路），曰福建，曰广南东西。崇宁四年，复置京畿路。大观元年,别置黔南路。三年,并黔南入广西,以广西黔南为名。四年,仍旧为广南西路……高宗渡江,中原陕右尽入于金,东尽长淮,西割商秦之半,以散关为界。其所存者,两浙、两淮、江东西、湖南北、西蜀、福建、广东、广西十五路而已。(《宋史》卷八十五《地理志序》)

兹依《读史方舆纪要》(卷七)所载,将宋代分路列表于次,并将《宋史·地理志》所载者,作为备考。

宋分路表

路名	幅员	备考
京东路	东至海,西抵汴,南极淮泗,北薄于海。	《宋史·地理志》以开封府四面之地为京畿路,而京东路又分为东西两路。
京西路	东暨汝颍,西拒崤函,南通汉沔,北抵河津。	《宋史·地理志》分京西路为南北两路。
河北路	东滨海,西薄太行,南临河,北据三关。	《宋史·地理志》分河北路为东西两路。
河东路	东际常山,西逾河,南距底柱,北塞雁门。	
陕西路	东尽殽函,西包汧陇,南连商洛,北控萧关。	《宋史·地理志》分之为二,即永兴军路及秦凤路。
淮南路	东至海,西距汉,南溯江,北据淮。	《宋史·地理志》分之为东西两路。
江南路	东限闽海,西界夏口,南抵大庾,北际大江。	《宋史·地理志》分之为东西两路。
湖南路	东据衡岳,西接蛮獠,南阻五岭,北界洞庭。	《宋史·地理志》合之为荆湖路,但又分为南北两路。
湖北路	东尽鄂渚,西控巴峡,南抵洞庭,北限荆山。	
两浙路	东至海,南接岭峤,西控震泽,北枕大江。	

续表

路名	幅员	备考
福建路	东南际海,西北据岭。	
西川路	东距峡江,西控生番,南环泸水,北阻岷山。	《宋史·地理志》分之为四路,即成都路、潼川路(即梓州路)、利州路、夔州路。
峡西路	东接三峡,西抵阴平,南扼群獠,北连大散。	
广东路	东南据大海,西北距五岭。	《宋史·地理志》称之为广南东路。
广西路	东北距岭,南接交趾,西抚蛮獠。	《宋史·地理志》称之为广南西路。
		《宋史·地理志》多一燕山府路,此乃石晋时割与契丹者。又有易州于宋太宗雍熙四年陷于契丹,经州于宋徽宗宣和七年陷于金。

路与汉代的州不同,州是监察区,路似不以监察为限。又与魏晋南北朝的都督不同,都督所管辖的没有固定区域,而路的区域法律上已经固定。复与唐代的道不同,道最初也是监察区,及至采访使演变为节度使之后,"方镇相望于内地,大者连州十余,小者犹兼三四"(《新唐书》卷五十《兵志》),其所管辖的区域并不固定;路置经略安抚司(使)一人,掌一路兵民之事。

> 经略安抚司经略安抚使一人(帅臣任河东、峡西、岭南路,职在绥御戎夷,则为经略安抚使。河北及近地则使事止于安抚而已,称司而不称使),掌一路兵民之事,皆帅其属,而听其狱讼,颁其禁令,定其赏罚,稽其钱谷、甲械出纳之名籍,而行以法。若事难专决,则具可否具奏。即干机速、边防及士卒抵罪者,听以便宜裁断。(《宋史》卷一百六十七《职官志七·经略安抚使》)

这又有似于东汉末年的州牧了。经略安抚使掌一路兵民之事,即除军政外,亦兼理民政。国家为监视经略安抚使,军事方面置走马承受,每岁入朝奏事。

> 走马承受诸路各一员……岁一入奏,有边警,则不时驰驿上闻……政和六年,改为廉访使者……靖康初……依祖宗旧制,复为走马承受。(《宋史》卷一百六十七《职官志七·走马承受》)

走马承受乃循唐代宦官监军之制,虽以士人任之,而任用宦官之事亦常有之,例如元丰中,五路出师讨夏国,节制诸军的李宪就曾做过走马承受(《宋史》卷四百六十七《李宪传》)。走马承受原则上一路一员,但也有两路合置一员者,如徽宗崇宁二年二月十七日诏,"成都府利州路、泸南路各添差内臣一员为走马承受,内泸南兼梓州路"(《宋会要辑稿·职官四一之一二五》)。复有一路置两员者,如政和三年七月十四日,枢密院言"勘会走马承受自来独员或双员处"云云(《宋会要辑稿·职官四一之一二八》),可以视为其例。走马承受之职,本来"止于视军政,察边事"(《宋史》卷三百七《宋抟传》),而仁宗又诏"诸路走马承受公事非本职,不得辄言他事"(《续资治通鉴长编》卷一百四十二仁宗庆历三年八月),即走马承受只能监司一路军事及边境安危,而对于战略及民政无权过问。然而越职侵权之事亦不能免,甚者且欲撼逐帅臣。

> 滕甫帅太原,为走马承受所撼,徙颍昌。中书舍人王岩叟封还词头,言进退帅臣理宜重慎,今以小臣一言易之,使后人畏惮不自保,此风浸长,非委任安边之福。乃止。(《宋史》卷三百四十二《王岩叟传》)

经略安抚使虽掌一路兵民之事,而究其实,则以军事为主。治民之事则为府州军监,经略安抚使固得监督府州军监,而监督府州军监者又不限于经略安抚使,既有都转运使或转运使(据《文献通考》卷六十一《转运使》,两路以上则曰都转运使),又有提点刑狱,兹举两者之职掌如次:

都转运使、转运使掌经度一路财赋,而察其登耗,有以足上供及郡县之费。岁行所部,检察储积,稽考帐籍。凡吏蠹民瘼悉条以上达,及专举刺官吏之事。(《宋史》卷一百六十七《都转运使转运使》)①

提点刑狱公事掌察所部之狱讼,而平其曲直。所至审问囚徒,详覆案牍。凡禁系淹延而不决,盗窃逋窜而不获,皆劾以闻,及举刺官吏之事。(《宋史》卷一百六十七《提点刑狱》)②

宋之地方制度乃以州县为骨骼,府只是州之别名,而除府州之外,尚有军及监,府州军监均置知事一人、通判一人,依《宋史》所载:

宋初革五季之患,召诸镇节度,会于京师,赐第以留之。分命朝臣出守列郡,号权知军州事,军谓兵,州谓民政焉……诸府置知府事一人,州军(监)亦如之,掌总理郡政,宣布条教,导民以善,而纠其奸慝。岁时勤课农桑,旌别孝悌,其赋役钱谷狱讼之事、兵民之政皆总焉。凡法令条制,悉意奉行,以率所属,有赦宥则以时宣读而班告于治境。举行祀典,察郡吏德义材能而保任之,若疲软不任事,或奸贪冒法,则按劾以闻。遇

---

① 《文献通考》(卷六十一《转运使》)引东莱吕氏曰:"国初未尝有监司之目,其始,除转运使,止因军兴,专主粮饷,至班师即停罢……太祖开宝五年,命二参知政事薛居正、吕余庆兼领提举诸州水陆转运使。明年,薛居正、沈义伦拜相,吕余庆去位,遂以居正、义伦二相兼提举水陆漕事。累朝以武臣为帅守而兼漕事,或以文臣任帅守兼漕……太平兴国而后,边防、盗贼、刑狱、金谷、按廉之任皆委于转运使……于是转运使于一路之事无所不总也。"故《历代职官表》(卷六十《漕运各官·宋》)云:"谨案,宋于各路置转运使,以司一路之赋入……实即唐时转运之职也。然宋之转运使,其初置,本专以督粮饷,而其后于一路之事无所不统。边防、盗贼、刑狱、按廉之任皆总之。盖其称虽曰漕帅,而实则为今日藩司(清时布政司曰藩司)之任矣。"

② 《文献通考》(卷六十一《提刑》)引东莱吕氏曰:"太宗皇帝即位之久,天下无事。淳化二年五月,诏应诸路转运使,各命常参官一人,专知纠察州军刑狱公事……此初置外路刑狱官之诏也。是时犹隶转运司,然行之二年,劳扰无补,于是淳化四年十月,降诏曰,诸路刑狱司宜从省罢,委转运使振举之。真宗景德四年,复置之,不隶转运,别为一司,稍重其权矣……司局愈多,官吏益众,而事愈不治。今日之弊正在按察之官不一也。"故《历代职官表》(卷五十二《司道·宋》)云:"谨案,宋监司以转运及提刑为最重,提刑实为今(清代)按察司之职,即所谓宪司也。其始由转运使兼管,后遂专遣朝臣充之……盖所职以刑狱为主,而地方重务,例得兼掌,亦如今(清代)藩(布政使司)、臬(按察司)各司财赋刑名之事,而地方重事,会议举行,二司实相为联系也。"

水旱以法振济，安集流亡，无使失所……凡属县之事皆统焉。(《宋史》卷一百六十七《职官志七·府州军监》)

宋初惩五代藩镇之弊，乾德初，下湖南，始置诸州通判，命刑部郎中贾玭等充。建隆四年，诏知府公事，并须长史、通判签议连书，方许行下。时大郡置二员，余置一员，州不及万户不置。武臣知州，小郡亦特置焉……职掌倅贰郡政，凡兵民钱谷、户口赋役、狱讼听断之事可否裁决，与守臣通签书施行。所部官有善否，及职事修废，得刺举以闻。(《宋史》卷一百六十七《职官志七·通判》)

现在先从府说起，府只是州之别名。宋代的府与唐代不尽相同，首都及陪都所在之州固称为府，如东京开封府（北宋首都）、西京河南府、南京应天府（宋州）、北京大名府等是。南宋定都临安，临安亦改称为府。府置牧尹各一人，牧尹不常置，只置知府事一人。至道以后，知府者必带权字，即暂时之意。

自至道后，知府者必带权字。(《宋史》卷一百六十六《职官志六·开封府》注)

并派通判一人，凡知府公事须经通判联署。

宋初惩五代藩镇之弊，乾德初……始置诸州通判……建隆四年，诏知府公事，并须长史、通判签议连书，方许行下。(《宋史》卷一百六十七《职官志七·通判》)

通判之官资不比知府、知州为低。马端临说：

按艺祖之设通判，本欲惩五季藩镇专擅之弊，而以儒臣临制之，号为监襮。盖其官虽郡佐，而其人间有出于朝廷之特命，不以官资之崇卑论……其与后来之泛泛以半刺称者不侔矣。(《文献通考》卷六十三《郡丞》)

此外不是首都或陪都，亦常称府，如京西路之襄州政和初升为襄阳府，河北路之镇州庆历八年升为真定府，陕西路之延州元祐四年升为延安府，淮南路之寿州政和四年升为寿春府，皆因其为襟带之地。又如广东路之德庆府，绍兴元年以高宗潜邸，升为府；江南路之常德府，乾道元年以孝宗潜藩升府。此两例之多，吾人读《宋史·地理志》，即可知之。此种府亦置牧尹，而均派知府事一人、通判一人代行其职。

宋于沿边襟带之地亦置都督府。《职官志》只分大都督府及都督府二级（《宋史》卷一百六十七《大都督府》）；《地理志》则有大中下三等，如徐州大都督府、延州中都督府、容州下都督府是也。三等之别似依该地之军事价值。南渡之后，置督更多，而不以一路一州为限，常视军事上之需要，或兼数路都督，如绍兴二年，吕颐浩以左仆射出都督江（江南东西路）、淮（淮南东西路）、两浙（两浙路）、荆湖（荆湖南北路）诸军事是也；或兼诸路及襟要之地都督，如赵鼎以知枢密院事，都督川陕荆襄诸军事是也（《宋史》卷一百六十七《大都督府》）。都督府置都督及长史，职同牧尹，而事实上只置知府事一人、通判一人。

州，据《地理志》所载，有辅、雄、望、紧、上、中、中下、下八等之别。例如郑州辅、绛州雄、青州望、邠州紧、淄州上、雄州中、阶州中下、辽州下。辅为王畿之地。"皇祐五年，以京东之曹州、京西之陈许郑滑州为辅郡，隶畿内。"（《宋史》卷八十五《地理志一》）雄、望、紧则依资地美恶险要。至于上、中、中下、下四级之分，亦如唐代一样，不尽以户口多寡为标准。

州级与户数之关系表[①]

等级	州名	所属路	户数	口数	备考
上	沂州	京东路	82 893	165 230	
	河州	秦凤路	1 061	3 895	军事，秦凤路为陕西路之一。

---

① 本表据《宋史·地理志》。

续表

等级	州名	所属路	户数	口数	备考
中	莱州	京东路	97 427	198 904	
	宪州	河东路	2 722	7 444	军事。
中下	阶州	秦凤路	20 674	49 520	军事。
	沅州	湖北路	9 659	19 157	军事。
下	黄州	淮南路	86 953	135 916	军事。
	清州	河北路	6 619	12 078	

依上表所示，州之等级并不是以户口多寡为标准，亦未必依军事眼光，定其等第。黄州户口多，宪州户口寡，河州户口更寡，《地理志》对此三州均注有"军事"二字，而一是下州，一为中州，一为上州，理由何在，实难了解。莫非是河州属秦陇路，宪州属河东路，为首都之北藩，黄州属淮南路，距离外寇尚远之故。

与州同等，而名称不同者有"军"有"监"，军指驻有军队之州，监主铁冶，如京东路之莱芜监、利国监；或主银冶，如秦凤路之开宝监；或掌马政，如陕西路之沙苑监；或主煎盐，如西川路之富顺监。其实，军虽与府州同等，而监常由府州统之，其与府州同等者极少，故监只可视之为县。《历代职官表》(卷五十三《知府直隶州知州等官》)云：

> 谨案，隋以前，未有府之名，其以京郡名府者，自唐始，五代复因而增之。至宋则潜藩之地皆升为府，而府之名遂众。南北朝以前，未有以州称郡者，改郡为州，自隋唐始。其后州郡迭称。至宋，而有有郡之州，有无郡之州①，而州之名遂判于郡。自古未有以军及监名其地，自唐中叶，

---

① 此二句似有问题，余查《宋史·地理志》，府州又名为郡者有之，如京畿西路之应天府河南郡、济州济南郡，此乃天府一名河南郡，济州一名济南郡，非应天府之下隶以河南郡，济州之下隶以济南郡。其只有州名，而不另有郡名者亦有之，如河北东路之雄州、霸州等是。

藩镇自专,各立军号,至宋而遂有军监之目。古者州郡之长皆称牧、守、刺史,其以知府、知州、知军监称者,实自宋始。其初分命朝臣出守列郡,谓之权知军州事。开封诸府,牧尹不常置,置权知府事。盖非其本任,特假朝官以知其事而已。其后以文武官参为知州军事,二品以上则称判某府州军监,而诸府皆置知府事,州军监亦如之。自此以后,刺史特以为虚阶,而郡守之称皆曰知府,州牧之称皆曰知州矣。考宋代之所谓知州者,皆以州领县,无有为郡所属之散州,而府名虽众,要以为尊崇之特称,则其所谓府尹,所谓知州,乃正今(清代)之知府也。但州分上中下之差,或以县升州,或以州改县,而军监之设多与下州相等,则今(清代)之直隶州未尝不统括于诸州之中,特未有以殊其名耳。

府州军监之下为县,府所领之县多者十余,少亦四五,其只领二三县者亦有之,或因其地与天子有特殊关系,如广东路之德庆府只领二县,以高宗潜邸,升为府;或因其地有许多羁縻州,如夔州路(西川四路之一)只领二县,然有羁縻州五十六;或因其地有许多砦、堡、城、关,例如陕西路之庆阳路只领三县,但尚有砦、堡、城不少。

州所领之县,多者不过十二,例如湖南路之潭州,领县十二;少者只领一县或不领县。其领一县或不领县者,大率所属有许多砦、堡、城、关,如秦凤路(陕西二路之一)之会州领一县,而所属有四堡、三城、二砦、一关;西安州无县而有二十二堡。但又有例外,陕西路之银州无县,河东路之宪州只领一县。无县者知州当然亲理民事,名为州,其实为县。只领一县者,知州与知县之职权如何分配,是否知州不理民事,但知县到任缴凭,须由州转路(《日知录》卷八《府》),待考。

军虽与州同等,但原则上只领一县,其领二县以上者,如京西路之信阳军领信阳等县二,河北路之永静军领东光等县三,河东路之威胜军领铜鞮等县四,秦凤路(陕西路之一)之怀德军领平凉等县五,军领五县,是其最多者,然亦只唯怀德军而已。军不领县者亦不少,如秦凤府之镇戎军即不领县,但有砦,有堡,有城。其不领县而又无砦、堡、城者亦有之,如河北东路之保顺军是也。此际知事之职权似和知州之不领县者无异。

《宋史·职官志》(卷一百六十七)虽将府州军监并列,其实,监或属于府,如京兆府(属陕西路)有监二,一铸铜钱,一铸铁钱;或属于州,如凤州(亦属陕西路)有开宝监,主银冶。此种监实等于县。但亦有与府州同等者,如成都路(为西川路之一)之仙井监同下州,掌煎监,而又领县二,潼川路(亦为西川路之一)之富顺监同下州,亦掌煎盐,不领县,但领镇十三。此种监为数不多(据余细阅《宋史·地理志》,似只有此二监),而《地理志》亦明言"同下州"。

县之等级据《职官志》言,有下列数等。

> 建隆元年,令天下诸县除赤畿外,有望、紧、上、中、下。(《宋史》卷一百六十七《职官志七·县令》)

而据《地理志》所载,尚有"中下"一级。举实例言之,凡首都、陪都城内之县曰赤(开封府之开封、祥符二县,应天府之宋城县,河南府之永安县,大名府之元城县均为赤),城外曰畿。除赤畿外,又依资地美恶或户口多寡,别为望、紧、上、中、中下、下,如青州之益都县望、临朐县紧、临淄县上,莱州之即墨县中,淄州之邹平县中下、高苑县下(《宋史》卷八十五《地理志一》)。但此数者以什么为标准呢?大约因户口之变动,前后曾有改变。《宋史》云:

> 旧制,畿内县赤、次赤畿(按除开封、应天、河南、大名四府,城内之县曰赤,城外之县曰畿之外,其他各府例如太原府,城内之县曰次赤,城外之县曰次畿)外,三千户以上为望,二千户以上为紧,一千户以上为上,五百户以上为中,不满五百户为中下。有司请据诸道所具板图之数,升降天下县,以四千户以上为望,三千户以上为紧,二千户以上为上,千户以上为中,不满千户为中下。(《宋史》卷一百五十八《选举志四》)

即缺少下县一级。《通考》云:

四千户为望,三千户以上为紧,二千户以上为上,千户以上为中,不满千户为中下,五百户以下为下也。(《文献通考》卷六十三《县令》)

即《宋史》所缺少者,《通考》已补充之。县置县令,掌治其县。

县令掌总治民政、劝课农桑、平决狱讼,有德泽禁令则宣布于治境。凡户口、赋役、钱谷、振济、给纳之事皆掌之,以时造户版及催理二税,有水旱则有灾伤之诉,以分数蠲免。民以水旱流亡,则抚存安集之,无使失业。有孝悌行义闻于乡间著,具事实上于州,激劝以励风俗。若京朝幕官则为知县事。(《宋史》卷一百六十七《职官志七·县令》)

其实县和州府一样,乃置知县事以治其县。

宋时大县四千户以上选朝官知,小县三千户以下选京官知。故知县与县令不同,以京朝官之衔知某县事,非外吏也。如建隆三年,冤句令侯陟以清干闻,擢左拾遗,知县事是也。(《日知录》卷九《知县》注,引于慎行《笔尘》)

所以顾炎武说:"宋时结衔曰以某官知某府事、以某官知某州事、以某官知某县事。以其本非此府、此州、此县之正官而任其事,故云然。"(《日知录》卷九《知县》)《历代职官表》(卷五十四《知州知县等官·宋》)云:

谨案县令之职,自古至今,相仍不改,而知县之名实始于宋时。知县者非县令,而使之知县中之事……唐贞元以来,已有权知县令之称(原注,《白居易集·裴克谅权知华阴县令制》)。至宋初,欲重县令之任,始以朝官为知县,其间或参用京官及幕职官为之。于慎行《笔尘》云:宋时大县四千户以上,以朝官知;小县三千户以下,选京官知。故知县与县令不同,以京朝官之衔知某县事,非县令也。逮后罢令,专设知县,而知县乃为县令之专名。

关于宋的地方制度应该提出讨论者有三：

第一，本州人是否可以为本州长官？

> 蜀人官蜀，不得通判州事。(《宋史》卷三百九十八《陈希亮传》)

这个记录可使吾人发生两种疑问：(1)是否单单限制蜀人？(2)是否单单限制通判？文彦博汾州人，而通判绛州，汾州与绛州均属于河东路，其后又以尚书左仆射，判太原府(河东路)；复以司空，为河东节度使(《宋史》卷三百一十三《文彦博传》)。由此似可证明宋代单单限制蜀人通判蜀地的。但是蜀乃历史上的地名，其区域不限于西川路，即陕西路之巴州、渝州等等，过去亦为蜀地。蜀四面皆山，便于割据，宋代不许蜀人官蜀，通判州事，盖出于维持国家统一之故。赵翼说：

> 《蔡邕传》，朝议以州县相党，人情比周，乃制婚姻之家，及两州人士不得互相监临，于是又有三互法，禁忌转密。邕乃上疏极言其弊。然则回避本籍以及亲族相回避之例，盖起于后汉之季也。然魏晋以来，亦有不拘此者……宋朝，授官本籍之例，大概有三，一以便就养，一以优老臣，一以宠勋臣。《太祖本纪》乾德五年，县尉鄢陵许永年七十五，自言父年九十九，两兄皆八十余，乞一官以便养，乃授永鄢陵令。彭乘益州人，求便养，得知普州，蜀人得守乡郡自乘始。陈希亮眉州人，初蜀人官蜀，不得通判州事，希亮以母老，愿折资为县，乃令知临津县……此皆以亲老而不避本籍也。邢昺以老，乞给假归曹州。上曰，便可权与本州，何须假耶？遂拜工部尚书，知曹州。吕大防蓝田人，罢相，改永兴军使，便其乡社。任中师年老，上书言家本曹州，愿得守曹，遂以之知曹州……此皆以优礼老臣，使不避本籍也。韩魏公安阳人，后出镇大名，即其乡郡。欧阳公为作《昼锦堂记》。公殁后，其子忠彦以坟墓缺照管，乞以其弟粹彦监

相州酒税。神宗御批曰,韩琦有功于国,特依所乞,今后常注其现仕子孙一人,随本资任当相州一差遣。后琦之孙治守相州,治之子肖胄乞侍其父疾。诏即除肖胄守相州,代其父任。徽宗谓曰,先帝诏韩氏世官于相,今父子相代荣事也。琦守相,作昼锦堂,治作荣归堂,肖胄又作荣事堂,三世守乡,郡人以为荣。此又特宠勋臣,而使世官乡邑,不避本籍者也。其他亦有不尽关优老便养,而使官于乡者。王佑大名人,太祖使领大名,谓曰,此卿故乡,所谓昼锦者也。范仲淹苏州人,亦尝知苏州。汪彦章徽州人,后仍知徽州。其谢表有曰,城郭重来,疑千载去家之鹤;交游半在,或一时同队之鱼。至南宋之末,以军事重,更多有使守乡郡者。李芾家衡州,摄湘潭县,知永州,又知潭州。崔与之广州人,后以广东安抚使知广州,即家治事。陈照常州人,初为丹徒县尉,后摄常州通判,守城死。此又以军兴需人,不避本籍也。(《陔余丛考》卷二十七《仕宦避本籍》)

第二,地方官之人选如何?西汉之世,中央政府无不精选贤能,以作守令。宋初,太祖亦甚关心民治,对于守令尤为注意。

> 宋法有可以得循吏者三,太祖之世,牧守令录躬自召见,问以政事,然后遣行,简择之道精矣。监司察郡守,郡守察县令,各以时上其殿最,又命朝臣专督治之,考课之方密矣。吏犯赃遇赦不原,防闲之令严矣。

(《宋史》卷四百二十六《循吏传序》)

承平日久,渐次发生轻外官而重内任,真宗时,张知白已"以朝廷制官,重内轻外"为言(《宋史》卷三百一十《张知白传》)。然而守令乃极重要,而如朱熹所言:

> 四海利病依斯民休戚,斯民休戚系守令之贤否。监司者守令之纲,朝廷者监司之本也。欲斯民之得其所,本原之地亦在朝廷而已。(《宋史》卷四百二十九《朱熹传》)

朝廷既然重内轻外，于是守令遂如范仲淹所说：

> 今之县令循例而授，多非清识之士。衰老者子孙之计，则志在苞苴，动皆徇己。少壮者耻州县之职，则政多苟且，举必近名。故一邑之间簿书不精，吏胥不畏，徭役不均，刑罚不中，民利不作，民害不去，鳏寡不恤，游惰不禁，播艺不增，孝悌不劝。以一邑观之，则四方县政如此者十有七八焉，而望王道之兴，不亦难乎？……今之郡长，鲜克尽心，有尚迎送之劳，有贪燕射之逸，或急急于富贵之援，或孜孜于子孙之计，志不在政，功焉及民？以狱讼稍简为政成，以教令不行为坐镇，以移风易俗为虚语，以简贤附势为知几。清素之人，非缘嘱而不荐。贪黩之辈，非寒素而不纠。纵胥徒之奸克，宠风俗之奢僭……使国家仁不足以及物，义不足以禁非，官实素餐，民则菜色。有恤鳏寡，则指为近名。有抑权豪，则目为掇祸。苟且之弊，积习成风。俾斯人之徒共理天下，王道何从而兴乎？（《范文正公集》卷八《天圣五年上执政书》）

所以志云：

> 州郡多阙官，县令选尤猥下，多为清流所鄙薄，每不得调。（《宋史》卷一百五十八《选举志四》）

县令之选所以尤见猥下者，实因宋代不顾当时需要，设县太多。范仲淹说：

> 如西京在后汉时，三十七万户，置二十县。唐会昌中，十七万户，置十九县。今有五万六千户，尚置十九县。是户口十分去七，而县额如旧。（《范文正公集》卷十九《论复并县札子》）

县令太多，国家遂不能精选贤能，而县令又"以资考序进者多，才与不才，一涂并进,故能政者十无二三,谬政者十有七八"(《范文正公集·奏议卷上·奏乞择臣僚令举差知州通判》)。这样,何能鼓励贤能?宋代地方政治不能清明,实此之故。

第三,宋代对于地方官之监督如何?宋为削弱地方官的职权,既有通判以牵制之,又有经略安抚使,复有转运使,更有提点刑狱,后三者均得举刺官吏之事而为监司之职。但监司亦不能自由行志。今举叶适之言以为证。

> 朝廷之设官也,必先知其所以设是官之意;用是人也,必先知所以用是人之说。州郡众而监司寡,谓州郡之事难尽察也,故置监司以察之。谓州郡之官难尽择也,故止于择监司,亦足以寄之。自汉以后,所谓监司者亦若是而已矣,未睱及于岳牧相维之义也。且其若是,则奉行法度者州郡也,治其不奉行法度者监司也。故监司者操制州郡者也,使之操制州郡,则必无又从而操制之,此则今世所以置监司之体统当如是矣。今也,上之操制监司,又甚于监司之操制州郡,紧紧恐其擅权而自用,或非时不得巡历,或巡历不得过三日,所从之吏卒、所批之券食、所受之礼馈,皆有明禁。然则朝廷防监司之不暇,而监司何足以防州郡哉?……今转运司……提举司……提刑司……之不法不义反甚于州县,故今之为州县者相与聚而嗤笑监司之所为,岂监司之本然哉?(《水心集》卷三《监司》)

第三项　文官制度

隋唐虽将魏晋南北朝的贵族政治改造为官僚政治,而世族在社会上及政治上的势力尚未泯灭。唐末大乱,衣冠旧族谱籍罕存。

> 唐末五代乱,衣冠旧族多离去乡里,或爵命中绝,而世系无所考。(《宋史》卷二百六十二《刘烨传》)
>
> 唐末丧乱,籍谱罕存。(《宋史》卷四百三十九《梁周翰传》)

因之一般人民就不能以谱牒自夸,贵族政治完全绝迹,继之而发生的则为纯粹的官僚政治。官僚政治的目的,在于贤者在位,能者在职。要达到这个目的,就发生了文官制度。兹试分别述之如次:

一、学校制度

学校所以培养人才,宋制,京师有许多学校,兹为读者便于了解起见,依《宋史》卷一百五十七《选举志三·学校试》、卷一百六十五《职官志五·国子监》,列表如次:

宋代京师学校①

学名		生徒人数	生徒资格	课程	备考
国子学		初无定员,后以二百人为额	以京朝官七品以上子孙为之(《学校试》)。		
太学	外舍	初无定员,元丰二年才定为二千人	以八品以下子弟若庶人俊异者为之(《学校试》)。所谓庶人之俊异者,是由各州贡举,再由太学加以甄别考试。"凡诸生之隶太学者,分三舍,始入学,验所隶州公据,以试补,中者充外舍。"(《国子监》)由"验所隶州公据"观之,可知下舍生是由各州贡举的。诸生在学,行艺并重,"行谓率教不戾规矩,艺谓治经程文"(《国子监》)。	经学与文学	

① 元丰二年,颁学令,太学置八十斋,斋容三十人。外舍生二千人,内舍生三百人,上舍生百人,总二千四百。月一私试,岁一公试,补内舍生。间岁一舍试,补上舍生。封弥誊录如贡举法。而上舍试,则学官不与考校。公试外舍生,入第一第二等,参以所书行艺,升内舍。内舍试,入优平二等,参以行艺,升上舍。上舍分三等,俱优为上,一优一平为中,俱平若一优一否为下。上等命以官,中等免礼部试,下等免解。(《宋史》卷一百五十七《选举志三·学校试》、卷一百六十五《职官志五·国子监》。此处引文是依《大学衍义补》卷七十《设学校以立教下》)

续表

学名	生徒人数	生徒资格	课程	备考
内舍	三百人	内舍生由外舍生升补，外舍生"月一私试，岁一公试"(《学校试》)。"私试皆学官自考，公试则降敕差官。"(×)① "私试，孟月经义，仲月论，季月策。公试，初场以经义，次场以论策。"(《国子监》)凡"公试外舍生，入第一第二等，升内舍，皆参考其行艺，乃升"(《学校试》)。	经学与文学	(×)处忘记出在哪一本书，查《文献通考》及《续通典》，亦无。
上舍	一百人	上舍生由内舍生升补。内舍生间岁一舍试，补上舍生。(《学校试》)"凡内舍生行艺与所试之等俱优者为上舍生。"(《国子监》)所谓"所试之等"，是谓"内舍试入优平二等，升上舍，皆参考行艺，乃升"(《学校试》)。	经学与文学	试上舍如省试法，行艺与所试之业俱优为上，取旨命官；一优一平为中，以俟殿试(即不经省试)；一优一否或俱平为下，以俟省试(即不经乡试)。(《国子监》)
四门学		自八品至庶人之子弟充学生(《学校试》)。		未几学废，见《宋史·学校试》。
律学		凡命官举人皆得入学(《学校试》)。	律令	熙宁六年置，见《宋史·学校试》。
武学	一百人		诸家兵法	仁宗时，尝置武学，既而中辍。熙宁五年，又置。见《宋史·学校试》。
算学	二百一十人	命官及庶人为之(《学校试》)。	数学与天文	崇宁三年置。大观四年，以算学生归之太史局。见《宋史·学校试》。
书学			篆、隶、草三体	崇宁三年置。大观四年，并书学生入翰林图

① 编者按，亦出自《宋史·选举志三·学校试》，及李心传之《建炎以来朝野杂记》。

续表

学名	生徒人数	生徒资格	课程	备考
			字,《说文》《尔雅》等	画局。见《宋史·学校试》。
医学	三百人		有方脉科、针科、疡科	初隶太常寺。崇宁间,改隶国子监。见《宋史·学校试》。

地方亦有学校,其制由晏殊发之。

> 晏殊知应天府,延范仲淹以教生徒。自五代以来,天下学校废,兴学自殊始。(《宋史》卷三百一十一《晏殊传》)

仁宗庆历四年,诏各地立学。

> 庆历四年……令州若县皆立学……由是州郡奉诏兴学,而士有所劝矣。(《宋史》卷一百五十七《选举志三·学校试》)
>
> 庆历四年,诏诸路州军监各令立学。学者二百人以上,许更置县学。自是州郡无不有学。(《宋史》卷一百六十七《职官志七·幕府诸曹等官》)

县学生考选升州学,州学生贡于太学(《宋史·选举志三》)。太学分为外、内、上三舍。元符二年,州学亦行三舍法,其与太学的关系如次:

> 元符二年,初令诸州行三舍法,考选升补,悉如太学。州许补上舍一人、内舍二人,岁贡之。其上舍(即)附太学,(补)外舍,试中,补内舍生。三试不升舍,遣还其州。其内舍免试,至则补外舍为生。(《宋史》卷一百五

十七《选举志三·学校试》)①

但是地方学校自始就有名无实。

> 自庆历诏天下立学,十年间,其敝徒文具,无命教之实。(《宋史》卷三百三十一《祖无择传》)

神宗时,司马光已经说过:

> 庆历以来,天下诸州虽立学校,大抵多取丁忧及停闲官员以为师长,借其供给,以展私惠。聚在仕官员及井市豪民子弟十数人游戏其间,坐耗粮食,未尝讲习。修谨之士多耻而不入。间有二千石自谓能兴学者,不过盛修官屋,增置庄产,广积粮储,多聚生徒,以采虚名。师长之人自谓能立教者,不过谨其出入,节其游戏,教以抄节经史,剽窃时文,以夜继

---

① 《宋史》所述,不甚明了,故依《文献通考》(卷四十六《郡国乡党之学》),用括号增加二字,以表明文意。凡州之上舍生贡至京师,即补太学之外舍为生,若参加甄别考试,试中者补内舍生。州之内舍生,贡至,可以免试,即补外舍为生。

《宋史·学校试》(并参考《通考·郡国乡党之学》)云:"崇宁元年,宰臣请天下州县并置学,州置教授二员,县亦置小学。县学生选考升诸州学,州学生每三年贡入太学,至则附上舍试,别立号。考取分三等,试入上等补上舍生,入中等补下等上舍生,入下等补内舍生,余居外舍。"《国子监》亦云:"崇宁元年,宰臣蔡京言,有诏天下皆兴学贡士,以三舍考选法遍行天下,听每三年贡入太学。上舍试,仍别为考,分为三等,若试中上等,补充太学上舍。试中中等、下等者,补充内舍,余为外舍生。"两志(《选举志·学校试》《职官志·国子监》)所载,均欠明了,似上舍分为两等,一是上舍,二是下等上舍。至于内舍、外舍有否分等,史无记载。

《宋史·学校试》云:"崇宁三年,蔡京又奏,臣亲承圣旨,天下皆兴学贡士,即国南郊,建外学以受之,俟其行艺中率,然后升诸太学……太学专处上舍内舍生,而外学则处外舍生……初贡至,皆入外学,经考,补入上舍、内舍,始得进处太学。(现)太学外舍(生)亦令出居外学。"《国子监》亦云:"崇宁元年,宰臣蔡京言,建外学于国之南,待其岁考行艺,升之太学……处上舍、内舍于太学,处外舍于外学……诸路贡士并入外学,候依法考选,校试合格,升之太学,为上舍、内舍生。见为太学外舍生,依旧在太学,候外学成日(外学营建完成之日),取旨外学(由旨令其出居外学)。"是则崇宁元年或三年以后,外舍乃在太学之外。

州学生多少,不详。县学生,崇宁三年,定为大县五十人,中县四十人,小县二十人,见《宋史·学校试》。

昼,习赋诗论策,以取科名而已。(《司马文正公传家集》卷四十《议贡举状》)

同时苏轼亦说:

庆历固尝立学矣,至于今日,惟有空名仅存。(《宋史》卷三百三十八《苏轼传》)

其后稍置学官:

宋敏求建言,州郡有学舍而无学官,故士轻去乡里以求师,请置学官。后颇施行之。(《宋史》卷二百九十一《宋敏求传》)

然而元丰元年各州学官只有五十三员,关此,马端临云:

按是时大兴学校,而天下之有教授者只五十三员,盖重师儒之官不肯轻授滥设故也。(《文献通考》卷四十六《郡国乡党之学》)

以天下之大,而全国学官不过五十三员,固然是重师儒之选,而学校有名无实,则极明显。所以崇宁三年,虽"诏天下士,悉出学校升贡,其州郡发解及试礼部法并罢"(《宋史》卷一百五十五《选举志一·科目上》,参阅上列太学上舍表第五栏)。但"宣和三年,又诏罢天下三舍法,开封府及诸路并以科举取士,惟太学仍存三舍,以甄序课试,遇科举仍自发解"(《宋史》卷一百五十五《选举志一·科目上》)。并且学校所习者多系讲习章句,而学成之后,又责之以天下国家之事,所学非所用,所用非所学。王安石说:

方今州县虽有学校,取墙壁具而已,非有教导之官、长育人才之事也。唯太学有教导之官,而亦未尝严其选;朝廷礼乐刑政之事,未尝在于学;学者亦漠然自以礼乐刑政为有司之事,而非己所当知也。学者之所教,讲说章句而已……今士之所宜学者,天下国家之用也。今悉使置之不教,而教之以课试之文章,使其耗精疲神,穷日之力以从事于此。及其任之以官也,则又悉使置之,而责之以天下国家之事。夫古之人以朝夕专其业于天下国家之事,而犹才有能有不能,今乃移其精神,夺其日力,以朝夕从事于无补之学。及其任之以事,然后卒然责之以为天下国家之用,宜其才之足以有为者少矣。(《王临川集》卷三十九《上仁宗皇帝言事书》)

但王安石秉政,又以其所训释的《诗》《书》《周礼》,颁之学官天下号曰新义,"学者无敢不传习,主司纯用以取士,士莫得自名一说"(《宋史》卷三百二十七《王安石传》)。士人思想不能自由,当然文化停滞,社会萎靡不振了。

二、考选

宋制同唐一样,举士由礼部为之,举官由吏部为之。举士分常选与制科。常选科目甚多(有进士、九经、五经、开元礼、三史、三礼、三传、学究、明经、明法)。神宗以后,罢诸科,而分经义、诗赋以取进士。制科由天子临时下诏行之。

> 宋之科目有进士,有诸科,有武举。常选之外,又有制科,有童子举。而进士得人为盛,神宗始罢诸科,而分经义、诗赋以取进士。其后遵行,未之有改。(《宋史》卷一百五十五《选举志一·科目上》)

常选在英宗以前,依《文献通考》(卷三十二)所载《宋登科记总目》,太祖时率每年一次,盖宋承五代之后,建国需要人才,不得不然也。由太宗而至真宗,或每年一次,或二年一次,或三年一次,有时且四年一次。仁宗时亦然。皇祐时,范师道"以四年贡举,士苦淹久,请易为三年"(《宋史》卷三百二《范师道传》)。其后,胡宿言,"礼部间岁一贡士,不便,当用三年之制"(《宋史》卷三百一十八《胡宿传》)。案皇祐元年三月,赐礼部奏名进士、诸科及第出身千三百九人(《宋史》卷十一《仁宗纪三》);皇祐五年三月,赐礼部奏名进士、诸科及第出身千四十二人(《宋史》卷十二《仁宗纪四》),是隔四年之例。嘉祐二年以后,均间岁贡士

（《文献通考》卷三十二《宋登科记总目》）；到了英宗即位，"议者以间岁贡士法不便，乃诏礼部三年一贡举"（《宋史》卷一百五十五《选举志一·科目上》），自是而后，非万不得已，三年一贡士，遂成定制，元明清三代均依之。

常选，即进士与诸科之考试总称为科举。宋时，"科举、学校绝不相关"，士子应试，不必系名学校，"其后三舍法行，是为学校之科举（即用太学之考试以代科举，见上列"上舍"表备考栏），其不由学校而为科举者如故也"（《明会要》卷四十七《科目杂录》，引黄尊素言）。固然如前所言，崇宁三年，曾诏天下取士，悉由学校升贡；越十七年，到了宣和三年，又诏各地仍以科举取士（《宋史》卷一百五十五《选举志一·科目上》）。科举分乡贡、省试、廷试三个阶段。兹试分别述之。

先就乡贡言之，每次朝廷下令贡举之时，各地应举人先由乡里推荐，县令稽其版籍，察其行为，每十人相保，保内有操行不端者，其他九人连坐不得赴举。次由县令上之于州，州长复审察得实，而后举行考试，这称为乡试。其中式者，由州解送至京，参加会试，故乡试又称为解试。士人解送至京，此时发见其行止逾违，州长、县令皆坐罪。（《宋史》卷一百五十五《选举志一·科目上》）宋制乃如明代黄尊素所说："诸州各自为试，各自发解，与路分无与。"（《明会要》卷四十七《科目杂录》，引黄尊素言。案宋制，州之上尚有路，故云。）现在试问各州解送举子有否一定名额？宋志云，"诸州解试额多，而中者少，则不必足额"（《宋史》卷一百五十五《选举志一·科目上》），是则各州应有一定名额了。这样，各州不会随便解送吗？宋有制裁之法，凡校试不以实者，监试官、考试官停任；若有受贿，则以枉法论（《宋史》卷一百五十五《选举志一·科目上》）。省试而文理纰缪，坐元考官（《宋史》卷一百五十五《选举志一·科目上》）。而举子本身也要受惩处，即进士词理纰缪者，殿五举；诸科轻殿一举，重亦殿五举（《宋史》卷一百五十五《选举志一·科目上》）。因此，监试官、考试官当然不敢妄举，而举子本身亦不敢随便应举①。

次就省试言之，各州将其所举之人（故乡试中式者称为举人），解送礼部

---

① 宋有许多附试之法，应举人随父仕宦，久住京师，又离本贯遥远者，得于国子监取解，而后参加省试。一般士人久住开封府，已离本贯，难以往返者，得附试于开封府。各路官员子弟，未能归本贯者，得就转运司附试；其中式者待转运司将一路财赋漕运于京师之时，士子与之偕行，参加省试，故特称为漕试。

会试,因礼部属于尚书省,故称为省试。参加省试之举人甚多,太宗淳化元年,诸州贡士凡万七千余人(《宋史》卷一百五十五《选举志一·科目上》);仁宗嘉祐时,"四年一贡举,四方士子客京师以待试者恒六七千人"(《文献通考》卷三十一《举士》);其最少时,亦不下三千人(《文献通考》卷三十一,引沈氏《笔谈》)。省试不第,来科仍须解试(即乡试)。盖"举人者举到之人也"(《日知录》卷十六《举人》),不若明代以举人为一定之名。省试中式之人,不别地区,唯才是视。吾人读司马光《乞贡院逐路取人状》,谓"今或数路中全无一人及第,则所遗多矣"(《司马文正公传家集》卷三十二),即可知之①。省试中式本以四百名为限(《宋史》卷一百五十五《选举志一·科目上》),然常超过此数(《文献通考》卷三十二《宋登科记总目》)。省试落第的人若认为录取有失公平,可诉请覆试。如开宝六年,翰林学士李昉知贡举,榜出,有诉昉用情取舍,帝乃籍终场下第人姓名,得三百六十人,皆召见,择其一百九十五人,御殿别试,命殿中侍御史李莹等为考官,得进士二十六人、五经四人(文长不具举)……明法五人,皆赐及第(《宋史》卷一百五十五《选举志一·科目上》)。这就是宋代殿试的来源。

最后则为殿试,凡省试中式之人,由天子亲策于廷,故又称为廷试。世人多谓殿试之制始于唐武后,即如富弼所说:"历代取士悉委有司,未闻天子亲

---

① 司马光在此状中,有详细数字,谓每路或四人中取一人(开封府,嘉祐五年),或六十二人中取一人(陕西路,嘉祐七年),或全无及第者(河东路,嘉祐三年;荆湖北路、广南西路、夔州路,嘉祐五年;广南东路、广南西路、利州路,嘉祐七年)。继着说道:"国家设官分职,以待贤能。大者道德器识以弼谐教化,其次明察惠和以拊循州县,其次方略勇果以扞御外侮,小者刑狱钱谷以供给役使,岂可专取文艺之人,欲以备百官,济万事邪?然则四方之人虽于文艺或有所短,而其余所长有益于公家之用者,盖亦多矣。安可尽加弃斥,使终身不仕邪?"反之,欧阳修则反对逐路取人之制,他说:"言事之人但见每次科场,东南进士得多,而西北进士得少,故欲改法,使多取西北进士。殊不知天下至广,四方风俗异宜,而人性各有利钝。东南之俗好文,故进士多而经学少;西北之人尚质,故进士少而经学多。所以科场取士,东南多取进士,西北多取经学者,各因其材性所长,而各随其多少取之。"(《欧阳文忠公文集》卷一百一十三《论逐路取人札子》)欧阳修分考试科目为进士与明经,司马光对此二科无不反对,盖"进士专尚属辞,不本经术;而明经止于诵书,不识义理"(《司马文正公传家集》卷四十《议贡举状》),故他说,"近世以来,专尚文辞。夫文辞者乃艺能之一端耳,未足以尽天下之士也。国家虽设贤良方正等科,其实皆取文辞而已"(《司马文正公传家集》卷二十《论举选状》)。此种见解实与王安石相似。王安石说:"方今取士,强记博诵而略通于文辞,谓之茂才异等、贤良方正……记不必强,诵不必博,略通于文辞,而又尝学诗赋,则谓之进士……今朝廷又开明经之选,以进经术之士。然明经之所取,亦记诵而略通于文辞者则得之矣。"(《王临川集》卷三十九《上仁宗皇帝言事书》)

试也。至唐武后有殿试，何足取哉？"（《宋史》卷一百五十五《选举志一·科目上》）

胡致堂说：

> 汉策问贤良，非试之也。延于大殿，天子称制，访以理道，其事重矣。贡士既试于南宫，已精其校选，而又试之殿庑，是以南宫为不足信邪？其先所第名，必从而升降之，殆犹儿戏耳。（《文献通考》卷二十九《选举二·举士》）①

至于宋之殿试，实由覆试而来，据马端临说：

> 国初殿试本覆试也。唐以来，或以礼部所取未当，命中书、门下详覆。至宋，艺祖、太宗重其事，故御殿覆试。至雍熙四年，宰相请如唐故事，以春官之职归有司，上从之。次年，命宋知白知贡举，榜出，而谤议蜂起，或击登闻鼓，求别试，于是再行覆试，凡得数百人。又明年，则知贡举苏易简等不敢专其事，固请御试，上从之，自此遂成定例。（《文献通考》卷三十二《选举五·举士》）

最初廷试尚有黜落，下第之人"虽曾中省试，来科仍复解试，中格然后得上省试也"，即"宋初于御试特重，苟不中格，则省试（及乡试）皆虚也"（《明会要》卷四十七《科目杂录》，引黄尊素言）。仁宗嘉祐二年以后，遂无黜落之事（《宋史》卷一百五十五《选举志一·科目上》），关此顾炎武云：

> 《宋史·仁宗纪》，嘉祐二年三月，赐礼部奏名进士、诸科及第出身八百七十七人，亲试举人免黜落始此。《诒谋录》曰，旧制，殿试皆有黜落，临时取旨，或三人取一，或二人取一，或三人取二。故有累经省试取中，而摈弃于殿试者。自张元以积怨降元昊，为中国患，朝廷始囚其家属，未

---

① 马端临说："按致堂之言固善，然武后所试诸路贡士，盖如后世之省试，非省试之外，再有殿试也。唐自开元以前，试士未属礼部，以考功员外郎主之。武后自诡文墨，故于殿陛间，下行员外郎之事。"（《文献通考》卷二十九《选举二·举士》）

几复纵之。于是群臣建议,归咎于殿试。嘉祐二年,诏进士与殿试者皆不黜落。是一畔逆之士子为天下后世士子无穷之利也。阮汉闻言,以张元而罢殿试之黜落,则惩黄巢之乱,将天下士子无一不登第而后可。(《日知录》卷十七《御试黜落》)

殿试中式之后,是否有三甲之制？所谓三甲是将中式的人,依其名次,分为三等:一甲赐进士及第,二甲赐进士出身,三甲赐同进士出身。太祖开宝六年殿试,得进士二十六人、五经四人……明法五人,皆赐及第。时江南未平,进士林松雷说试不中格,以其间道来归,亦赐三传出身。太宗太平兴国二年殿试之后,有"赐及第""赐出身",又有不中格,怜其老,特赐同出身者(《宋史》卷一百五十五《选举志一·科目上》)。即在太祖时代及太宗初年,三甲之制虽未确立,而事实上诸科中式者已渐分为三甲发榜。到了太平兴国八年,"进士始分三甲"(《宋史》卷一百五十五《选举志一·科目上》),而三甲如何划分,史阙其文。真宗景德四年的"亲试进士条制",分考第为五等①,上二等曰及第,三等曰出身,四等、五等曰同出身(《宋史》卷一百五十五《选举志一·科目上》)。至于宋时有否状元、榜眼、探花之名称,即第一甲第一名状元,第二名榜眼,第三名探花,对此,《宋史·选举志》没有记载,但列传中却有"状元"一词。"马涓以进士举首入幕府,自称状元。吕大忠谓曰,状元云者,及第未除官之称也,既为判官,则不可。"(《宋史》卷三百四十《吕大忠传》)而陈垍试礼部为第一(这称为省元),后登进士第,史弥远谓之曰"省元魁数千人,状元魁百人"(《宋史》卷四百二十三《陈垍传》)。盖举子之参加省试者,常在数千人以上,而省试之后,再参加殿试者不过数百人。《文献通考》(卷三十二《宋登科记总目》)亦只举状元。太祖开宝八年,王嗣宗为状元;八年以后,每次殿试均有状元之号;八年以前,只云榜首。至于榜眼、探花,依私人笔记亦有其称②。我们所应注意的,第一甲,即赐进士及

---

① 学识优长、词理精纯为第一,才思该通、文理周率为第二,文理俱通为第三,文理中平为第四,文理疏浅为第五。(《宋史》卷一百五十五《选举志一·科目上》)
② 上御文德殿临轩唱名……宣唤三魁姓名……第一名状元及第,第二名榜眼,第三名探花。(宋吴自牧撰《梦粱录·三士人赴殿试唱名》)

第之人数，乃如马端临所说：

> 分甲取人，始于太平兴国八年，然是年第三甲五十四人，第二甲一百五十七人，反三倍于第三甲之数……淳化三年，第二甲五十一人，第一甲三百二人，反六倍于第二甲之数。则累科分甲人数之多少，无定例也。
>
> （《文献通考》卷三十《选举三·举士》）

在常选之中，唐时士人所趋向唯明经、进士二科，而明经碌碌，不为高才发迹之路。宋时亦然，志（《宋史》卷一百五十五《选举志一》）云："自唐以来，所谓明经不过帖书墨义，观其记诵而已，故贱其科。"马端临说：

> 按自唐以来，所谓明经者不过帖书墨义而已。愚尝见东阳丽泽吕氏家塾有刊本吕许公夷简应本州乡举试卷，因知墨义之式盖十余条。有云作者七人矣，请以七人之名对。则对云，七人某某也，谨对。有云见有礼于其君者，如孝子之养父母也，请以下文对。则对云，下文曰，见无礼于其君者，如鹰鹯之逐鸟雀也，谨对。有云请以注疏对者。则对云，注疏曰云云，谨对。有不能记忆者，则只云对未审。……其上则具考官批凿，如所对善，则批一通字。所对误及未审者，则批一不字。大概如儿童挑诵之状，故自唐以来贱其科。所以不通者殿举之罚特重，而一举不第者，不可再应（宋太祖乾德元年，许令再应）。盖以其区区记问犹不能通悉，则无所取材故也。（《文献通考》卷三十《举士》）

其最矜贵者莫如进士。

> 天圣初，宋兴六十有二载，天下乂安。时取才唯进士、诸科为最广，名卿巨公皆繇此选，而仁宗亦向用之。登上第者，不数年辄赫然显贵矣。
>
> （《宋史》卷一百五十五《选举志一·科目上》）

但因及第之人太多,真宗时,王禹偁上疏言:"太祖之世,每岁进士不过三十人,经学五十人……太宗临御之后……拔十得五。在位将逾二纪,登第将近万人,虽有俊杰之才,亦有容易而得。"(《宋史》卷二百九十三《王禹偁传》)最初高第之人尤其一甲前三名,"知其身必贵,故自爱重,而不肯为非"(《容斋随笔》卷九《高科得人》)。"仁宗之朝十有三举,其甲第之三人凡三十有九,其后不至于公卿者五人而已。"(《宋史》卷一百五十五《选举志一·科目上》)后来应试之人过多,人人皆希望高第,于是就发生了流弊,尤其"秦桧当国,科场尚谀佞,试题多尚中兴歌颂。徐庭筠叹曰,今日岂歌颂时耶"(《宋史》卷四百五十九《徐中行传》)。科举之结果如此,岂能得到俊杰之才?固然制科亦为时人所重:

  宋初,承唐制,贡举虽广,而莫重于进士制科。(《宋史》卷一百五十五《选举志一·科目上》)

制科就是制举,制举无常科,随天子临时所欲,定其科目。仁宗时,有贤良方正、能直言极谏科,博通坟典、明于教化科,才识兼茂、明于体用科,详明吏理、可使从政科,识洞韬略、运筹帷幄科,军谋宏远、材任边寄科凡六(《宋史》卷一百五十六《选举志二·科目下》)。此皆以待非常之士,使山林朴直之人极言当世之故,人主闻所未闻,因能恐惧修省,而谋政治之革新。陈亮说:

  设科以取士,而制举所以待非常之才也……彼以一身临王公士民之上,其于天下之故,常惧其有阙也。自公卿等而下之,以至于郡县之小官、科目之一士,莫不各得以其言自通。然犹惧其有怀之不尽也,故设为制举,以诏山林朴直之士,使之极言当世之故,而期之以非常之才。彼其受是名也,宜何以自异于等夷,则亦将尽吐其蕴。凡天下之所不敢言者,一切为吾君言之,以报其非常之知焉。然后人主可以尽闻其所不闻,恐惧修省,以无负天下之望,则古之贤君为是设科,以待非常之才者,其求言之意可谓切矣,岂徒为是区别而已哉?(《龙川文集》卷十一《制举》)

顾隋唐以后,制举已经失去本来意义。司马光说:"国家虽设贤良方正等科,其实皆取文辞而已。"(《司马文正公传家集》卷二十《论举选状》)叶适说:

> 科举所以不得才者,谓其以有常之法,而律不常之人,则制科庶乎得之者,必其无法焉。而制举之法反密于科举……若今制科之法是本无意于得才,而徒立法以困天下之泛然能记诵者耳。此固所谓豪杰特起者轻视而不屑就也。(《水心集》卷三《制科》)

陆九渊亦说:

> 制科不可以有法,制科而有法,吾不知制科之所取者何人也?……今制科者天子所自诏,以待非常之才也。孰谓非常之才,而可以区区之法制,束而取之乎?……惟人君之所欲举欲问,毋拘以法,毋限以时,则是科之设,庶乎其有补,而是科之名,庶乎其无愧矣。(《象山先生全集》卷三十一《问制科》)

所以应诏者寡,士人还是以进士出身。

> 制举无常科,所以待天下之才杰,天子每亲策之。然宋之得才,多由进士,而以是科应诏者少。(《宋史》卷一百五十六《选举志二·科目下》)

进士所试的是什么?

> 初礼部贡举,设进士(九经、五经、开元礼、三史、三礼、三传、学究、明经、明法)等科,皆秋取解,冬集礼部,春考试,合格及第者,列名发榜于尚书省。凡进士试诗赋论各一首、策五道、帖《论语》十、帖对《春秋》或《礼记》墨义十条(凡九经,帖书一百二十、帖对墨义六十条。凡五经,帖书八十、帖对墨义五十条。凡三礼,对墨义五十条。凡三礼[明经?],对墨义

九十条。凡三传，一百一十条。凡开元礼，凡三史，各对三百条。凡学究，《毛诗》对墨义五十条，《论语》十条，《尔雅》《孝经》共十条，《周易》《尚书》各二十五条。凡明法，对律令四十条，兼经并同《毛诗》之制)。(《宋史》卷一百五十五《选举志一·科目上》)

进士所试科目虽多，而以词赋最为重要。

　　宋以词赋取士。(《宋史》卷四百五十《尹谷传》)

案自"五代以还，词令尚华靡"(《宋史》卷二百六十三《李穆传》)，"景德后，文士以雕靡相尚，一时学者乡之"(《宋史》卷三百《陈从易传》)。苏洵曾言："夫人固有才智奇绝，而不能为章句、名数、声律之学者，又有不幸而不为者，苟一之以进士制策，是使奇才绝智有时而穷也。"(《嘉祐集》卷四《广士》)司马光亦说："以言取人，固未足以尽人之才。今之科场，格之以辞赋，又不足以观言。"(《司马文正公传家集》卷三十《贡院定夺科场不用诗赋状》)又说："国家用人之法，非进士及第者，不得美官。非善为诗赋论策者，不得及第。"(《司马文正公传家集》卷三十二《乞贡院逐路取人状》)用词赋以甄别人才，自当引起有识之士的反对。仁宗时，范仲淹曾说：

　　音韵中一字有差，虽生平苦辛，实时摈逐。如音韵不失，虽末学浅近，俯拾科级……以此，士之进退多言命运，而不言行业。(《范文正公集奏议》卷上《答手诏条陈十事》)

他与宋祁等提议兴学校，士须隶学，而以策论取士。然"诗赋声病易考，策论污漫难知"(《宋史》卷一百五十五《选举志一·科目上》)，所以中间虽从仲淹之议，不久又复旧制。

　　范仲淹参知政事，意欲复古劝学，数言兴学校，本行实。诏近臣议，于是宋祁等奏，教不本于学校，士不察于乡里，则不能核名实。有司束以声病,学者专于记诵,则不足尽人材。参考众说,择其便于今者,莫若使士皆土著,而教之于学校,然后州县察其履行,则学者修饬矣。乃诏州县立学,士须在学三百日,乃听预秋试,旧尝充试者百日而止……三场:先策、次论、次诗赋,通考为去取,而罢帖经、墨义。士通经术、愿对大义者,试十道。仲淹既去,而执政意皆异。是冬,诏罢入学日限,言初令不便者甚众,以为诗赋声病易考,而策论污漫难知,祖宗以来,莫之有改,且得人尝多矣。天子下其议,有司请如旧法,乃诏曰,科举旧条皆先朝所定也,宜一切如故,前所更定令悉罢。(《宋史》卷一百五十五《选举志一·科目上》)

既而何群亦请废去词赋,而当时公卿既由词赋出身,何肯撤销自己出身所依靠的词赋?

何群上书言三代取士,皆举于乡里,而先行义,后世专以文辞。就文辞中,害道者莫甚于赋,请罢去。石介赞美其说,会谏官、御史亦言,以赋取士无益治道。下两制议,皆以为进士科始隋历唐,数百年将相多出此,不为不得人。且祖宗行之已久,不可废也。(《宋史》卷四百五十七《何群传》)

仁宗时,王安石上万言书,所言更见确切。

方今取士,强记博诵而略通于文辞,谓之茂才异等、贤良方正,茂才异等、贤良方正者公卿之选也。记不必强,诵不必博,略通于文辞,而又尝学诗赋,则谓之进士,进士之高者亦公卿之选也。夫此二科所得之技能不足以为公卿,不待论而后可知。而世之议者乃以为吾常以此取天下之士,而才之可以为公卿者常出于此,不必法古之取人,而后得士也。其亦蔽于理矣……然而不肖者苟能雕虫篆刻之学,以此进至乎公卿;才之可以为公卿者困于无补之学,而以此绌死于岩野,盖十八九矣。(《王临川集》卷三十九《上仁宗皇帝言事书》)

举士之法既有缺点,神宗即位,就下诏令群臣讨论。

> 神宗笃意经学,深悯贡举之弊……乃诏曰,化民成俗,必自庠序。进贤兴能,抑繇贡举。而四方执经艺者,专于诵数;趋乡举者,狃于文辞。与古所谓三物宾兴,九年大成,亦已乖矣……令两制、两省、待制以上,御史、三司、三馆杂议,以闻……直史馆苏轼曰,夫欲兴德行……若设科立名以取之,则是教天下相率而为伪也。上以孝取人,则勇者割股,怯者庐墓。上以廉取人,则弊车羸马,恶衣菲食。凡可以中上意者,无所不至。自文章言之,则策论为有用,诗赋为无益。自政事言之,则诗赋、论策均为无用。然自祖宗以来,莫之废者,以为设法取士不过如此也……矧自唐至今以诗赋为名臣者,不可胜数,何负于天下,而必欲废之……他日问王安石,对曰……若谓此科尝多得人,自缘仕进别无他路,其间不容无贤,若谓科法已善则未也。今以少壮时,正当讲求天下正理,乃闭门学作诗赋。及其入官,世事皆所不习。此科法败坏,人才致不如古。(《宋史》卷一百五十五《选举志一·科目上》)

当时王安石秉政,熙宁二年,罢诗赋,依策论以定等第,限以千字(后周以三千字为率,见《石林燕语》卷九。元代时务策,又减少为五百字或一千字,见《元史》卷八十一《选举志一》。此皆由于字数少,便于评阅之故)。盖如神宗所言:"对策亦何足以实尽人才,然愈于以诗赋取人尔。"(《宋史》卷一百五十五《选举志一·科目上》)关此,明人丘濬曾言:

> 方是时苏轼见一时举人所试策多阿谀顺旨,乃拟一道以进。大略谓科场之文风俗所系,所收者天下莫不以为法,所弃者天下莫不以为戒,今始以策取士,而士之在甲科者多以谄谀得之。天下观望,谁敢不然?风俗一变,不可复返,正人衰微,则国随之。噫,观轼兹言,则知朝廷以言试士,虽若虚文,而一时人心之邪正、国势之兴衰,实关于此。识治体者不可不加之意。(《大学衍义补》卷九《清入仕之途》)

但王安石所谓策论最后乃变为经义,而与汉世对策绝不相同。且又依王安石所训释之"新义"以取士,"士莫得自名一说"。这样,思想更见控制,何足以培养人才?

> 初安石训释《诗》《书》《周礼》既成,颁之学官,天下号曰新义。晚居金陵,又作《字说》,多穿凿傅会,其流入于佛老。一时学者无敢不传习,主司纯用以取士,士莫得自名一说。(《宋史》卷三百二十七《王安石传》)

何况如前所言,"诗赋声病易考,而策论污漫难知"?苏轼有言:

> 策论……其为文也,无规矩准绳,故学之易成;无声病对偶,故考之难精。以易学之士,付难考之吏,其弊有甚于诗赋者矣。(《东坡七集·奏议集》卷一《议学校贡举状》)

所以最后就决定"分经义与诗赋以取进士,其后遵行,未之有改"(《宋史》卷一百五十五《选举志一·科目上》)。据马端临所记,宋代考试词赋与经义,变更如次:

> 按熙宁四年,始罢词赋,专用经义取士,凡十五年。至元祐元年,复词赋,与经义并行。至绍圣元年,复罢词赋,专用经义,凡三十五年。至建炎二年,又兼用经赋。(《文献通考》卷三十二《举士》)

然而经义亦不能尽得人才,盖勇猛之士未必长于雕虫小技。而外寇侵凌,国家所需要的却是勇猛知兵之人。神宗时,苏轼曾言:

> 昔者以诗赋取士,今陛下以经术用人,名虽不同,然皆以文词进耳。考其所得,多吴楚闽蜀之人,至于京东西、河北、河东、陕西五路盖自古豪杰之场,其人沉鸷勇悍,可任事。然欲使治声律,读经义,以与吴楚闽蜀之士争得失于毫厘之间,则彼有不仕而已,故其得人常少。夫惟忠孝

礼义之士虽不得志，不失为君子。若德不足，而才有余者，困于无门，则无所不至矣。故臣愿陛下特为五路之士别开仕进之门。(《东坡七集·奏议集》卷二《元丰元年上皇帝书》)

宋敏求亦请选用材武之士。

宋敏求尝建言，河北、陕西、河东举子，性朴茂而辞藻不工，故登第者少。请令转运使择荐有行艺材武者特官之，使人材参用，而士有可进之路。(《宋史》卷二百九十一《宋敏求传》)

这颇有似于西汉时，内郡举文学贤良，而边郡则举勇猛知兵法者矣。

太祖时，国家需要人才，而录取又甚严格，每次贡举，经殿试之后，进士一科不过十余人；开宝八年最多，亦不过三十一人(《文献通考》卷三十二《选举五·宋登科记总目》)。故凡殿试中式，即命以官。

旧制，及第即命以官。(《宋史》卷一百五十五《选举志一·科目上》)

这是与唐代不同之点，但宋虽登第入仕，榜首才得丞判。黄宗羲云：

唐之士及第者未便解褐入仕，吏部又复试之。韩退之三试于吏部无成，则十年犹布衣也。宋虽登第入仕，然亦止是簿尉令录，榜首才得丞判。(《明夷待访录·取士下》)

然此优典也只限于科举中式初任官之人。至于荫任等各种杂途初任仍需吏部铨试，或试律及诗，或则试判，而科举中式之人初任任满后亦须试判，而后升迁。太宗以后，选人渐多，士子纵由科举出身，其初任仍须试判。铨试机关由太宗而至神宗熙宁年间，前后曾变更数次。今抄录《宋史》所载者如次。

> 吏部铨惟注拟州县官、幕职，两京诸司六品以下官皆无选。文臣少卿、监以上中书主之，京朝官则审官院主之。武臣刺史、副率以上内职枢密院主之，使臣则三班院主之。其后典选之职分为四，文选曰审官东院，曰流内铨；武选曰审官西院，曰三班院。（《宋史》卷一百五十八《选举志四·铨法上》）①

到了元丰年间，神宗以为古代本无文武之别，遂由苏颂建议，立吏部四选之制。

> 唐制，吏部主文选，兵部主武选。神宗谓三代两汉本无文武之别，议者不知所处。颂言唐制吏部有三铨之法，分品秩而掌选事。今欲文武一归吏部，则宜分左右曹掌之，每选更以品秩分治。于是吏部始有四选法。
> （《宋史》卷三百四十《苏颂传》）

关于吏部四选之制，《选举志》云：

> 元丰定制，而后铨注之法，悉归选部，以审官东院为尚书左选，流内铨为侍郎左选，审官西院为尚书右选，三班院为侍郎右选，于是吏部有四选之法。文臣寄禄官自朝议大夫、职事官自大理正以下，非中书省敕授者，归尚书左选。武臣升朝官自皇城使、职事官自金吾阶卫仗司以下，非枢密院宣授者，归尚书右选。自初仕至州县幕职官，归侍郎左选。自借差、监当至供奉官、军使，归侍郎右选。（《宋史》卷一百五十八《选举志四·铨法

---

① 审官院设置于太祖时，考课中外职事官。太宗淳化四年，别置考课院。审官院掌京朝官考课，考课院掌幕职州县官考课（州县官均由京朝官权知，故只掌其幕职考课）。至道初，罢考课院，并流内铨。《宋史》卷一百六十《选举志六·考课》）是则宋代初年之审官院乃掌考课之事。三班院设置于太宗雍熙四年，所谓三班是指供奉官、殿直、殿前承旨，此三者均为内职。盖太宗患中书及枢密院权重，故先置三班院，次置审官院，以分中书及枢密院之权。审官院分为东西是在神宗熙宁三年。所谓流内铨者，自一品至九品谓之流内，不入于九品者谓之流外。但流内铨亦只限于七品以下，七品以上均由中书或枢密院拟定，由天子任命，不经铨试。

上》,参阅卷一百六十三《职官志三·吏部》)

吏部择人之法,初为铨试,试判三道。"自真宗朝,试身言书判。"(《宋史》卷一百五十八《选举志四·铨法上》)仁宗景祐年间,"议者以身言书判为无益"(《宋史》卷一百五十八《选举志四·铨法上》),但仁宗意在遵守故常,不欲改弦更张,因之,吏部择人,仍用身言书判,而尤重书判之试。举两例言之,掌禹锡试身言书判,余靖只试书判(此两人均于科举中式,初任任满之时,参加铨试,而后升迁)。

> 掌禹锡中进士第,为道州司理参军,试身言书判第一,改大理寺丞。(《宋史》卷二百九十四《掌禹锡传》)

> 余靖举进士,起家为赣县尉,试书判拔萃,改将作监丞。(《宋史》卷三百二十《余靖传》)

凡吏部认为合格者,不问其才之称否,乃视为万能博士,既使之治财,又转而使之典狱,复转而使之掌礼。仁宗时,王安石曾上疏言:

> 方今取之既不以其道,至于任之又不问其德之所宜,而问其出身之后先;不论其才之称否,而论其历任之多少。以文学进者,且使之治财;已使之治财矣,又转而使之典狱;已使之典狱矣,又转而使之治礼。是则一人之身,而责之以百官之所能备,宜其人才之难也……且在位者数徙,则不得久于其官……贤者则其功不可以及于成,不肖者则其罪不可以至于著。若夫迎新将故之劳、缘绝簿书之弊,固其害之小者,不足悉数也。(《王临川集》卷三十九上《仁宗皇帝言事书》)

神宗熙宁四年,曾定了铨试之法,虽然不复试判,而又增试经义,所以铨试固比前此为佳,然亦不能离开文词尤其经义。

> 熙宁四年,遂定铨试之制。凡守选者,岁以二月、八月试断按二,或

律令大义五，或议三道，后增试经义。法官同铨曹撰式考试，第为三等，上等免选注官，优等升资，如判超格，无出身者，赐之出身，自是不复试判。(《宋史》卷一百五十八《铨法上》)

兹宜特别一言者，宋代入仕之途甚广，而人数又多，单单进士一科，太祖建隆元年，不过十九人；到了徽宗宣和六年，竟有八百五人。南渡之后，领土失去将半，而高宗建炎二年，进士四百五十一人；理宗宝庆二年，进士九百八十七人；度宗咸淳四年，快亡国了，进士尚有六百六十五人(《文献通考》卷三十二《举士·宋登科记总目》)。其尤弊者，恩荫太滥(《廿二史札记》卷二十五《宋恩荫之滥》)，幸进之门阻塞了正途出身之士的入仕路。案恩荫之制，照司马光说，"此盖国初承五代姑息藩镇之弊，因循不革"(《宋史》卷一百五十九《选举志五·补荫》)。降至南宋，绍兴七年，中书舍人赵思诚言：

> 孤寒之士名在选部，皆待数十年之阙，大率十年不得一任。今亲祠之岁，任子约四千人，是十年之后，增万二千员，科举取士不与焉。将见寒士有三十年不得调者矣。(《宋史》卷一百五十九《选举志五·补荫》)

员多阙少，任谁均不能久任，其结果如何？人存三日京兆之心，当其在职之时，必急急谋退职后之计，于是贪污之风遂无法禁止。苏轼说：

> 国家自近岁以来，率一官而三人共之，居者一人，去者一人，而伺之者又一人，是一官而有二人者无事而食也。且其莅官之日浅，而闲居之日长，以其莅官之所得，而为闲居仰给之资，是以贪吏常多而不可禁。

(《东坡七集·应诏集》卷二《策别七》)

岂但如此而已？员多阙少，注拟为难，势只有依资格以定先后，即如苏绅所言："不问官职之闲剧、才能之长短，惟以资历深浅为先后。有司但主簿籍而已，欲贤不肖有别，不可得也。"(《宋史》卷二百九十四《苏绅传》)真宗时，"寇准在相位,用人不以次,同列颇不悦。他日又除官,同列因吏持例簿以进。准曰,宰相所以进贤退不肖也,若用例,一吏职尔"(《宋史》卷二百八十一《寇准传》)。寇准是宋代名相,其言如此,可知用人纯依资格,是不能得到英才的。仁宗时,王安石上万言书,中有数句:

> 朝廷明知其贤能足以任事,苟非其资序,则不以任事而辄进之;虽进之,士犹不服也。明知其无能而不肖,苟非有罪,为在事者所劾,不敢以其不胜任而辄退之;虽退之,士犹不服也。彼诚不肖无能,然而士不服者何也?以所谓贤能者任其事与不肖而无能者,亦无以异,故也。(《王临川集》卷三十九《上仁宗皇帝言事书》)

国家用人纯依资格,即后魏崔亮之"停年格"、唐代裴光廷之"循资格"。此在当时,已被有识者猛烈抨击。宋哲宗时,陆佃亦说:

> 天下多事,须不次用人,苟安宁时,人之才无大相违,当以资历序进,少缓之,则士知自重矣。(《宋史》卷三百四十三《陆佃传》)

高宗时,金人来寇,正是天下多事之秋,国家自应不次用人,以济中兴之业。李纲奏:

> 夫治天下者,必资于人才,而创业中兴之主,所资尤多。何则,继体守文,率由旧章,得中庸之才,亦足以共治。至于艰难之际,非得卓荦瑰伟之才,则未易有济。是以大有为之主,必有不世出之才,参赞翊佐,以成大业。(《宋史》卷三百五十九《李纲传下》)

顾高宗乃谓"果有豪杰之士,虽自布衣擢为辅相可也。苟未能考其实,不若姑守资格"(《宋史》卷一百五十八《选举志四》)。然而计日月、累资考之制,即后魏崔亮所创之停年格、唐代裴光廷所创之循资格,本非所以待英豪之士。叶适说:

资格者生于世之不治,贤否混并,而无可别,故以此限之耳,而本朝遂以治世而行衰世之法。艺祖、太宗所用犹未有定式,惟上所拔,间得魁磊之士。至咸平、景德初,资格始稍严一。寇准欲出意取天下士,而上下群攻之(《宋史》卷二百八十一《寇准传》)。故李沆、王旦在真宗时,王曾、吕夷简、富弼、韩琦在仁宗、英宗时,司马光、吕公著在哲宗时,数人以谨守资格为贤,名重当世。(《水心集》卷三《资格》)

倘若纯依资格,还是依法而任人。陈亮说:"夫人情不易尽,而法之不足恃也久矣。然上下之间每以法为恃者,乐其有准绳也。"(《龙川文集》卷十一《铨选资格》)顾法资格之外,又复有例。高宗建炎年间,吏部尚书洪拟曾言:"渡江后,法无见籍,吏随事立文,号为省记,出入自如。"(《宋史》卷三百八十一《洪拟传》)其后虽修七司敕令(《宋史》卷三百八十一《洪拟传》),而吏弄权既久,又常援例以破法。绍兴三十二年,吏部侍郎凌景夏说:

国家设铨选,以听群吏之治,其掌于七司,著在令甲,所守者法也。今升降于胥吏之手,有所谓例焉。长贰有迁改,郎曹有替移,来者不可复知,去者不能尽告。索例而不获,虽有强明健敏之才,不复致议。引例而不当,虽有至公尽理之事,不复可伸。货贿公行,奸弊滋甚。尝睹汉之公府有辞讼比,尚书有决事比。比之为言,犹今之例。今吏部七司宜置例册。凡换给之期限、战功之定处、去失之保任、书填之审实、奏荐之限隔、酬赏之用否,凡经申请或堂白或取旨者,每一事已,命郎官以次拟定,而长贰书之于册,永以为例。每半岁上于尚书省,仍关御史台。如是,则巧吏无所施,而铨叙平允矣。(《宋史》卷一百五十八《选举志四》)

孝宗时,参知政事龚茂良又言:

官人之道在朝廷,则当量人才;在铨部,则宜守成法。法本无弊,例实败之。法者公天下而为之者也。例者因人而立,以坏天下之公者也。

昔之患在于用例破法，今之患在于因例立法。谚称吏部为例部，今七司法……不无疏略。然守之亦可以无弊。而徇情废法，相师成风。盖用例破法其害小，因例立法其害大。法常靳，例常宽，今法令繁多，官曹冗滥，盖缘此也。（《宋史》卷一百五十八《选举志四》）

国家用人，甚至于一切行政既然唯例是视，于是胥吏就操弄了国之大权。何以故呢？叶适说：

  国家以法为本，以例为要，其官虽贵也，其人虽贤也，然而非法无决也，非例无行也。骤而问之，不若吏之素也；暂而居之，不若吏之久也；知其一不知其二，不若吏之悉也，故不得不举而归之吏。官举而归之吏，则朝廷之纲目，其在吏也何疑？（《水心集》卷一《上孝宗皇帝札子一》）

这种情况，大率南宋比之北宋为尤甚。"所欲与，则陈与例；欲夺，则陈夺例，与夺在其牙颊。"（《宋史》卷三百七十八《刘一止传》）叶适说：

  自崇宁极于宣和，士大夫之职业，虽皮肤蹇浅者，亦不复修治，而专从事于奔走进取。其簿书期会一切惟吏胥之听。而吏人根固窟穴，权势熏炙，滥恩横赐，自占优比。渡江之后，文字散逸，旧法往例尽用省记，轻重予夺惟意所出。其最骄横者，三省、枢密院、吏部七司、户、刑，若他曹外路从而效视，又其常情耳。故今世号为公人世界，又以为官无封建，而吏有封建者，皆指实而言也。（《水心集》卷三《吏胥》）

宋代选举除贡举外，尚有辟举与荐举，徽宗大观二年之诏虽说："祖宗销革五代辟置，自一命以上，非王命不除。"（《文献通考》卷三十九《辟举》）其实，辟举并不全废。然而辟举亦有弊端，盖徇私昧理，势所难免，故宋人认为不如付之铨曹，而拘以法律之为佳。

> 宋初，内外小职任，长吏得自奏辟。熙宁间，悉罢归选部，然……辟置不能全废也……憸人往往因之以行其私……盖处心公明，则得以用其所知，固为良法。苟徇私昧理，则才不为用，请属贿赂无所不有矣。又孰若付之铨曹，而概以公法者哉？（《宋史》卷一百六十《选举志六》）

案宋之辟举乃与汉唐不尽相同。汉世，公府对其掾属、郡县对其曹僚，皆自辟举而自试用之，考行察能，以次迁补，或至二千石，入为公卿。唐以科举取士，而士之偶见遗于科目者，尝自效于幕府，幕府辟士，唯其才能，不问所从来，而朝廷常收其俊伟，以补王官之缺。宋则不然，据马端临说：

> 宋时虽有辟法，然白衣不可辟，有出身而未历任者不可辟。其可辟者复拘以资格，限以举主，盖去古法愈远，而倜傥跅弛之士，其不谐尺绳于科目、受羁靮于铨曹者，少得以自达矣。（《文献通考》卷三十九《辟举》）

荐举是令公卿百官推荐人才。然有一种限制，即到任满一年后，方得荐人。

> 限到官一考，方得荐。（《宋史》卷一百六十《选举志六》）

公卿百官既有举官之权，难保他们不徇私昧理，所以宋代又令举主对于被荐举人负责。

> 凡被举擢官，于诰命署举主姓名，他日不如举状，则连坐之。（《宋史》卷一百六十《选举志六》）

太宗每令名臣举官，所举善者有赏，否则罪之。

> 太宗听政之暇，每取两省、两制清望官名籍，择其有德誉者，悉令举官。所举之人，须析其爵里及历任殿最以闻，不得有隐。如举状者有赏

典,无验者罪之。(《宋史》卷一百六十《选举志六》)

举主若知被举人变节逾矩,而肯告发者,则原其连坐之罪。

太宗始令内外官,凡所举荐有变节逾矩者,自首则原其联坐之罪。(《宋史》卷一百六十《选举志六》)

举主对被荐举人负责之事,《宋史》不乏其例,兹只举三事为证。

何蒙知温州,坐举人不当,削一官。(《宋史》卷二百七十七《何蒙传》)
薛奎出为陕西转运使,坐失举免。(《宋史》卷二百八十六《薛奎传》)
秦羲知江陵府,坐举官不如状,削秩。(《宋史》卷三百九《秦羲传》)

关此,苏轼曾加以批评。

夫天下之吏不可以人人而知也,故使长吏举之,又恐其举之以私,而不得其人也,故使长吏任之。他日有败事,则以连坐,其过恶重者其法均。且夫人之难知,自尧舜病之矣。今日为善,而明日为恶,犹不可保。况于十数年之后,其幼者已壮,其壮者已老,而犹执其一时之言,使同被其罪,不亦过乎?(《文献通考》卷三十八《举官》)

有时,举主因过失而至贬黜,被举人亦受其累。例如:

御史中丞孔道辅荐王素为侍御史,道辅贬,素出知鄂州。(《宋史》卷三百二十《王素传》)

这种制度不但使举者慎其所举,而被举者亦宜考虑举者之为人。南宋以后,荐举渐次败坏。此盖政治腐化,任何制度均难收预期之效。光宗时,言者谓:

荐举固多得人，然有或乏廉声而举充廉吏，或素昧平生而举充所知，或不能文而举可备著述。(《宋史》卷一百六十《选举志六》)

三、禄俸

西汉官阶就是官秩，以石为名，禄之多少，则在官秩之中。吾人观其官秩，即知官阶高低、官禄多少。曹魏以后，既有官秩，又有官品，官秩与官品并不一致，官禄多寡则以官品为标准。隋唐废官秩而留官品，禄之多寡随品而异。唯唐之官制有职有阶，有职者必有阶，这称为职事官，有阶而无职者称为散官。阶又与品不同，品分三十等；阶由从一品始，只有二十九级。宋初，仍沿唐制，文官九品，有正有从，自四品以下，有上下，共三十等；阶由从一品始，共有二十九级。其与唐代不同者，唐时官即是职，同时又加以阶官之名称，如开府仪同三司、特进、光禄大夫等是。宋仍保留阶官之名称，而又将官与职分开，有官必有阶，而又未必有职，必须别为差遣，而后才任其事。所以职亦可视为阶，而所差遣之职事才是实职。马端临说：

按元丰未改官制之先，大率以职为阶官。以宰执言之，如吏部尚书（原注，阶官）同中书门下平章事（职）、尚书礼部侍郎（阶官）参知政事（职）之类是也。然所谓吏部尚书、礼部侍郎者未尝专有所系属，治其事则以为职（武注，此须别为差遣），不治其事则以为阶官，犹云可也。至有以京西路某县令为阶官，而为河北路转运司勾当公事者；有以陕西路某军节度判官为阶官，而为河东路某州州学教授者；有以无为军判官为阶官，而试秘书省校书郎者，其繁杂可笑尤甚。(《文献通考》卷六十四《职官考十八·文散官》)

宋在元丰以前，仍保留唐代二十九阶之制①，而禄则寄于官。元丰改制，

---

① 宋在元丰以前，虽仍保留唐代二十九阶之制，但每阶名称并不是完全与唐相同。据宋志（转下页）

"寄禄格以阶易官,自开府仪同三司至将仕郎,定为二十五阶"。崇宁以后,渐次增加,迄至政和,"寄禄之格,自开府至迪功,凡三十七阶"(《宋史》卷一百六十九《职官志九》),所以阶官就是寄禄官。兹试列表如次:

寄禄格三十七阶表②

类别	寄禄官名称	官品	职官之例	备考
升朝官	开府仪同三司	从一品	如枢密使等。	
	特进	从一品		
	金紫光禄大夫	正二品	如知枢密院事、参知政事等。	
	银青光禄大夫	从二品	如御史大夫、六部尚书等。	
	光禄大夫	从二品		
	宣奉大夫	正三品	如翰林学士承旨、翰林学士等。	大观新置
	正奉大夫	从三品		大观新置
	正议大夫	从三品	如御史中丞、开封尹、尚书列曹侍郎等。	
	通奉大夫	从三品		大观新置
	通议大夫	正四品	如给事中、中书舍人、太常卿、宗正卿等。	
	太中大夫	从四品	如谏议大夫、七寺卿、国子祭酒等。	
	中大夫	正五品	如观察使等。	

(接上页)所载,文散官二十九,开府仪同三司(从一)、特进(正二)、光禄大夫(从二)、金紫光禄大夫(正三)、银青光禄大夫(从三)、正奉大夫(正四上阶)、中奉大夫(正四)、太中大夫(从四上阶)、中大夫(从四)、中散大夫(正五上阶)、朝奉大夫(正五)、朝散大夫(从五上阶)、朝请大夫(从五)、朝奉郎(正六上阶)、承直郎(正六)、奉直郎(从六上阶)、通直郎(从六)、朝请郎(正七上阶)、宣德郎(正七)、朝散郎(从七上阶)、宣奉郎(从七)、给事郎(正八上阶)、承事郎(正八)、承奉郎(从八上阶)、承务郎(从八)、儒林郎(正九上阶)、登仕郎(正九)、文林郎(从九上阶)、将仕郎(从九),见《宋史》卷一百六十九《职官志九·文阶官》。

② 三十七阶表据《宋史》卷一百六十九《职官志》,并参考《文献通考》卷六十四《文散官》。其所以未载正一品者,因为正一品为三太、三少,罕除人之故。又者元丰改制后,少数中央大僚及地方巨官之负重大责任者,其俸禄特别优厚。如宰相、枢密使月三百千,同中书门下平章事月四百千,参知政事、三司使月二百千,观察使、防御使月二百千,刺史月一百千。参阅《宋史》卷一百七十一《职官志》。

续 表

类别	寄禄官名称	官品	职官之例	备考
	中奉大夫	从五品	如太常宗正少卿、诸州刺史等。	大观新置
	中散大夫	从五品		
	朝议大夫	正六品	如七寺少卿等。	
	奉直大夫	正六品		大观新置
	朝请大夫	从六品		
	朝散大夫	从六品	如侍御史、开封府少尹等。	
	朝奉大夫	从六品		
	朝请郎	正七品		
	朝散郎	正七品	如殿中侍御史、司谏、两赤县令等。	
	朝奉郎	正七品		
	承议郎	从七品	如监察御史等。	
	奉议郎	正八品	如国子博士、三京赤县畿县令等。	
	通直郎	正八品		
京官	宣教郎	从八品	如太学博士、诸州上中下县令等。	元丰,本宣德,政和改
	宣义郎	从八品		
	承事郎	正九品	如京畿县主簿尉、三京赤县主簿尉等。	
	承奉郎	正九品		
	承务郎	从九品	如诸州上中下主簿尉等。	
幕职州县官	承直郎	从八品	由承直郎至迪功郎系政和中特定为选人用举状及功赏改官所进之阶,故其职钱特高,用此以优待幕职官,例如均是从八品,宣义郎月十二千,修职郎月十五千;均是从九品,承务郎月七千,迪功郎月十二千。见《宋史》卷一百七十一《奉禄》。	崇宁初换
	儒林郎	从八品		崇宁初换
	文林郎	从八品		崇宁初换
	从事郎	从八品		崇宁初换
	从政郎	从八品		崇宁通事,政和再换
	修职郎	从八品		崇宁登仕,政和再换
	迪功郎	从九品		崇宁将仕,政和再换

百官俸禄极其杂乱，既有禄粟，又有职钱，复有匹帛等等（《宋史》卷一百七十一、卷一百七十二"奉禄制"）。吾人读后，实难做成简单的表，徒增读者的疑惑，故从略。但宋之职官有行、守、试三等之别，其制如次。

  凡除职事官，以寄禄官品之高下为准，高一品已上为行，下一品为守，下二品已下为试，品同者否。（《宋史》卷一百六十九《职官志九》）①

例如职钱一项，六曹尚书行六十千，守五十五千，试五十千。六曹侍郎行五十五千，守五十千，试四十五千。凡职事官职钱不言行、守、试者，准行给（《宋史》卷一百七十一《职官志十一·职钱》，文多不俱载）等是。

现在试来研究宋代禄俸能否代耕。真宗初年，百官禄俸大约甚低，杨亿说：

  臣又睹唐制，内外官奉钱之外，有禄米、职田，又给防合、庶仆、亲事、帐内、执衣、白直、门夫。各以官品，差定其数。岁收其课，以资于家。本司又有公廨田，食本钱以给公用。自唐末离乱，国用不充，百官奉钱，并减其半，自余别给，一切权停。今郡官于半奉之中，已是除陌；又于半奉三分之内，其二以他物给之。鬻于市廛，十裁得其一二，曾糊口之不及，岂代耕之足云？……窃见今之结发登朝，陈力就列，其奉也不能致九人之饱，不及周之上农；其禄也未尝有百石之入，不及汉之小吏。若乃左右仆射百僚之师长，位莫崇焉，月奉所入，不及军中千夫之帅，岂稽古之意哉？（《宋史》卷一百六十八《职官志八》）

仁宗时，王安石亦力陈薄俸之弊，他说：

---

① 《宋史》卷一百六十三《吏部》："除授皆视寄禄官，高一品以上者为行，下一品者为守，下二品以下者为试，品同者不用行守试。"

方今制禄大抵皆薄，自非朝廷侍从之列，食口稍众，未有不兼农商之利，而能充其养者也。其下州县之吏，一月所得，多者钱八九千，少者四五千。以守选、待除、守阙通之，盖六七年而后得三年之禄。计一月所得，乃实不能四五千，少者乃实不能及三四千而已。虽厮养之给亦寡于此矣，而其养生丧死、婚姻葬送之事皆当于此。夫出中人之上者，虽穷而不失为君子；出中人之下者，虽泰而不失为小人。唯中人不然，穷则为小人，泰则为君子。计天下之士出中人之上下者，千百而无十一。穷而为小人，泰而为君子者，则天下皆是也。先王以为众不可以力胜也，故制行不以己，而以中人为制。所以因其欲而利道之，以为中人之所能守，则其志可以行乎天下，而推之后世。以今之制禄，而欲士之无毁廉耻，盖中人之所不能也。故今官大者往往交赂遗，营资产，以负贪污之毁。官小者贩鬻乞丐，无所不为。夫士已尝毁廉耻，以负累于世矣，则其偷惰取容之意起，而矜奋自强之心息，则职业安得而不弛，治道何从而兴乎？（《王临川集》卷三十九《上仁宗皇帝言事书》）

所以秉政之后，欲尽禄天下之吏，然而贪污既成为致富之道，禄俸虽厚，亦无补于事。

　　王安石欲尽禄天下之吏……时主新政者皆谓吏禄既厚，则人知自重，不敢冒法，可以省刑。然良吏实寡，赇取如故，往往陷重辟，议者不以为善。（《宋史》卷一百七十九《食货志下一·会计》）

　　按宋代制禄太过复杂，而又时时变更，且除俸禄职钱之外，又有禄粟之给，宰相月一百石，刺史五十石，赤令七石，畿县知县六石至三石有四等，诸县令五石至三石有三等（《宋史》卷一百七十一《职官志十一·禄粟》，文多不俱载）。但"一石给六斗，米麦各半"（《宋史》卷一百七十一《职官志十一·禄粟》），又有随衣傔人衣粮，宰相至七十人；复有薪炭诸物之给，宰相"月给薪二百束"，"薪自十月至正月二百秤，余月一百秤"；更有给盐之制，宰相七石（《宋史》卷一百七十一《职官志十一·禄粟》)。如果依法发给,高官之禄似不比唐代为少。例如唐代,武德时,正一品禄米岁六百石。宋宰相禄粟月一百石,"每石给六斗,米麦各半",每月六十石,一年共七百二十石,即不比唐时少。唐代一品月俸(包括俸钱、食料、杂用、防合等)三十一千。宋代宰相月俸三百千,淳化二年,"每千给钱七百";咸平中,"京师每一千给实钱六百,在外四百"(《宋史》卷一百七十一《职官志十一·职钱》)。今若以咸平年间为准,三百千应得一百八十千,比之唐代,增加多了。再以县令为例,唐时,京县令正五品上,武德时,正五品岁禄二百石。宋呢?"畿县知县六石至三石有四等"(《宋史》卷一百七十一《职官志十一·禄粟》),今以最高之六石为例言之,一年七十二石,每石给米六斗,共四十三石二斗。然唐五品月俸只九千二百。宋时,"东京畿县七千户以上知县,朝官(月)二十二千,京官(月)二十千"(《宋史》卷一百七十一《职官志十一·奉禄》)[1],"每千给钱七百"(《宋史》卷一百七十一《职官志十一·职钱》)。知县若是朝官,每月共得实钱十五千四百,即畿县知县之禄米虽比唐时少,而月俸则比唐时多。唐开元时,米斛二百,而宋"每斗折钱三十文"(《文献通考》卷六十五《禄米》),每斛三百。这与仁宗时范仲淹之言完全吻合。

> 窃以中田一亩,取粟不过一斛。中稔之秋,一斛所售不过三百金,则千亩之获可给三十万。(《范文正公集》卷八《天圣八年上资政晏侍郎书》)

今将唐宋两代京县令的月俸均换算为米,加入其一年所得禄米之中,观孰多孰少。

唐代　$9\,200 \div 200 = 46$

　　　$46 \times 12 = 552$

　　　$552 + 200 = 752$ 石

---

[1] 宋代,应再加职钱一项计算。但《宋史》(卷一百七十一《职官志十一·职钱》)未载县令之职钱,只有从略。

《宋史》卷一百五十八《选举志四》,所谓朝官与京官之区别如次:"前代朝官自一品以下,皆曰常参官。其未常参者,曰未常参官。宋目常参者曰朝官,秘书郎而下,未常参者曰京官。"

宋代　15 400÷300≈51

　　　51×12＝612

　　　612＋43.2＝655.2 石

由此可知，宋代县令禄俸也许与唐代相差不远，但尚有一个问题，唐宋两代的权量是否相同？唐时"少壮相均，人日食米二升"（《新唐书》卷五十四《食货志四》）。宋如何呢？志云："人日支米二升，钱五十。"（《宋史》卷一百七十五《食货志上三·漕运》）传云："然后出步兵，负十日粮，人日给米一升。"（《宋史》卷三百二十四《张亢传》）两者相差一半。然据沈括所说，宋时，人日亦食米二升。

> 米六斗，人食日二升；二人食之，十八日尽。（《梦溪笔谈》卷十一《官政一》）

若依赵翼之言：

> 《珊瑚钩诗话》，刘仲原得铜斛二，其一始元四年造，其一甘露元年造，皆云容十斗，后刻云重四十斤。以今权量较之，容三斗，重十五斤。斗则三而有余，斤则三而不足。陈无择曰，二十四铢为一两，每两古文六铢钱四个、开元钱三个。至宋以开元钱十个为一两。今之三两得古之十两，是宋之斗称较唐又大矣。（《陔余丛考》卷三十《斗称古今不同》）

总之，宋之官禄大约不比唐时为少。到了徽宗时代，兼官兼薪之风甚盛。

> 又三省、密院吏员猥杂，有官至中大夫，一身而兼十余俸。故当时议者有俸入超越从班，品秩几于执政之言。（《宋史》卷一百七十九《食货志下一·会计》）

官已冗矣，而又兼薪，财政困难，自是意中之事①。

---

① 宋亦有职田，废置不常，徽宗时，"县令所得，亦复不齐，多至九百斛。如淄州高苑八百斛，如常之江阴六百斛，常之宜兴亦六百斛。自是而降，或四五百，或三二百。凡在河北、京东、京西、荆湖之间，少则有至二三十斛者"（《宋史》卷一百七十二《职官志十二·职田》）。

四、监察

关于台谏给舍，本书已有说明，太宗时代，天子英明，言官无不沉默。据田锡说，"谏官不闻廷争，给事中不闻封驳……又御史不敢弹奏，中书舍人未尝访以政事"（《宋史》卷二百九十三《田锡传》）。由真宗而至仁宗，情形就不同了。"自庆历后，台谏官用事，朝廷命令之出，事无当否，悉论之，必胜而后已。专务抉人阴私莫辨之事，以中伤士大夫，执政畏其言，进擢尤速。"（《宋史》卷二百八十五《刘沆传》）可知言官敢言，目的乃在于进擢。而且宋代对于御史以及谏官，极为优容，沿唐之制，许其风闻言事。吾人观杨察之言："御史故事许风闻，纵所言不当，自系朝廷采择。"（《宋史》卷二百九十五《杨察传》）再观苏轼之言，"自建隆以来，未尝罪一言者，许以风闻，而无官长（即唐萧至忠所说，'台中无长官，御史比肩事主，得各弹事，不相关白'之意）。言及乘舆，则天子改容；事关廊庙，则宰相待罪。"（《东坡七集·奏议集》卷一《熙宁四年上皇帝书》），即可知之。然而因此，台谏乃竞为激讦。

> 帝（仁帝）天性宽仁，言事者竞为激讦，至污人以帷箔不可明之事。
> （《宋史》卷三百三十七《范镇传》）

吕诲曾请下诏惩革。

> 吕诲为殿中侍御史，时廷臣多上章讦人罪。诲言台谏官许风闻言事，盖欲广采纳，以补阙政。苟非职分，是为侵官。今乃诋斥平生，暴扬暧昧，刻薄之态，浸以成风，请下诏惩革。（《宋史》卷三百二十一《吕诲传》）①

高宗时，李纲亦言：

---

① 据《涑水记闻》，当时士大夫嫉欧阳修者"云与甥乱"（卷三），"有谤其私从子妇者"（卷十六）。

> 大抵朝廷设耳目及献纳论思之官，固许之以风闻。至于大故，必须核实而后言。使其无实，则诬人之罪，服谗搜慝，得以中害善良，皆非所以修政也。（《宋史》卷三百五十九《李纲传下》）

于是御史遂供为奸臣爪牙之用，前已说过，秦桧当国，谏官均出桧门，多弹劾以媚桧（《宋史》卷四百三十三《洪兴祖传》）；韩侂胄用事，日夜谋引其党为台谏，以摈斥赵汝愚（《宋史》卷三百九十二《赵汝愚传》）；贾似道执政，台谏有所建白，皆呈稿似道始行（《宋史》卷四百五十一《陈文龙传》）。袁枢曾言：

> 威权在下，则主势弱，故大臣逐台谏，以蔽人主之聪明。威权在上，则主势强，故大臣结台谏，以遏天下之公议。（《宋史》卷三百八十九《袁枢传》）

总之行政权若已腐化，监察权虽然独立，不但不能绳纠愆违，甚且助长行政权之违法。而在宋代，御史且时时掀起政潮，酿成朋党之祸。此盖东汉以后御史台长官御史中丞不能一跃而为宰相，须与执政勾结，而后才得渐次升迁。这与西汉御史大夫升为丞相，部刺史高第者迁为郡守，完全不同。

御史台只置监察御史六人，其不能和汉之部刺史（十三人）、唐之监察御史（新志作十五人，旧志及《唐六典》作十人）一样监察地方官，势之当然。但宋代之地方官均由京朝官任之，唯为提高监察起见，行政上有转运使，司法上有提点刑狱。范仲淹说："转运使、提点刑狱职在访察。"（《范文正公集》卷八《天圣五年上执政书》）关此数者，本书已有说明。《历代职官表》（卷五十二《司道·宋》）引《玉海》云："庆历三年，诏转运使皆领按察使提刑（即提点刑狱）。不带使名，亦准此，岁具官吏能否以闻。"并说明云："谨案，宋监司以转运使及提刑为最重。"吾人若比较两者权力的大小，又似转运使比提点刑狱为大。盖世风日浇，负监察之责者，非有监察之工具，实难以举监察之实。转运使经度一路财赋，自可利用财政权，以举刺一路官吏之违法失职。仁宗时，陈升之说：

> 天下州郡治否，悉付之转运使。（《宋史》卷三百一十二《陈升之传》）

转运使有财政权,与提刑之空有监察权者自不相同。但宋惩唐末五代之乱,一切制度均以控制为目标,所以转运使等官虽得监察地方官,而宋又令御史监察转运使等官。举一例说:

  李昌龄拜御史中丞,劾陕西转运使郑文宝生事边境,筑城沙碛,轻变禁法。文宝坐贬湖外。(《宋史》卷二百八十七《李昌龄传》)

由此可知,宋代于监察方面乃采多元主义。转运使虽然可利用财政权,以举监察之实,又常利用财政上之权力干涉地方官之行政。上述之筑城等等是行政而非监察,事之至明。

但是宋代亦有一种良好制度,长官对其部吏本来有指挥监督之权,部吏受贿,长官若不纠举,应负责任。这种制度实可矫上推下诿之弊。例如:

  王曙为河北转运使,坐部吏受赇,降知寿州。(《宋史》卷二百八十六《王曙传》)

  黄度知婺州,坐不发觉县令张元弼赃罪,降罢。(《宋史》卷三百九十三《黄度传》)

五、考课

吾国古代最重考课之法,苏洵云:"夫有官必有课,有课必有赏罚。有官而无课,是无官也。有课而无赏罚,是无课也。"(《嘉祐集》卷九《上皇帝书》)宋制,每年一小考,三年一大考。

  凡内外官,计在官之日满一岁为一考,三考为一任。(《宋史》卷一百六十三《职官志三·考功郎中》)

凡考须到任满一岁,欠日不得成考。

> 凡考第之法，内外选人，周一岁为一考，欠日不得成考。(《宋史》卷一百六十《选举志六·考课》)

考课机关曾前后变更数次。太祖时，置审官院考课中外职事官(《宋史》卷一百六十《职官志六·考课》)；太宗淳化四年，别置考课院，将审官院之一部分职权移属于考课院。即"审官院掌京朝官，考课院掌幕职州县官"(《宋史》卷一百六十《职官志六·考课》)，"皆中书或两制臣僚(两制指翰林学士及知制诰)校其能否，以施赏罚"(《宋史》卷一百六十《职官志六·考课》)。例如端拱中，"以翰林学士钱若水、枢密直学士刘昌言，同知审官院考核功过，以定升降，又以判流内；铨翰林学士苏易简、知制诰王旦等，知考课院，重其职也"(《宋史》卷一百六十《职官志六·考课》)。神宗熙宁五年，"罢考课院，间遣使察访，所至州县，条其吏课，凡知州、通判上中书，县令上司农，各注籍以相参考"(《宋史》卷一百六十《职官志六·考课》)。元丰改制，又废审官院，将一切考课事宜移属于吏部，于是吏部就有尚书左右选、侍郎左右选之制。京朝官之考课由尚书左选掌之，幕职州县官之考课由侍郎左选掌之。(《文献通考》卷五十二《吏部尚书》，参阅《宋史》卷一百五十八《选举志四》。武臣之考课由尚书右选及侍郎右选分别掌之。)而会其成者则为吏部之考功司。

> 考功郎中、员外郎掌文武官选叙磨勘、资任考课之政令。(《宋史》卷一百六十三《职官志三·吏部尚书》)

关于京朝官之考课，历史没有详细记载，下列之例不过证明京朝官有考课之事而已。

> 刁衎迁国子博士，会考校百官殿最，衎以无过，得知光州。(《宋史》卷四百四十一《刁衎传》)

关于地方官之考课，历史记载较详。此盖宋惩唐末五代方镇之祸，故用考课之法加以控制。宋之考课乃集中于中央。仁宗时，苏洵上言：

> 臣观自昔行考课者皆不得其术。盖天下之官皆有所属之长，有功有罪，其长皆得以举刺。如必人人而课之于朝廷，则其长为将安用？惟其大吏无所属，而莫为之长也，则课之所宜加。《嘉祐集》卷九《上皇帝书》）

然以中国之大，侍郎左选何能一一考校州县官之功过行能，于是就令地方官层层考课。请看南宋宁宗时右正言应武之言。

> 祖宗以一郡之官总之太守，诸郡之官总之监司，而又以诸道之监司总之御史。朝廷以殿最三等察监司，监司以三科考郡守而下，皆辨其职而进退之。《文献通考》卷三十九《考课》）①

所谓监司乃以转运使为主，转运使"专兴刺举之事"《宋史》卷一百六十七《转运使》），因而取得了考课之权，例如，真宗时：

> 张咏知益州，转运使黄观上其治状，有诏褒善。《宋史》卷二百九十三《张咏传》）

又如，南宋孝宗时，

> 李衡知溧阳县，专以诚意化民，民莫不敬……帅汪澈、转运使韩元吉等列上治状，诏进一秩。《宋史》卷三百九十《李衡传》）②

---

① 绍兴二年，初诏监司守臣举行考课之法……守倅考县令，监司考知州，考功会其成，较其优劣而赏罚之《宋史》卷一百六十《选举志六·考课》)。度宗咸淳三年，命参酌旧制，以御史台总帅阃监司，监司总守倅，守倅总州县属官《宋史》卷一百六十《选举志六·考课》)。
② "帅"是指经略安抚使，因为他对其属官，有定赏罚之权，见《宋史》卷一百六十七《职官志七·经略安抚使》。

宋代考课方法也同考课机关一样，前后变更数次，比之唐代之确定为四善二十七最者相差远了。然而我们须知唐在发布六典之后，才成为确定之制度，在此以前，也是随时变更。今据《宋史》所载，考课方法特详于地方官，京朝官几乎付之阙如。此盖宋承五代之后，最大任务在于安辑地方人民，建隆三年以前，注重户口之增减(《宋史》卷一百六十《考课》)；建隆三年，又顾到税收及治安(《宋史》卷一百六十《考课》)。太宗及真宗均令诸道辨察部内官吏优劣为三等，而皆失于浮文，不适实用①。神宗时，"凡职皆有考，凡课皆责实"。但宋志只举县令之考课如次：

  凡县令之课，以断狱平允、赋入不扰、均役屏盗、劝课农桑、振恤饥穷、导修水利、户籍增衍、整治簿书为最，而德义、清谨、公平、勤恪为善，参考治行，分定上中下等，至其能否尤殊绝者，别立优劣二等。岁上其状，以诏赏罚。其入优劣者赏罚尤峻。(《宋史》卷一百六十《选举志六·考课》)

嗣后对于监司及守令似有确定的考课方法，而对于京朝官仍无记载。

  以七事考监司，一曰举官当否，二曰劝课农桑、增垦田畴，三曰户口增损，四曰兴利除害，五曰事失案察，六曰较正刑狱，七曰盗贼多寡。以四善三最考守令，德义有闻、清谨明著、公平可称、恪勤匪懈为四善；狱讼无冤、催科不扰，为治事之最；农桑垦殖、水利兴修，为劝课之最；屏除奸盗、人获安处、振恤困穷、不致流移，为抚养之最。通善最分三等，五事为上，二事为中，余为下，若能否尤著，则别为优劣，以诏黜陟。(《宋史》卷一百六十三《职官志三·考功郎中》)

南渡之后，州县残破，户口与垦田无不减耗，所以绍兴三年又以户口增

---

① 太宗"诏诸道察举部内官，第其优劣为三等，政绩尤异为上，职务粗治为中，临事弛慢、所莅无状者为下，岁终以闻"。真宗景德初，"令诸道辨察所部官吏能否为三等，公勤廉干惠及民者为上，干事而无廉誉、清白而无治声者为次，畏懦贪猥为下"(《宋史》卷一百六十《选举志六·考课》)。

否,五年复以劝课农桑为考课守令之标准(《宋史》卷一百六十《选举志六·考课》)。要之,宋之"考法,因时所尚,以示诱抑……皆因事而增品目,旧法固不易也"(《宋史》卷一百六十《选举志六·考课》)。

考课之后,须继之以赏罚,宋初,"非有劳绩不进秩。其后立法,文臣五年,武臣七年,无赃私罪始得迁秩。曾犯赃罪,则文臣七年,武臣十年"(《宋史》卷一百六十《选举志六·考课》)。仁宗时,"四年一迁官"(《宋史》卷一百六十《选举志六·考课》),大率此时迁官非依劳绩,任满即迁。范仲淹说:

> 知县两任,例升同判;同判两任,例升知州……贤愚同等,清浊一致。

《范文正公集》卷八《天圣五年上执政书》)

张方平亦说:

> 祖宗之时,文武官不立磨勘年岁,不为升迁次序,有才实者,从下位立见超擢;无才实者,守一官十余年,不转其任。监当或知县、通判、知州至数任不迁。当时人皆自勉,非有劳效,知不得进。祥符之后,朝廷益循宽大,自监当入知县,知县入通判,通判入知州,皆以两任为限。守官及三年,例得磨勘。先朝始行,未见有弊,及今年深,习以为常,皆谓分所宜得,无贤不肖莫知所劝,愿陛下稍革此制。(《宋史》卷一百六十《选举志六·考课》)

考课变成年劳,凡迁官者皆谓"分所宜得",当然不能劝善而惩不肖。兹宜附带说明者,吾国自隋唐以后,官与吏判为二途,凡不由文学出身者称为"流外",不能依考课之法,出仕为官。这与汉世,郡县秀民推择为吏,考行察廉,以次迁补,或至二千石,入为公卿者完全不同。王安石说:

> 又其次曰流外,朝廷固已挤之于廉耻之外,而限其进取之路矣。顾属之以州县之事,使之临士民之上,岂所谓以贤治不肖者乎?……盖古

者有贤不肖之分，而无流品之别，故孔子之圣而尝为季氏吏，盖虽为吏，而亦不害其为公卿。及后世有流品之别，则凡在流外者，其所成立固尝自置于廉耻之外，而无高人之意矣。夫以近世风俗之流靡，自虽士大夫之才，势足以进取，而朝廷尝奖之以礼义者，晚节末路往往怵而为奸，况又其素所成立无高人之意，而朝廷固已挤之于廉耻之外，限其进取者乎？其临人亲职，放僻邪侈，固其理也。（《王临川集》卷三十九《上仁宗皇帝言事书》）

盖自考试制度施行之后，国家专以文词取士，豪俊之士不长于雕虫小技者，便不能表现其才能，而见用于世。择才务广，不宜限于一途。吾国自东汉以后，世乏杰出之才，政治亦缺乏奋发有为之气，取士不得其法，实为最大原因。

六、致仕

宋制，年满七十，可以致仕。

> 咸平五年，诏文武官年七十一以上求退者，许致仕。（《宋史》卷一百七十《职官志十·致仕》）

这里所谓"七十一"大约是指满七十。因为咸平以后，凡言致仕，皆云七十。咸平五年之诏，致仕似由该官请求。仁宗以后，七十致仕已著为令，顾当时官吏昧利者多，知退者少，往往年已老耄而不退休。

> 致仕虽有著令，臣僚鲜能自陈。（《宋史》卷一百七十《职官志十·致仕》）

这可以阻塞新进之士的出路，而致政治上失去新陈代谢的作用，所以仁宗时就有人说：

> 侍御史知杂事司马池言，文武官年七十以上，不自请致仕者，许御史

台纠劾以闻。(《宋史》卷一百七十《职官志十·致仕》)

这个建议有否实行,历史没有资料可考。吾人所知道的,有下列之例。

治平五年,神宗即位……是岁又以果州团练使何诚用、惠州防御使冯承用、嘉州团练使刘保吉、昭州刺史邓保寿皆年七十以上至八十余,并特令致仕。以枢密院言,致仕虽有著令,臣僚鲜能自陈故也。(《宋史》卷一百七十《职官志十·致仕》)

致仕官原则上只给半俸。

致仕官旧皆给半俸。(《宋史》卷一百七十《职官志十·致仕》)

若蒙天子特恩,亦可以得到全禄。

晁迥以太子少保致仕,给全俸。(《宋史》卷三百五《晁迥传》)

有时致仕之后,天子特为迁秩,以示优崇之意。

庆历七年,杜衍甫七十……以太子少师致仕……皇祐元年,特迁太子太保……进太子太傅……又进太子太师。(《宋史》卷三百一十《杜衍传》)

而贬官者似无致仕之权利。

马季良自贬所求致仕,朝廷从之。郭劝言,致仕所以待贤者,岂负罪贬黜之人可得?请追还敕诰。(《宋史》卷二百九十七《郭劝传》)

唐制,五品以上致仕,才可以得半禄,或兼得半俸。宋制,哪一级官有此优典,而除俸钱之外是否可以得到禄粟,历史没有详细记载。

关于上述各种致仕问题,叶梦得说:

> 唐致仕官,非有特敕,例不给俸(此语未可为凭)。国初,循用唐制,至真宗,乃始诏致仕官特给一半料钱,盖以示优贤养老之意。当时诏云,始呈材而尽力,终告老以乞骸,贤哉虽叹于东门,邈矣遂辞于北阙,用尊耆德,特示特恩。故士之得请者颇难。庆历中,马季良在谪籍,得致仕,言者论而夺之,盖以此。其后有司既为定制,有请无不获,人浸不以为贵,乃有过期而不请者。于是御史台每岁一检举,有年将及格者,则移牒讽之,今亦不复举矣。(《石林燕语》卷五)

若据赵翼研究,宋之致仕制度如次。

> 宋初,致仕官给俸亦出于特恩,如王彦超致仕,太祖诏给大将军俸;上官正致仕,赐全禄,仍给以见钱。至太宗淳化元年始诏,凡致仕官皆给半俸(原注,《独醒志》谓宋自章圣后,始命致仕者给半俸,则太宗时犹未著为令,与《宋史》互异)。真宗大中祥符五年诏,赐致仕官全禄……又《宋史·谢泌传》云,近制文武官告老,皆迁秩给半俸。泌请自今七十以上求退者许致仕,因疾及犯赃者,听从便。诏从之。然则宋时虽以疾去及犯赃去者,皆得邀迁秩给半俸矣。此又立法之太滥也。(《陔余丛考》卷二十七《致仕官给俸》)

附录　宋建元表

太祖赵匡胤　建隆三　乾德五　开宝九

太宗炅　　　太平兴国八,元年即开宝九年　雍熙四　端拱二　淳化五
　　　　　　至道三

真宗恒　　　咸平六　景德四　大中祥符九　天禧五　乾兴一

仁宗祯　　　天圣九　明道二　景祐四　宝元二　康定一　庆历八
　　　　　　皇祐五　至和二　嘉祐八

英宗曙　　　治平四

神宗顼　　　熙宁十　元丰九

哲宗煦　　　元祐八　绍圣四　元符三

徽宗佶　　　建中靖国一　崇宁五　大观四　政和七　重和一　宣和七

钦宗桓　　　靖康二

高宗构　　　建炎四,元年即靖康二年　绍兴三十二

孝宗昚　　　隆兴二　乾道九　淳熙十六

光宗惇　　　绍熙五

宁宗扩　　　庆元六　嘉泰四　开禧三　嘉定十七

理宗昀　　　宝庆三　绍定六　端平三　嘉熙四　淳祐十二　宝祐六
　　　　　　开庆一　景定五

度宗禥　　　咸淳十

恭宗㬎　　　德祐二

益王昰　　　景炎三,元年即德祐元年,即位于福州

卫王昺　　　祥兴二,即位于崖山

　　宋自太祖至钦宗九帝,一百六十六年。南渡九帝,一百五十二年,共三百十八年。

第二章 元

第一节
蒙古的勃兴与世界帝国的建立

在中国长城之北,有许多游牧民族,更兴迭仆。他们之中常有一个部落,以力侵略近邻,渐次强大,并乘华夏多事之秋,入寇边境,终则进入中原,而建国于其上。他们人数既寡,文化又低,一旦建国于中原之地,便与汉族同化。于是另一个部落又兴起了,亦循前一个部落的发展途径,先征服近邻,次入寇边境,终进入中原,而同化于汉族。五代之后,契丹是第一个部落,女真是第二个部落。他们习汉族之繁文缛礼,丧失其勇敢善战的精神,政治上虽然统治中国,文化上却为中国所同化。依吾国古训,"进之中国,则中国之",他们遂成为中华民族之一分子。于是第三个部落又兴起了,这第三个部落就是鞑靼,也就是蒙古。

鞑靼种族散居于大沙漠以北之中间地带,以游牧为生,有七万多户(冯承钧译,《多桑蒙古史》第一卷,第178页,商务版),分为许多部落,其中有孛儿只斤部(Böröigan)者就是产生铁木真成吉思汗的部落。在成吉思汗时代,时人把他们的部落分为两类,一类称为尼而伦派(Nirum),即与孛儿只斤部有血缘关系的部落,如泰亦兀赤部(Taijioutes)、巴邻部(Barines)等是,尼而伦为华贵之意。另一类称为都而鲁斤派(Dürlükin),而与孛儿只斤部没有血缘关系,如亦乞列思部(Ikirasses)、巴牙乌特部(Bayaoutes)等是,都而鲁斥为寒素之意。① 这些部落固曾组织部落联盟,至其如何组织,史阙其文。吾人所知道的,铁木真之父也速该(Yesugai)曾被近邻部落举为盟长。也速该死,联盟诸部以铁木真年幼(时年十三),乃举泰亦兀赤部酋长为盟长。

十余年后,即1188年,铁木真率众一万三千人,击败泰亦兀赤部三万战士,将其俘虏尽行烹死。这种恐怖政策果然奏效,前此奉戴他父亲的部落又奉戴铁木真为盟长了。(冯承钧译,《蒙古史略》,第9页,商务版)这个时候铁木真部众东以塔塔儿(Tatares)与金为界,西与乃蛮(Naimans)接壤,北有蔑儿乞特(Mirkites),南有怯烈(Kerätes),其社会组织尚停留于部落联盟,而未进化到国家之域②。铁木真次第平定之,蒙古帝国由是成立。各部落奉尊号于铁木真,曰成吉思汗,即宇宙皇帝之意,时为1206年,即宋宁宗开禧二年。

成吉思汗既已统一蒙古,就想征服世界。当时亚洲情况如何呢?西伯利亚之地尽为狩猎种族所居,地贫穷,不足启其贪心,而中国富庶,自古就为游牧种族所觊觎。而中国之地,北方为金所据,西北为夏占领,宋则退守南方。三国均已式微,不能抵抗方兴之蒙古。于是成吉思汗先征西夏,数役之后,西夏请和(1210年)。翌年,开始侵扰金之云中九原,进取西京(大同府),遂入居庸,取中京(大定府),北京(临潢府)亦下。此时成吉思汗有事于中亚,回归蒙古,留其将木华黎略取河北、山西及山东之一部。1222年,木华黎又攻下今日陕西全省,金只保留河南开封一带之地。

成吉思汗北归之后,就开始西征。乃蛮之南为畏吾儿(Uigur),它是突厥

---

① 《新元史》卷二十八《氏族表上》,参阅卷一《序纪》。蒙古共有部落多少,各书所载不同,名称亦异。《新元史》卷二十八《氏族表上》,尼而伦派有二十部落,都而鲁斤派有九部落。《多桑蒙古史》(第一卷,第171页以下),尼而伦派有二十一部落,都而鲁斤派有九部落。而格鲁塞之《蒙古史略》(冯承钧译,第2页,商务版),尼而伦派有七部落,都而鲁斤派有四部落。

② 据《新元史》卷二十八《氏族志上》,塔塔儿、蔑儿乞特、怯烈均为蒙古种族。卷二十九《氏族志下》,乃蛮为色目种族。又《多桑蒙古史》第一卷第168页以下,塔塔儿分六部落,蔑儿乞特分四部落,怯烈分五部落,乃蛮不分部落。《新元史》卷二十八《氏族志上》,亦谓塔塔儿分六族,蔑儿乞特分四族,怯烈有五支派,如是,怯烈连其本身应有六部落。此又与《多桑蒙古史》第一卷第43页所谓"怯烈部,部众甚多,有六部落"之语相同。至于乃蛮,《新元史》卷二十九《氏族志下》,亦不言其分部落。

种族,本来称藩于西辽。蒙古勃兴,就于1209年遣使纳款。(《多桑蒙古史》,第64页及第184页)西辽在畏吾儿之西,建国于女真灭辽之时。初女真灭辽,耶律大石出奔西域,自立为帝,建都于八剌沙衮(Balasagun)。到了成吉思汗征服乃蛮之时,乃蛮酋长太阳罕(Tayan-khan)之子古出鲁克(Küclüg)逃往西辽。西辽王以女妻之。而古出鲁克乃与花剌子模(Khwarizm)通谋,瓜分西辽。西辽既亡,古出鲁克定佛法为国教,不许臣民信奉回教,而赋敛繁重,民心瓦解,唯望蒙古兵速至。成吉思汗闻之,遣将往讨,西辽人民争相迎降。蒙古军队直入八剌沙衮,古出鲁克出奔,途中为蒙古兵所杀,西辽亡。(《新元史》卷一百十八《乃蛮太阳罕传》)于是蒙古又占领伊犁及天山南路之地。(《蒙古史略》,第18页以下)

此时蒙古所欲征服的为花剌子模。花剌子模在西辽之西南,它是一个大国,曾经侵略四邻,国力颇见强大。1219年,成吉思汗亲率大军,分三路进兵:第一军由长子术赤领之,第二军由次子察合台及三子窝阔台领之,第三军由成吉思汗及其幼子拖雷领之。花剌子模陈兵于锡尔河(Sirdarya)一带之地,以御北军南下。哪知成吉思汗善用奇兵,暗遣哲别及速不台率轻骑由合失合儿(Kasgar)取道拔扦那(Fergana),绕出锡尔河战线之后。到了花剌子模调兵往御,而锡尔河战线又呈空虚之状,蒙古兵一拥而前,遂取首都不花剌(Bukhara)。1221年,国王走死,国亡。(《蒙古史略》,第20页以下)

蒙古军乘胜,一方由哲别及速不台进兵伊兰(Iran)北部,所到之处,或将其城垣破坏,或强其贡献财货,旋北逾太和岭(Caucase),攻入钦察(Kincap)之地。钦察求援于其近邻的斡罗斯(Oros, Russes),蒙古军队又击破之(1223年),遂长驱直入斡罗斯之境,在其南部,大肆焚杀,进掠克里米亚半岛(Crimea),取道撒哈辛(Sacassin),与成吉思汗之大军会合,而后回归蒙古。(《蒙古史略》,第22页以下;《多桑蒙古史》第一卷,第142页以下)其远征里海沿岸,为时共有二年。

当哲别及速不台远征钦察之时,成吉思汗也平定了伊兰东部的要塞,并攻取阿富汗(Afghanistan)诸城,所至毁其房屋,屠其人民,其幸而未见屠杀之民,亦驱之为前锋,攻取未下之地。伊兰及阿富汗既已降服,成吉思汗遂取道河中(Transoxiane),与哲别及速不台之军队会合,缓缓地归还蒙古(1223年至1225年)。(《蒙古史略》,第23页以下)

此时,西夏虽降,尚有二心。1226年,成吉思汗进攻西夏,夏境州郡望风降下。1227年(8月16日),病卒,而数日之后,西夏就见投降,时为宋理宗宝庆三年。当成吉思汗将死之时,嘱诸将,死后秘不发丧,待夏主开城来降,执而杀之,并屠城中居民。诸将果遵命行之。(《多桑蒙古史》第一卷,第153页)

成吉思汗既死,将领地分给四个儿子,长子术赤先死,术赤之子拔都分得钦察及花剌子模一部之地;次子察合台分得西辽旧地,即东西土耳其斯坦;三子窝阔台分得乃蛮旧地;幼子拖雷依"国俗,少子守父遗产,故太祖独以旧居之地与之"(《新元史》卷一百八《拖雷传上》),并附带包括将来侵略的中国土地在内。这种分封盖沿鞑靼习惯,依其继承制度,凡诸子之成年者,家长以什物家畜与之,使其能够离开父母而独立。"蒙古俗,父之遗产多归幼儿。"(《新元史》卷一百四《显懿庄圣皇后传》)拖雷得地独多,即此之故。至于伊兰、阿富汗之地,则属统军之将管理,直至1256年旭烈兀抵此,才建立一个汗国,即伊儿汗(《蒙古史略》,第36页注三)。固然分封,尚不妨害蒙古帝国之统一,因为四个封地仍旧隶属于大汗(《蒙古史略》,第33页以下;《多桑蒙古史》第二卷,第189页)。

成吉思汗死后,先由拖雷监国,谁为大汗,依蒙古习惯,是由宗王大会(Khuriltai)决定。1229年,拖雷在怯绿连河(Kerulen)之地召集大会,依成吉思汗之遗命,推举窝阔台为大汗,是为太宗。太宗以和林为都城,设置中书省,任命耶律楚材为中书令,蒙古之政治建设依靠耶律楚材之贡献者甚大。(《元史》卷一百四十六《耶律楚材传》、《新元史》卷一百二十七《耶律楚材传》)汗位既已决定,蒙古仍继续侵略欧亚各地。现在先从中国说起,此时金仅保有河南开封一带之地。太宗亲率大军入陕西,陷凤翔,遣拖雷寇宋,破汉中、蜀口诸州郡,沿汉而东,进陷钧州。太宗渡河入郑州,会兵攻汴,西取潼关,东围归德,遂陷汴京。金主自经死,金亡。时为1234年,即宋理宗端平元年。

金亡之后,太宗又以钦察及斡罗斯诸部未定,出师讨之,命拔都(术赤子)为统帅,速不台副之,察合台之子贝达儿、太宗之子贵由、拖雷之子蒙哥皆从行,时为1235年。是时也,神圣罗马帝国已经式微,而各国复有诸侯割据,不能组织中央集权的国家。因是,蒙古军队遂得到处横行。拔都等先取钦察,擒其酋长八赤蛮(Bacman),里海以北诸部悉降。旋又进兵斡罗斯,攻其南部。南部诸王忙于内战(《多桑蒙古史》第二卷,第224页),蒙古兵遂入烈也赞(Riazan),陷克罗姆讷(Kolomna),北至莫斯科,南下乌克兰,焚毁乞瓦(Kiev)。(《新元史》卷一百六《拔都传》)自是而后,斡罗斯受蒙古人统治者垂二百余年(《多桑蒙古史》第二卷,第243页)。

1241年,这一批蒙古远征军又分二道,一道往取孛烈儿(波兰),一道往取马札儿(匈牙利)。先是1139年,孛烈儿国王波敕斯拉物(Beleslow)第三卒,分地与四子,昆弟构兵,内争时起(《多桑蒙古史》第二卷,第225页)。而马札儿诸将亦因为国王收其采地,不愿出战(《多桑蒙古史》第二卷,第230页注)。于是蒙古军队之侵入两国者,遂势如破竹,兵之所至,城邑为墟。蒙古本来要在马札儿建设一个汗国,而大汗凶讯忽至,拔都遂同其他诸王班师回国。(《蒙古史略》,第42页)

继之即位者则为太宗之子贵由,是为定宗,仍循过去政策,对宋用兵,而在位未久,不及施设。定宗崩,拖雷之子蒙哥即位,是为宪宗,由和林迁于上都(开平),命其两弟(均拖雷之子)忽必烈寇宋,旭烈兀往征伊兰尚未降服之地,如木剌夷(Molahidas)及报达(Bagdad)等是。旭烈兀于1253年由和林出发。1256年,灭木剌夷,旋伐报达。1258年,取之,杀其国王,而灭其国。旭烈兀就在伊兰之地,建设伊儿汗国。此汗国建于1256年,至1334年才亡。(《蒙古史略》第53页以下,参阅《新元史》卷二百五十六《木剌夷传》)

当此之时,忽必烈正进兵宋境。在太宗时代,蒙古已经略取四川,而长江为阻,蒙古军队不易南下。于是忽必烈就进兵云南,以捣宋国之背(1252年)。云南在唐代为南诏之地,后又改称大理,宋时尚能独立。至是既为忽必烈所灭,至元年间改建为行省,而使云南成为中国的版图。蒙古军队略取云南之后,复命兀良合台(速不台之子)进兵交趾,大掠河内(1257年),还师北向,侵入宋之南境,经广西,进围长沙。时忽必烈之兵已经渡江,会于鄂州(武昌),宪宗之凶问忽至(1259年),忽必烈乃与宋媾和,引军北还。(《蒙古史略》,第53页以下)

忽必烈在上都自立为大汗,迁都于大都(燕京),建国号曰元,并循中国之制,建元曰中统,是为元世祖。世祖定都燕京,燕京"南俯吴越,北接朔漠,左控燕齐,右挟韩晋"(《元文类》卷二十四元明善撰《丞相东平忠宪王碑》)。顾祖禹云:"蒙古自和林而南,混一区宇。其创起之地僻在西北,而仍都燕者,盖以开平近在漠南,而幽燕与开平形援相属,居表里之间,为维系之势。由西北而临东南,燕京其都会矣。"(《读史方舆纪要》卷十《直隶方舆纪要序》)而其地之经济形况,又如虞集之言:"京师之东濒海数千里。北极辽海,南滨青齐,萑苇之场也。海潮日至,淤为沃壤,用浙人之法,筑堤捍水为田,听富民欲得官者……分授以地……三年视其成……以次渐征之……可以近卫京师,外御岛夷,远宽东南海运,以纾疲民。"(《元史》卷一百八十一《虞集传》)

世祖自立为汗,实破坏蒙古之习惯,固然引起宗室反对,阿里不哥(拖雷子)亦僭号于和林,不久即见平定(《新元史》卷一百一十《阿里不哥传》)。皇位争夺既已解决,忽必烈即继续伐宋,破樊城,下襄阳,遂取武昌,沿江州郡望风款附。元兵略取建康,直入临安,虏少帝、太后北去。案元之灭宋是由南部进军。此时"宋人方防蒙古于北,而蒙古兵忽自南来,举国皆骇,则以蒙古先得西域,已入据大理也"(《陔余丛考》卷十八《元时疆域之大》)。固然宋之遗臣立益王昰于福州,而元却以舟师出明州,迫福州;又命骑兵出江西,逾梅岭,占领广州,绝其后路。福州既陷,宋臣复奉卫王昺保于崖山。1279年,兵败,宋亡。时为元世祖至元十六年。

元世祖既登帝位,就依中国传统的政策,要求四裔称臣朝贡。高丽在成吉思汗时代虽已降附,而叛服无常。宪宗(蒙哥)时,高丽国王王瞰(高宗)始遣太子倎为质,及卒,宪宗亦崩,世祖遣倎返国,是为元宗,并以公主嫁之。自是而后,高丽遂为忠顺的藩国。(《新元史》卷二百四十九《高丽传》)世祖又命日本称臣,日本因大海相隔,知元师不易来讨,拒绝不允。至元十一年(1274年),命将率舟师往征日本,陷对马、壹岐等岛,而至于九州之筑前国,肆行杀戮,获妇女以索贯手心,系于船侧,日本人大震。日本快要亡了,而元军却因矢尽引还。至元十八年(1281年),世祖又命将东征,在九州之肥前国登陆,不意暴风破舟,元之军队归路既断,多为日本所杀。(《蒙古史略》第58页以下,参阅《新元

史》卷二百五十《日本传》）

此时越南半岛分为四国,即安南（今日越南北部）、占城（今日越南中部及南部）、缅国及真腊（今日柬埔寨,亦名高棉）。元军先平安南（1286年）,占城随亦奉表归款。次又进兵缅国,破其都城蒲甘（Pagan）,大肆焚掠。缅国恐元军再至,而于1297年奉表称臣。此后元军还想占领真腊,讨伐爪哇,会世祖崩,国内不甚安定,远征之事遂罢。（《蒙古史略》,第59页以下）

蒙古起自阴山,以七万户之众而能征服欧亚二洲。固然因为宋室式微,亚洲没有一个大国能够抵御,而东欧各国又内讧时起,亦不能一致对外。然而除此之外,尚有许多因素,举其要者,大约如次。

1. 蒙古为游牧种族,其家畜有牛羊骆驼,而马居多。盖其地严寒,冬季积雪成冰,马蹄较强,能够破冰觅食,故马在家畜之中,为数最多。此种民族食马肉,饮马乳,乘马迁徙,逐水草而居,衣家畜之皮革,用家畜之筋作弓,用家畜之骨制镞,而马粪则为燃料。即其全部财产皆在家畜。他们自少即习骑射,不断与风雪交战,而习于劳苦。战时每人携马数匹,以弓为其重要的武器。远见敌人,即发矢射之,不欲白刃相接。一见敌人退走,则易健马还击之。此种战术在当时,与持矛操刀之步兵角逐于战场之上,当然是每战必胜。（《多桑蒙古史》第一卷,第32页以下及第159页）

2. 鞑靼部队之组织犹如军队,凡能荷戈者皆为战士。各部落中,十人一队,于十人中择一人为之长,而统率其余九人。合十队为一连,而隶于百夫长一人。合十连为一团,而隶于千夫长一人。合十团为一军,而隶于万夫长一人。君主之命令由传达官传于各万夫长,再由万夫长按次以达十夫长。各部落各有领地,设有攻战,需要兵士,则每十人中,签发一人以至数人。不许将校收录他队之人于本队。同盟部落之人有叛其首领而来降者,虽亲王亦不得收容之。此种禁令可使隶属关系更见巩固。成吉思汗对于将校之选用极其严格。他曾说:"凡善将十人者,即以十人委之。倘十人长不能驭御其小队,我则并其妻子一同处死,于十人中别选一人代之。"（《多桑蒙古史》第一卷,第156页以下）组织巩固,而纪律森严,这也是蒙古能够横行世界的原因。

3. 成吉思汗善用恐怖政策以威胁各地人民。兵之所至,剽城屠邑,坑师沉卒,往往而然。这种残暴行为传播远近,竟令受侵略之民族畏慑而不敢自卫。(《多桑蒙古史》第一卷,第155页)所到之处,城邑为墟。设有大城未下,则先蹂躏其周围之土地。(《多桑蒙古史》第一卷,第158页)盖其部众以游牧为生,只要地有水草可以养活马畜,就可继续作战,这与城郭居民大不相同。"旧制,凡攻城,城中一发矢石,即为拒命,既克,必屠之。"(《新元史》卷一百二十七《耶律楚材传》)其攻取一地之前,先使人谕其来降,告以"设汝不降,将来的结果仅有上帝知之"(《多桑蒙古史》第一卷,第157页)。这是恐吓之语,依其"军法,凡城邑以兵得者,悉坑之"(《元文类》卷三十四姚燧撰《序江汉先生死生》)。岂但不降者坑,降缓者亦坑,盖降缓,亦须用兵之故。木华黎伐金,攻取北京(临潢府),"怒其降缓,欲坑之",萧也先①说:"既降而坑之,后岂有降者乎?"(《元史》卷一百一十九《木华黎传》)由此一语,幸免于祸,然此不过例外而已。若究其实,敌国居民开城乞降,亦不免于被屠(《多桑蒙古史》第一卷,第158页)。其对俘虏常加以残酷的严刑,有时且"以俘卒前驱,将士督攻于后"(《新元史》卷一百六《拔都传》),例如拔都远征马札儿,兵至丕敕克(Perg),"以斡罗斯、钦察、马札儿人为前驱,蒙古人自后督之,践积尸登城"(《新元史》卷二百五十七《马札儿传》)。然而胜利之后,又复尽歼俘虏。盖蒙古以十余万之众,深入敌地,唯恐后方居民反叛,故降城陷垒,不复断别善恶,坑杀士女,鲜有遗类,以绝后顾之忧(《多桑蒙古史》第一卷,第158页)。当大汗崩殂,拔都班师回国之后,欧洲人民还在恐怖之中,惧蒙古兵之复至(《多桑蒙古史》第二卷,第242页)。由此可知,蒙古之恐怖政策是震撼当时欧洲人民,而非常成功的。

4. 蒙古种族在不良的气候之下,居卤碛之地,度其游牧生活,只唯酋长才有铁镫,其贫可知(《多桑蒙古史》第一卷,第155页)。这个种族与厄运相抗者,为时甚久。到了成吉思汗时代,虽能侵略世界,尚未脱掉游牧生活,其对土地,不过视为牧场;其对降户,最多只以之为奴隶。直脱儿从太宗(窝阔台)"收河

---

① 《新元史》卷一百十九《木华黎传》,作石抹也先。《元史》卷一百五十、《新元史》卷一百三十五均有《石抹也先传》。辽人,辽之后族。辽后妃均姓萧氏,故《元史·木华黎传》作萧也先。他是辽人,故有此见解。《元史》卷一百二十四《塔本传》,亦戒其军士勿"杀无辜,以坚敌心"。塔本伊吾庐人,故其见解亦同。

南、关西诸路,得民户四万余,以属庄圣皇太后(拖雷妃、宪宗蒙哥母),为脂粉丝线颜色户"(《元史》卷一百二十三《直脱儿传》),这大约等于古代之汤沐邑。依蒙古旧法,凡得一地,该地之一切财产均归将士所有,所降之户亦以赐将士(《多桑蒙古史》第二卷,第208页)。太祖时,常令功臣引弓射箭,视箭所落之地,悉以与之。例如攻取金之中都(大定府),"谓札八儿曰,汝引弓射之,随箭所落,悉畀汝为己地"(《元史》卷一百二十《札八儿火者传》)。破燕(金之北京临潢府)之时,命镇海"于城中环射四箭,凡箭所至,园池邸舍之处悉以赐之"(《元史》卷一百二十《镇海传》)。又如太宗十年,以东平地分封诸功臣,各私其人,不隶有司(《新元史》卷一百三十七《王玉汝传》)。此乃得到中国之地以后的事。在此以前,蒙古攻取西方各国,若该地户口过多,则除必须保留之外,余尽杀之,有时留为攻击未下之城之用,退兵时仍不免被屠。(《多桑蒙古史》第一卷,第159页)盖游牧民与农耕民不同,农耕民知道土地之重要,而为耕耘土地,又知道人民之重要。游牧民所需要的乃是牧场,而欲独占牧场,又须该地没有别的种族。万不得已,不能尽歼其人,亦不过留为奴隶,使他们看守家畜。吾人观"别迭等言,汉人无补于国,可悉空其人,以为牧地"(《元史》卷一百四十六《耶律楚材传》),即可知之。赵翼云:

> 元初起兵朔漠,端以畜牧为业,故诸将多掠人户为奴,课以游牧之事,其本俗然也。及取中原,亦以掠人为事,并有欲空中原之地以为牧场者。耶律楚材当国时,将相大臣有所驱获,往往寄留诸郡,楚材因括户口,并令为民,匿占者死。立法未尝不严,然诸将恃功牟利,迄不衰止,而尤莫甚于阿尔哈雅(《元史·张雄飞传》作阿里海牙)豪占之多……其所占之户以千万计。(文多不录,见《元史》卷十一《世祖纪》至元十七年春正月、卷十二《世祖纪》至元十九年夏四月、卷一百五十九《宋子贞传》、卷一百六十三《张雄飞传》)盖自破襄樊后,巴延领大兵趋杭州留阿尔哈雅平湖广之未附者,兵权在握,乘势营私,故恣行俘掠,且庇逃民,占降民,无不据为己有,遂至如此之多也。他如《宋子贞传》,东平将校占民为部曲户,谓之脚寨,擅其赋役,几四百所。子贞言于严实,乃罢归州县。《张德辉传》,兵后孑民依庇豪右,

岁久掩为家奴。德辉为河南宣抚使,悉遣为民。《雷膺传》,江南新附,诸将往往强籍新民为奴隶。雷膺为湖北提刑按察使,出令还为民者数千。《王利用传》,都元帅塔尔海抑巫山民数百口为奴,利用为提刑按察出之。《袁裕传》,南京总管刘克兴掠良民为奴,裕出之为民。此皆散见于各传者也。(《廿二史札记》卷三十《元初诸将多掠人为私户》)

总之,游牧民没有领土观念,故得一地,即以该地赐给将士,让将士把家畜蕃息于其地。及至蒙古知道人民可以供为奴隶之用,而后被侵略之人始得保全生命。到了蒙古知道与其劫掠财物,不如征收赋税,而将士就和其君主一样,享有征税之权。(《多桑蒙古史》第二卷,第266页)由于此种做法,遂令一般将士先为了取得牧场,次为了捕获看守家畜的奴隶,终为了榨取征服地的租税,一往直前,勇敢作战。

5. 蒙古虽为野蛮种族,而其用兵之奇却非当时欧亚人民所能比拟。郝经谓元"得兵家之诡道,而长于用奇"(《元史》卷一百五十七《郝经传》),洵非虚语。《三略》《上略》云:"用兵之要,必先察敌情。"蒙古在行军以前,先遣间谍侦察敌人兵力及敌国地势,而后决定进攻之策。成吉思汗"欲伐金,乃遣阿剌浅使于金以觇之,金人不为礼,然往返之间尽得金人虚实及道路之险易"(《新元史》卷一百三十一《阿剌浅传》)。虚实既明,即出奇兵攻其不备。成吉思汗西征花剌子模,先陈兵于锡尔河一带之地,而又别遣轻骑,绕出锡尔河战线之后,使花剌子模前后受攻,竟遭败北,即其一例。成吉思汗将死之时,谓左右曰:"金精兵在潼关,南据连山,北限大河,难以遽破。若假道于宋,金宋之世仇也,必许。我则由唐邓直捣大梁,金虽撤潼关之兵以自救,然千里赴援,士马俱疲,吾破之必矣。"(《新元史》卷三《太祖纪下》二十二年)其后太宗灭金即循成吉思汗之战略。苟非熟知山川形势,何能作此决定?太宗令速哥使金,因便觇其虚实,达汴,及见金主,"佯为不智,而默识其地理阨塞、城郭人民之强弱,既复命,备以虚实告"(《元史》卷一百二十四《速哥传》)。蒙古人深知用兵之法,不特太祖而已,其将帅耳濡目染,亦长于用奇。太祖派速不台往征蔑儿乞(Mirkites),"速不台选裨将阿里出领百人先行,觇蔑儿乞之虚实。戒之曰,汝止宿,必载婴儿具以行,去则遗之,使若挈家而逃者。蔑儿乞见之,果以为逃,人不设备。速不台大破之,尽歼其众"(《新元史》卷一百二十二《速不台传》)。此即《孙子》(《始计》)所谓"能而示之不能",孙武用减灶之法,以骄庞涓,卒令庞涓自刎(《史记》卷六十五《孙武传》)。速不台之灭蔑儿乞,亦用斯计。由此可知,蒙古能够侵略世界,不但恃其将勇兵强,其战略之奇亦足供后人参考。

第二节
蒙古帝国的瓦解及对华政策之错误

蒙古军队侵略欧亚二洲,每"得一地,即封子弟一人镇之,亦有封及驸马者"(《廿二史札记》卷二十九《元封子弟驸马于各地》)。此即封建诸侯以作屏藩之意。但是封建须以宗法观念为基础,而"大宗百世不移"尤为重要。蒙古没有这种制度,而交通不便,领土太大,中央政府鞭长莫及,所以分封诸王多据地叛乱,而令大汗忙于应付,赵翼云:

> 元封诸王于西北,固收宗支藩衍之效,然多有据地叛乱者。其见于本纪者,世祖时,诸王乃颜反,帝自将讨擒之。已而其党哈丹秃鲁又叛,再出师败之。而诸王中有海都者尤强盛,屡称兵内犯,诏以安童佐皇子北平王那不镇北边。诸王昔里吉劫北平王,拘安童,胁宗王以叛。帝命伯颜讨之,虽败其兵,而海都仍逸去,故常命皇子镇北边以备之。成宗及晋王武宗为皇子时,皆守边十余年,未尝帖服也。此外见于各列传者,《土土哈传》,有叛王脱脱木失烈吉及铁哥,皆为土土哈所败,又擒叛王哈儿鲁,诛叛王兀塔海,又败叛王火鲁哈孙于兀鲁灰之地,夜渡贵烈河,败叛王哈丹。又《阿沙不花传》,有叛王纳牙等为阿沙不花所败。《伯颜传》,有诸王明里铁木儿,从海都叛,伯颜以书喻之,明里铁木儿感泣来归。《阿术

传》,有叛王昔剌木为阿术所败。《阿剌罕传》,有世祖母弟阿里不哥构兵。《塔出传》,有叛王曲迭儿为塔出所败。《暗伯传》,有叛王哈鲁为暗伯所擒。《昔班传》,有火和大王叛,为昔班所败。《玉哇失传》,有诸王和林及失剌等叛。《麦里传》,有诸王霍忽叛,掠河西,麦里击败之。《忽林出传》,有叛王斡罗斯等为忽林出所败。《失剌拔都儿传》,有叛王脱脱为失剌拔都儿所擒。《洪重喜传》,有叛王八剌哈赤为重喜所败。《刘国杰传》,诸王脱脱木反,国杰袭取之。《孔元传》,有叛王失里木等,元出兵败之于兀速洋。《刘哈剌八都鲁传》,有叛王昔里吉及脱忽,皆战败被擒(盖即劫北平王者)。《汪惟正传》,有叛王土鲁叛,据六盘山,为惟正所擒。《忙哥撒儿传》,有叛王察哈台,为忙哥撒儿所诛。《铁哥传》,有叛王塔不台。《月赤察传》,有叛王灭里铁木儿,屯于金山。武宗为皇子镇北边时,出其不意,以师压之,灭里乃降。成宗元贞二年,犹有诸王都哇彻彻秃,潜师袭火儿哈秃之地。又叛王秃麦、斡鲁思等犯边,直至元贞九年,海都子察八儿及都哇明里帖木儿等,相聚谋曰,昔我太祖,艰难以成帝业,我子孙乃自相残杀,是隳祖宗之业也。今镇边者,皆吾世祖之孙,吾与谁争哉?不若遣使请命罢兵,通一家之好。乃遣使来,帝许之,于是诸王皆罢兵入朝。(《床兀儿传》)诸王入朝大宴时,脱脱即席陈西北诸王始终离合之迹、去逆效顺之义,听者倾服(《脱脱传》)。此元一代分封诸王得失之林也。《王思廉传》,帝亲征乃颜时,思廉谓段贞曰,诸王反,由地大故也。汉晁错削地之议,实为良图。贞以闻,帝嘉之。其时博罗欢亦谓太祖分封诸王,其地与户,以二十分为率,忙兀、兀鲁、扎剌儿、宏吉利、亦其列思五部,共得十一,乃彦独得其九,故最强。然则众建而分其势,又析圭分土时所当早计欤?《廿二史札记》卷二十九《元代叛王》)

诸王叛变,大汗与封建诸侯的隶属关系已经发生动摇。而蒙古人众又寡,既不能移民于各地,使各地成为蒙古的版图,而文化又低,复不能使该地居民同化于蒙古。所以数传之后,不但各地脱离大汗而独立,而蒙古种人反丧失其种性,而采用该地的风俗习惯。例如忽必烈的后代成为汉人,察合台的后代成为突厥人,旭烈兀的后代成为波斯人。最后察合台、钦察、波斯三汗国的蒙古人采用回教,而与信佛教的中国分离。(《蒙古史略》,第91页以下)案一切民族均有其民族的特质,这不但因为它们的风俗习惯不同,抑亦因为它们的感情思想有别。同一的感情思想是由长期的共同生活铸造而成。换句话说,各种民族因为生活于不同的环境之下,故乃铸出不同的感情思想。这个不同的感情思想虽然随着生活环境而改变,而在一定期间之内常使民族表现其民族的特质,一方自己人民之间有同类之感,他方对于别个民族又感觉其为异类,这种感觉就是民族意识,也就是民族感情。民族历史愈长,其民族精神愈益显明,因之愈难接受外国文化。纵令输入外国文化,亦必透过民族精神,加以许多改造,以适合于民族的需要。反之,民族历史不长,或没有高级文化,则外国文化容易接受,纵令全盘外国化,亦为可能。由此可知,一个民族不能完全接受外国文化,不是因为该民族之无能,也不是因为该民族之保守,反而因为该民族之有高级文化。蒙古民族在成吉思汗以前没有文化,连固定的宗教信仰都没有。其所崇拜的是武力,他们依靠武力征服世界。到了领土扩大,由部落进化为国家之时,因为种族分散于远方异域,而远方异域之人,文化又比蒙古人高,所以政治上虽然统治了各地民族,而数传之后,自己民族反为被征服民族所同化。其能保有鞑靼固有的生活习惯者不过蒙古之地而已。

同时促成蒙古帝国之瓦解者,皇位之继承亦不失为一个原因。依蒙古习惯,诸子已届成年,家长即以畜群与之,令其离开父母而独立(《多桑蒙古史》第一卷,第189页以下)。这种制度只能实行于游牧时代的行国,到了组织城郭国家,谁继承皇位,应有一定法制。而"蒙古法不立太子,其嗣大位者,俟诸王大臣集议,然后定策,谓之忽里勒达"(《新元史》卷一百一十三《皇太子真金传》史臣曰)。1227年,成吉思汗临崩,遗命传位太宗窝阔台(《新元史》卷一百七《察合台传》)。"国俗,承大位者,必经忽里勒达之议定","忽里勒达,译言大会议也"。"太宗虽有太祖之前命,犹遵国俗"(《新元史》卷一百八《拖雷传》),于是皇位虚悬约有两年之久。到了1229年,才开大会议于怯绿连河畔,由拖雷提议,遵太祖遗命,扶太宗即位。时成吉思汗长子术赤已死,长孙拔都及次子察合台尚存,而嗣位者竟是第三子窝阔台。由此可知,蒙古皇位之继承乃没有一定规则。1241年,太宗崩,谁人继承皇位,又发生问题。此时拔都乃宗王之长,与定宗贵由有隙,知皇后(太宗后乃马真氏)将立其子定宗,遂托病迁延不行(《新元史》卷一百六《拔都传》)。于是皇位又虚悬五载,由皇后乃马真氏称制,既而诸王毕集于达兰答八思之地(《新元史》卷五《定宗纪》),势不能久延,遂不待拔都之至,即举太宗长子贵由为大汗,是为定宗。1249年,定宗崩,皇位又发生问题,"时皇后(定宗后斡兀立氏)欲援先朝故事,立其子,诸王觊觎者尤众"(《新元史》卷一百六《拔都传》)。拔都遂与诸王会于阿勒塔克山,拥立拖雷长子蒙哥。皇后又遣使来言,"会议宜在东,不宜在西,且诸王未集(出席者尽是术赤、拖雷两系诸王),不能定议"。拔都因帝位不可久虚,约定明年再会于东方。及期,开会于阔帖兀阿兰之地,窝阔台及察合台二系诸王皆不至。"拔都乃申令于众,有梗议者,以国法从事",诹日奉蒙哥即位,是为宪宗。(《新元史》卷六《宪宗纪》)1259年,宪宗崩,又发生两弟忽必烈与阿里不哥(均拖雷子)之争立。时忽必烈身在中国,其左右有不少的中国士人,遂革除旧制,在上都自立为大汗,建国号曰元,庙号世祖。而阿里不哥亦僭号于和林,世祖亲率大军,进攻和林,阿里不哥遣使乞降,帝赦其罪,而拘禁终身(《新元史》卷一百一十《阿里不哥传》)。由此可知,自成吉思汗死后,每次大汗崩殂,皇位就发生问题,虽然结果均告无事,而诸王尤其察合台、窝阔台两系诸王不免发生离心。例如宪宗即位之时,海都自以太宗嫡孙,不嗣大位,心常鞅鞅,以封地(海押立)距离大汗甚远,遂叛变,常入寇边,而"金山南北不奉正朔者垂五十年"(《新元史》卷一百一十一《海都传》)。又如旭烈兀侵入波斯,建设汗国,其子阿八哈虽"以未奉天子命,不敢遽践汗位",到了"世祖使命至,册封为汗",而后才"重行即位礼焉"(《新元史》卷一百八《阿八哈传》)。但是我们须知旭烈兀乃世祖之同母弟,而再传之后,也与元朝分离,子孙改奉回教,而同化于突厥种族(《蒙古史略》,第92页)。

　　蒙古所建设的世界帝国次第瓦解,其保留的领土,只有中国。但蒙古对华政策又不妥善。中华建国极久,文化极高。自古以来,只有异族同化于华夏,不闻华人同化于异族。固然历史上常有侵略中国之事,纵令该族刚强如铁,而一入中原之后,就如投入烘炉之中,融化无存。中华民族得了新的血液,反可洗涤前此萎靡不振之气,而恢复勇敢迈进的精神。鲜卑侵略后的隋唐,即其一证。其实,五胡乱华以后的汉族已与秦汉时代的汉族不同。它是混合亚洲许多民族而成的中华民族。中华民族血统上虽然不是汉族,精神上仍秉承汉族的思想。他们的胸襟是宽大的,只要异族接受中华的文化,就视为同一民族,不分彼此,而有平等的私权及公权。汉武帝临崩之时,受遗托孤者有匈奴人金日䃅。安史作乱出师勤王者,有契丹人李光弼。黄巢作乱,朱温篡唐,此时志复唐祚者乃是沙陀人李克用。阿保机入据中原,而兴师讨伐,迫使辽主不能不北归者,又是沙陀人刘知远。即许多异族进入中国之后,即忘记自己是异族,中华人民亦不视之为异族,而予以平等的待遇,不问其人颜色如何,血统如何。这与今日各国对于肤色之有偏见,甚至垄断地区,不许有色人种移住其间者自不相同。世祖中统元年,郝经奏言:

> 昔元魏始有代地,便参用汉法。至孝文迁都洛阳,一以汉法为政,典章文物粲然与前代比隆,天下至今,称为贤君。王通修《元经》,即与为正统,是可以为鉴也。(《元文类》卷十四郝经《立政议》)

至元三年,许衡亦说:

> 考之前代,北方之有中夏者,必行汉法,乃可长久……夫陆行宜车,水行宜舟,反之则不能行;幽燕食寒,蜀汉食热,反之则必有变。以是论之,国家之当行汉法无疑也……(切)尝思之,寒之与暑固为不同。然寒之变暑也,始于微温,温而热,热而暑,积百有八十二日,而寒始尽。暑之变寒,其势亦然,是亦积之之验也。苟能渐之摩之,待以岁月,心坚而确,事易而常,未有不可变者。(《元史》卷一百五十八《许衡传》,全文载在《元文类》卷十三许衡《时务五事》)

推他们之意,华夷本来无别,异族能行汉法,亦可以君临中国。这种思想甚有似汉唐时代的"天下一家",然其出发点并不相同。汉唐因为征服四裔,故倡"天下一家"之说,以减少异族反抗之心。元初学者则因为中国为异族所征服,遂认夷夏之别并不重要。而如杨奂所说:"中国而用夷体,则夷之;夷而进于中国,则中国之也。"(《元文类》卷三十二杨奂《正统八例总序》)盖他们乃欲以华变夷,使夷同化于华。固然太宗时代已经设置中书省,定宗以后,又撤而不置。世祖即位,才完全采用中华官制,置中书省、枢密院、御史台等官,设学校以养士(元太宗六年,设国子学。世祖时,学校之制更见完备。参阅《续文献通考》卷四十七《学校一》),用考试以选士(太宗始得中原,辄用耶律楚材言,以科举选士。世祖既定天下,王鹗献计,许衡立法,事未果行。至仁宗延祐间,始斟酌旧制而行之。见《元史》卷八十一《选举志一》)。元虽采用中华制度,蒙古、色目人亦可与汉人杂居,且与汉人通婚(《陔余丛考》卷十八《元制蒙古色目人随便居住》)。然皇室依然保存蒙古旧俗,诸帝多不习汉文(《廿二史札记》卷三十《元诸帝多不习汉文》)。而对中华民族又予以不平等的待遇。元代分国民为三等(事实上为四等,详见下文),即蒙古、色目及汉人,蒙古指蒙古人,色目指突厥、回纥等西域人,汉人除汉族外,且包括契丹人、女真人及高丽人。契丹人及女真人在元代多已汉化,高丽自古即接受中国的文化,故元乃将他们包括于汉人之中。唯在汉人之中,又有称为南人者,据钱大昕说:

> 汉人、南人之分以宋金疆域为断,江浙、湖广、江西三行省为南人,河南省唯江北、淮南诸路为南人。(《十驾斋养新录》卷九《赵世延杨朵儿只皆色目》)

即称亡金之遗民为汉人,称亡宋之遗民为南人。自金灭辽,而于1127年陷汴京,宋室南渡之后,南北对立有一百余年之久(1234年,蒙古灭金)。南北朝时,北方人民固然是虏汉相杂,而混居既久,彼此又互相同化,而成为中华民族。南宋初期,抗金大将多系北方人。韩世忠延安人(《宋史》卷三百六十四《韩世忠传》),延安府属陕西路。岳飞相州汤阴人(《宋史》卷三百六十五《岳飞传》),相州属河北路。刘琦、吴玠、吴璘德顺军人(《宋史》卷三百六十六《刘琦吴玠吴璘传》),德顺军即渭州,属陕西路。杨存中代州崞县人(《宋史》卷三百六十七《杨存中传》),代州属河东路。张俊凤翔府成纪人(《宋史》卷三百六十九《张俊传》),凤翔府属陕西路。

刘光世保安军人（《宋史》卷三百六十九《刘光世传》），保安军属陕西路。只唯刘子羽建州崇安人（《宋史》卷三百七十《刘子羽传》），建州属福建路。虞允文隆州仁寿人（《宋史》卷三百八十三《虞允文传》），隆州即陵州，属西川路。金人既灭辽国，又得中原之地，"凡女真、奚、契丹之人，皆自本部徙居中州，与百姓杂处，计户授田，使自耕种"（《廿二史札记》卷二十八《明安穆昆散处中原》）。于是辽金宋三种民族渐次同化，蒙古总称他们为汉人，不能谓无原因。

总之，古代华夷之别，经五代，由宋至元，已经消灭，且认元为继宋而为正统。正统之说创始于晋习凿齿之《汉晋春秋》（《晋书》卷八十二《习凿齿传》，据方孝孺说，正统之名，本于《春秋》），本来以两个观念为基础，就伦理说，是指取天下以"正"；就政治说，是谓"统"天下于一。奇怪得很，理学家的朱熹对于正统，却将伦理与政治分开。他说："何必恁地论，只天下为一，诸侯朝觐，狱讼皆归，便是得正统。"（《朱子语类》卷一百五《论自注书通鉴纲目》）即依朱熹之说，凡能统一中华，即有资格成为正统。此后许多理学家不但仕于元，且助元统一南北。例如郝经"家世业儒"（《元史》卷一百五十七《郝经传》）；姚枢"以道学自任"，"许衡见枢，得《伊川易传》，朱子论孟等注、《中庸大学章句》……乃手写以归，谓学徒曰，昔所授殊孟浪，今始闻进学之序"（《新元史》卷一百七十《许衡传》，参阅卷一百五十七《姚枢传》）。理学家之愿仕元，盖朱子"正统"之说有以使之。朱熹的正统说有利于元，故元代学者大率崇奉程朱之学。

案程朱之学传于北方，乃开始于赵复。太宗窝阔台之时，出师伐宋，取德安，获赵复。赵复欲投水殉国，"姚枢晓以布衣未仕，徒死无益，不如随吾而北，可以传圣教"。赵复本诵法程朱之学，既至北方，遂以理学教众，而朱子之《四书章句集注》及《近思录》遂通行于海内。世祖忽必烈统一南北，立太学，亦用朱注四书，教授生徒。仁宗延祐年间，开科取士，凡乡试及会试第一场经问，皆由四书内出题，用朱子章句集注，终元之世莫之能改。（《新元史》卷六十四《选举志一》、卷二百三十四《儒林传序》《赵复传》）《元史·儒学传》共二十八人（附传不计），而属于朱熹学派者乃有十六人之多。其所以如此者，盖如韩性所言："今之贡举悉本朱熹私议，为贡举之文，不知朱氏之学，可乎？"（《元史》卷一百九十《韩性传》）即班固所说："盖利禄之路然也。"（《汉书》卷八十八《儒林传》赞）自是而后，朱熹的地位提高了，经明至清不变。案道学虽崇孔圣，而只是儒家的小乘，此辈太过注重个人的修养。汉代学者，例如贾谊属于儒家，他谓"人主之行异布衣，布衣者饰小行，竞小廉"，"人主者不怵小廉，不牵小行"。人主所注重的，"天下安，社稷固不耳"（《新书》卷一《益壤》）。明初，方孝孺亦言："治天下与为家异，谨言笃学，持小节，守小信，无怨恶于人，匹夫之事得矣。为君则不然，明以别贤否，而处之各当其位；仁以立政教，而使宜乎民心；勇以及事之几，而致其决；智以通物之情，而尽其变。刚而不猛，柔而不纵，简而不怠，自强而不劳，而后天下可为也。"（《逊志斋集》卷五《唐文宗》）余已引过梁启超之言："宋明诸哲之训所以教人为圣贤也。尽国人而圣贤之，岂非大善，而无如事实上万不可致……故穷理尽性之谈、正谊明道之旨，君子以之自律，而不以责人也。"（中华版《饮冰室文集》之二十八《中国道德之大原》）严复于清末，就反对名教之说："孟子曰，孔子作《春秋》，而乱臣贼子惧。虽然《春秋》虽成，乱臣贼子未尝惧也……必逮赵宋，而道学兴，自兹以还，乱臣贼子乃真惧也。然而由是中国之亡也，多亡于外国。何则？非其乱臣贼子故也。王夫之之为《读通鉴论》也，吾之所谓然，二三策而已。顾其中有独到之言焉。其论东晋蔡谟驳止庾亮经略中原之议也，谓谟（蔡谟）、绰（孙绰）、羲之（王羲之）诸子无异南宋之汪（汪伯彦）、黄（黄潜善）、秦（秦桧）、汤（汤思退）诸奸，以其屈庾亮，伸王导，恶桓温功成，而行其篡也。不知天下有大防，夷夏有大辨，五帝三王有大统，即令温功成而篡，犹愈于戴异族以为中国主。此所以驳亮者，宜与汪黄秦汤辈同受名教之诛也。此其言烈矣。然不知异族之得为中国主也，其事即兴于名教。嗟呼，虑其患而防之，而患或起于所防之外，甚者乃即出于所防之中，此专制之制所以百无一可者也。"（《法意》第五卷第十四章《复案》）梁启超亦说："《春秋公羊传》曰，何言乎王正月？大一统也。此即后儒论正统者所援为依据也……夫统之云者，始于霸者之私天下，而又惧民之不吾认也，乃为是说以钳制之曰，此天之所以与我者，吾生而有特别之权利，非他人所能几也……故泰西之良史皆以叙述一国国民系统之所由来，及其发达进步、盛衰兴亡之原因结果为主。诚以民有统而君无统也。借曰君而有统也，则不过一家之谱牒、一人之传记，而非可以冒全史之名，而安劳史家之哓哓争论也？"（《饮冰室文集》之九《论正统》）

然而《春秋》之大一统，吾人实不能以今日之眼光，加以批评。盖《春秋》一书乃内求统一，外求独立，在民智未开之时，只有假力于天子，此即布丹之主权论。而如方孝孺所言："《春秋》之旨虽微，而其大要不过辨君臣之等，严华夷之别。"（《逊志斋集》卷二《后正统论》）又如王夫之之言："《春秋》者精义以立极者也。诸侯不奉王命，而擅兴师，则贬之。齐桓公次陉之师、晋文公城濮之战，非奉王命，则序其绩而予之。乃至楚子伐陆浑之戎，犹书爵以进之；郑伯奉惠王之命，抚以从楚，则书逃归以贱之。不以一时之君臣，废古今夷夏之通义也。"（《读通鉴论》卷十四《晋安帝》）道学家不甚研究《春秋》，其结果也，叶适批评此辈，"高谈者远述性命，而以功业为可略。精论者妄推天意，而以夷夏为无辨"（《水心集》卷一《上孝宗皇帝札子》）。宋亡之后，果然仕元的多是道学家，如姚枢、许衡等是。而朱子的地位亦于元代大见提高。

陶九成谓蒙古七十二种，色目三十一种，汉人八种（《南村辍耕录》卷一《氏族》）。而据日人箭内亘研究，"《辍耕录》所谓蒙古七十二种中，明知其为重复者凡二十四种，疑系重复者三种，认为当入色目而误入蒙古者一种，又他处全无所见之十二种中，确认为文字误脱者三种。若单除重复者，则蒙古种当为四十八种。若再除稍有可疑者，则当减至四十种上下"（箭内亘著、陈捷译，《元代蒙汉色目待遇考》，第17页，商务版）。"《辍耕录》所谓色目三十一种中，明系重复者五种，当入蒙古而误入色目者二种。他处全无所见之六种中，二种确系误脱其头字而重出者。别有贵赤、秃鲁花二种，则非氏族之名，而确为军名。如是则《辍耕录》之色目三十一种中，当删除者有九种之多，稍可疑者又有二种，故《辍耕录》中虽云色目三十一种，其实只二十种上下耳。"（《元代蒙汉色目待遇考》，第22页）汉人八种，据《辍耕录》所载：

汉人八种：契丹、高丽、女直（即女真）、竹因歹、术里阔歹、竹温、竹赤歹、渤海（原注，女直同）。（《南村辍耕录》卷一《氏族》）

对此，钱大昕云：

> 陶九成《辍耕录》载汉人八种……按辽金元三史,唯见契丹、女直、高丽、渤海四国,余未详。考《元史·镇海传》,从攻塔塔儿、钦察、唐元、只温、契丹、女直、河西诸国,只温盖即竹温之转欤?《十驾斋养新录》卷九《汉人八种》)

日人箭内亘亦谓:"竹因歹以下四种,其名称颇奇,而无考证,实为遗憾……但编《辍耕录》者,在汉人中不举汉人,殊属非是……在汉人中严密言之,亦有二种。曾在金人治下之中国人曰汉人,在宋朝治下之中国人曰南人,待遇上颇有差别。由此等情形言之,当改汉人八种为汉人六种。又竹因歹等四种果为部落之名否,亦不能无疑。故吾人当以所谓汉人,为汉人、南人、契丹、高丽、女真、渤海六种。"(《元代蒙汉色目待遇考》,第29页)

其实,《辍耕录》所载蒙古七十二种、色目三十一种乃没有一定标准,盖其中有为种族之名称,如唐兀(即西夏,其君主本姓拓跋氏,应为鲜卑种族,见《宋史》卷四百八十五《夏国传上》)是;有为部落之名称,如乃蛮歹(即乃蛮,属突厥种)是,而且回回列为一种了,而雍古歹(《新元史》卷二十九《氏族表下》作雍古)本回鹘之别部,又另列为一种;有为氏族之名称,如札剌儿歹(札剌儿)、瓮吉利歹(弘吉剌)、永吉烈思(亦乞烈思)、兀鲁歹(兀鲁兀台)、忙兀歹(忙兀)等是,《元史》(卷一百二十《术赤台传》)云:"术赤台、兀鲁兀台氏,其先剌真八都以材武雄诸部,生子曰兀鲁兀台,曰忙兀,与札剌儿、弘吉剌、亦乞烈思等五人。当开创之先,协赞大业,厥后太祖即位,命其子孙各因其名为氏。"即其例也。这与汉人八种相较,范围之广狭似不均匀。

这个问题,本书不想多谈。本书所要讨论的,乃是元代既分国民为蒙古、色目、汉人三级,对这三级人民,法律上有何区别。蒙古以少数民族入主中原,蒙古深知欲取江南,须先占领襄樊。而其攻击襄樊竟然费时五载(《元史》卷一百六十一《刘整传》)。到了临安沦陷,而汉人抵抗蒙古,直至弓折矢尽,宋师还要退保福州,再退而保崖山。崖山陷没,宋之君臣还是投海而死,不愿投降。蒙古对此顽强的民族,早已存有戒心。何况汉人不但占国民之绝对多数,而其文化之高,又非蒙古种族所能比拟?蒙古君臣由尊敬而生畏惮,可以说是势之必然。所以得到中国之后，预防汉人尤其南人极其严厉。举一例说：

> 诸江南之地，每夜禁钟以前，市井点灯买卖，晓钟之后，人家点灯读书工作者并不禁，其集众祠祷者禁之。(《元史》卷一百五《刑法志四·禁令》)

禁令明言"诸江南之地"，其关于地的效力限于江南，关于人的效力是以南人为目标，可想而知。依此禁止，大约江南诸地，每晚必鸣禁钟，每晨必鸣晓钟。禁钟以后，晨钟以前，绝对禁止点灯。禁钟以前，天虽黑暗，只许商店点灯；晓钟以后，天尚未亮，只许人家点灯读书工作。若是白昼，不许人点灯祷祀，盖防人众假借宗教，暗中结合，阴谋叛乱之故。

此外，元代对于汉人（包括南人）与蒙古、色目人的权利义务，均与以不平等的待遇，而可分为四种，兹简单述之如次。

一、所有权

凡与战争有关之对象，均禁止汉人有之，例如马匹：

> 至元二十三年六月戊申，括诸路马，凡色目人有马者，三取其二，汉人悉入官，敢匿与互市者罪之。(《元史》卷十四《世祖纪》)

敕中未言蒙古，蒙古人得私有马匹，不加限制，是可推想而知。岂但平民，即官员存留之马，三种人亦不平等。

> 一、官员存留马，一品五匹，二品四匹，三品三匹，四五品二匹，六品以下一匹。听除官员，色目人二品以上留二匹，三品至九品留一匹。汉人一品至五品受宣官留一匹，受敕官不须存留。一、外路在闲官员，除受宣色目官留一匹，其余受敕以下，并汉官马匹，无论受宣受敕，尽行赴官印烙解纳。(《新元史》卷一百《兵志三·马政》)

又如刀刃：

> 至元二十三年二月己亥，敕中外，凡汉民持铁尺、手挝及杖之藏刃者，悉输于官。(《元史》卷十四《世祖纪》)①

二、刑罚

当"中原略定，州县长吏生杀任情，甚至没人妻子"。太宗虽从耶律楚材之言，凡犯死罪者，应"具由申奏待报，然后行刑"。然无刑律可循，州县长吏任意科刑，如故。世祖忽必烈至元二十八年颁布《至元新格》，而后刑罚方有律令可循。(《新元史》卷一百二《刑法志上》)但均是犯人，其所受的刑，汉人较严，蒙古、色目人较宽。举数例言，一是禁止汉人与蒙古人斗殴。

> 至元九年五月，禁汉人聚众与蒙古人斗殴。(《元史》卷七《世祖纪》)

这个禁令虽可解释为元亦禁止蒙古人聚众与汉人斗殴，但依文意，似只对汉人言之。元时蒙古、色目人听就便散居内地(《陔余丛考》卷十八《元制蒙古色目人随便居住》)，蒙古人以侵略者之资格，不免侮辱汉人，而引起汉人的愤恚。然而各地蒙古人必不及汉人之多，所以只有汉人由于公愤，聚众与蒙古人斗殴。世祖时，"或告汉人殴伤国人，帝怒，命杀以惩众"。虽因董文忠之言，得免重典(《元史》卷一百四十八《董文忠传》)，而蒙古本以恐怖政策征服世界，其对汉人，特别存有戒心，自是意中之事。

---

① 世祖至元二十七年十二月己卯，命枢密院括江南民间兵器。武宗至大二年十二月辛酉，申禁汉人执弓矢兵仗。英宗至治二年春正月甲戌，禁汉人执兵器出猎及习武艺。泰定帝泰定二年秋七月，申禁汉人藏执兵仗，有军籍者出征，则给之，还复归于官。(均见《元史》各本纪)顺帝即位，元运将终，后至元三年夏四月癸酉，禁汉人、南人、高丽人不得执持军器，有马者拘入官。五年夏四月己酉，复申汉人、南人、高丽人不得执持军器弓矢之禁。(见《元史·惠宗纪》)顺帝以前均只云"汉人"，此汉人当然包括南人在内。顺帝时代之禁止，既特举南人了，又加高丽人，这样，顺帝以前之禁令不所谓汉人是否包括《辍耕录》之汉人八种，待考。

二是汉人犯窃盗罪者刺臂、刺项,蒙古人犯者不刺。

> 诸窃盗初犯,刺左臂,谓已得财者;再犯刺右臂;三犯刺项。强盗初犯,刺项……其蒙古人有犯及妇人犯者不在刺字之例。(《元史》卷一百四《刑法志三·盗贼》)

三是汉人殴打蒙古人,蒙古人固可还殴,而蒙古人殴打汉人,汉人不得还殴,但许其诉于所在有司。

> 诸蒙古人与汉人争,殴汉人,汉人勿还殴,许诉于有司。(《元史》卷一百五《刑法志四·斗殴》)

四是"诸杀人者死,仍于家属征烧埋银五十两给苦主"(《元史》卷一百五《刑法志四·杀伤》),即汉人杀汉人或杀蒙古、色目人均处死刑。反之蒙古人杀汉人,可由命其出征,而免死刑。

> 诸蒙古人因争及乘醉殴死汉人者,断罚出征,并全征烧埋银。(《元史》卷一百五《刑法志四·杀伤》)

三、受教育及应考试之权

蒙古人享有此种一切权利,固不待言,色目人仅次蒙古人一等,例如"唐兀氏仕宦次蒙古一等"(《新元史》卷二十九《氏族表下》),即其明证,汉人又次色目人一等,兹分别述之如次:

先就受教育之权言之,元代学校有地方及京师两种。关于地方学校,《元史》(卷八十一《选举志一·学校》)及《新元史》(卷六十四《选举志一·学校》)所载,不甚明了。两志均云:"至元二十八年,命各路学及各县学内设立小学,或自愿招师,或自受家业于父兄者,亦从其便。"所谓"各路学及各县学内设立小学"一语,可以发生四种问题:一是除路学与县学外,是否另有小学;如其然也,路学与路之小学、县学与县之小学有何关系。二是元之地方制度,路县之间有散府,又有州,两志均谓路、散府、上州及中州设教授,下州设学正,县设教谕,如是,则散府与州也有学校了;散府及州既有学校,是否也有其附属的小学。三是各级地方团体均有学校与小学,不识其与上级地方团体的学校、小学之关系如何。四是县必有所隶,县既有小学了,则一路、一散府、一州之内,小学生徒将为县小学所吸收,这样,如路,如散府,如州,其小学生徒的来源如何。《续文献通考》云:

> 臣等谨按《元世祖纪》,大司农司所上诸路学校之数,至元二十三年二万一百六十六所,二十五年二万四千四百余所,二十八年二万一千三百余所,可谓盛矣。而学校卒未见兴起,明太祖谓其名存实亡,岂不信耶?(《续文献通考》卷五十《学校考四》至元二十八年)

诸路学校之数乃在二万以上,而察之两史《地理志》,合并计算路、散府、州、县不及二千,则地方普设学校(与小学),可想而知。但上述问题如何解答,仍属悬案。不过元代地方学校自始就有名无实,而国家又许人民自行招师,或受家业于父兄,则地方学校已不重要,吾人固不可用今日县设小学、省设中学、国设大学之制,以律元代学校制度。

京师学校即太学,有国子学(立于世祖至元六年)、蒙古国子学(立于世祖至元八年)、回回国子学(立于世祖至元二十六年)三种(《续文献通考》卷四十七《学校一》)。蒙古国子学教授蒙古语,回回国子学教授回回语,真正太学乃是国子学,以传授经学为旨。"其生员之数定二百人,先令一百人及伴读二十人入学。其百人之数,蒙古半之,色目、汉人半之"(《元史》卷八十一《选举志一·学校》、《新元史》卷六十四《选举志一·学校》),即一百人之中,蒙古五十人,色目、汉人共五十人,此外另有伴读二十人。由成宗而至武宗,二百人之数逐渐补足。仁宗延祐二年,增置生员百人、陪堂生二十人,即国子生员已由世祖时一百人增加至三百人。此三百人之数,是否亦依"蒙古半之,色目、汉人半之"之数,蒙古为一百五十人,色目、汉人共一百五十人,两志均阙其文。至于陪堂生与伴读生不知有何区别,若无区别,则前此之二十人伴读生已增加为四十人①。

国子学依宋太学三舍之制,分上中下三斋,各斋又分为二,兹依《元史》(卷八十一《选举志一·学校》)及《新元史》(卷六十四《选举志一·学校》)所载,列表如下:

元代太学三斋表

等级	斋名	课程
下斋	游艺	凡诵书、讲说小学属对者隶焉。
	依仁	
中斋	据德	讲说四书、课肄诗律者隶焉。
	志道	
上斋	时习	讲说《易》《书》《诗》《春秋》科,习明经义等程文者隶焉。
	日新	

国子学依考试之法②,学业优良者,下斋升中斋,中斋升上斋。但试蒙古生之法从宽,色目生稍密,汉人生更密(《元史》卷八十一《选举志一·学校》、《新元史》卷六十四《选举志一·学校》),生员坐斋三周岁以上,得充贡举。仁宗延祐四年以前,国子生员之被贡举的即可得官。仁宗延祐四年以后,贡举之法变更,国子生员坐斋三周岁以上,其成绩优良者,每年取四十名,即蒙古、色目各十名,汉

---

① 《历代职官表》(卷三十四《国子监·唐》)云:"谨案,自北齐立国子寺,隋改为监。嗣后建国学者皆以国子为名,其实当时诸学并建,其品官及庶人之子为生徒者,各以差等分隶。国子乃专教三品以上子孙之学(此言有误,唐时已经是生徒之及第者,四门补太学,太学补国子学),以此名监,盖特取具居首者,以概其余耳。元代以后,博士、助教总为一学,无分教之法,诸生亦不复以贵贱为区别,而学校犹独蒙国子之名,盖亦沿用隋唐之旧也。"
② 国子学考试之法,蒙古、色目人与汉人不同。
　　第一组(蒙古人、色目人)　孟月、仲月——各试明经一经
　　　　　　　　　　　　　　　季月——试策问一道
　　第二组(汉人)　孟月——试经疑一道
　　　　　　　　　仲月——试经义一道
　　　　　　　　　季月——试策问、表章、诏诰科一道

人(应包括南人)二十名,三年共一百二十名,与乡试合格者三百名,共同参加尚书省礼部之会试。此际国子生员之中,中式者共有多少,史阙其文。凡会试中式之国子生员,最后亦贡于天子,而举行御试,即所谓廷试或殿试。中式人数有否定额,史阙其文。顺帝至正二年为十八名,蒙古人六名,从六品出身;色目人六名,正七品出身;汉人、南人共六名,从七品出身,皆授进士(《元史》卷九十二《百官志八·选举附录科目》。出身官品之不同,在仁宗延祐四年以前,即武宗至大四年,已经如是,见《元史》及《新元史》之《选举志一·学校》)。由此可知同是太学生,而御试中式人数,以汉人、南人之多,而竟和蒙古人、色目人一样,同为六名,已经不公平了。何况初次入仕,官品又不相同?汉人、南人之受差别待遇,可以知道。

总之,仁宗延祐四年以前,国子生员一经贡举,即可得官。四年以后,必须试于礼部,策于殿廷,登进士第之后,始授之以官。

次就应考试之权言之,凡入国子学之人,考试之不平等已如上述;其不入国子学之人,须先参加乡试。乡试每三年举行一次,先由本贯官司(大约是指县之长官)于诸色户内,推荐年二十五以上、乡党称其孝悌、朋友服其信义、经明行修之士,结状保举,贡于路府,其或徇私滥举并应举而不举者,监察御史、肃政廉访司体察究治(《元史》卷八十一《选举志一·科目》,《新元史》卷六十四《选举志·科举》)。所谓路府当指诸路总管府(《元史》卷九十一《百官志七》,《新元史》卷六十二《百官志八》),但地方团体亦有不隶于路,而直接属于行省者,此际所保举的人似是贡于行省。次由路府将贡来的人送至直隶省部四路(大都、上都、真定、东平)、十一行中书省及二宣慰司(河东、山东)治所之所在地,举行乡试。乡试中式的人全国共三百名,即蒙古、色目、汉人、南人各七十五名。各七十五名之名额又分配于各乡试之地区,其人数并不相等①。再次又将所录取之三百

---

① 乡试合格者三百。箭内亘依《元史》卷八十一《选举志一·科目》,作表如次。见汉译《元代蒙汉色目待遇考》第73页,商务版。

		蒙古	色目	汉人	南人	合计
中书省直隶	大都	15	10	10	0	35
	上都	6	4	4	0	14
	真定	5	5	11	0	21
	东平	5	4	9	0	18

(转下页)

人,送至京师,参加会试,而于其中,取一百名,即蒙古、色目、汉人、南人各二十五名。最后则将此一百名贡于天子,参加御试,即参加廷试。乡试、会试及廷试均分两组,蒙古、色目人为一组,汉人、南人为一组,两组所试不同①。廷试之中式者分左右两榜发表,蒙古、色目人为右,作一榜;汉人、南人为左,作一榜(《续文献通考》卷三十四《选举一·举士》云:"仁宗延祐二年三月,始开科,分进士为左右榜,蒙古、色目人为右,汉人、南人为左。"蒙古尚右,以右居左之上),每榜三甲。仁宗皇庆二年,发布条例如次:

蒙古、色目人作一榜,汉人、南人作一榜,第一名赐进士及第,从六

		蒙古	色目	汉人	南人	合计
(接上页)宣慰司	河东	5	4	7	0	16
	山东	4	5	7	0	16
行省	河南	5	5	9	7	26
	陕西	5	3	5	0	13
	辽阳	5	2	2	0	9
	四川	1	3	5	0	9
	甘肃	3	2	2	0	7
	云南	1	2	2	0	5
	岭北	3	2	1	0	6
	征东	1	1	1	0	3
	江浙	5	10	0	28	43
	江西	3	6	0	22	31
	湖广	3	7	0	18	28
	合计	75	75	75	75	300

① 兹抄录箭内亘依《元史》卷八十一《选举志一·科目》所作乡试、会试及御试之科目表如次。见汉译《元代蒙古色目待遇考》第70页至第71页。

乡试及会试　第一组(蒙古人、色目人)　第一场——经问五条(由《大学》《论语》《孟子》《中庸》内设问,用朱子章句、集注)
　　　　　　　　　　　　　　　第二场——策一道(以时务出题,限五百字以上)

第二组(汉人、南人)　第一场　明经经疑二问(由《大学》《论语》《孟子》《中庸》内出题,并用朱子章句、集注,又以己意结之,限三百字以上)
　　　　　　　　　　　　经义一道(各治一经,《诗》《尚书》《周易》《春秋》《礼记》,限五百字以上)
　　　　　　第二场——古赋、诏诰、章表内科一道(古赋、诏诰用古体,章表四六参用古体)
　　　　　　第三场——策一道(经史、时务内出题,限一千字以上)

御试　第一组——策一道(以时务出题,限五百字以上)
　　　第二组——策一道(经史、时务内出题,限一千字以上)

品；第二名以下及第二甲皆正七品；第三甲以下皆正八品，两榜并同（《元史》卷八十一《选举志一·科目》、《新元史》卷六十四《选举志一·科举》）。

上述文句虽未明言一甲，而既有二甲及三甲，当然也有一甲。故继着又说："监试官同读卷官以所对，策其高下，分为三甲进奏，作二榜。"（《元史》卷八十一《选举志一·科目》、《新元史》卷六十四《选举志一·科举》）又者，既有"赐进士及第"了，必定依宋之制，有"赐进士出身"及"赐同进士出身"。举例言之：

> 至正二年二月戊寅，廷试举人，赐拜住，陈祖仁等进士及第、进士出身、同进士出身有差，凡七十有八人，国子生员十有八人。（《元史》卷九十二《百官志八·选举附录科目》）

廷试与宋不同，有黜落之事，盖会试中式者均为一百人，而廷试中式人数，除顺帝元统元年（癸酉科）为一百人之外，其余少者有仁宗延祐五年之五十人及顺帝至正二十年之三十五人。当然国子生员之廷试中式者另有十八人，不计算在内。（《元史》卷八十一《选举志一·科目》、卷九十二《百官志八·选举附录科目》。《续文献通考》卷三十四《元登科总目》，中式人数与《元史》所载者稍有不同，最显著的则为顺帝至正八年之一百八人，《元史》为七十八人）

但尚有两个问题值得讨论，其一，第一甲人数多少；其二，是否第一甲第一名才有"赐进士及第"之称。我们以为皇庆二年之条例乃着眼于叙品的高低，不是第一名才是第一甲，而赐进士及第。原文云："第二名以下及第二甲。"这个"及"字甚为重要，即第二名以下，第二甲第一名以上，均属于第一甲，固然均赐进士及第（故至正二年之赐拜住，陈祖仁等进士及第，有"等"字表示其不仅是左右榜各一人），但叙品与第一名不同，而与第二甲同为正七品。到了顺帝初年，制度似有变更。

> 元统癸酉科廷试进士……左右榜各三人，皆赐进士及第，其余出身有差。（《元史》卷八十一《选举志一·科目》）

即顺帝时代,赐进士及第只有三名了,第四名以下似属于第二甲,赐进士出身,第三甲则为赐同进士出身。这与明代之制相同。明制多沿元之旧,明制如此,吾人推论元亦如此,不能谓无根据。至于第一甲前三名,即所谓三魁,是否有状元、榜眼、探花之称,《元史》及《新元史》均无记载,但在元之前者为宋,元之后者为明,三魁之称始于宋代,金有状元之号(《金史》卷五十一《选举志一》世宗大定二十三年),而明又多依元制,所以元代事实上亦当有三魁的称号。

吾人观元代考试之制,固然乡试出身之进士,其叙官品,两榜无别,与国子学出身之进士于初次入仕之时,官品高低乃依种族而有差异者不同。但试题既有深浅,而在乡试与会试,汉人、南人录取名额又与蒙古、色目人同数,所以御试之后,纵令两榜等数录取,汉人与南人亦必认为不平等待遇。

四、任官权

《元史》(卷八十五《百官志一》)云:"世祖即位,酌古今之宜,定内外之官,官有常职,位有常员,其长则蒙古人为之,而汉人、南人贰焉。"文中未曾提到色目,色目降蒙古一等是没有问题的。元之中央政府,"总政务者曰中书省,秉兵权者曰枢密院,司黜陟者曰御史台"(《元史》卷八十五《百官志一》)。试就此三者分别说明。

中书省有中书令一人,世祖后多以皇太子兼之,人臣无复授此官。右左丞相(蒙古尚右,右丞相在左丞相之上)居令之次,令缺,则总领省事,佐天子,理万机。又有平章政事掌机务,贰丞相。据赵翼研究:

> 中书省为政本之地,太祖、太宗时,以契丹人耶律楚材为中书令,宏州人杨惟中继之,楚材子铸亦为左丞相,此在未定制以前。至世祖时,惟史天泽以元勋宿望,为中书右丞相。仁宗时,欲以回回人哈散为相,哈散以故事,丞相必用蒙古勋旧,故力辞。帝乃以伯答沙为右丞相,哈散为左丞相。太平本姓贺名惟一,顺帝欲以为御史大夫。故事台端非国姓不授,惟一固辞。帝乃改其姓名曰太平,后仕至中书省左丞相。终元之世,

非蒙古而为丞相者,止此三人。哈散尚系回回人,其汉人止史天泽、贺惟一耳。丞相之下,有平章政事,有左右丞,有参知政事,则汉人亦得为之。然中叶后,汉人为之者亦少。(《廿二史札记》卷三十《元制百官皆蒙古人为之长》)

对此,日人箭内互认为赵翼之论断,未免失检。色目人为丞相者前后实达十一人。汉人为此最高行政机关之长官者原属极少,犹有四人,即除史天泽、贺惟一外,尚有中书令杨惟中及左丞相贺胜。(《元代蒙汉色目待遇考》,第33页以下)其实,箭内互之批评反有失检之处。盖赵翼已举杨惟中为中书令之事,然此乃"在未定制以前"。定制以后,武宗至大三年,贺胜固以左丞相,行上都留守,兼本路总管府达鲁花赤(《元史》卷一百七十九《贺胜传》),唯查《元史》卷一百一十二及《新元史》卷三十一之《宰相年表》,至大三年之左丞相乃是脱脱与三宝奴,所以贺胜之为左丞相,有似唐之使相。赵翼谓汉人为丞相者止史天泽、贺惟一两人,未必有误。

枢密院有枢密使一人,但是枢密使也和中书令一样,由皇太子兼之,或系虚衔。因之,实际长官乃是知枢密院事(知院),而同知枢密院事及枢密院副使次之。固然元制,"故事,汉人不得与军政"(《元史》卷一百八十四《王克敏传》),"至正十一年,丞相脱脱奏事内廷,以事关兵机,而中书左丞韩元善及参知政事韩镛皆汉人,使退避,勿与俱"(《元史》卷一百八十四《韩元善传》)。据箭内互统计,色目人为知院者四人,汉人为副使者有赵璧(世祖至元元年、四年)、史天泽(世祖至元三年)两人(《元代蒙汉色目待遇考》,第38页)。

御史台置御史大夫,据箭内互研究,色目人为此者八人,汉人为此者只有贺惟一一人(《元代蒙汉色目待遇考》,第41页)。但因"故事,台端(御史大夫)非国姓不以授"(《元史》卷一百四十《太平传》),顺帝特赐姓改名曰太平,即贺惟一之任命,实为例外。政务机关之左右丞相、军政机关之副使既许汉人为之,何以监察机关反禁止汉人为之长,此中必有理由。按蒙古在游牧时代,唯"力"是视,君主极端专制。入据中原后,仍不脱其旧俗,而大臣之权力又大,吾人观元诸帝多由大臣拥立(《廿二史札记》卷二十九《元诸帝多由大臣拥立》),即可知之。元初州县亦多世袭(《廿二史札记》卷三十《元初州县多世袭》),即如廉希宪所言:"国家自开创以来，凡纳土及始命之臣咸令世守。"（《元史》卷一百二十六《廉希宪传》）他们不欲有人纠察善恶，尤不欲汉人从傍监察，自是意中之事。此种态度，蒙古大臣比之天子尤为固执，吾人观世祖命程巨夫为御史中丞，"台臣言，巨夫南人，且年少。帝大怒曰，汝未用南人，何以知南人不可用？自今省部台院必参用南人"。但巨夫因有台臣反对，乃拜侍御史，行御史台事。（《元史》卷一百七十二《程巨夫传》）此时中丞正三品，侍御史正五品，即降二品见用。

案蒙古于1234年灭金，1279年灭宋，其间相隔约有五十余年。北方遗黎早已降服于金，而忘及华夷之别。金亡元兴，他们又降服于元，且为元计划，如何攻取南宋。宋亡之后，天下混一，蒙古、色目人得随便居住，且有与汉人为婚者（《廿二史札记》卷三十《色目人随便居住》）。

  大德七年冬十月癸巳，御史台臣言，行省官久任，与所隶编氓联婚害，诏互迁之。（《元史》卷二十一《成宗纪四》）

又者，蒙古、色目人居外省者，即可在外省乡试，如台哈布哈中江浙乡试第一，伊噜布哈（旧名月鲁不花）试江浙乡试，右榜第一是也（《廿二史札记》卷三十《色目人随便居住》）。苟非住居外省之人甚多，何必令其在外省参加乡试？各种人民杂居既久，一方面蒙古、色目人渐次接受中国文化，甚至有改为汉人姓名者。

  元时蒙古、色目人有用汉人姓名者，如察罕帖木儿，系出北庭，以祖父家于颍州，遂姓李，字庭瑞。丁鹤年本西域人，以其父职马禄丁为武昌达鲁花赤，遂以丁为姓，而名鹤年。（《陔余丛考》卷十八《元制蒙古色目人随便居住》）

同时汉人改作蒙古名者亦有之，郝和尚拔都，太原人（《元史》卷一百五十《郝和尚拔都传》）；刘哈剌八都鲁，河东人（《元史》卷一百六十九《刘哈剌八都鲁传》），其例之多，不胜烦举。因之，汉人亦多通蒙古语。赵翼云：

  至元二十七年，河南、福建省臣，奏请诏书用汉字。帝命以蒙古语诏河南,汉语诏福建。(《本纪》)又《程巨夫传》,时诏令皆用蒙古字。帝遣巨夫求贤于江浙,独用汉字书诏,可见是时诏令多用蒙古语。若非民间多通习,岂可以此诏之也?《廿二史札记》卷三十《元汉人多作蒙古名》)

北方人民多通蒙古语,元分别中华民族为两种,一为汉人,一为南人,不能谓无原因。在各种民族之中,最后降服者为南宋之遗民,即所谓南人。世祖时,高丽国王王植(即元宗俶)来朝,世祖谕之曰:"汝内附在后(高丽屡降屡叛,其真正内附而不复叛者,自宪宗九年四月元宗为世子入质时始),故班在诸王下。我太祖时,亦都护(畏吾儿国王之称号)先附,即令齿诸王上;阿思兰(哈喇鲁国王之名)后附,故班其下,卿宜知之。"(《元史》卷七《世祖纪》至元七年二月)由此可知,元代对待异族,乃视其降服先后,而异其待遇。南人最后投降,故在中华民族之中又是最受冷遇之人。顺帝至正年间,元运将终,至正八年台州人方国珍(台州属两浙路),十一年颍州人刘福通(颍州属京西路)、蕲州人徐寿辉(蕲州属淮南路),十二年曹州人郭子兴(曹州属京东路,但其起兵乃在淮南路之濠州),十三年泰州人张士诚(泰州属淮南路)相继作乱。明太祖朱元璋生长于濠州之钟离县(濠州属淮南路),而辅佐明太祖平定天下之刘基青田人(青田属两浙路之处州)、宋濂金华人(金华属两浙路之婺州),即均系南人,由是元室对于南人,不能不采取怀柔政策。至正十二年,贡师泰擢礼部郎中,再选吏部,拜监察御史。史谓"自世祖以后,省台之职,南人斥不用,及是……南士复得居省台,自师泰始"(《元史》卷一百八十七《贡师泰传》)。"平章之职亚宰相也。承平之时虽德望南人,抑而不与。"(《元史》卷一百八十七《成遵传》)到了至正二十年,危素才为参知政事(《元史》卷四十《顺帝纪》)。钱大昕说:"汉人有官至宰执者,而南人不得入台省。顺帝时稍用南人,而入参政者仅危素一人耳。"(《十驾斋养新录》卷九《赵世延杨朵儿只皆色目》)然而吾人须知参政乃降平章二等,南人之受冷遇,可以知道①。

---

① 顺帝至正十二年二月戊辰,诏南人有才学者,依世祖旧制,中书省、枢密院、御史台皆用之(《元史》卷四十二《顺帝纪》)。至正十六年二月甲戌,命六部……各举才堪守令者一人,不拘蒙古、色目、汉、南人,从中书省斟酌用之(《元史》卷四十四《顺帝纪》),然而为时已晚,无补于事。

第三节
汉人叛变及元室北归

元于1279年灭宋,1368年,明军克大都,顺帝北归,元亡。计其统一华夏,前后不过八十九年。按元在世祖时代,诸王已经叛变于外,而皇位之继承问题又引起了宗室内讧及大臣争权之事。据赵翼研究:

> 元世祖立太子珍戬(旧名真金),诏曰,太祖皇帝遗训,嫡子中有能继统者,豫选定之,是用立太宗为帝。自后因不显立冢嗣,遂启争端。今以尔为皇太子,特赐册命。是太宗以嫡子嗣位,本太祖有命。故太祖崩后,太宗虽统兵在万里外,而母弟图类(旧名拖雷)监国,几及一年。俟太宗归即位,宗亲将相皆无异言。及太宗崩,皇后尼玛察氏(旧名乃马真氏)称制,立己子库裕克(旧名贵由)为帝,是为定宗。定宗崩,无君者且三年,大臣乌兰哈达(旧名兀良合台)等,定议立太宗从子莽赉扣(旧名蒙哥)为帝,是为宪宗。是宪宗之立,由乌兰哈达等之力也。此已启大臣拥立之端,世祖有鉴及此,故预立珍戬为皇太子。其后珍戬早薨,未及即位。世祖崩后,成宗(珍戬子特穆尔。旧史名铁木耳)方抚军北边,以长幼而论,则母兄晋王噶玛拉(旧名甘麻剌)当立。而伊实特穆尔(旧名玉昔帖木儿)以成宗在军时,世祖曾以皇太

子旧玺付之。遂告晋王曰,昔储闱之玺,既有所归,王为宗盟长,奚俟而不言?晋王乃曰,皇帝践阼,愿北面事之。于是成宗遂即位,是成宗之立,由伊实特穆尔之力也。成宗崩,太子德寿先卒。丞相阿固岱(旧名阿忽台)等,欲奉皇后称制,以诸王阿南达(旧名阿难答)辅之。丞相哈剌哈斯(旧名哈剌哈孙)则以武宗、仁宗,皆珍戬之孙,理宜继统。而武宗方抚军北边,仁宗亦在怀州,乃先迎仁宗入京,诛阿固岱等,而趣武宗入即位。是武宗、仁宗之相继御极,皆哈剌哈斯之力也。仁宗既为帝,立子英宗为皇太子。故英宗继立之际,朝臣亦无异言。迨英宗为特克实(旧名铁失)所弑,特克实即遣使迎泰定帝入即位。是泰定帝之立,由特克实之力也。泰定帝崩于上都,丞相都尔苏(旧名倒剌沙),立其皇太子喇实晋巴(旧名阿速吉八)为皇帝,固亦父子相传之正理。而枢密使雅克特穆尔(旧名燕铁木儿),私念武宗旧恩,欲立其子明宗。文宗时,明宗远在沙漠,文宗亦在江陵,乃先迎文宗入即位。其时上都诸王,方举兵入讨,雅克特穆尔力战胜之,而文宗之立遂定。及明宗归,雅克特穆尔又害之于途。文宗旋复为帝。是文宗之立,由雅克特穆尔之力也。厥后文宗、宁宗相继崩,皇后布达实哩(旧名卜答失里),已遣人迎明宗长子托欢特穆尔(即顺帝)入京,欲付以位。而雅克特穆尔不愿,遂不得立。迨雅克特穆尔死,始立焉。倘不死,则顺帝之立不立,尚未可知也。是则宪宗、成宗、武宗、仁宗、泰定帝、明宗、文宗,皆大臣所立,此有元一代之大事也。案太祖崩后,无君者凡一年。定宗崩后,无君者且三年。成宗崩后,武宗、仁宗皆在远方,亦年余始得立。凡此新旧绝续之际,未尝无疏属庶孽如额呼布格(旧名阿里不哥)、阿南达等,从旁窥伺。然一二大臣定议,卒归于应立之人。盖开国之初,风气淳古,宗亲将帅推戴咸出于至公,故无悖常乱纪之事。迨特克实之弑立、雅克特穆尔之废立,则全是权臣肆意妄行,大柄在手,莫敢谁何,遂任意易置,此可为后世鉴也。(《廿二史札记》卷二十九《元诸帝多由大臣拥立》)

在这种政局之下,中枢机关已不安定,何能施行一贯的政策,以安抚乱极思治的人民？何况元以游牧种族，力征而得天下，原以为武力可以决定一切？牧羊人爱护羊群，乃欲由羊群身上剪取羊毛；游牧民对于被征服人，也欲从他们身上榨出更多的赋税。历史虽云：

> 元初取民，未有定制。及世祖立法，一本于宽。其用之也，于宗戚则有岁赐，于凶荒则有赈恤，大率以亲亲爱民为重，而尤惓惓于农桑一事，可谓知理财之本者矣。（《元史》卷九十三《食货志一》）

元在太祖成吉思汗时代，因经营西土，未暇定制。太宗窝阔台时，始置中书省，最初以耶律楚材为令。楚材卒，杨惟中代之。惟中卒，不复置令，而置左右丞相，元尚右，右丞相之地位在左丞相之上。蒙古人虽然长于攻战，而于政治方面，因为没有经验，而又不敢信任汉人。太宗时，"州县之官或擢自将校，或起由民伍，率昧于从政，甚者专以掊克聚敛为能，官吏相与为贪私以病民"（《元史》卷一百五十九《宋子贞传》）。按草创有元一代制度的，不是蒙古人，而是汉化契丹人的耶律楚材。他奏"凡州郡宜令长吏专理民事，万户（军官名称）总军政"，这就是军民分治。又因"将相大臣有所驱获，往往寄留诸郡"，乃"括户口，并令为民，匿占者死"，即将豪强的领户改为国家的编户。"定天下赋税，每二户出丝一斤，以给国用。五户出丝一斤，以给诸王功臣汤沐之资。地税中田每亩二升又半，上田三升，下田二升，水田每亩五升。商税三十分而一，盐价银一两四十斤"，即将掊克聚敛改为赋税。他知攻战之后，必须与民休息，"常曰，与一利不如除一害，生一事不如省一事"（《元史》卷一百四十六《耶律楚材传》）。耶律楚材卒，杨惟中为尚书令，萧规曹随，使元之国基渐次巩固（《元史》卷一百四十六《杨惟中传》）。世祖忽必烈初年，史天泽为中书右丞相，"凡治国安民之术无不次第举行"（《元史》卷一百五十五《史天泽传》）。至元以后，刘秉忠为太保，建国号曰元，迁都燕京（大都）；他如颁章服，举朝仪，给俸禄，定官制，皆自秉忠发之（《元史》卷一百五十七《刘秉忠传》）。此数人者蒙古均称之为汉人。所惜者，世祖要奉行祖宗遗志，混一天下，而"急于财用"（《新元史》卷二百二十三《阿合马传》），"用贪狠匹夫，钻膏剔髓，以剿民命"（《新元史》卷二百二十三《阿合马传》史

臣曰)。其所信任之人,最初是阿合马,其次是卢世荣,最后为桑哥。今据赵翼研究:

中统三年,即以财赋之任委阿合马,兴铁冶,增盐税,小有成效,拜平章中书政事。又立制国用司,以阿合马领使事;已复罢制国用司,立尚书省,以阿合马平章尚书省事。奏括天下户口,下至药材榷茶,亦纤屑不遗。其所设施,专以掊克敛财为事。史天泽、安童等争之,崔斌等劾之,皆不能胜。以理算陷江淮行省平章阿里伯、右丞燕铁木儿于死。有秦长卿者欲发其奸,反为所噬,毙于狱。擢用私人,不由部选。以其子忽辛及抹速忽,分据财赋重地。并援引奸党郝祯、耿仁等,骤陞同列,阴与交通,专事蒙蔽。逋赋不蠲,征敛愈急,内通货贿,外示刑威。天下之人,无不思食其肉。有益都千户王著,发义愤击杀之,阿合马之奸始上闻。虽命剖棺戮尸,而流毒海内,已二十年矣。阿合马既死,又用卢世荣,亦以增多岁入为能。盐铁榷酤、商税田课,凡可以罔利者,益务搜括。奏用阿合马之党,皆列要职。凡肆恶二年,御史大夫玉速帖木儿尽发其奸,始诏诛之。未几,又用桑哥,再立尚书省,改行中书为行尚书省,六部为尚书六部。恃其得君,尝拳殴参政杨宽、郭佑及台吏王良弼,皆诬奏至死。遂以丞相领尚书兼统制使。以沙不丁为江淮左丞,乌马儿为参政,奏遣忻都、阿散等十二人,理算六省钱谷,天下骚然。佞谀者方为之请立碑记功。桑哥又奏笞监察御史四人,自后御史入省部,掾令史皆与抗礼,台纲尽废。诠调内外官宣敕,亦付尚书,由是以刑爵为贩卖。自至元二十四年至二十八年,为也先帖木儿所劾,始伏诛。统计帝在位三十余年,几与此三人者相为终始。(《廿二史札记》卷三十《元世祖嗜利黷武》)

以新集易动之基,而无久安难拔之虑,而大臣擅拥立之权,一帝崩殂,即发生大臣争权之事,元之国运于是乎衰。而促元之灭亡者尚有三种原因,一是喇嘛骄暴,二是政治腐化,三是财政紊乱,兹试分别说明之:

先就喇嘛骄暴言之,佛教传入中国,虽在东汉明帝之时,而其盛行则在五胡乱华以后。南北朝时,佛教固然盛极一时,然其为祸不过愚民侥幸,托足沙门,以避赋役。元则不然,武宗时,监察御史张养浩言:"国家经费三分为率,僧居二焉。"(《续资治通鉴》卷一百七十九元武宗至大三年九月)不但"天下之财"为其所耗,而"朝廷之政"亦"为其所挠",所以"说者谓元之天下半亡于僧"(《陔余丛考》卷十八《元时崇奉佛教之滥》)。

元起朔方,固已崇尚释教,及得西域,世祖以其地广而险远,民犷而好斗,思有以因其俗而柔其人,乃即其地,设官分职,尽领之于帝师。初立宣政院,正使而下必以僧为副,帅臣以下亦必僧俗并用,军民尽属统理。于是帝师所宣之命所至,与诏敕并行。自西土延及中夏,务屈法以顺其意,延及数世,浸以成俗,而益至于积重而不可挽。今以诸书考之,每帝将立,必先诣帝师受戒七次,方正大宝,后妃公主无不膜拜。正衙朝会,百官班立,帝师独专席隅坐。且每帝即位之始,降诏褒护,必络珠为字以赐,盖其重之如此。其未至而迎之,乘传累百,所过供亿无敢慢。比至京,则敕太府假法驾半仗以为前导,诏省院台官以及百司庶府往迎,礼部尚书专督迎接,此体制之僭,虽亲王太子不及也。自世祖崇帝师八思巴,即于殿上置白伞一顶,泥金书梵字于其上。每岁二月望日,迎伞周游皇城,拨鼓手百二十人……(所举例多,文长从略)汉人、回鹘、河西三种细乐各三队,凡三百二十四人。帝及后妃公主结彩楼观焉。夏六月,上都亦如之,此仗卫之侈虽郊坛卤簿不过也。正元七年,建大护国仁王寺于高良河……(所举例多,文长从略)至正十四年,建大寿元忠国寺于清河,此土木之费虽离官别馆不过也。中统三年,作佛顶金轮会于圣安、昊天二寺七昼夜,赐银万五千两……(所举例多,文长从略)至正七年,兴圣宫作佛事,赐钞二千锭……先是至元中,内廷佛寺之目每岁仅百有二。大德七年,其目增至五百有余。延祐四年,宣徽院会计岁供以斤计者,面四十三万九千五百、油七万九千、酥二万一千八百七十、蜜二万七千三百,他物称是,此供养之费虽官俸兵饷不及也。中统初,赐庆寿、海云二寺陆地五百顷……(所举例多,文长从略)后至元七年,拨山东地十六万二千余亩给大承天护圣寺,此财产之富虽藩王不及也。有嘉木扬喇勒智者,世祖用为江南释教总统,发掘故宋赵氏诸陵之在钱塘、绍兴者及其大臣冢墓,凡一百一所,攘夺田二万三千亩,私庇平民不输公赋者二万余户,并占民五十余万为佃户。又至大元年,上都开元寺西僧,强市民薪,民诉诸留守李璧。璧方询问其由,僧已率其党,持白梃,突入公府,隔案引璧发,捽诸地,捶朴交下,拽之以归,闭诸空室,久乃得脱,奔诉于朝,遇赦以免。二年,复有僧龚柯等十八人,与诸王哈喇巴尔妃呼图克齐德济争道,拉妃堕车殴之,且有犯上语。事闻,诏释不问。宣政院臣方奏取旨,凡民殴西僧者,截其手;詈之者,断其舌。时仁宗居东官,闻之,亟奏寝其令。泰定二年,西台御史李昌言,尝经平凉府静会,定西等州,见西番僧佩金字圆符,络绎道途,驰骑累百,传舍至不能容,则假馆民舍,因追逐男子,奸污女妇……僧徒贪利无已,每岁因作佛事,奏释轻重囚徒,以为福利,虽大臣如阿里、闾帅如必实呼勒等,皆假是以逭其诛。宣政院参议李良弼受赇鬻官,直以帝师之言纵之。其余杀人之盗、作奸之徒,夤缘幸免者多。此威势之横虽强藩悍将不过也。由此观之,朝廷之政为其所挠,天下之财为其所耗,说者谓元之天下半亡于僧,可谓炯鉴云。(《陔余丛考》卷十八《元时崇奉佛教之滥》,参阅《元史》卷二百二《释老》)

次就政治腐化言之,"方天下未定,军旅方兴,介胄之士莫先焉……簿书期会、金谷营造之事,供给应对惟习于刀笔者为适用于当时,故自宰相百执事皆由此起,而一时号称人才者亦出于其间,而政治系之矣"(《元文类》卷四十《经世大典序录·入官》)。故云:"国朝入官之制,自吏业进者为多,卿相守令于此出焉。"(《元文类》卷四十《经世大典序录·补吏》)但吾人须知西汉之世,贤相名臣由吏出身者极多,盖当时官与吏没有区别,故贤士大夫不惜借径于吏以发身。隋唐而后,官与吏别为二途,流品渐分,至宋弥甚。吏胥之贤者不过奉行历年之文书,其不肖者且舞文弄法,借以渔利,不惜残害良民。元兴,不知唐宋以后的吏与汉世之吏不同。"自至元以下,虽执政大臣亦以吏为之。小民粗识字、能治文书者,得入台阁共笔札。累日积月,皆可以致通显。"(《续通典》卷二十二

《选举六·杂议论下》）此辈不识大体，每欲生事，以表示自己的能力。朝发一令，夕发一令，"号令不常，初降旋没，遂致民间有一紧二慢三休之谣"（《新元史》卷一百九十三《郑介夫传》）。国家的威信已经扫地。其尤弊者，"元初，无禄秩之制，世祖即位，乃命给之。自中统元年至至元十八年，屡定其制，未有成规，至至元二十二年始定百官俸给"（《续通典》卷三十九《职官十七·禄秩》）。最初江南官吏无禄，程巨夫于世祖时条陈五事，其中一事，即请给江南官吏俸钱。

仕者有禄，古今定法，无禄而责之以廉，难矣。江南州县官吏自至元十七年以来①，并不曾支给俸钱，直是放令推剥百姓。（《新元史》卷一百八十九《程巨夫传》）

至元二十一年，江南行省诸官司才有禄俸，其数尚减腹里（河北、山东、山西之地由中书省直辖之，称为腹里。但此处当指江北亡金之地）一半（《元史》卷九十六《食货志四·俸秩》）。吾人须知元代禄俸用钞，而非用米，而钞自始就不断地跌价。所以内外群官无不困穷，尤以江南为甚。江北之地早为金人所取，元之征服江南，费时数载，元对江南人士不甚信任，故当时游宦江南者多是北人。此辈生活，据程巨夫说：

江南官吏多是北人，万里携家，钞虚俸薄，若不侵渔，何以自赡？（《新元史》卷一百八十九《程巨夫传》）

禄不代耕，内外群官只有营私舞弊。自古以来，地方官最易贪墨，他们贪墨之法甚多，而最严重的，则为勾结豪强，侵渔弱小。

民输米石加六斗，豪右则仅输二三，以多输者补之。（《新元史》卷二百

---

① 至元十三年，元师入临安，虏宋帝北去。宋之遗臣立益王昰于福州。十四年，走秀山。十五年，昰崩，弟昺立，迁崖山。十六年，元师陷崖山，宋君臣投海死，宋亡。故云"自至元十七年以来"。其实至元十三年，江南之地已归元有。

十五《道童传》

以弱民之多输,补豪强之少输,此中有弊,不言可知。弱民本来只输一石,而竟增加六斗,即增加十分之六。民已穷了,将何以堪?在政府尚有威权之时,人民只有饮泣吞声,不敢反抗;一旦威权衰微,何能不群起叛乱?

且也,封疆大臣有保人为官之权,他们常视官品之高低,定价格之轻重,卖保纳贿,视国家名器为一种商品。

> 云南、甘肃、八番、两江等处统帅藩臣,一赴阙下,便行保人,以所保之品级,定价值之轻重。多者百锭,少亦三之二。或当时取盈,或先与其半,或立利钱文书,呈解到省,官可立得。街市富子每闻一帅臣至,则争先营求。(《新元史》卷一百九十三《郑介夫传》)

职官视为商品,商品要大量生产,而后方得大量贩卖。于是职官之数随之增加,举一例说:

> 至大元年秋七月,枢密院言,世祖时,枢密院臣六员,成宗时增至十三员,今署事者三十二员……十一月,中书省言,世祖时,自中书以下诸司,官有定员,迩者一司多至二三十员,事不改旧,而官日增。(《续资治通鉴》卷一百九十六元武宗至大元年)

既用金钱以买官,何能不用官权以求偿?世祖之后,即为成宗,史称成宗"垂拱而已,可谓善守成者矣"(《元史》卷二十一《成宗纪》大德十一年)。"析薪克荷,帝无愧焉。"(《新元史》卷十四《成宗纪》史臣曰)然观下文所举,可知元代一传之后,奸官赃吏竟然充斥全国。

> 是年诸道奉使宣抚罢赃吏一万八千四百七十三人,征赃物四万五千八百六十五锭,审冤狱五千一百七十六事。(《新元史》卷十四《成宗纪》大德七年)

此盖如程巨夫所说：

> 国朝内有御史台，外有行台按察司，其所关防贪官污吏者，可谓严矣。而贪污狼籍者往往而是，何也？盖其弊在于以征赃为急务，以按劾为具文。故今日斥罢于东，明日擢用于西，随仆随起，此弃彼用。多方计置，反得美官，相师成风，愈无忌惮。（《新元史》卷一百八十九《程巨夫传》）

抑有进者，一司之官太多，虽然事非官不办，亦有事因官多而益紊。所以政制对于衙门也好，对于职员也好，皆贵寡不贵众。寡则易于委任责成，众则不免互相推诿。试看赵天麟之言：

> 官吏人数既多，有当决之事而不决，有当行之事而不行。问其职，则曰，我职也；问其施为，则曰，僚属非一，岂我之所能独主？（《新元史》卷一百九十三《赵天麟传》）

三就财政紊乱言之，古代赋税乃以户口土地为基础。元之户口在世祖平宋之后，单单中国一隅，即已达到汉唐宋极盛之时。"天下为户凡一千一百六十三万三千二百八十一，为口凡五千三百六十五万四千三百三十七。"（《元史》卷九十三《食货志一·农桑》）今将汉唐宋元四代户口列表如次：

汉唐宋元四代户口比较表

朝代	户数	口数	备考
汉平帝时代	12 233 062	59 594 978	《汉书》卷二十八下之二《地理志》。
东汉桓帝永寿二年	10 677 960	56 486 856	据《晋书》卷十四《地理志上》。
唐天宝十三年	9 069 154	52 884 088	《资治通鉴》卷二百十七。
宋徽宗崇宁元年	20 019 050	43 820 769	《文献通考》卷十一《户口》。
元世祖至元年间	11 633 281	53 654 337	《元史》卷九十三《食货志一·农桑》。

户口不少,田亩之开垦应该很多。志云:"元之取民,大率以唐为法。其取于内郡者曰丁税,曰地税,此仿唐之租庸调也。取于江南者曰秋税,曰夏税,此仿唐之两税也。"(《元史》卷九十三《食货志一·税粮》)丁税与地税既是唐之租庸调,而唐之租庸调在德宗时代,杨炎改之为两税,则江南之两税与内郡之丁税与地税,不过征收方法不同而已。志又云:"丁税少而地税多者,纳地税。地税少而丁税多者,纳丁税。"(《元史》卷九十三《食货志一·税粮》)例如"世祖时,淮北内地惟输丁税"(《元史》卷一百七十五《张珪传》)[①]。武宗时,"江南平,垂四十年,其民只输地税商税"(《续资治通鉴》卷一百七十六武宗至大二年冬十月丙辰)[②]。这样,丁口繁庶,赋税必定不少。何以元代自始就感觉财政困难呢?成宗时,"岁入之数不支半岁"(《续资治通鉴》卷一百九十三成宗大德三年春正月壬辰),"国用日患其不足,盖糜于佛事与诸王贵戚之赐赉,无岁无之。而滥恩幸赏溢出于岁例之外者为尤甚"(《新元史》卷六十八《食货志序》)。吾人观武宗至大元年中书省言:"中都筑城,大都建寺,及为诸贵近营造私第,军民困敝,仓廪空虚。而用度日广,每赐一人,动至巨万,恐不能继。"(《续资治通鉴》卷一百九十六武宗至大元年十一月)即可知元代财政状况。

岁出如斯,岁入如何?元初,有封土分民之制,其后改为分户受租。例如

---

① 世祖至元十七年所定租税,可列表如次。除表中已注出处者外,均依《元史》卷九十三《食货志一·税粮》。

户之种类	丁税	地税
全科户	每丁粟三石 驱丁粟一石	每亩粟三升(《新元史》卷六十八《食货志一·税法》作"每亩粟三斗")。
减半税户		
新收充参户	第一年五斗 第二年一石(注) 第三年一石二斗五升 第四年一石五斗 第五年一石七斗五升 第六年入丁税	
协济户	每丁粟一石	每亩粟三升(《新元史》卷六十八《税法》作"每亩粟五斗")。

② 新旧志均无此句,依《续文献通考》卷一《田赋》,补入。

牙忽都得蠡州三千三百四十七户为食邑(《元史》卷一百十七《牙忽都传》)。民"五户出丝一斤,以给诸王功臣汤沐之资"(《元史》卷一百四十六《耶律楚材传》),即"诸王及后妃公主皆有食采分地……其赋则五户出丝一斤,不得私征之,皆输诸有司之府,视所当得之数,而给与之"(《元史》卷九十五《食货志三·岁赐》)。制度固然如此,其实,很难实行。"太宗时,将相大臣所得俘户,往往寄留诸郡,几居天下之半"(《新元史》卷一百二十七《耶律楚材传》),"太宗十年,以东平地分封诸功臣,各私其人,不隶有司"(《新元史》卷一百三十七《王玉汝传》)。这种情况在世祖平宋之后,还未改善。

是时江南新附,诸将市功,且利俘获,往往滥及无辜,或强籍新民以为奴隶。(《元史》卷一百七十《雷膺传》)

例如:

先是阿里海牙以降民三千八百户没入为家奴,自置吏治之,岁责其租赋,有司莫敢言。(《元史》卷一百一十三《张雄飞传》)

户口都给官豪隐藏,丁税之收入已经减少了,而官豪又匿田不纳田赋,地税之收入复见逋悬。世祖时:

汉中之田,辟已十七,而税入恒病逋悬。其故惟在军民之官豪有恃者,率顽鸷负而不输。(《元文类》卷六十二姚燧撰《兴元行省夹谷公神道碑》)

于是遂有括户口、核顷亩之举。其为害最烈者莫如核顷亩。"夫民之强者田多而税少,弱者产去而税存,非经理(即核田)固无以去其害。然经理之制苟有不善,则其害又将有甚焉者矣。""世祖已尝行之。但其间欺隐尚多,未能尽实。以熟田为荒地者有之,惧差而析户者有之,富民买贫民田,而仍其旧名输税者亦有之。由是岁入不增,小民告病。"(《元史》卷九十三《食货志一·经理》)仁宗延祐元年,又于江浙、江西、河南三省,"限民四十日以所有田自实于官,期限猝迫,贪刻用事,富民黠吏并缘为奸……其后田税无所于征,民多逃窜流移者"(《续资治通鉴》卷一百九十八仁宗延祐元年十一月),终而发生了赣州贼蔡五九之乱。据历史说,蔡五九之乱完全由于度田之时"郡县横加酷暴逼抑,至此新丰一县撤民庐千九百区,夷墓扬骨,虚张顷亩,流毒居民",结果,延祐二年八月,即下诏罢之(《续资治通鉴》卷一百九十九仁宗延祐二年八月乙未)。一方田亩集中于豪强,同时度田又有流弊,不能不中途作罢。于是国家财政更觉困难,而只有增发交钞,以弥缝财政的穷匮。

交钞始于唐之飞钱、宋之交会。《元史》(卷九十三《食货志一·钞法》)及《新元史》(卷七十四《食货志七·钞法》)关于交钞均有详细记载,兹举赵翼之言如次。

元太宗八年,始造交钞。世祖中统元年,又造中统元宝交钞。据《食货志》,其法以丝为本,每银五十两易丝钞一千两,诸物之直,并从丝例。钞之文以十计者曰十文、二十文、三十文、五十文,以百计者曰一百文、二百文、三百文,以贯计者曰一贯文、二贯文,每二贯准白银一两。行之既久,物重钞轻。至元二十四年,乃改造至元钞,自二贯至五文,凡十一等。与中统钞通行。每一贯,抵中统钞五贯。武宗时,又造至大银钞,后废不行。终元之世,常用中统、至元二钞。每年印造之数,自数十万至数百万不等,亦见《食货志》。钞虽以钱为文,而元代实未尝铸钱也。武宗时,曾行钱法,立泉货监领之。仁宗以鼓铸弗给仍废,故有元一代专用钞。其所以能行用者,各路立平准行用库,贸易金银,平准钞法。每银一两入库,其价至元钞二贯,出库二贯五分。金一两,入库二十贯,出库二十贯五百文。是民之有金银者,可赴库换钞;有钞者,亦可赴库换金银也。又立回易库,凡钞之昏烂者,许就库倒换新钞,增工墨费每贯三分。换存之昏钞,则解部焚烧,隶行省者,行省委官监烧之。是钞之敝坏者,可赴库易新钞也。至元四年,世祖诏诸路民间包银,听以钞输纳。惟丝料入本色,非产丝之地,亦以钞输中书。省臣又奏流通钞法,凡赏赐宜多给币帛，课程宜多收钞，制曰可。是丁钱田赋，皆可以钞纳也。此所以通行天下也。然钞虚而物实，虚者积轻，势必所然。故赵孟頫言，始造钞时，以银为本，虚实相权，今二十余年，轻重相去已数十倍，故改中统为至元。二十年后，至元必复如中统矣。今就《元史》各传参核之，卢世荣以钞虚，闭回易库，钞有出无入，民间昏钞，遂不可行。其后监烧昏钞者，欲取能名，率以应烧昏钞，指为伪钞，使管库官吏诬服。(《许有壬韩若愚传》)由是回易库不敢以新钞易昏钞(《张养浩传》，民持昏钞赴库倒换者，易十与五，累日不可得)。而民间所存昏钞，又不能纳赋税，易货物，于是遂成废纸矣。且板纸印造，尤易滋伪。铅山多造伪钞者，有豪民吴友文为之魁，远至江、淮、燕、蓟，莫不行使，遂致大富，是利权且归于奸民矣(《林兴祖传》)。又奸民以伪钞，钩结党羽，胁人财物，官吏听其谋，株连者数千百家(《黄潜传》)，是刑罚亦由此日繁矣。古者以米绢为民所须，谓之二实。银钱与二物相权，谓之二虚。银钱已谓之虚，乃又欲以纸钞代之，虚中之虚，其能行之无弊哉？然有元之代，民间究以何市易？案至元中，江淮颁行钞法，废宋铜钱。后又敕拘历代钱余铜，听民自用。然《胡长孺传》，台州岁饥，宣慰司脱欢敛富民钱一百五十万备赈，是朝廷虽禁钱，而民间自用钱也。《卢世荣传》，立平准库，禁民间以金银相买卖。世祖诏，金银乃民间通用之物，今后听民从便交易，是朝廷原未禁金银也。既造交钞，欲其流通，则赋税不得不收钞。而民间自用金银，则实者常在下，而虚者常在上，于国计亦何补哉？(《廿二史札记》卷三十《元代专用交钞》)

赵翼最后数句之结论，吾人不敢同意，而其叙述元代交钞之弊，可谓得其要点。案交钞之弊乃同宋之会子一样，库中没有本钱，而致不断跌价。世祖时，"至元宝钞一贯当中统宝钞五贯"(《新元史》卷七十四《食货志七·钞法》)，即旧钞只值新钞五分之一。泰定帝时，"斗米值十三缗，民持钞出粜，稍昏，即不用；诣库换易，则豪猾党蔽，易十与五，累日不可得，民大困"(《元史》卷一百七十五《张养浩传》)。到了顺帝至正年间，交钞竟同废楮。

又值军兴,粮储赏犒,每日印造,不计其数。京师钞十定易斗米不可得。所在郡县皆以物货相易。公私之钞积压不行,人视之如废楮焉。
(《新元史》卷七十四《食货志七·钞法》)

这样,人民不问贫富,皆破产了。国家之乱,常由于政府为解决财政困难,不惜通货膨胀,滥发钱币,而致物价腾贵,民不聊生。倘再加之以饥馑,人民必铤而走险,转为盗贼。元自顺帝即位之后,年年饥荒,甚至发生"人相食","莩死盈道,军士掠孱弱者以为食"的现象(《元史》卷五十一《五行志二·稼穑不成》),于是遂激起了民变。饥荒虽遍于全国,而民变乃由南方开始。这是有原因的,南方距离大都较远,中央鞭长莫及,不能迅速应付,而元代对于南人又予以不合理的待遇,南人当然要乘机叛变。兹将顺帝时代的民变,择其重要者列表如次:

元末民变表

年代	民变	备　　考
至元三年正月	广州增城县民朱光卿反,伪称大金国,改元赤符。	广州在宋属广东路,元广州路属江西行省。
二月	陈州贼胡闰儿作乱。	《元史》卷三十九《惠宗纪》,胡闰儿号棒胡,陈州人,反于汝宁信阳州,以烧香惑众,妄造妖言作乱,人执弥勒小旗。 陈州在宋属京西路,元属河南行省汴梁路。汝宁府信阳州属河南行省河南府路。
四月	合州大足县民韩法师反,自称南朝赵王。	合州在宋属西川路,元属四川行省重庆路。
四月	惠州归善县民聂秀卿等作乱。	惠州在宋属广东路,元惠州路属江西行省。
四年六月	袁州周子旺反,僭称周王。	袁州在宋属江南路,元袁州路属江西行省。

续表

年代	民变	备考
六月	漳州路南胜县民李志甫反。	漳州在宋属福建路,元漳州路属江浙行省。
至正四年七月	益都濒海盐徒郭火你赤作乱。	益都县在宋属京东路之青州,元属中书省之益都路。
六年六月	汀州连城县民罗天麟等作乱。	汀州在宋属福建路,元汀州路属江浙行省。
八年十一月	台州方国珍作乱,聚众海上。	台州在宋属两浙路,元台州路属江浙行省。
十一年五月	颍州妖人刘福通作乱,以红巾为号。	初栾城人韩山童祖父以白莲教烧香惑众,谪徙广平永平县。至山童,倡言天下大乱,弥佛下生,河南及江淮愚民皆翕然信之。刘福通复鼓妖言,谓山童实宋徽宗八世孙,当为中国主。福通等杀白马、黑牛,誓告天地,欲同起兵为乱。事觉,县官捕之急,福通遂反。山童就擒,其妻杨氏、其子韩林儿逃之武安。(《元史》卷四十二《顺帝纪》)。颍州在宋属京西路,元颍州属河南行省汝宁府。栾城在宋属河北路真定府,元栾城县属中书省真定路。
八月	萧县妖贼芝麻李作乱(《新元史》卷二十五《惠宗纪》)。	萧县属徐州,徐州在宋属京东路,元属河南行省归德府。
八月	蕲州罗田县人徐寿辉与黄州麻城人邹普胜等以妖术阴谋聚众,遂举兵为乱,以红巾为号。	蕲州与黄州在宋均属淮南路,元属河南行省。
十二年二月	定远人郭子兴作乱(《新元史》卷二十五《惠宗纪》)。朱元璋往从。	定远县属濠州,濠州在宋属淮南路,元属河南行省安丰路。

十二年以后从略。举其要者,十三年,泰州人张士诚作乱,据高邮,称王,国号大周。泰州属河南行省之扬州路。十五年三月,郭子兴卒。十六年秋七月,朱元璋为吴国公。二十四年春正月,朱元璋为吴国王。二十八年春正月,朱元璋即皇帝位于金陵,国号曰明,建元洪武。

元末民变本来限于南方,试问对于元之政权有何影响？吾国经济要地本在关中,其次移至三河,又次移至江淮。宋元时代又移至江南,而以江浙为多。《元史》(卷一百三十《彻里传》)谓"江浙税粮甲天下,平江、嘉兴、湖州三郡当江浙十六七"。《元史》又云:

> 元都于燕,去江南极远,而百司庶府之繁,卫士编民之众,无不仰给于江南。自丞相伯颜献海运之言,而江南之粮分为春夏二运,盖至于京师者,一岁多至三百万余石。(《元史》卷九十三《海运》)①

据《元史·海运》所载岁运之数,世祖至元二十年四万六千五十石,至者四万二千一百七十二石。其后逐年增加,到了文宗天历二年,三百五十二万二千一百六十三石,至者三百三十四万三百六石,燕京粮食有恃于江南之海运如此之大。江南既有民变,江南海运之粟自必减少,甚至不能运至燕京。此对于元之政权,威胁甚大。唐时,江淮运米不至,竟令德宗恐禁军叛变,父子不得生(《资治通鉴》卷二百三十二德宗贞元二年),元之情况大率与唐相去无几。

最初南方民变不过小撮盗匪而已,虽足以扰乱社会秩序,而尚不能摇动元之政权。据历史说,"元末,所在盗起,民间起义兵保障乡里,称元帅者不可胜数,元辄因而官之。其后或去为盗,或事元不终"(《明史》卷一百二十四《陈友定传》)。其影响最大者厥为至正八年方国珍之乱。盖民变蔓延,江淮失守,运河失去效用,虽数十万石之微,亦无法运至北京,南北运输完全依靠海运。方国珍作乱海上,"劫粮艘,梗运道",而"有司惮于用兵,一意招抚"。方国珍累叛,累招抚,亦累迁官,最后官至江浙行省左丞相。(《新元史》卷二百二十七《方国珍

---

① 元亦应用运河,"世祖至元十七年二月,浚通州运河"。"二十六年,开会通河,从寿张县尹韩仲晖等言,开河以通运道,起项城县安山渠西南,由寿张西北至东昌,又西北至临清,引汶水以达御河,长二百五十余里,中建闸三十有一,以时蓄泄。河成,渠官张礼孙等言,开魏博之渠,通江淮之运,古所未闻。诏赐名会通河"。(《元史纪事本末》卷十二《运漕》)据丘濬说,"会通河之名始见于此。然当时河道初开,岸狭水浅,不能负重。每岁之运不过数十万石,非若海运之多也。故终元之世,海运不罢"(《大学衍义补》卷三十四《漕运之宜下》)。

传》、《明史》卷一百二十七《方国珍传》)丘濬说:

> 臣按先正有言,元之失天下,招安之说误之也。何则？人君所以立国者,以其有纪纲也。所以振纪纲者,以其有赏罚也。赏必加于善,刑必施诸恶,使天下之人知所劝惩焉……方国珍敢为乱首……为元人计,宜痛诛剿之,以惩夫民之不逞者,可也;乃听人言,行招安之策,不徒不加之以罪,而又援之以官(国珍曾任命为海道漕运万户,累迁至江浙行省左丞相,见《新元史》及《明史·方国珍传》),是以赏善之具以劝恶也。由是群不逞之徒纷然相仿效(《方国珍传》云,初国珍作乱,朝廷出空名宣敕数十道,募人击贼,海滨壮士多应募立功,所司邀重赏,不辄与,有一家死数十人,卒不得官者。而国珍之徒一再招谕,皆至大官,由是民慕为盗,从国珍者益众),相诱胁。事幸成,或得以为王为伯;不成,亦不失州县之官。用是,盗贼蜂起,而元因是亡矣。虽然,岂但元哉？宋人有诗云,仕宦快捷无过贼,将相奇谋只是招,则其来远矣。(《大学衍义补》卷一百三十八《过盗之机下》)

又说:

> 夫患莫大于招降……凡盗贼之起,必有枭桀而难制者。追讨之官素无奇略,不知计之所出,则往往招其渠帅而降之。彼奸恶之民见其负罪者未必死也,则曰,与其俯首下气,以甘饥寒之辱,孰若剽攘攻劫,而不失爵禄之荣？由是言之,是乃诱民以为乱也,故曰患莫大于招降。(《大学衍义补》卷一百三十八《过盗之机下》)

案元所以不惜用姑息之策,再三招降方国珍,盖亦有故。史谓"国家既失江淮,借国珍舟师以通海运,重以官爵羁縻之"(《新元史》卷二百二十七《方国珍传》),哪知"国珍愈横",而群盗蜂起,卒至顺帝北归,元祚随之而亡。当蒙古初起和林之时,以数万之众,能够征服亚欧各国;到了末世,对于暴民作乱,竟然束手无策。前此百战百胜的军队，现在也一蹶不振，无力应付，而天下之势遂至不可为。这固然因为政治腐化，经济破产，而承平既久，军政不修，也不失为一个原因。而最重要者，则为蒙古人入居中原之后，渐染华风，而失去刚强之气。明丘濬说：

> 自古北狄之为中国害者，非以其地之广也，亦非以其人之众也。徒以其生长沙漠之外，逐水草以为居，捕野兽以为食，而衣其皮，耐饥寒，习劳苦，而不畏死。而我中国之人好逸而不禁劳，不能忍饥而受寒，而又惜身爱命，以故往往为彼所胜耳。至于元入中国，奄南北而有之，空其部落，居我内地，弃彼夷习，效我华风，官居而室处，衣锦而食粟，其聪慧者又学我道艺，雅言而士行，阔步而宽衣。凡其自昔猛鸷之态皆变而为柔，耐苦之性皆变而为骄。况其百年以来，内外官司皆用其国人以为之长，非独畿甸间为然，即虽远而瘴疠之乡，细而鱼盐之职，所谓达鲁花赤者，非其种类不用也。所至成群，随在而有。其言语习尚虽多循其旧，然其肢体筋骨无复如前日之耐饥寒、甘劳苦矣。一旦天兵（明兵）南来，其主开建德门夜遁，仓卒随行者惟宫禁宿卫、京辇屯营者耳。若夫远宦之臣、外戍之卒固不能尽从也。败亡之余，归其故域者，盖亦无几，非但失中国之法制，而并与其本来之部落而迷失之……方且救死扶生之不暇，以故不能为我边防之害，虽有小警，不过鼠窃狗偷，非有深谋宿计、处心积虑，如前代匈奴、突厥之所为者。（《大学衍义补》卷一百五十四《四方夷落之情中》）

元之兵制分中央及地方两部，中央为宿卫诸军，地方为镇戍之兵。而宿卫又分怯薛及各卫二种。怯薛之长由四大元勋（太祖功臣博尔忽、博尔术、木华黎、赤老温）之子孙世袭其职（《元史》卷九十九《兵志二·宿卫》，《新元史》卷六十五《兵志一·宿卫》），而直隶于天子。各卫之长称为亲军都指挥使，与镇戍诸军同属于枢密院。镇戍之军有万户府、千户所、百户所三等，其长即称为万户、千户与百户。

元为预防地方军人叛变之故，镇戍军均置有达鲁花赤。达鲁花赤之官，始置于西域各城。最初是用以监视当地土官。

> 后（还在太祖时代）以西域渐定，始置达鲁花赤于各城监治之。达鲁花赤，华言掌印官也。（《元史纪事本末》卷十四《官制之定》）

据赵翼研究：

> 达鲁花赤，掌印办事之长官。不论职之文武大小，或路或府或州县，皆设此官……达鲁花赤多以蒙古人为之，汉人亦有官此者。刘好礼为永熙路达鲁花赤，张照为镇江路达鲁花赤，张君佐为黄州达鲁花赤，张贲亨为处州达鲁花赤。（《廿二史札记》卷二十九《蒙古官名》）①

据《大元圣政国朝典章》卷十三《掌印》，凡机关之置有达鲁花赤者，其行文须有达鲁花赤之盖印。陶九成云：

> 今蒙古、色目人之为官者多不能执笔花押，例以象牙或木刻而印之。宰辅及近辅官至一品者，得旨则用玉图书押字，非特赐不敢用。按周广顺二年，平章李谷以病臂辞位，诏令刻名印用。据此则押字用印之始也。（《南村辍耕录》卷二《刻名印》）

由此可知，元代以前，凡押字均署名而不用印。用印虽自五代始，然李谷病臂，不能执笔，故特许其刻印以代署名，此乃例外之事。至元，蒙古、色目人多不知书，于是用印遂成为普遍制度。但蒙古人用印不是传自中华，而是学于西域。

---

① 据日人箭内亘研究，高级官厅，如中书省、行中书省、枢密院、行枢密院、御史台、行御史台，以及中书省之六部均不置达鲁花赤。但地方官厅不问职之文武大小，必置达鲁花赤。地方文武官厅均有主管长官，例如路有总管，府有知府（或府尹）、州有知州（或州尹）、县有知县（或县尹），以上为民政机关；万户府有万户，千户所有千户，百户所有百户，以上为军政机关。参阅《元代蒙汉色目待遇考》第50页以下。

塔塔统阿，畏兀人也……乃蛮大扬可汗尊之为傅，掌其金印及钱谷。太祖西征，乃蛮国亡，塔塔统阿怀印逃去。俄就擒……帝问是印何用，对曰，出纳钱谷，委任人材，一切事皆用之以为信验耳。帝善之，命居左右。是后，凡有制旨，始用印章，仍命掌之。(《元史》卷一百二十四《塔塔统阿传》)

达鲁花赤多以蒙古人为之，间亦任用色目人，至汉人之任斯职者，为数极少。达鲁花赤虽不掌实际政务，只因行文须有他的盖印，遂成为长官，而负监督之责。且看下列之事：

至元十七年，贺仁杰为上都留守……明年(至元十八年)，尚书省立，桑哥用事。奏上都留守司钱谷多失实，召留守忽剌忽耳及仁杰廷辨。仁杰曰，臣汉人，不能禁吏欺奸，致钱谷耗伤，臣之罪。忽剌忽耳曰，臣为长，印在臣手，事未有不关白而能行者，臣之罪。帝曰，以爵让人者有之，未有争引咎归己者，置勿问。(《元史》卷一百六十九《贺仁杰传》)①

据日人箭内亘研究，汉人为各路总管府(民政机关)之达鲁花赤者，虽有十三人，而十一人均在世祖至元十六年以前。十六年以后，只唯贺胜于至大二年为上都总管府达鲁花赤，然而我们须知他乃上都留守兼本路总管、开平府尹贺仁杰之子(《元史》卷一百七十九《贺胜传》，参阅卷一百六十九《贺仁杰传》)。汉人为万户府之达鲁花赤者只有贾秃坚不花一人。反之，汉人为万户者，在世祖时代却有五十人之多(《元代蒙汉色目待遇考》，第54页至第59页)。由此可知，达鲁花赤之职掌，似以监督民政或军政为主②。而在军政则有似于唐代监军之制。

监军之流弊如何，吾人读唐代历史，即可知之。而元，凡军官多系世袭，

---

① 此时贺仁杰为上都留守司之留守，则忽剌忽耳当为留守司之达鲁花赤。
② 达鲁花赤负监督之责，所以凡事必须监督者，均置达鲁花赤。例如中书省之户部不置达鲁花赤，其属宝钞总库有达鲁花赤一员，印造宝钞库亦有达鲁花赤一员，烧钞东西二库各有达鲁花赤一员(《元史》卷八十五《百官志一》)。又枢密院所属诸卫虽以都指挥使为其长官，而阿速、贵赤、西域、钦察四卫，除都指挥使外，又置达鲁花赤(《元史》卷八十六《百官志二》)。

中央军官，四怯薛之长已经世袭了，凡"攻取有功之士，皆世有其军而官之"（《元文类》卷四十《杂著·入官》），即军官"无大小，皆世其官，独以罪去者则否"（《元史》卷九十八《兵志一》）。例如特薛禅之后均为万户（《元史》卷一百一十八《特薛禅传》）；贺进以功为千户，守胶州，及死，子祉，袭父职，为千户，仍守胶州（《元史》卷一百六十六《贺祉传》）；张山从军伐宋，以功为百户，战死，子均袭百户（《元史》卷一百六十六《张均传》）。所以当时"有宁弃相而专将者"，盖"将可传子孙，绎绎无究"（《元文类》卷六十三姚燧撰《真定新军万户张公神道碑》）。这种军事上的世袭制度也和政治上的世袭制度一样，失掉新陈代谢的作用，卒至将骄兵惰，不可复用。柯劭忞说：

> 蒙古起朔方……然不及百年，兵力衰耗，而天下亡于盗贼，何也？其失在军官世袭，使纨绔之童竖，握兵符，任折冲，故将骄卒惰，不可复用也。（《新元史》卷九十八《兵志一·序》）

军官如斯，一般军士亦失去斗志。元之军士初有蒙古军、探马赤军。蒙古军皆国人，探马赤军则诸部落也。及取中原，金民兵，谓之汉军；得宋降兵，谓之新附军（《元史》卷九十八《兵志一·序》、《新元史》卷九十八《兵志一·序》）。蒙古最初所恃以征服各地者乃是蒙古军及探马赤军。这两种军士不但没有粮饷，而且武器马匹亦须自备（《多桑蒙古史》第一卷，第156页）。不过战胜之时，可以恣行掳掠。到了天下混一，四海一家，军士没有掳掠的对象，其作战精神，不免随之衰萎。成宗元贞二年二月，"诏蒙古军以家奴代役者罪之"（《元史》卷十九《成宗纪》），可见世祖以后，蒙古种族即失掉勇敢好战的精神。固然世祖时代，各军均有军粮。

> 世祖定军户之籍，凡蒙古、探马赤、汉军皆月给米五斗、盐一斤，别以米四斗赡其家。及收宋降兵，籍为新附军，以无贴户，月给米六斗，盐一斤，所谓军人盐粮例也。（《新元史》卷一百一《兵志四·军粮》）

军士的粮饷如此，他们生活当然穷苦，纵令天子卫士亦不例外。吾人观下述一事即可知之。

  帝出，见卫士有敝衣者，驻马问之。对曰，戍守边镇，逾十五年，故贫耳。(《续资治通鉴》卷一百九十九仁宗延祐四年秋七月)①

我们所要注意的是，汉军及新附军是由被征服的汉人及南人组织之。元代对于他们本来不予信任，而"淮江以南，地尽南海，则名藩列郡，又各以汉军及新附等军戍焉"(《元史》卷九十九《兵志二·镇戍》)。这种镇戍方法固然因为蒙古种人不多，而却给予汉人与南人以反抗的武器。一方将校因世袭而骄悍，同时兵士因穷苦而怨嗟，元之军政完全腐化。兼以州郡无备，地方士卒最初只持闷棍，以后虽有弓箭，其数又少。盗起一方，实难抵御。

  至元二十三年，省台官言，捕贼巡马，先令执持闷棍以行。贼众多有弓箭，反致巡军被伤。今议给各路弓箭十副，府州七副，司县五副，各令置备防盗，从之。(《元史》卷一百一《兵志四·弓手》)

地方不设军备，所以南人作乱，即蔓延全国，于是元之政权就不能建立于中华之地，而只能北归朔漠，保有其原有领土。这又与历来胡人，例如五胡以及北魏完全不同了。盖蒙古虽入中原，而皇室尚未完全汉化，诸帝多不习汉文(《廿二史札记》卷三十《元诸帝多不习汉文》)，即其明证。按蒙古起于和林，和林在碛北千余里，元虽定都燕京(燕京为大都，开平为上都)，而发祥地之和林仍建为行省之一(岭北行省)，不但借以巩固自己的基础，且欲用以防遏西方部落之叛变。而该地卤碛，不能耕稼，所以汉人不愿移植其地，其地人民亦不能放弃游牧，而事农耕。因此之故，蒙汉合并虽近百年，而蒙古之地尚保存固有习惯，而令元之天子能够北归朔漠。

---

① 蒙古军在山东、河南者，往戍甘肃，跋涉万里，装橐鞍马之资皆其自办。每行，必鬻田产，甚则卖妻子。(《元史》卷一百三十四《和尚传》，此系同金枢密院事千奴之言，千奴为和尚之子)

第四节
元的政治制度

第一项　中央官制

元肇基漠北,最初"方事征讨,重在军旅之事,故有万户、千户之目,而治政刑,则有断事之官"(《元文类》卷四十《官制》)。既取中原,始依中国之制,立朝廷,而建官府。案隋唐的三省制度,到了南宋,已经变更。侍中、中书令、尚书令不但未曾除人,而且法制上亦无其官。唯置左右丞相以代左右仆射,置参知政事以代中书、门下侍郎,并罢门下省不置(《续文献通考》卷五十二《职官二·门下省》)。元兴,似沿南宋之旧。不过南宋之时,门下省虽罢而不置,而中书、尚书二省还是并存,六部亦隶于尚书省。宋太宗曾说,"中书政本"(《宋史》卷二百八十七《李昌龄传》),元丰改制以后,"凡事皆中书取旨"(《栾城集》卷三十七《论三省事多留滞状》),则尚书省并非"佐天子议大政",而只是"奉所出命令而行之"(《宋史》卷一百六十一《职官志一》)。尚书省之下虽置六部,而"掌施行制命",其实六部应取裁之事还是送至中书省或枢密院(《宋史》卷一百六十一《职官志一》),所以中书取旨之后,其所决定者,直接交六部执行,似还可以减少留滞之弊。此种制度在辽金两国已经采用。辽之中央官制有枢密院、中书省、门下省及御史台,中书省置中书令、大丞相、左右丞相、知省事，中书侍郎、同平章事、参知政事等官（《辽史》卷四十七《百官志三》）。金之中央官制只置尚书省、枢密院与御史台，尚书省置尚书令、左右丞相、平章政事、左右丞、参知政事等官（《金史》卷五十五《百官志一》）。即中国官制传到辽金，已经改造。辽废尚书省，金废中书省及门下省。其实，辽之中书省就是金之尚书省。元之制度草创于太宗时代，主其事者则为耶律楚材。楚材契丹人，父履以学行事金世宗，特见亲任，终尚书右丞（《元史》卷一百四十六《耶律楚材传》）。世祖时，又命刘秉忠、许衡定官制。刘秉忠瑞州人，"世仕辽为官族，曾大父仕金为邢州节度副使，因家焉。故自大父泽而下，遂为邢人"（《元史》卷一百五十七《刘秉忠传》）。许衡，怀州河内县人（《元史》卷一百五十八《许衡传》）。邢州及怀州均属河北路，南宋时代均没于金。耶律楚材依辽之制，置中书，不设尚书。刘秉忠、许衡一方保留耶律楚材所置的中书以代尚书，同时因金之制，不设门下，于是元之中央机关就只有中书省、枢密院与御史台。

> 世祖即位，命刘秉忠、许衡酌古今之宜，定内外之官。其总政务者曰中书省，秉兵柄者曰枢密院，司黜陟者曰御史台。（《元史》卷八十五《百官志一》）

> 世祖命刘秉忠、许衡定官制，以中书省管政事，枢密院管兵，御史台司纠劾。（《新元史》卷五十五《百官志一》）

这固然有似于西汉之丞相、太尉与御史大夫。但是太尉并不常置，而御史大夫只是副相，与元代之三权分立并不相同。叶士奇说：

> 世祖立中书省以总庶务，立枢密院以掌兵要，立御史台以纠弹百司。尝言，中书朕左手，枢密朕右手，御史台是朕医两手的。历世遵其道不变。（《历代职官表》卷四《内阁下》、叶士奇《草木子》）

兹将元之中央机关列表如次：

元中央机关表

机关	职官	人数	品秩	职权	备考
三公	太师	一	正一品		太祖十二年，以木华黎为太师，后又以耶律秃花为太傅。太宗时，耶律阿海为太师，耶律秃花为太傅，石抹明安为太保，皆崇以位号，无专职。世祖至元元年，以刘秉忠为太保。至成宗以后，始三公并建。又有太尉、大司徒、司徒，或置或不置，其置者或开府，或不开府。(《新元史》卷五十五《百官志一》)
	太傅	一	正一品		
	太保	一	正一品		
中书省	中书令	一	正一品	领百官，会决庶务。(《元史》卷八十五《百官志一》)	太宗二年，立中书省，以耶律楚材为中书令。自世祖以后，为皇太子兼官。(《新元史》卷五十五《百官志一》)
	右丞相	各一	正一品	统六官，率百司，居令之次。令缺，则总其事，佐天子，理万机。(《元史》卷八十五《百官志一》)	《元典章》中书右左丞相，均从一品。未详何时改正一品，元初官制，中书令正一品，右左丞相从一品。(《新元史》卷五十五《百官志一》)
	左丞相				
	平章政事	四	从一品	掌机务，贰丞相，凡军国重事无不由之。(《元史》卷八十五《百官志一》)	
	右丞	各一	正二品	副丞相，裁成庶务，号左右辖。(《元史》卷八十五《百官志一》)	
	左丞				
	参政	二	从二品	副宰相，以参大政，而其职亚于右左丞。(《元史》卷八十五《百官志一》)	

续 表

机关	职官	人数	品秩	职权	备考
六部	吏部尚书	三	正三品	掌官吏选授调补之政令,及勋封爵邑之制、考课殿最之法。(《新元史》卷五十五《百官志一》)	六部除尚书外,均置侍郎二员正四品、郎中二员从五品、员外郎二员从六品。(《新元史》卷五十五《百官志一》)
	户部尚书	三	正三品	掌天下户口钱粮田土之政令,及贡赋之出纳、金币之转通、府藏之委积。(《新元史》卷五十五《百官志一》)	
	礼部尚书	三	正三品	掌礼乐祭祀朝会燕享贡举之政,及符印简册之制。(《新元史》卷五十五《百官志一》)	
	兵部尚书	三	正三品	掌郡邑邮传屯牧之政,凡兵站屯田之籍、官私刍牧之场,及远人之归化者,悉以任之。(《新元史》卷五十五《百官志一》)	
	刑部尚书	三	正三品	掌刑名法律,凡大辟之按覆、系囚之详谳、孥收产没之籍、捕获功赏之格,悉以任之。(《新元史》卷五十五《百官志一》)	
	工部尚书	三	正三品	掌百工之政,凡营造之程序、材物之给受、铨注局院司匠之官,悉以任之。(《新元史》卷五十五《百官志一》)	
枢密院	知院	六	从一品	掌兵事之机密及宫禁宿卫军官选授简阅之政令。(《新元史》卷五十六《百官志二》)	除知院外,尚有同知四员正二品、副使二员从二品、佥院二员正三品、同佥二员正四品、院判二员正五

续 表

机关	职官	人数	品秩	职权	备考
					品、参议二员正五品。但知院等官人数乃延祐五年以后所定,在此以前,增减不常。其属有六卫,即右卫、左卫、中卫、前卫、后卫、武卫,各有都指挥使(均正三品)等官。(《新元史》卷五十六《百官志二》)
御史台	御史大夫	二	从一品	掌纠察百官善恶、政治得失。(《新元史》卷五十七《百官志三》)	除大夫外,尚有中丞二员正二品、侍御史二员从二品、治书侍御史二员从二品。以上官品乃依大德十一年之制,但治书侍御史应作正三品。又有殿中司殿中侍御史二员正四品。凡大朝会,百官班序,其失仪失列,则纠罚之。察院监察御史三十二员正七品,司耳目之寄,任刺举之事。(《新元史》卷五十七《百官志三》)

这三种最高机关之外,尚有府(例如大宗正府)、寺(例如光禄寺)、司(例如大司农司)、院(例如翰林国史院)、监(例如国子监)、卫(例如六卫,六卫为右卫、左卫、中卫、前卫、后卫、武卫,而为明代五军都督府之渊源)等。元制与吾国古代制度所不同者,许多机关均置达鲁花赤,其置或不置,非依职官之大小,而视事实上是否必要。例如户部不置达鲁花赤,其属如宝钞总库、印造宝钞库、烧钞东西二库则置之。达鲁花赤多以蒙古人为之。

先就中书省言之,元代不立三省,只置中书省以作政务机关。世祖至元七年,曾有一度"议正三省",侍御史高鸣以为国事繁多,取决一省,犹恐有壅,倘设三省,则政务必至停滞。于是三省之议遂罢。

七年,议正三省,高鸣上封事曰,臣闻三省设自近古,其法由中书出政,移门下议,不合则有驳正,或封还诏书。议合,则还移中书,中书移尚书,尚书乃下六部郡国。方今天下大于古,而事益繁,取决一省,犹曰有壅,况三省乎?且多置官者,求免失政也。但使贤俊萃于一堂,联署参决,自免失政,岂必别官异坐,而后无失政乎?故曰,政贵得人,不贵多官,不如一省便。世祖深然之,议遂罢。(《元史》卷一百六十《高鸣传》)

但是元代并不是绝对未设尚书省。元置尚书省,前后曾有三次,第一次置于世祖至元七年春正月,罢于至元九年春正月。第二次置于至元二十四年闰二月,罢于二十八年五月。第三次置于武宗至大二年八月,罢于至大四年春正月。今将《元史》卷八十五《百官志》(以下简称为旧志)所载,用黑体字录之如次,而后再依《新元史》卷五十五《百官志一》(以下简称为新志)以及《元史》卷一百一十二《宰相年表》(以下简称为旧表)、《新元史》卷三十一《宰相年表》(以下简称为新表)做补充的说明:

至元七年,立尚书省,置丞相二员。

此丞相是指中书省右左丞相。旧表及新表均云:"七年,置尚书省,唯置平章以下员。"旧志补充云:"七年,置尚书省,设尚书平章二员、参政三员。"新志云:"七年,立尚书省,中书省增置左丞相一员,平章政事以下如故。尚书省置平章政事一员、同平章事一员、参知政事三员。"新志多"中书省增置左丞相一员"一语,则中书省应有丞相三员。据新旧两表,七年至八年,中书省右丞相为安童,左丞相有忽都察儿及耶律铸二人。故旧志之"置丞相二员"应作"置丞相三员"。

八年,罢尚书省,乃置丞相二员。

新志作九年,而据两表均云,"八年十二月,罢"。又者,因七年有丞相三员,故此处云"乃置二员"。关此,新志较明,"九年,罢尚书省,左丞相仍省为一员"。

二十四年,复立尚书省,其中书省丞相如故。

　　新旧两表均云:"设官如七年制。"旧志补充云:"二十四年,复立尚书省,其中书省丞相二员如故。中书、尚书两省平章各二员,参政各二员。"新志亦云:"二十四年,复立尚书省,置尚书平章政事二员、参知政事二员。"但两表于二十五年处,皆有"新置丞相一员"之语,关此,旧志无载,新志则云:"二十五年,尚书省置右丞相一员,中书省罢左丞相不置。"如是,则在此期间内,当有右丞相二人,一属中书省,一属尚书省。再看两表,旧表于二十五年处云:"中书省右丞相安童,尚书省右丞相桑哥。"而新表反于二十四年载,"中书省右丞相安童,尚书省右丞相桑哥",加以"十一月,升"之注。若再看两纪,桑哥为尚书右丞相,乃在二十四年十一月壬辰。不知何者为是。

二十九年,以尚书省再罢,专任一相。

　　两表均作二十八年五月。此"一相"是指中书省右丞相,盖二十五年中书省已废左丞相不置。新志亦云:"三十八年,罢尚书省,专任一相。"再看两表,自至元二十九年至成宗大德年间,均以完泽为中书右丞相,左丞相缺。

武宗至大二年,复置尚书省,丞相二员、中书丞相二员。

　　旧志又补充云:"至大二年,再立尚书省,平章三员、中书五员,尚书参政二员、中书参政二员。"新志亦云:"至大二年,再立尚书省,置尚书左右丞相各一员、平章政事三员、参知政事二员,中书省增平章政事为五员。"如是,则中书、尚书二省均有左右丞相了。两表对此,所载均欠明了,唯《元史》卷二十三《武宗纪》,至大二年"七月,保八请立尚书省,旧事从中书,新政从尚书"。"八月,立尚书,以乞台普济为右丞相,脱虎脱为左丞相,三宝奴、乐宝为平章政事,保八为右丞,忙哥铁木儿为左丞,王黑为参知政事。"

四年,尚书省仍归中书,丞相凡二员,自后因之不改。

新志亦云:"至大四年,尚书省并入中书省,尚书省丞相以下诸官并罢。"

以上乃简单说明尚书省之组织以及尚书省设置之时,中书省之组织有何变更。尚书省旋设旋罢,第一次只有两年,第二次较长,而亦不过四年又三个月,第三次不过一年又四个月而已。尚书省为何忽设忽罢?其设也,因财政上之必要;其罢也,因其发生流弊。尚书省设置之前,即至元三年春正月,立"制国用使司",以阿合马为使;二月,以中书右丞张易同知制国用使司事,参政事张惠为制国用使司副使(《元史》卷六《世祖纪三》)。当时南宋未灭,世祖以用兵之故,"急于富国",阿合马"以功利成效自负",遂置"制国用使司"(《元史》卷二百五《阿合马传》),是则"制国用使司"乃如宋之三司使一样,为"总司财用"之机关。阿合马"欲专奏,请不关白中书",虽经张文谦之反对,而作罢论(《元史》卷一百五十七《张文谦传》)。然至元七年,遂立尚书省,而废"制国用使司"。

至元七年春正月,立尚书省,罢制国用使司,以……制国用使阿合马平章尚书省事,同知制国用使司事张易同平章尚书省事,制国用使司副使张惠、签制国用使司事李尧咨、麦术丁并参知尚书省事。(《元史》卷七《世祖纪四》)

由此可知,尚书省乃代替制国用使司之机关,其中官员不但阿合马,即张易、张惠等等都是制国用使司之旧员。此时,不但户部,即"掌天下官吏选授之政令"的吏部其职权也为尚书省所剥夺。

初立尚书省时，有旨，凡铨选各官，吏部拟定资品，呈尚书省，由尚书咨中书闻奏。至是，阿哈玛特（即阿合马）用私人，不由部拟，不咨中书。丞相安图以为言。世祖问阿哈玛特，阿哈玛特言事无大小，皆委之臣；所用之人，宜自择。安图因请，自今唯重刑及迁上路总管始属之臣，余事并付阿哈玛特，庶事体明白。世祖俱从之。《《元史》卷二百五《阿合马传》）

　　这样，中书之权殆完全移于尚书省。既而世祖悟中书、尚书二省并立之弊，又于九年并尚书省入中书省，仍以阿合马与张易为中书平章政事，张惠为中书左丞，李尧咨、麦术丁参知中书政事《《元史》卷七《世祖纪四》）。名义上尚书省虽罢，而阿合马之徒专横如故。十九年，有益都千户王著，发义愤击杀之。

　　南宋灭亡之后，世祖一方承祖宗之遗训，同时依中国传统之观念，要求四裔称臣纳贡，而继续其征讨之行为。财政需要极为迫切，所以又用"能救钞法、增课额"之卢世荣，以为中书右丞。"世荣居中书才数月，恃委任之专，肆无忌惮，视丞相（时安童为丞相）蔑如也。"然其所行，不过"苛刻诛求，为国敛怨"，肆恶二年，始诏诛之，时为至元二十二年。（《元史》卷二百五《卢世荣传》）世祖既急于国用，而廷臣讳言财利事，无以副世祖之意。于是又于至元二十四年立尚书省，以桑哥为平章政事，"诏告天下，改行中书省为行尚书省，六部为尚书六部。更定钞法，颁行至元宝钞于天下，中统钞通行如故"《《元史》卷二百五《桑哥传》，僧格即桑哥）。二十五年，尚书置右丞相一员，以桑哥任之。桑哥"以理算为事"，天下骚然。又以刑赏为市，"入高价以贾所欲，贵价入，则当刑者脱，求爵者得，纲纪大坏，人心骇愕"《《元史》卷二百五《桑哥传》）。二十八年春正月，桑哥以罪罢。五月，废尚书省，事皆入中书。

　　武宗之世，兴土木，滥赐赉，财政大见穷匮，遂于至大二年立尚书省，以乞台普济为右丞相，脱虎脱为左丞相，三宝奴、乐宝为平章政事《《元史》卷二十三《武宗纪》）。"既创至大银钞，又铸至大铜钱"，而"倍数太多，轻重失宜"，卒至钞法大乱，民生日弊《《新元史》卷七十四《食货志七·钞法》）。四年春正月，武宗崩，仁

宗践祚,以尚书省"变乱旧章,流毒百姓",又将尚书省并入中书省。脱虎脱、三宝奴等俱伏诛。(《元史》卷二十四《仁宗纪一》)

　　元代三置尚书省,其间均甚短暂,本书所以不厌说明者,盖欲证明尚书省之设置,目的乃在于解决财政上的困难。到了财政困难不能解决,反而发生流弊之时,即罢而不置。然则试问中书省何不可理财,而必别设一省?我赞成陈邦瞻之言:"元世任用勋旧,诸人(指阿合马、桑哥等)皆新进,若与之同官,势必出其下,不可得志。惟别立尚书省,而中书之权遂夺,权夺而诸勋旧束手拥虚位矣。此阿合马诸人之谋也。"(《元史纪事本末》卷十五《尚书省之复》)

　　关于中书省的组织,本书已列表于上,兹再略加说明。中书省置中书令一人,以皇太子兼之。陶九成云:

　　　　惟皇太子立,必兼中书令、枢密使。(《南村辍耕录》卷二十二《皇太子署牒》)

中书令固然必以皇太子兼之,而皇太子却不是"必"兼中书令,其见于《元史》纪传者,据《续通考》所载:

　　　　元中书省有中书令一人,太宗以相臣为之。世祖以皇太子兼之(原注,《裕宗纪》,中统三年,封燕王,守中书令),至元十年,立皇太子(即裕宗),行中书令。大德十一年,武宗已即位,以皇太子(原注,仁宗时为皇太子)领中书令。延祐三年,仁宗复以皇太子(原注,英宗时为皇太子)行中书令。(《续文献通考》卷五十二《中书省》)

　　此系世祖以后之事。世祖以前,耶律楚材于太宗时(《新元史》卷一百二十七《耶律楚材传》),杨惟中于定宗时(《新元史》卷一百三十三《杨惟中传》)均曾拜为中书令。自从世祖以皇太子兼为中书令之后,皇太子乃虚挂其名,不任其事。所以中书省的长官并不是中书令,因之元代宰相实际上乃是右丞相及平章政事等官。

　　元代不设尚书省,又废门下省,所以政务机关只有中书省一所。成宗大德十一年十二月（此时成宗已崩，武宗即位，尚未改元）诏，"一切公事并经由中书省，可否施行，毋得隔越闻奏，违者究治"（《大元圣政国朝典章》卷一《振朝纲》。《新元史》卷十五《武宗纪》亦有此诏）。所以武宗才云："中书政本也。"（《新元史》卷十五《武宗纪》至大元年七月）即如孟攀鳞所说："纪纲制度悉由中书。"（《新元史》卷一百八十五《孟攀鳞传》）然而中书令不过虚位，因之右左丞相就成为枢机之任，故志云："右丞相、左丞相总省事，佐天子理万机。"（《新元史》卷五十五《百官志一》）元尚右，右丞相的地位乃比左丞相为高。"故事，右丞相必用蒙古勋臣。"（《新元史》卷十七《仁宗纪》延祐四年九月）所谓"故事"当指至元四年以后之事。世祖中统二年夏五月，史天泽固为中书右丞相（《新元史》卷一百三十八《史天泽传》），此时左丞相则为耶律楚材之子铸（《新元史》卷一百二十七《耶律铸传》，参阅卷三十一《宰相年表》）。至元四年以后，右丞相才专任蒙古人（《新元史》卷三十一《宰相年表》）。自此时始，不但右丞相，就是左丞相，也不用汉人（《新元史》卷三十一《宰相年表》），天子固有选任丞相的自由，有时亦尝询及群臣，如世祖至元二年之用安童（《新元史》卷一百八十三《崔斌传》），二十八年之用完泽（《新元史》卷一百九十七《完泽传》），皆曾咨于廷臣。然此只是例外之事。案元置右左二丞相，盖欲他们互相牵制。二相制度在秦代及西汉初年亦曾有之。但牵制太甚，又有害政务之施行，所以天子为专任责成起见，又常只用一相。例如：

完泽改拜中书右丞相，忽必烈汗惩前政出多门之弊，虚左丞相不置，而专任之。（《蒙兀儿史记》卷八十七《完泽传》）

拜住初拜左丞相，及进右丞相，英宗遂不置左相，使拜住独任大政。（《新元史》卷一百一十九《拜住传》）

余查《元史》（卷一百一十二及一百一十三）及《新元史》（卷三十一）《宰相年表》，完泽独相约有七年之久（由世祖至元二十九年至成宗大德二年），拜住独相不及一年（由英宗至治二年十一月至三年八月）。此外，燕铁木儿独相在两年以上（由文宗至顺元年二月至三年），伯颜独相在四年以上（由顺帝至元元年七月至五年），脱脱独相将近五年（由顺帝至正九年七月至十三年）。但两表所载与各本传常有出入。

固然侍御史韩若愚曾谓："国制,宰相必历御史大夫。"因此,倒剌沙就由左丞相徙为御史大夫,旋复由御史大夫拜左丞相,此泰定帝泰定二年事也。此时群臣反对倒剌沙甚为激烈,韩若愚之言乃为倒剌沙解决难题,所以史云"倒剌沙悦"(《新元史》卷二百四《倒剌沙传》)。元代未必真有其制,纵令有之,亦不过偶尔而已,非若汉世御史大夫位次丞相,有副相之称者可比。《新元史》(卷二百三)《韩若愚传》只云:"故事,朝廷重臣必为御史大夫。"是则非必指宰相言之。

元制,不但右左丞相为宰相之职,即平章政事虽"位亚丞相"(《新元史》卷二百一十三《成遵传》),但"军国重事无不由之"(《新元史》卷五十五《百官志一》)。右左丞亦"副丞相,裁成庶务"(《新元史》卷五十五《百官志一》),所谓庶务并不是省内杂务,不但可与丞相讨论大政,而且论事不合,尚可面斥丞相(《新元史》卷一百四十八《郝天挺传》)。何况右左丞之下尚有参知政事"职亚于丞",亦得"参决大政"(《新元史·百官志一》)?总之,右左丞相(各一员)、平章政事(二员)、右左丞(各一员)、参知政事(二员)均是宰相,合称八府(《新元史》卷三十一《宰相年表》)。

中书省之下设置六部,六部自昔皆隶于尚书省,至元,才改隶于中书省。六部的名称虽然依隋唐之旧,但"中统初,以吏户礼为左三部(即合为一部),兵刑工为右三部(亦合为一部)。至元中,又以吏礼为一部,兵刑为一部,户工各为一部,其后始分列为六部"(《历代职官表》卷五《吏部·元》)。尚书省设置之时,六部何隶,各书所载不甚明了。但第二次设置尚书省之时,六部隶属于尚书省,则无疑义。此不但《元史·桑哥传》载有明文,《新元史》(卷一百九十八)《不忽木传》亦云,至元二十八年,世祖诛桑哥,"罢尚书省,复以六部隶于中书"。观"复"之一字,可知此中消息。

元代既废门下省,复罢尚书省,而以中书为政务机关,则唐代属于门下、中书两省之许多谏官,例如左右谏议大夫等等又将孰属?关此,我们不能不追述辽金之制。盖元之制度多仍辽金之旧。辽置左右谏院,有左右谏议大夫、左右补阙、左右拾遗,左属门下省,右属中书省(《辽史》卷四十七《百官志三》)。然而我们须知辽之中书省即唐宋之尚书省。金废门下省及中书省,其政务机关仍是尚书省。然却另设一个独立的谏院,有左右谏议大夫、左右司谏、左右补阙、左右拾遗等官。(《金史》卷五十六《百官志二》)元代不设谏官(《续文献通考》卷五十二《职官二》)。中书省既系政务机关,所以"事有失当及除授非其人,则论奏封还词头"(《宋史》卷一百六十一《职官志一》)之中书舍人也付阙如。给事中(宋属门下省)之官虽然存在,而其职已与北宋不同,即不是"政令有失当,除授非其人,则论奏而驳正之"(《宋史》卷一百六十一《职官志一》),而是"凡奏闻之事悉纪录之,如古左右史"(《新元史》卷五十九《百官志五》,参阅《元史》卷八十八《百官志四》)。即和南宋之给事中一样,"掌记天子言动"(《宋史》卷一百六十一《职官志一》)。"元给事中为修起居注之职。"(《续文献通考》卷五十二《职官二》)于是宋代之台(御史台)、谏(谏官)、给(给事中)、舍(中书舍人),事实上只有御史台一所。到了英宗即位,因鉴中书省权任太重,宰相夤缘为奸,如世祖时之阿合马(《新元史》卷二百三十三《阿合马传》)、仁宗时之铁木迭儿(《新元史》卷二百二十四《铁木迭儿传》),无不利用权势,祸国殃民,所以英宗从监察御史锁咬儿哈的迷失之言,"凡有奏行布告,并从中书省送国史翰林院详定可否,著为令"(《新元史》卷一百三十一《锁咬儿哈的迷失传》),即用国史翰林院(亦称翰林兼国史院,其组织与宋代之翰林院略相同,参阅《新元史》卷五十七《百官志三·翰林兼国史院》)以代宋代之给舍。然在天子荒庸、丞相奸邪之时,也和宋之给舍一样,不生效用。

次就枢密院言之,枢密院之组织大体依宋之制,也可以说是依金之制。但宋(《宋史》卷一百六十二《职官志二》)、金(《金史》卷五十五《百官志一》)均有枢密使,而《元史》及《新元史》乃无枢密使之官。《元典章》(《大元圣政国朝典章》卷七《职品》),于"从一品"中有枢密院使之名。《世祖纪》(《元史》卷五《世祖纪二》),中统四年五月,"初立枢密院,以皇子燕王守中书令,兼判枢密院事"。《裕宗传》(《元史》卷一百十五《裕宗传》)亦云:"中统三年,封燕王,守中书令。四年,兼判枢密院事。至元十年二月,立为皇太子,仍兼中书令,判枢密院事。"所谓"判枢密院事"是否枢密使,《元史》(卷一百四十八)《董文忠传》有"至元十六年十月,奏曰,陛下始以燕王为中书令、枢密使"之言,而《世祖纪》(《元史》卷十四《世祖纪》)复云:至元二十三年秋七月癸巳,"铨定省院台部官,诏谕中外。中书省除中书令外,左右丞相并一员、平章政事二员云云;枢密院除枢密院使外,同知枢密院事一员、枢密院副使二员云云",则所谓判枢密院事当系兼枢密使之意,所以陶九成说:"惟皇太子立,必兼中书令、枢密使。"(《南村辍耕录》卷二十二《皇太子署牒》)其明白见于文献者,姚燧所撰之《普庆寺碑》(《元文类》卷二十二)有"武宗之至,既践天位,惟以其月授皇太子宝中书令、枢密使,诞告四方"云云。不过枢密使既由皇太子兼任,所以也同中书令一样,皇太子徒有虚衔,不莅其事,实际长官则为知院。

枢密院"掌兵事之机密"(《新元史》卷五十六《百官志二》),关于军机之事,可直接向天子奏陈,故明宗谕曰:"军务机要,枢密院即奏闻,毋以夙夜为间而稽留之。"(《新元史》卷二十《明宗纪》)元既依宋制,将政事与军事分开。然政与军之分权,在宋已经发生弊端,所以常使宰相兼枢密使之职。元代亦然,常命中书省之平章政事或右左丞商议枢密院事。如世祖时,李庭拜尚书左丞,商议枢密院事(《新元史》卷一百六十二《李庭传》);至大初,李世安拜平章政事,商议枢密院事(《新元史》卷一百八十《李世安传》),即其例也。

《元史》尚有行枢密院之制,"有大征伐之事则置之,止曰行院;为一方之事而设,则称某处行枢密院,事已则罢"(《新元史》卷五十六《百官志二》),即行枢密院不是常设机关。其曾设置者有西川、江南、甘肃、河南、岭北数处(《元史》卷八十六《百官志二》),而其职官亦各处不同。旧志关于西川行枢密院,只云中统二年始置,设官二员。关于岭北行枢密院,则云,天历二年置,设知院一员、同知二员、副枢一员、佥院二员、同佥一员、院判二员(品秩不详),即其职官与中央之枢密院大略相同。

三就御史台言之,元初,不置御史,其设置的由来,依《元史》所载,又有二说,一说是依高智耀之言:

> 智耀又言,国初庶政草创,纲纪未张,宜仿前代置御史台,以纠肃官常。至元五年,立御史台,用其议也。(《元史》卷一百二十五《高智耀传》)

另一说是从张雄飞之奏:

雄飞曰,古有御史台,为天子耳目,凡政事得失、民间疾苦,皆得言。百官奸邪、贪秽不职者,即纠弹之,如此,则纪纲举,天下治矣。帝(世祖)曰善,乃立御史台。(《元史》卷一百六十三《张雄飞传》)

高智耀河西人,世仕夏国,世祖在潜邸,已闻其贤,及即位,召见,拜翰林学士。张雄飞琅琊临沂人,父仕金。至元二年,廉希宪荐之于世祖,授同知平阳路转运司事。不久,处士罗英又谓雄飞乃公辅器,帝命驿召雄飞,问以政事,雄飞请立御史台。由此观之,大约高智耀言之在先,而促成世祖之设置御史台者则为张雄飞。但设置之后,当时权臣反对甚烈。幸有汉化的色目人廉希宪反驳,始不撤废。

五年,始建御史台,继设各道提刑按察司。时阿合马专总财利,乃曰,庶务责成诸路,钱谷付之转运,今绳治之如此,事何由办?希宪曰,立台察古制也。内则弹劾奸邪,外则察视非常,访求民瘼,裨益国政,无大于此。若去之,使上下专恣贪暴,事岂可集耶?阿合马不能对。(《元史》卷一百二十六《廉希宪传》)

廉希宪为布鲁海牙之子,畏吾儿人(色目人),已经汉化,"笃好经史,手不释卷"(《元史》卷一百二十六《廉希宪传》)。元自太祖以降,最深信的,除蒙古人外,以畏吾儿人为首。廉希宪之言如此,御史台遂得以幸存。

御史台之组织,本书已经列表于上,御史台得独立行使职权,元为维持御史台的独立,就采用了三种制度。其一,御史许风闻言事(《新元史》卷二百二十四《哈麻传》,此系监察御史海寿之言),此制始自唐代,至宋已经发生流弊,吾人观吕海及范镇之言(《宋史》卷三百二十一《吕海传》、卷三百三十七《范镇传》),即可知之。其二,台臣均由台方自行选用,此亦萌芽于宋。至元十九年,御史中丞崔彧建言:"选用台察官,若由中书,必有偏徇之弊,御史宜从本台选择,从之。"(《新元史》卷一百八十四《崔彧传》)到了至元二十七年,又"诏风宪之选,仍归御史台,如旧制"(《新元史》卷十《世祖纪》至元二十七年三月)。由"仍归"及"如旧制"等字观之,可知崔彧之建议虽蒙世祖接受,中间必曾废止。其三,御史台若有奏言,得"实封言事"(《新元史》卷一百九十《叶李传》),换言之,即加密封,"至御前开拆,以防壅蔽之患"(《新元史》卷一百七十二《李稷传》)。有此三种制度,所以元代不乏敢言之士,且能以去就争。例如至元(此系顺帝年号)七年时:

> 监察御史劾奏别儿怯不花(时为中书右丞相),章甫上,黜御史大夫懿怜真班为江浙行省平章政事。朵尔直班(木华黎之后,时为御史中丞)曰,若此,则台纲安在?乃再上章劾奏,并请留懿怜真班,不允。台臣皆上印绶辞职。帝谕朵尔直班曰,汝毋辞。对曰,宪纲隳矣,臣安得独留?帝为之出涕。(《新元史》卷一百二十《朵尔直班传》,参阅卷二百一十《别儿怯不花传》)

帝虽垂涕,而不能黜罢别儿怯不花,且加官为太保。翌年,御史张桢又劾,乃谪别儿怯不花于渤海。观此一事,可知元代御史固能尽职。

元代御史台之组织大体依宋之制,但尚有三点不同,其一,吾国古代关于违法与失策有所分别,违法由御史弹击之,失策由谏官纠正之。宋置言事御史,御史与谏官已将混同。元则不设谏官,因之御史台除掌纠察百官善恶之外,又掌纠察政治得失(《元史》卷八十六《百官志二》、《新元史》卷五十七《百官志三》),即失策与违法完全混为一谈。成宗元贞年间,李元礼言:"今朝廷不设谏官,御史职当言路,即谏官也。"(《新元史》卷一百九十六《李元礼传》)可为一证。其二,唐时,御史台以御史大夫为台主,中丞贰之,其属有三院,即台院(侍御史)、殿院(殿中侍御史)、察院(监察御史)。宋以御史中丞为台主,侍御史贰之,然三院名目犹存。(《宋史》卷一百六十四《职官志四》)金置御史大夫,而以中丞为之贰,又有侍御史二员判台事;复有治书侍御史二员,掌同侍御史。更置殿中侍御史二员,专劾朝者失仪;监察御史十二员,纠察内外非违。(《金史》卷五十五《百官志一》)元似依金之制,虽置御史大夫,中丞为之贰,而侍御史与治书侍御史复判台事。其台属只保存殿中司与察院。殿中司置殿中侍御史二员,凡大朝会百官班序,其失仪失列,则纠罚之。察院置监察御史三十二员,司耳目之寄,任刺举之事。(《元史》卷八十六《百官志三》)唐宋御史台之三院,至元减为二院(殿中司与察院），这种改制是有理由的。宋时，台院置侍御史一员，掌贰台政。侍御史既只一员，而又为台长（御史中丞）之贰，则其地位自与殿中侍御史（殿院）、监察御史（察院）不同，何必再设一院，而与殿院、察院并列？但元之殿中司只置侍御史二员，所以明代又省殿院，以纠仪之事并入察院。历代规制至此一变。其三，唐代监察御史（察院）十人，掌分察百僚，巡按州县。其后分天下为十五道，各置采访使一人，检察如汉刺史之职。宋代监察御史（监院）六人，掌分察六曹及百司之事，纠其误谬（《宋史》卷一百六十四《职官志四·御史台》），以区区六人之数，自难监察州县。固然各路置有转运使，掌"经度一路财赋"，而又同时"专举刺官吏之事"（《宋史》卷一百六十七《职官志七·转运使》）；又有提点刑狱"掌察所部之狱讼，而平其曲直"，复同时"举刺官吏之事"（《宋史》卷一百六十七《职官志七·提点刑狱》）。唐宋制度均有缺点，采访使演变为节度使，酿成方镇之祸。转运使既掌财赋，提点刑狱既掌狱讼，而又举刺官吏之事，这是有反于汉刺史掌奉诏条察州之制的。元制于此，甚为特殊。中央置内台（御史台），江南、陕西置行台，设官品秩同内台（《元史》卷八十六《百官志二》）。质言之，内台就是御史台，外台有二，一曰江南诸道行御史台，二曰陕西诸道行御史台。行御史台亦置大夫、中丞、侍御史、治书侍御史、监察御史等官，除员数略减外，品秩同内台。三个御史台就是三大监察区，而每区又分为数道肃政廉访司，全国共有二十二道。每道置廉访使二员（正三品）、副使二员（正四品）、佥事四员（正五品）等官。（《新元史》卷五十七《百官志三·御史台》）兹依《元史》（卷八十六《百官志二》）所载，将全国二十二道肃政廉访司列表如次：

全国二十二道肃政廉访司表

内道八隶御史台	
山东东西道济南路置司	山南江北道中兴路置司
河东山西道冀宁路置司	淮西江北道庐州路置司
燕南河北道真定路置司	江北淮东道扬州路置司
江北河南道汴梁路置司	山北辽东道大宁路置司

续表

江南十道隶江南行台	
江东建康道宁国路置司	海北海南道雷州路置司
江西湖东道龙兴路置司	福建闽海道福州路置司
江南浙西道杭州路置司	
浙东海右道婺州路置司	陕西四道隶陕西行台
江南湖北道武昌路置司	陕西汉中道凤翔府置司
岭北湖南道天临路置司	河西陇北道甘州路置司
岭南广西道静江府置司	西蜀四川道成都路置司
海北广东道广州路置司	云南诸路道中庆路置司

案元初，依宋提点刑狱之官，置提刑按察司，有举刺地方官之权，至元二十八年，从中书右丞何荣祖之言，改称为肃政廉访使（《元史》卷八十六《百官志二·肃政廉访司》、卷一百六十八《何荣祖传》）。但廉访之名亦始自宋代，宋置走马承受，虽以监视一路军事为职，而常纠察帅臣之行政。政和六年，改为廉访使者。靖康初，复为走马承受。（《宋史》卷一百六十七《职官志七·走马承受》）这就是"廉访"名称之所由始。

总之，元代监察机关比之前代，规模甚见庞大。内台及外台均置有监察御史，而各道复设肃政廉访司，置廉访使等官，其如何分职，各书均不说明，也无资料可供吾人参考。诏书亦常同时下令肃政廉访司及监察御史纠察官邪。例如：

> 至元三十一年七月（案此时世祖已崩，成宗嗣位），钦奉圣旨节文，今命御史大夫首振台纲，凡……所在官司不务存心抚治，以致军民困苦，或冤滞不为审理，及官员侵盗欺诳、污滥不法，若此之类，肃政廉访司监察御史有能用心纠察，量加迁赏，若罪状明白，廉访司御史台不为纠弹，受

贿徇情,或别作过犯,诸人陈告,得实罪,比常人加重。诬告者抵罪反坐。(《大元圣政国朝典章》卷二《肃台纲》)

　　大德十年五月十八日,钦命诏书,内一款,监察御史廉访司官所以纠劾官邪,徇求民瘼,肃清刑政,共成治功。今后各思所职,有徇私受贿者,照依已降圣旨,加重治罪。(《大元圣政国朝典章》卷二《肃台纲》)

　　至大二年九月,尚书省(是年置尚书省)钦奉诏书,内一款,风宪为纪纲之司,民生休戚,官政废举,关系匪轻。御史台戒饬监察御史廉访司体承美意,协赞治功。所司奉诏不虔,并行究治。(《大元圣政国朝典章》卷二《肃台纲》)

上举三道诏书均并举廉访司及监察御史,可知两者品秩虽有高低之别,而其职权则无差异。职权既然相同,难免有彼此意见不同之处。意见不同,依吾国古代"御史人君耳目,比肩事主,得各弹事"之制,御史台恐无决定之权,决定之权在于天子。至于达鲁花赤只是行政官,对于各机关的行政给予同意或不同意而已。

前已述及"故事,台端非国姓不以授"(《元史》卷一百四十《太平传》)。汉人为此者只有贺惟一一人,而此事乃在顺帝至正六年。此时天下已乱,而贺惟一又改姓名曰太平。固然察院之监察御史,至元五年,始置十一员,悉以汉人为之;八年,增置六员;十九年,增置一十六员,始参用蒙古人为之。至元二十二年,参用南儒二人。(《元史》卷八十六《百官志二》,其总数为三十三员,而非三十二员。《新元史》卷五十七《百官志三》所载亦然。但陶九成之《南村辍耕录》卷二《置台宪》则云监察御史十二人,复增至十六人,皆汉人,又增蒙古、色目人,如汉人之数,今三十二人。)反之各道廉访使,据《元史》说:

　　各道廉访司必择蒙古人为使,或阙,则以色目世官子孙为之,其次参用色目、汉人。(《元史》卷十九《成宗纪》大德元年四月)

即廉访使原则上以蒙古人为之,但汉人并不是绝不任用。例如程巨夫于世祖、成宗、武宗三朝,历任福建闽海道、江南湖北道、山南江北道、浙东海右道肃政廉访使(《元史》卷一百七十二《程巨夫传》),即其例也。

第二项　地方官制

元之地方官制甚见复杂,兹应先行说明者则为行省制度。元置中书省以作政务机关,河北、山东西之地由中书省直辖之,这称为腹里(《元史》卷五十八《地理志一》),如汉三辅之制。腹里之外,则建行中书省,凡十一。

元代行中书省表

行省名称	治所	辖地	备考
河南、江北等处行中书省	开封	自河南至淮东西,又河北之境亦分属焉。	至正十二年,分置淮南、江北行中书省。
江浙等处行中书省	杭州	自两浙以至江西之湖东,又福建境内皆属焉。	至元十五年,曾设福建行省,其后时置时废。至正十六年,又置。
江西等处行中书省	南昌	自江西至广东之境皆属焉。	
湖广等处行中书省	武昌	自湖广至广西、贵州及四川南境皆属焉。	至正中,分置广西行省。
陕西等处行中书省	京兆	自陕西以至汉中,又西南至四川西山诸州之境皆属焉。	
四川等处行中书省	成都	自四川及湖广、贵州诸蛮境皆属焉。	
辽宁等处行中书省	辽阳	辽东西诸城镇以及高丽之西京皆属焉。	
甘肃等处行中书省	甘州	自灵武至炖煌之境皆属焉。	

续表

行省名称	治所	辖地	备考
岭北等处行中书省	和林	漠北诸屯戍皆属焉。	
云南等处行中书省	昆明	自云南接四川西南，又东接贵州西境诸蛮皆属焉。	
征东等处行中书省	汉城	高丽国境皆属焉。	

行省之制渊源于魏晋之行台。魏晋之行台与元代御史台之行台不同，而是指尚书省之行台。尚书在汉称为尚书台，亦称中台（《通典》卷二十二《尚书省》），其改称为省，未识其确定时代。南北朝时，宋曰尚书寺，亦曰尚书省，亦谓之内台（《通典》卷二十二《尚书省》），南齐又称之为尚书台或内台（《南齐书》卷十六《百官志》）。《隋书》关于梁陈制度，则用尚书省之名（《隋书》卷二十六《百官志上》）。其在北朝，《魏书》（卷一百一十三）《官氏志》，载有令仆之官，而不言尚书省。但有道武帝"天赐二年二月，复罢尚书三十六曹，别置武归、修勤二职，分主省务"之言，又有太武帝"神䴥元年三月，置左右仆射、左右丞、诸曹尚书十余人，各居别寺"之语。是则后魏尚书称省或称寺，尚未确定。然在北齐，则《隋书》（卷二十七《百官志中》）直云："尚书省置令仆。"以予考之，尚书称省，大约开始于南北朝中叶以后，而确定于隋唐两代。唐时杨收谓"汉制，总群官而听曰省，分务而专治曰寺"（《新唐书》卷一百八十四《杨收传》）。台之含义当与寺同。杜佑关于行台省云：

行台省魏晋有之，曹魏末，晋文帝讨诸葛诞，散骑常侍裴秀、尚书仆射陈泰、黄门侍郎钟会等，以行台从。至晋永嘉四年，东海王越帅众许昌，以行台自随是也。及后魏谓之尚书大行台，别置官属。北齐行台兼总民事，自辛术始焉。其官属置令、仆射，其尚书丞、郎皆随时权制。隋谓之行台省，有尚书令、仆各一人……有考功、礼部、兵部、刑部、度支、工部、屯田侍郎各一人……盖随其所管之道，置于外州，以行尚书事（例如开皇八年，将伐陈，则置淮南行台省于寿春。九年，已平陈，即废淮南行台省）。大唐初，亦置行台，贞观以后废。（《通典》卷二十二《行台省》）

马端临则谓：

> 按行台省之名虽始于魏晋之间，然两汉初兴，高祖所以委萧何，世祖所以命邓禹，其权任盖亦类此。唐天宝以后，以盗贼陷两京，夷狄侵畿甸，则或以大元帅、副元帅，命亲王勋臣为之。然但可任专征之责，而他事则禀朝旨，则亦未尝备行台省之事也。至其末年，方镇擅地请节，于是或以侍中、中书令、同平章事、王爵命之，如钱镠、马殷、王审知之徒，盖名为奉正朔，而实自为一朝廷矣。然则行台省之名，苟非创造之初，土宇未一，以此任帷幄腹心之臣，则必衰微之后，法制已隳，以此处分裂割据之辈。至若承平之时，则不宜有此名也。（《文献通考》卷五十二《行台省》）

元代之行中书省乃依金制。金于中央置尚书省，称之为中台。在全国襟带之地，又置行台尚书省，除不置令之外，一切官属与中台同。但行台官品皆下中台一等。（《金史》卷五十五《百官志一》）前已说过，元废尚书省及门下省，只置中书省，故不曰行台尚书省，而曰行中书省。至其设置之故，当如马端临所说："创造之初，土宇未一，以此任帷幄腹心之臣。"①

行中书省之组织，两史《百官志》均云："每省丞相一员，从一品（中书省右左丞相各一员，正一品。只唯中书省丞相官品高于行省丞相一级，其他官品皆同）；平章二员，从一品；右丞一员、左丞一员，正二品；参知政事二员，从二

---

① 尚书省设置时，行中书省就改为行尚书省，《元史》（卷十四《世祖纪》）、《新元史》（卷十一《世祖纪》）至元二十四年闰二月，立尚书省，改行中书省为行尚书省。又《元史》（卷二百五）、《新元史》（卷二百二十三）《桑哥传》亦有"二十四年闰二月，复置尚书省，诏告天下，改行中书省为行尚书省"。

品。"(《元史》卷九十一《百官志七》、《新元史》卷五十五《百官志一》)即行省职官之名称与品秩乃和中书省相同。但关于行省丞相,两史《百官志》又云:"丞相或置或不置,尤慎于择人,故往往缺焉。"至元二十三年秋七月癸巳,铨定省院台部官之时,行中书省并无丞相,只有平章政事二员、左右丞并一员、参知政事二员(《元史》卷十四《世祖纪十一》)。吾查《新元史》(卷三十二及卷三十三),《行省宰相年表》所载,行省亦多以平章政事为长官,其以丞相为长官者为数极少。所以我们以为行省原则上不置丞相,设置丞相多在大征伐之时,如至元十一年要远征日本,改荆湖、淮西二行枢密院为二行中书省,伯颜、史天泽并为左丞相(《元史》卷八《世祖纪五》),即其例也(可参阅《新元史》卷三十二及卷三十三《行省宰相年表》,并与本纪及各传对照)。

行省以下,制度似无一定规则,《历代职官表》云:

谨案,元州县之制分路府州县四等,以路领州,以州领县。而腹里则以路领府,以府领州,以州领县,是诸州之设皆在县上。然考《元史·地理志》,诸路州之领县者既与录事司之诸县并列,其号为州而不领县者,考其地域即后日之一县,而亦与府州并列。盖直隶州与诸州参杂而不分,与明代府州县之制虽不尽相同,而属州之制固自元始也。至元中,以县升州者四十有四,既为明代诸州定制之所由始,而州县并以尹名,兼设达鲁花赤一员,元明同异之制可以参考焉。(《历代职官表》卷五十四《知州知县等官表》)

又云:

谨案,元制,总管府之下有录事司,如今(清代)各直省之首府。有散府,与今各府相近,而所隶各异。其隶各路行省(应作行省各路)者,制与今同。其直隶省部者,则不与今同也。元诸州亦有领县不领县之分,然《地理志》所载,即不领县之州亦得与诸散府并列,以直达于各路。惟腹里诸路则以路领府,以府领州,而州又自领县。其制与今各府所领之州

又不甚相合也。(《历代职官表》卷五十三《知府直隶州知州表》)

《历代职官表》所述与《元史·地理志》所载未必符合。盖腹里之路未必都是以路领府,以府领州,其以路领州者亦有之,例如保定路领七州,州领十一县,并不设府。而行省未必都是以路领州,其以府领州者亦有之,例如南阳府(属河南江北行省)领五州,州领十一县。不过行省之以府领州者,府乃与路并列,而直达于行省。兹依《元史·地理志》,作表如次,而后再加说明:

省 ┬ 路 ┬ 州—县(例如中书省领曹州等八州,州之下有县)
　　│　　├ 县(例如安庆路领六县,安庆路属河南江北行省)
　　│　　├ 州(不领县)(例如大都路之顺州不领县,大都路属中书省)
　　│　　├ 州—县(例如扬州路领五州,州领九县,扬州路属河南江北行省)
　　│　　├ 府—州—县(例如顺宁府领州二,州之下有县,顺宁府属中书省之上都路)
　　│　　└ 府—县(例如河中府领六县,河中府属中书省之晋宁路)
　　├ 府—州—县(例如南阳府领五州,州领十一县,南阳府属河南江北行省)
　　└ 府—县(例如凤翔府领五县,凤翔府属陕西行省)

依上表,可知省之下为路,亦有悬之以府或州者。路之下为州,亦有悬之以府,甚至有直辖县者。府之下为县,又有悬之以州,而州复辖县者。州之下为县,而不领县之州亦有之。反过来说,县多属于州,而属于府者亦有之,又有直达于路者。州多属于路,而属于府者亦有之,尚有直达于省。府多属于路,而直达于省者亦有之。路则必属于省。其制度极不一致。不过同一名称之区域(路府州县),不问其所隶属之等级如何,其官制是相同的。

路设总管府,分上下二等。其他的府称为散府,散府不分等。州与县均分上中下三等。兹依《元史》(卷九十一《百官志七》)及《新元史》(卷六十二《百官志八》),列表如次[①]:

[①] 除诸路总管府外,其他的府,称为散府,散府置达鲁花赤一员,正四品;知府或府尹一员,俱正四品。散府有隶诸路及宣慰司行省者,有直隶省部者,有统州县者,有不统州县者,其制各有差等。《元史·百官志七》《新元史·百官志八》所谓诸路甚为显明,宣慰司行省乃指河东、山东二宣慰司,河南、陕西、辽阳、四川、甘肃、云南、岭北、江浙、江西、湖广十行省,所谓省部当指直隶于中书省所辖的大都、上都、真定、东平等腹里之地。

元地方官制表

区域	等级		官名	员数	品秩	备考
路	上路	十万户之上者	达鲁花赤	一	正三品	当冲要者虽不及十万户,亦为上路。此外尚有同知、治中、判官各一员。
			总管	一	正三品	
	下路	十万户之下者	达鲁花赤	一	从三品	
			总管	一	从三品	
府			达鲁花赤	一	正四品	此外尚有同知、判官、推官、知事各一员。
			知府或府尹	一	正四品	
州	江淮以北	上州	一万五千户之上者	达鲁花赤	一	从四品	此外尚有同知、判官各一员。
			州尹	一	从四品	
		中州	六千户之上者	达鲁花赤	一	从五品	
			知州	一	正五品	
		下州	六千户之下者	达鲁花赤	一	从五品	
			知州	一	从五品	
	江淮以南	上州	五万户之上者	达鲁花赤	一	从四品	
			州尹	一	从四品	
		中州	三万户之上者	达鲁花赤	一	正五品	
			知州	一	正五品	
		下州	三万户之下者	达鲁花赤	一	从五品	
			知州	一	从五品	
县	江淮以北	上县	六千户之上者	达鲁花赤	一	从六品	此外,尚有丞、簿、尉各一员,中县及下县不设丞。
			尹	一	从六品	
		中县	二千户之上者	达鲁花赤	一	正七品	
			尹	一	正七品	
		下县	二千户之下者	达鲁花赤	一	从七品	
			尹	一	从七品	
		上县	三万户之上者	达鲁花赤	一	从六品	
			尹	一	从六品	

续表

区域	等级		官名	员数	品秩	备考
江淮以南	中县	一万户之上者	达鲁花赤	一	正七品	
			尹	一	正七品	
	下县	一万户之下者	达鲁花赤	一	从七品	
			尹	一	从七品	

兹宜说明者：

1.《元史·地理志》于两京（大都路与上都路）均置警巡院，各路均置录事司。这两种机关是管什么呢？

> 录事司秩正八品。凡路府所治，置一司，以掌城中户民之事。中统二年，诏验民户定为员数，二千户以上设录事、司候、判官各一员；二千户以下，省判官不置。至元二十年，置达鲁花赤一员，省司候，以判官兼捕盗之事，典史一员。若城市民少，则不置司，归之倚郭县。在南京，则为警巡院。独杭州置四司，后省为左右两司。（《元史》卷九十一《百官志七》）

所谓"路府"当指路总管府，即录事司乃置于路总管府治所之处，而掌城中户民之事。城中民少，则不置，而由倚郭之县掌之。在两京，置警巡院以代录事司。查《地理志》所载，普通的府虽直达于省，也只唯巩昌府（属陕西行省）才置录事司，巩昌府有户四万五千一百三十五、口三十六万九千二百七十二（《元史》卷六十《地理志三》），其他均不置司。故余谓路府是指路总管府。即路均置司，但路之户口过少，则如志所言，不置录事司，例如辽阳路（属辽阳行省），户仅三千七百八，口仅一万三千二百三十一，故不置司。

2. 路府州县均置达鲁花赤一员。如前所言，达鲁花赤乃盖印之官，虽然不负实务，而因有监督之权，地位甚为重要。元初，汉人因有行政经验，虽然可充各路总管府之总管，而达鲁花赤必以蒙古人为之，回回人则为同知，盖欲其学习行政之道，以便日后代替汉人。

> 至元二年甲子,以蒙古人充各路达鲁花赤,汉人充总管,回回人充同知,永为定制。(《元史》卷六《世祖纪》)

此种办法有否确实施行,似有问题。《元史》云:

> 至元五年二月丁丑,罢诸路女真、契丹、汉人为达鲁花赤者。回回、畏兀、乃蛮、唐兀人仍旧。(《元史》卷六《世祖纪》)

女真、契丹、汉人,蒙古均称之为汉人,回回、畏兀、乃蛮、唐兀人则属色目人,据日人箭内亘研究,至元十三年以后,汉人为各路总管府之达鲁花赤者尚有十二人之多。其中十人均在至元十六年以前。十六年以后,只有两人,一是刘好礼,为永熙路总管府达鲁花赤(至元二十二年以前);二是贺胜,为上都路达鲁花赤(至大三年)(《元代蒙汉色目待遇考》,第55、56页)。《元史》云:

> 至元十六年九月,议罢汉人为达鲁花赤者。(《元史》卷十《世祖纪》)

既云"议罢",当然只是讨论,不能断定其已实行。又者,只云"达鲁花赤",是否包括一切达鲁花赤在内,亦有问题。但如前所言,至元十六年以后,汉人为诸路总管府达鲁花赤者仅有两人,而考《元史》,色目人为总管府达鲁花赤者前后共二十人,半数以上均任命于至元十七年以后(《元代蒙汉色目待遇考》,第54、56页),则十六年之"议罢"大率成为事实。即排斥汉人,而代以色目人。由此更可证明达鲁花赤地位之重要。

3. 隋唐以后,儒与吏判为二途,由儒出身者多不愿在地方为吏,而为吏者亦不能至中央为官。这与西汉之世,名臣贤相多由地方之胥吏出身,而贤士大夫亦不以屈身于地方之胥吏为辱完全不同。蒙古本系游牧种族,入主中原之后,固然立学校,行考试之制,其实,"士之进身,多由掾吏"(《新元史》卷六十四《选举志一》),"而刀笔下吏遂致窃权势,舞文法矣"(《元史》卷八十一《选举志一》)。

元在世祖忽必烈时，似曾一度儒吏并重，"诸岁贡吏……以性行纯谨、儒吏兼通者为上，才识明敏、吏事熟闲者次之，月日虽多、才能无取者不许呈贡"（《新元史》卷六十六《选举志三·铨法下》）。继统的成宗，即位之初，即于"元贞元年，诏诸路有儒通吏事、吏通经术、性行修谨者，各路荐举，廉访司试选，每道岁贡二人"（《新元史》卷六十六《选举志三·铨法下》）。越八年，即成宗大德七年，郑介夫上太平策，亦主张吏与儒不可偏重，矫之之法，则为内外官之互调。其言如次：

吏之与儒可相有而不可相无者也。儒不通吏，则为腐儒。吏不通儒，则为俗吏。必儒吏兼通，而后可以莅政临民，《汉书》称以儒术饰吏治，正此谓也。今吟一篇诗，习半行字，即名为儒；检举式例，会计出入，即名为吏。吏则指儒为不识时务之书生，儒则诋吏为不通古今之俗子。儒吏本出一途，析而为二，遂致人员之冗，莫甚此时。久任于内者，但求速化，未知民瘼之艰难；久任于外者，推务苟禄，不谙中朝之体统。今朝廷既未定取人之科，当思所以救弊之策。百官自三品以下，九品以上，并内外互相注授。历外一任，则升之朝；随朝一任，则补之外。凡任于外者必由内发，任于内者必从外取，庶使儒通于吏，吏出于儒，儒吏不致扦格，内外无分重轻矣。（《新元史》卷一百九十三《郑介夫传》）

然而到了泰定年间，还是"由进士入官者仅百之一，由吏致位显要者，常十之九"（《新元史》卷二百一十二《韩镛传》）。所以俗有一官二吏九儒十丐之言，即儒之地位差吏甚远，而比丐只高一级。

《谢迭山集》，有《送方伯载序》曰，今世俗人有十等，一官二吏，先之者贵之也。七匠八娼九儒十丐，后之者贱之也。《郑所南集》，又谓元制，一官二吏三僧四道五医六工七猎八民九儒十丐。而无七匠八娼之说。盖元初定天下，其轻重大概如此。是以民间各就所见而次之，原非制为令甲也。（《陔余丛考》卷四十二《九儒十丐》）

而且元初，地方行政长官多系世袭，即如廉希宪之言："国家自开创以来，凡纳土及始命之臣，咸令世守。至今将六十年，州县长吏皆其皂隶、僮奴。"(《新元史》卷一百五十五《廉希宪传》)廉希宪为世祖忽必烈时人，所言如此，哪知到了大德十一年，还有"诏色目镇抚已殁，其子有能，依例用之。子幼，则取其兄弟之子有能者用之。俟其子长，即以其职还之"(《新元史》卷六十五《选举志二·铨法上》)。这样，地方行政何能革新？元代之亡，此亦不失为一个原因。

附录　元建元表

太祖铁木真　　　　　　在位十二年之后，群臣上尊号曰成吉思汗，汗位二十三年，前后共三十五年。成吉思汗崩，汗位虚悬二载，由太祖少子拖雷监国。

太宗窝阔台　　　　　　太祖第三子，在位十三年。六年，灭金。太宗崩，汗位虚悬五载，皇后乃马真氏称制。

定宗贵由　　　　　　　太宗长子，在位三年。定宗崩，汗位空悬二载，皇后斡兀立称制。

宪宗蒙哥　　　　　　　太祖少子拖雷长子，在位九年。

　　　　　　　　　　　××　××　××

世祖忽必烈　　　　　　宪宗母弟，至元八年，改国号大元。至元十三年，入宋临安。十六年，灭宋于崖山。

　　　　　　　　　　　中统四　至元三十一

成宗铁木耳　　　　　　世祖太子真金第三子。

　　　　　　　　　　　元贞二　大德十一

武宗海山　　　　　　　世祖子答剌麻八剌之子。

　　　　　　　　　　　至大四

仁宗爱育黎拔力八达　　武宗母弟，武宗以为太子。

　　　　　　　　　　　皇庆三　延祐七

英宗硕德八剌　　　　　仁宗太子，为御史大夫铁失等所弑。

　　　　　　　　　　　至治三

泰定帝也孙铁木耳　　　真金长子甘麻剌之长子。

　　　　　　　　　　　泰定四　致和一

幼主阿速吉八　　　　　泰定帝太子，文宗遣兵陷上都，不知所终。

	天顺（即致和元年）
明宗和世瑓	武宗长子，泰定帝崩，文宗先即位于大都，遣使迎帝，寻暴崩。
文宗图帖睦尔	明宗弟，明宗立为太子，寻即帝位。
	天历三（元年即致和元年） 至顺三
宁宗懿璘质班	明宗第二子，即位后，不及改元即殂。
惠宗妥欢帖睦尔	明宗庶长子，至正二十八年，明军入大都，帝北归。后二年，崩，明太祖追谥之为顺帝。
	元统二 至元六（此年号与世祖之年号同） 至正二十八

元于至元十六年统一中华，至正二十八年顺帝北归，前后共八十九年。

第三章 明

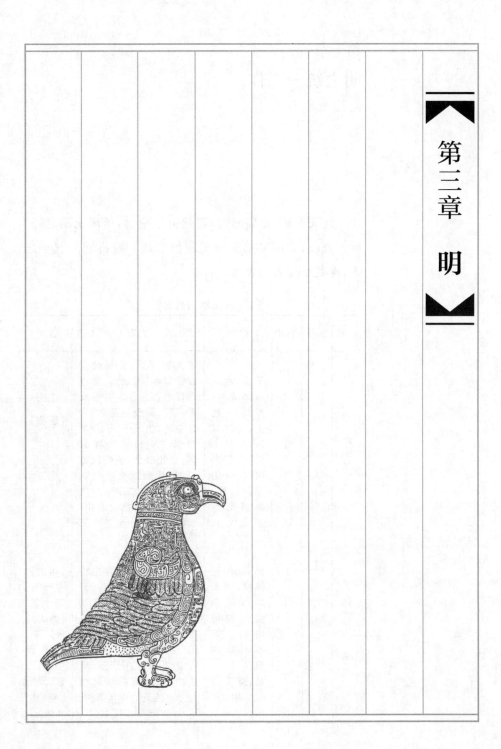

第一节
明之统一工作

元失其政，流盗蜂起，朝廷穷于应付，遂成土崩之局。顺帝北归，中国复陷于群雄割据之境。兹将元末起事之人，择其重要者列表如次：

元末群雄割据表

姓名	国号	据地	性格	史略	备考
郭子兴		濠州	子兴为人枭悍善斗，而性悻直少容。方事急，辄从太祖（朱元璋）谋议，亲信如左右手；事解即信谗，疏太祖。	其先曹州人，父郭公少以日者术，游定远，言祸福辄中。邑富人有瞽女无所归，郭公乃娶之，家日益饶，生三子，子兴其仲也。及长任侠喜宾客，会元政乱，子兴散家资，椎牛酾酒与壮士结纳。至正十二年春，集少年数千人，袭据濠州，太祖往从之。至正十五年三月，发病卒。	《明史》卷一百二十二《郭子兴传》。
韩林儿（刘福通）	宋		林儿本起盗贼，无大志，又听命福通，徒拥虚名。诸将率不遵约束，所过焚劫，至啖老弱为粮，福	韩林儿栾城人，其先世以白莲会烧香惑众。元末林儿父山童鼓妖言谓天下当大乱，弥勒佛下生，河南、江淮间愚民多信之。颍州人刘福通言山童宋徽宗八世孙，当主中国，乃起兵以红巾为号。至正十一年五月，	《明史》卷一百二十二《韩林儿传》，参阅《新元史》卷二百二十五《韩林儿传》。

续表

姓名	国号	据地	性格	史略	备考
			通亦不能制。兵虽盛，威令不行，数攻下城邑，元兵亦数从其后复之，不能守。	事觉，福通等遽入颍州反，而山童为吏所捕诛，林儿逃武安山中。十五年，福通物色林儿，迎至亳僭称皇帝，又号小明王，建国曰宋。既而为元师所败，林儿走安丰。未几兵复盛。十七年，其将破武关，趋长安，又攻下山西，转掠辽阳，入高丽。福通又陷汴梁，据其城，自安丰迎林儿都之。因诸将互相仇敌，势遂弱。二十二年，张士诚入安丰，杀福通。林儿南走，归太祖。二十六年，卒。	
徐寿辉	天完国		寿辉性宽纵，权在群下。其将彭莹玉攻城略地，所至无噍类。及莹玉为元师所捕就戮，天下快之。寿辉无大志，所得不能守。	徐寿辉蕲州人，以贩缯为业。初袁州有妖僧彭莹玉以妖术聚众为乱，用红巾为号，奇寿辉状貌，遂推为主。至正十一年，陷蕲水，遂即蕲水为都，称皇帝，国号天完。十二年，分兵四出，势大振。十三年，迁都汉阳。湖南之地多为寿辉所有，乃分道入江西，奸民乘势应之，江西诸路皆陷。十九年，寿辉引兵至江州，其将陈友谅佯出迎。寿辉既入，门闭，悉杀其从者，自是权归友谅。二十年，友谅使人击杀之。	《新元史》卷二百二十六《徐寿辉传》，参阅《明史》卷一百二十三《陈友谅传》。
陈友谅	汉	湖广、江西		陈友谅，沔阳渔家子也。徐寿辉兵起，友谅往从之。江以南，友谅之兵最强。至正十二年，袭杀寿辉于采石，自称皇帝，尽有江西、湖广之地，而与明太祖接壤。二十一年，太祖亲率舟师，攻陷沿江城邑。友谅愤其疆土日蹙，遂大造战舰。二十二年，悉师攻洪都，太祖引军驰救，相持数月。二十三年，友谅战死。	《新元史》卷二百二十六《陈友谅传》，参阅《明史》卷一百二十三《陈友谅传》。

续 表

姓名	国号	据地	性格	史略	备考
张士诚	吴	浙西	士诚为人外迟重寡言,似有器量,而实无远志。	张士诚泰州人,以操舟运盐为业,缘私作奸利,颇轻财好施,得群辈心。常鬻盐诸富家,富家多陵侮之,或负其直不酬。士诚怒,帅壮士十八人灭诸富家,纵火焚其居,招少年起兵。盐丁方苦重役,遂共推为主,陷泰州,进取高邮,自称诚王,僭号大周,建元天佑,是岁至正十三年也。十四年,寇扬州,陷盱眙,进陷松江、常州诸路。又遣兵破杭州,陷淮安。二十三年,士诚复自立为吴王。吴承平久,户口殷盛,士诚渐奢纵,怠于政事。时明太祖与陈友谅相持,友谅遣使约士诚夹攻太祖。士诚欲守境观变。友谅既灭,二十七年,明师攻陷杭州,士诚自经死。	《明史》卷一百二十三《张士诚传》,参阅《新元史》卷二百二十五《张士诚传》。
方国珍		浙东		方国珍黄岩人,以贩盐海上为业。至正八年,与其兄弟亡入海,劫粮艘,梗运道,元师不能平。至正十二年,汝颍兵起,海内乱,元遣使招降,拜国珍为浙江行省参知政事,累擢至太尉。初国珍作乱,朝廷募人击贼,而壮士立功不得赏。国珍由海寇遽至大臣,由是民慕为贼,从国珍者益众。此时元朝已失江淮,借国珍舟师,以通海运,重以官爵縻之,国珍愈横,屡降屡叛,闽浙运道为所阻。当明太祖与张士诚交战之时,国珍纳款明太祖,复漕粟以济张士诚。士诚灭,国珍来归,复怀反侧,明太祖遣将讨之,国珍降,授广西行省左丞,食禄不之官,数年卒。	《新元史》卷二百二十七《方国珍传》,参阅《明史》卷一百二十三《方国珍传》。

续表

姓名	国号	据地	性格	史略	备考
明玉珍	夏	四川	玉珍躬履节俭，好贤礼士，蜀人称之，然无远略，仅能自守而已。	明玉珍随州人。徐寿辉起，玉珍与里中父老团结千余人屯青山，及寿辉称帝，玉珍引众降。至正十七年，引兵入蜀，取重庆，陷成都。二十年，陈友谅弑徐寿辉自立，玉珍亦自立为陇蜀王。二十三年，僭即帝位于重庆，国号夏，废释老，只奉弥勒佛教。二十六年，病卒。子升嗣，时年十岁。洪武四年，明军入川，升降，授升爵归义侯，徙于高丽。	《明史》卷一百二十三《明玉珍传》，参阅《新元史》卷二百二十六《明玉珍传》。
陈友定		福建	友定以农家子，起佣伍，目不知书，及据八郡，数招致文学知名士，然颇任威福，所属违令者，辄承制诛窜不绝。	陈友定福清人，徙居汀之清流，世业农，为人沉勇，喜游侠，乡里皆畏服。至正十九年，举义兵击贼，以功授福建行省参政。二十四年，授福建行省平章事，遂据有八闽之地。明太祖既平方国珍，即发兵伐友定，友定败，仰药死。	《明史》卷一百二十四《陈友定传》。

此外尚有何真据广东，扩廓帖木儿据山西，李思齐据关中，殷氏（大理酋长）据云南，皆奉元正朔，而为明太祖所灭。

依上表所示，可知当时起事之人不是依民族思想，出来革命，而是乘民众暴动之时，作攻城夺地之举。他们均无大志，或随降随叛，如方国珍是；或奉元之正朔，割据称雄，如陈友定是；或形同流寇，虽然得到一地，而又不肯坚守该地，如刘福通是；或蹈元之覆辙，所至残杀，民无噍类，如徐寿辉是。只唯明太祖朱元璋与众不同，他本隶郭子兴麾下，至正十五年，子兴卒，时刘福通迎立韩林儿于亳，国号宋。太祖念林儿势盛，可倚藉，乃用其年号以令军中。至正十六年，攻下应天（即元之集庆），称吴国王，然仍遥奉林儿，后从刘基言，乃自树一帜（《明史》卷一百二十八《刘基传》）。二十四年，陈友谅灭亡，又改称吴国王。二十七年，攻取汴梁。二十八年，始即帝位，国号曰明，改元洪武，都金陵。案元代学者多系道学家,道学家重视《四书》,注意个人的修养,而忽视华夷之别。元末,学者渐渐研究《春秋》,而明《春秋》大义。例如赵汸(《新元史》卷二百三十六《赵汸传》),他著有《春秋集传》《春秋师说》等书,其自序《春秋集传》曰:"谨华夏之辨……楚至东周,僭王猾夏,故霸者之兴,以却攘为功。自晋霸中衰,楚益侵陵中国,甚至假讨贼之义,以号令天下,天下知有楚而已。故《春秋》书楚事,无一不致其严者。而书吴越与徐,亦必与中国异辞,所以信大义于天下也。"(《宋元学案》卷九十二《草庐学案》,赵汸《春秋集传》自序)于是学者遂知夷夏之别,终而有朱元璋之起事。朱元璋谕中原檄曰:"自古帝王临御天下,中国居内以制夷狄,夷狄居外以奉中国,未闻夷狄治天下也。自宋祚倾移,元以北狄入主中国,四海内外,罔不臣服。此岂人力,实乃天授。然达人志士尚有冠履倒置之叹。自是以后,元之臣子不遵祖训,废坏纲常……及其后嗣沉荒,失君臣之道,于是人心离叛,天下兵起,使我中国之民,死者肝脑涂地,生者骨肉不相保。虽因人事所致,实天厌其德而弃之时也。古云胡虏无百年之运,验之今日,信乎不谬……予恭天成命,罔敢自安,方欲遣兵北逐群虏,拯生民于涂炭,复汉官之威仪,虑民未知,反为我仇……故先谕告……归我者永安于中华,背我者自窜于塞外,盖我中国之民,天必命中国之人以治之,夷狄何得而治哉?尔民其体之。"(王世贞《弇山堂别集》卷八十五《诏令杂考一·谕中原檄》)由明太祖之檄,可知中国民族思想又已复兴,于是天下群起响应,而顺帝遂北归和林。明初学者方孝孺(他生于元顺帝至正十七年,至正二十八年元亡,此时方氏年只十一岁)由《春秋》华夷之别,进而说明正统之义。照他说,"正统之名……本于《春秋》……《春秋》之旨虽微,而其大要不过辨君臣之等,严华夷之分",故凡篡臣贼后以及夷狄虽能统天下于一,亦不能称之为正统。他尤注重于华夷之别,用先贤之言,证明夷狄所以不可以作正统之理由。意谓"夷狄之不可为统,何所本也?曰,《书》曰,蛮夷猾夏,寇贼奸宄,以蛮夷与寇贼并言之。《诗》曰,戎狄是膺;孟子曰,禹遏洪水,驱蛇龙,周公膺夷狄,以戎狄与蛇虫洪水并言之。礼之言戎狄详矣。异服异言之人,恶其类夷狄则察而诛之,况夷狄乎?孔子大管仲之功曰,微管仲,吾其被发左衽矣,如其仁!管仲之得为仁者,圣人美其攘夷狄也。然则进夷狄而不攘,又从而助之者,其不仁亦甚矣,曾谓圣人而肯主之乎"(《逊志斋集》卷二《后正统传》)。此种见解实与隋初文中子之帝拓跋魏不同。方氏又进而抨击朱熹的正统观念,他说:"朱子之意曰,周秦汉晋隋唐皆全有天下矣,固不得不与之以正统。苟如是,则仁者徒仁,暴者徒暴,以正为正,又以非正为正也,而可乎?吾之说则不然。所贵乎为君者岂谓其有天下哉?以其建道德之中,立仁义之极,操政教之原,有以过乎天下也。有以过乎天下,斯可以为正统。不然,非其所据而据之,是则变也。以变为正,奚若以变为变之美乎?故周也,汉也,唐也,宋也,如朱子之意则可也。晋也,秦也,隋也,女后也,夷狄也,不谓之变何可哉?"(《逊志斋集》卷二《释统中》)其所谓"变",盖于正统之外,立一变统。凡"夷狄而僭中国,女主而据天位,虽传祚不短,亦只可谓之变统"(《逊志斋集》卷二《释统上》)。总之,方氏的思想完全出于民族意识①。

---

① 但吾人须知元末学者,民族意识并不甚强。刘基为明之功臣,运筹帷幄,有子房之称,元至顺间举进士。方国珍起海上,掠郡县,有司不能制,一意招抚。时刘基为江浙行省都事,以国珍首逆,数降数叛,不可赦。朝议不听。(《明史》卷一百二十三《方国珍传》、卷一百二十八《刘基传》)由此可知,刘基此时尚忠于元室。他死于洪武八年,其著作多成于元代,而以寓言居多,虽有民族思想,而又不是绝对地排斥异族。案吾国古代所谓夷夏之别乃以文化为标准,而文化除伦常外,则为衣冠制度。孔子之称管仲,盖不欲"被发左衽"。隋代王通之帝魏,亦因拓跋氏已经汉化。但是元在政治方面虽采用中华制度,而统治中国数十年之久,还要区别蒙古人与汉人。兼以皇室又墨守蒙古习俗,所以明初倡义的人反对蒙古,又与魏晋以后,北方世族之愿为五胡以及拓跋魏效力者大不相同。刘基说明政治的起源,以为"天生民,不能自治,于是乎立之君,付之以生杀之权,使之禁暴诛乱,抑顽恶而扶弱善也"(《郁离子·蛇蝎篇》)。推此言也,凡能禁暴诛乱,抑顽恶而扶弱善,均有君临中国的资格。所以他又说:"故中国以夷狄为寇,而夷狄亦以中国之师为寇。必有能辨之者,是以天下贵大同也。"(《郁离子·神化篇》)固然明太祖《谕中原檄》,曾明华夷之别,其实他不过要代元而有天下。其为吴王之时,既灭张士诚,榜示天下,只云:"有元之末,主居深宫,臣操威福,官以贿求,罪以情免。台宪举亲而劾仇,有司蓋贫而优富。庙堂以为虑,方添冗官,又改钞法,役数十万民,湮塞黄河,死者枕藉于道涂,哀苦声闻于天下。不幸小民误中妖术,不解其言之妄诞,酷信弥勒之真有,冀其治世以苏困苦,聚为烧香之党,根蟠汝颍,蔓延河洛,妖言既行,凶谋遂逞,焚荡城郭,杀戮士夫,荼毒生灵,无端万状。元以天下兵马钱粮大势而讨之,略无功效,愈见猖獗……由是天下土崩瓦解。"(王世贞《弇山堂别集》卷八十五《诏令杂考·高帝平伪周榜》)明太祖既定南北,又与元顺帝书,"妖贼倡乱,海内鼎沸,当是时出师者……终无成功,妖人愈炽,遂致豪杰并起……朕因群雄扰攘,不能自宁……乃命大将军……出师,由齐鲁,经河洛,次及燕城,我师未至,君已弃宗社而去"(王世贞《弇山堂别集》卷八十五《诏令杂考·与元幼主》)。观此文件,可知明太祖之民族意识亦不甚强,其他士大夫更不必说。赵翼《廿二史札记》(卷三十)述"元末殉难者多进士",共举十六人,其中十一人为汉人,可知汉人之尽忠于元。盖北方人种在五代,受了沙陀人之统治,有三代之久。至宋,辽金又相继进入中原,北方人种之房汉相杂,有甚于南北朝之时。元时北方所用言语似与宋代有些不(转下页)

明太祖起事之时，一反元之暴政，宋濂告他，"得天下以人心为本。人心不固，虽金帛充牣，将焉用之"（《明史》卷一百二十八《宋濂传》）。他问章溢，"今天下纷纷，何时定乎？溢对曰，天道无常，惟德是辅，惟不嗜杀人者能一之耳"（《明史》卷一百二十八《章溢传》）。他固曾"揭榜禁剽掠，有卒违令，斩以徇，军中肃然"（《明史》卷一《太祖纪一》）。至正十六年，攻下应天，他的作风，有似汉高入关之时。

太祖入城，悉召官吏父老谕之曰，元政渎扰，干戈蜂起，我来为民除乱耳，其各安堵如故。贤士吾礼用之，旧政不便者除之，吏毋贪暴，殃吾民。民乃大喜过望。（《明史》卷一《太祖纪一》）

案吾国自古就有士农工商四种阶级，而在四种阶级之中，以士农势力为大。盖中国以农立国，农民占绝大多数，虽有商业资本，又因农民贫穷，没有充分的购买力，国内市场颇见狭隘。而近邻各国又系游牧种族，不甚需要中华商品，国外市场又复缺乏，所以商业隆盛之后，不但不能引起工业的进步，反而投资于土地之上，而使土地渐次集中起来。工商业既不发达，所以工商业者在社会上没有雄大势力，这是与欧洲各国之有市民阶级不同之点。农民人数既多，而休养生聚之后，一方人口蕃庶，同时土地由细分而至集中（诸子均分得土地一点，土地的收获不得养活一家，只有将土地卖给商人及豪富），他们往往变为流民，威胁社会的安全。至于士人也与欧洲近代的知识阶级不同，他们所学习的不是科学，谋各种技术之改良，而是儒术，而欲治国平天下。文化发达，士人人数渐次增加，增加到大部分的士人不能容纳于政界之时，他们又变为游士，设法打开一个新局面，以开辟自己的出路。上有游士，下有流民，二者相合，不免兴风作浪，而使中国陷入纷乱之境。然而吾人须知士人所希望于政府者在于选贤与能，任谁都能依自己的才智，以取得与自己才智相

（接上页）同，吾人比较宋人之《语录》及《大元圣政国朝典章》之白话，即可知之。在这种情形之下，元末汉人的民族意识比之秦汉时代较差，自是势之必然。

当的地位。农民所希望于政府者在于轻徭薄税,使他们的收获能够养生送死。历代帝王对斯二者不知应付之法,往往引起大乱。而草莽英雄对斯二者,不能偿其所好,亦不能成就大业。

先就明太祖如何收罗士人言之,元起自漠北,其所崇奉者为佛教。固然学校所教与科举所试,均用经学,然此乃仍宋之旧,并不是重视儒生,故有九儒十丐之言。明太祖即位之后,即于洪武元年二月丁未以太牢祀先师孔子于国学(《明史》卷二《太祖纪二》),表示崇奉儒家之意。固然汉高祖十二年十一月过鲁,也以太牢祀孔子(《汉书》卷一下《高帝纪》),然此乃在天下统一之后,又在叔孙通制定朝仪之后,知儒生虽不可与共进取,而可与共守成。明太祖少时曾入皇觉寺为僧(《明史》卷一《太祖纪一》),而一即帝位,即逃佛归儒,这可以安慰士人之心。自汉武罢黜百家、表章六经之后,所谓士人就是儒生。洪武元年九月癸亥,下诏求贤。

> 洪武元年九月癸亥,诏曰,天下之治,天下之贤共理之。今贤士多隐岩穴,岂有司失于敦劝欤? 朝廷疏于礼待欤? 抑朕寡昧不足致贤,将在位者壅蔽,使不上达欤? 不然,贤士大夫幼学壮行,岂甘没世而已哉? 天下甫定,朕愿与诸儒讲明治道,有能辅朕济民者,有司礼遣。(《明史》卷二《太祖纪二》)

吾人观其语气,不禁联想到下列汉高祖所下之诏。

> 十一年二月,诏曰,盖闻王者莫高于周文,伯者莫高于齐桓,皆待贤人而成名。今天下贤者智能岂特古之人乎? 患在人之主不交故也,士奚由进? 今吾以天之灵、贤士大夫定有天下,以为一家,欲其长久,世世奉宗庙亡绝也。贤人已与我共平之矣,而不与我共安利之,可乎? 贤士大夫有肯从我游者,吾能尊显之。布告天下,使明知朕意。(《汉书》卷一下《高帝纪》)

两祖之诏,口吻相似,然汉高之诏尚有霸气,明祖之诏不失为礼贤下士之言;而且汉高所求者乃是权术之徒,对于儒生不甚欢迎,而明祖之诏则明言"愿与诸儒讲明治道",即其所征求者乃是儒生。盖明初与汉初不同,汉承秦之后,秦尚法家,西汉初年,法家学说甚有势力。"孝文好刑名之言"(《汉书》卷八十八《儒林传序》),"孝景不任儒"(《汉书》卷八十八《儒林传序》)。文帝时有贾谊,景帝时有晁错,而据班固之言,"贾谊、晁错明申韩"(《汉书》卷六十二《司马迁传》)。唯自武帝罢黜百家、表章六经之后,儒生已经垄断了文化的市场。朝代更易,孔子之地位日益提高。学者以六经为宗,而鄙百家杂说;利禄之徒欲进身政界,只有埋首读经。这种情况,自汉元帝以后日见显明。明太祖下诏求贤,特别指定儒生,实因当时已与汉代初年不同,除儒生外没有其他知识分子。然而吾人由此亦可知道明太祖如何收罗人才,即收罗士人了。故于攻下应天之后,即元至正二十年,就礼聘刘基、宋濂、叶琛、章溢(《明史》卷一《太祖纪》,参阅卷一百二十八《刘基传》)。此四人者名重一时,于是韬光韫德之士幡然就道,而太祖卒赖其力成就帝业。

次就明太祖如何安抚农民言之,他在兵马倥偬之际仍不忘于减免租税,吾人观《明史·太祖纪》,即可知之,兹为证明吾言之非伪,列表如次:

洪武年间蠲免田租表①

时期	蠲免田租
吴元年	正月戊戌,赐太平田租二年,应天、镇江、宁国、广德田租各一年。
洪武元年	四月,以山东州郡新附,诏免今年夏税秋粮。
二年	正月庚戌,诏以海内戡定,民尚未苏,免山东、北平、燕南、河东、山西今年夏税秋粮。其北京、河南,除徐、宿等州已免外,西抵潼关,北界大河,南至唐、邓、光、息一体蠲免。又诏免应天、镇江、太平、宣城、广德及无为州田租。
三年	三月庚寅,诏蠲应天、镇江、徽州、宁国、池州、太平、庐州、广信、饶州、金华、严州、衢州、处州、广德、滁和十六府州及河南、山东、北平今年田租。又免徐、邳二州夏税。

① 本表据《明会要》卷五十四《赐田租》及《明史·太祖纪》。其因灾而免租者不录。

续 表

时期	蠲免田租
四年	二月,蠲太平、镇江、宁国田租。 五月,免江西、浙江秋粮。 八月甲午,免中都、淮扬及秦、滁、无为田租。
五年	冬十月,免应天、太平、镇江、宁国、广德田租。
七年	五月癸巳,减苏、松、嘉、湖极重田租之半。
九年	三月己卯,诏曰,今蓄储有余,其淮、扬、安、徽、池五府及山西、陕西、河南、福建、江西、浙江、北平、湖广今年租赋悉免之。
十年	十一月,免河南、陕西、广东、湖广田租。
十一年	五月丁酉,蠲苏、松、嘉、湖逋赋六十五万有奇。 八月,免应天、太平、镇江、宁国、广德诸府州秋粮。
十二年	五月癸未,蠲北平田租。
十三年	三月壬辰,减苏、松、嘉、湖重赋十之二。 五月己亥,免天下田租。
十四年	冬十月甲寅,免应天、太平、广德、镇江、宁国田租。
十五年	夏四月壬辰,免畿内、浙江、江西、河南、山东税粮。
十六年	夏五月庚申,免应天、太平、镇江、宁国、广德田租。
十七年	秋七月丁巳,免畿内今年田租之半。 八月己丑,蠲河南诸省逋赋。
十八年	三月己亥,免畿内今年田租。 十一月己亥,蠲河南、山东、北平田租。
二十四年	春正月丁巳,免山东田租。 秋七月辛丑,免畿内官田租之半。
二十八年	九月,以山东民供给辽东、山西、北平军需,诏蠲其租,又免应天等五府秋粮。 十二月壬辰,诏河南、山东桑枣及二十七年后新垦田毋征税。
二十九年	秋八月丁未,免应天、太平五府田租。

依上表所示，明太祖蠲免田租之事，在洪武十九年以前，几乎无岁无之。不但免畿内田租，以固邦本，免被灾田租，以苏民困。其免租地区遍及全国，凡得到一地，即免该地田租。这种免租对于人心乃有极大作用。"奚我后，后来其苏"，各地人民希望免租，而希望明军来临，乃是理之必然。十九年以后，天下已经平定，不须再来收买人心，所以免租就见减少。由此可知，明祖之蠲免田租，本非爱民，乃因策略上有此必要。

一方士人愿为明祖效力，他方农民又希望明军之至，明祖能够得到天下，已经决定了。但以中国之大，凡得一地的，不能不守一地，而要保守该地，不能不派将驻防。这个防地若处理不得其法，往往变为诸将的封地。弄到结果，天下虽然平定，而军人割据又酝酿于天下平定之中。明祖对此另有一种作法，除"禁武官预民事"（《明史》卷三《太祖纪三》洪武二十二年），凡命将出师征伐，而得到其地之后，即召还该将，而派别将驻防。不久又复召还该将，更派别一将驻防。史谓：

　　太祖初起时，数养他姓为子，攻下郡邑，辄遣之出守，多至二十余人。（《明史》卷一百二十六《沐英传》）

此种方法只可行于内郡，至于边疆之地尤其北方一带，非有大将驻防，不能抵抗蒙古军队，所以太祖即用召还一将，另遣一将之法。例如徐达，洪武三年春正月，率师北伐，既攻下各地城邑；四年，先在北平，后在山西练兵；五年十一月，召还。六年三月，徐达备边山西、北平；冬十月，召还；只因十一月蒙古军队进犯大同，所以达仍留镇，然而八年二月又召还了。十一年，率师北伐蒙古，还军北平，留二年而还。（《明史》卷二《太祖纪》只云十三年十一月，徐达还，何时率师北征，本纪未载，今依《明史》卷一百二十五《徐达传》补入）十四年春正月，徐达往征蒙古，还镇北平；十五年冬十月，召还。十六年春正月，往镇北平；冬十月，召还。十七年春正月，往镇北平；闰十月，召还。十八年二月，病卒。（《明史》卷二及卷三《太祖纪》，参阅卷一百二十五《徐达传》）史谓"徐达每岁春出，冬暮召还，以为常"（《明史》卷一百二十五《徐达传》）。当徐达召还之时，当然又遣别将往镇，而此别将也同徐达一样,时时召还(《明史》卷二及卷三《太祖纪》)。即太祖不欲武将与军队发生"人"的关系,与防区发生"地"的关系,这是可以预防武将叛变之祸。固然是出于"家天下"之私意,而对于人民亦有裨益。一般人民对于政治没有兴趣,他们所要求者不过安居乐业,而要安居乐业,必须政局安定,要使政局安定,又须国内没有作乱之人。安定之专制比之纷乱的民主,由人民观之,似是尚胜一筹。太祖末年,"春秋高,多猜忌"(《明史》卷一百二十九《冯胜传》),而自丞相胡惟庸谋反之后,不但武将,就是文臣也不信任。文臣如李善长、汪广洋,武臣如冯胜、傅友德等等,虽有大功于明而均赐死。学者多以明祖之杀功臣,与汉高相比。其实汉高所杀的不过武将三人,而在此三人之中,韩信被捕之后,尚封为淮阴侯,杀之者乃是吕后。彭越被捕之后,仍赦为庶人,徙之于蜀,杀之者又是吕后。英布谋反,兵败之后,杀之者乃是番禺人。(《汉书》卷三十四各本传)其他功臣,如萧曹、绛灌等等均受封侯之赏,而卒赖其力,佐惠帝安抚天下,又平诸吕之乱。历史家言及诛戮功臣,常举汉高、明祖,实系武断之言。然而兔死狗烹,实是不得已的事,吾人未可厚非。史臣云:

  治天下不可以无法,而草昧之时,法尚疏;承平之日,法渐密,固事势使然。论者每致慨于鸟尽弓藏,谓出于英主之猜谋,殊非通达治体之言也。夫当天下大定,势如磐石之安,指麾万里,奔走恐后,复何所疑忌,而芟薙之不遗余力哉?亦以介胄之士,桀骜难驯,乘其锋锐,皆能坚尺寸于疆场。迨身处富贵,志满气溢,近之则以骄恣,启危机;远之则以怨望,扞文网。人主不能废法而曲全之,亦出于不得已,而非以剪除为私计也。
(《明史》卷一百三十二《朱亮祖等传》赞曰)

第二节
分封宗藩之祸

封建制度乃以宗法观念为基础。宗法观念一经消灭,封建制度常成为国家纷乱之源。汉有七国之反,晋有八王之乱,史迹昭昭,可为殷鉴。明太祖起自布衣,其对于武将本来不予信任。故常养他姓为子,攻下城邑,辄遣之出守,多至二十余人。(《明史》卷一百二十六《沐英传》)赵翼在《廿二史札记》(卷三十二)中,云:

养异姓为子,始于唐之宦官。其后朱全忠、李克用、李茂贞、王建等亦用以创国。盖群雄角立时,部下多易于去就。惟抚之为家子父子,则有名分以相维,恩义以相浃;久之,亦遂成骨肉之亲。以之守边御敌,较诸将帅尤可信也。明祖初起,以匹夫举事,除一侄(朱文正)、一甥(李文忠)外,更无期功强近之亲。故亦多养异姓子,幼而抚之,长即命偕诸将分守,往往得其力。《何文辉传》云,周舍守镇江,道舍守宁国,马儿守婺州,柴舍、真童守处州,金刚奴守衢州,皆义子也。案周舍即沐英,少孤,从母避兵。母又死,太祖与高后怜之,抚为子。军中亦呼沐舍,后以功复姓。道舍即何文辉,太祖初下滁州,得之,年十四,抚为子。马儿即徐司马,扬州人,年九岁,无所依。太祖养为子,后立功,亦复姓。柴舍即朱文刚,与耿再成同守处州。苗帅之乱,文刚欲聚兵杀贼,不及而死。金刚奴无考。又有朱文逊,史不传其小字,亦以养子死太平之难。又《平安传》,安亦太祖养子,少骁勇,力举数百斤。《沐英传》又言,太祖养子,凡二十余人,今皆无考。(《明太祖多养异姓为子》)

但是功臣既不足恃,异姓之子亦何可信任?所以洪武三年、十一年、二十四年各分封一次,"择名城大都,豫王诸子,待其壮而遣就藩服,外卫边陲,内资夹辅"(《明会要》卷四《诸王杂录》)。今据《明史》(卷一百一十六至一百一十八《太祖诸子》)所载,列表如次:

明太祖分封诸子表①

名	王号	何年封	封地	备考
樉	秦王	洪武三年	十一年,就藩西安。	太祖第二子,洪武二十八年薨。
棡	晋王	洪武三年	十一年,就藩太原。	棡太祖第三子,洪武三十一年薨。棣太祖第四子。"帝念边防甚,且欲诸子习兵事,诸王封并塞居者皆预军务。而晋燕二王尤被重寄,数命将兵出塞及筑城屯田。大将如宋国公冯胜、颍国公傅友德皆受节制。又诏二王军中事大者方以闻。"见《明史》卷一百一十六《晋王棡传》。燕王棣见《明史》卷五《成祖纪一》。
棣	燕王	洪武三年	十三年,就藩北平。	
橚	周王	洪武三年	十四年,就藩开封。	太祖第五子,建文初,以橚燕王母弟,颇疑惮之。橚亦时有异谋,召还京锢之。成祖入南京复爵。永乐十八年,有告橚反者,帝察之有验。明年,召至京,橚顿首谢,帝怜之,不复问,令其归国。洪熙元年薨。
桢	楚王	洪武三年	十四年,就藩武昌。	太祖第六子,永乐二十二年薨。

① 太祖第九子、第二十六子楠皆早殇。

续 表

名	王号	何年封	封地	备考
榑	齐王	洪武三年	十五年,就藩青州。	太祖第七子,榑数历塞上,以武略自喜,然性凶暴多行不法。建文初有告变者,召至京,废为庶人。成祖入南京,令王齐如故。榑阴畜刺客,招异人术士为咒诅。永乐四年,来朝。帝留之京邸,召其子至京师,并废为庶人,宣德三年卒。
梓	潭王	洪武三年	十八年,就藩长沙。	太祖第八子,洪武二十三年,因其妃子坐胡惟庸党被诛,心不自安,自焚死。
檀	鲁王	洪武三年	十八年,就藩兖州。	太祖第十子,洪武二十二年薨。
椿	蜀王	洪武十一年	二十三年,就藩成都。	太祖第十一子,永乐二十一年薨。
柏	湘王	洪武十一年	十八年,就藩荆州。	太祖第十二子,建文初有告柏反者,帝遣使即讯,柏惧无以自明,阖宫焚死。
桂	代王	洪武十一年	二十五年,就藩大同。	太祖第十三子,建文时以罪废为庶人。成祖即位,复爵,永乐元年,还旧封。正统十一年薨。
楧	肃王	洪武二十五年	二十八年,就藩甘州。	太祖第十四子,洪武十一年,封汉王。二十五年,改封肃。永乐十七年薨。
植	辽王	洪武二十五年	二十六年,就藩广宁。	太祖第十五子,洪武十一年,封卫王。二十五年,改封辽。植在边习军旅,屡树军功。建文中,召还京,改封荆州。永乐二十二年薨。
㮵	庆王	洪武二十四年	二十六年,就藩宁夏。	太祖第十六子,正统三年薨。
权	宁王	洪武二十四年	二十六年,就藩大宁。	太祖第十七子,大宁在喜峰口外,古会州地,东连辽左,西接宣府,为巨镇,带甲八万、革车六千,所属朵颜三卫骑兵皆骁勇善战。燕王初起兵,与诸将议曰,吾得大宁,取边骑助战,大事济矣。建文元年,朝议恐权与燕合,使人召权,权不至,乃削其三护卫。燕王急趋大宁,诡言穷蹙来求救,权邀燕王单骑入城。居数日,款洽不为备。北平锐卒伏城外,燕王辞去,权祖之郊外,伏兵起,拥权行,归北平。燕王谓权,事成当中分天下,比即位,改封南昌。正统十三年薨。

续 表

名	王号	何年封	封地	备考
楩	岷王	洪武二十四年	二十八年，改封云南。	太祖第十八子,洪武二十四年,封国岷州。二十八年,改封云南。建文元年,西平侯沐晟奏其过,废为庶人。永乐初复王,景泰元年薨。
橞	谷王	洪武二十四年	二十八年，就藩宣府。	太祖第十九子,宣府上谷地,故曰谷王。橞居国,横甚,夺民田,侵公税,杀无罪人。招匿亡命,命习战法兵阵,造战舰弓弩器械。永乐十五年,废为庶人。
松	韩王	洪武二十四年	封国开原。	太祖第二十子,永乐五年薨,以未之国,改封其子冲炼于平凉。
模	沈王	洪武二十四年	永乐六年，就藩潞州。	太祖第二十一子,宣德六年薨。
楹	安王	洪武二十四年	永乐六年，就藩平凉。	太祖第二十二子,永乐十五年薨。
桱	唐王	洪武二十四年	永乐六年，就藩南阳。	太祖第二十三子,永乐十三年薨。
栋	郢王	洪武二十四年	永乐六年，就藩安陆。	太祖第二十四子,永乐十二年薨。
㰘	伊王	洪武二十四年	永乐六年，就藩洛阳。	太祖第二十五子,永乐十二年薨。
守谦	靖江王	洪武三年	既长,之藩桂林。	太祖从孙,父文正,太祖定江西,以洪都重镇,屏藩西南,非骨肉重臣莫能守,乃命文正率兵镇其地。文正死,守谦就藩桂林,洪武二十五年卒。

太祖时,诸王"皆拥重兵,据要地"(《明会要》卷四《诸王杂录》隆庆三年五月)。洪武九年,叶伯巨已经疏言尾大不掉之弊。他说:

> 先王之制,大都不过三国之一。上下等差,各有定分,所以强干弱枝,遏乱源而崇治本耳。今裂土分封,使诸王各有分地,盖惩宋元孤立、宗室不竞之弊。而秦晋燕齐梁楚吴蜀诸国,无不连邑数十,城郭宫室,亚

于天子之都,优之以甲兵卫士之盛。臣恐数世之后,尾大不掉,然后削其地而夺之权,则必生觖望,甚者缘间而起,防之不及矣……愿及诸王未之国之先,节其都邑之制,减其卫兵,限其疆理,亦以待封诸王之子孙。此制一定,然后诸王有贤且才者,入为辅相;其余世为藩屏,与国同休。割一时之恩,制万世之利,消天变而安社稷,莫先于此。(《明史》卷一百三十九《叶伯巨传》)

然而当时太祖所忌者乃是许多功臣,所以不但不作未雨绸缪之计,且复"大怒曰,小子间吾骨肉,速逮来,吾手射之",卒"奏下刑部狱,死狱中"。

惠帝为皇太孙时,亦以"诸王多尊属,拥重兵"为虑(《明史》卷一百四十一《齐泰传》)。

  惠帝为皇太孙时,尝坐东角门,谓子澄曰,诸王尊属,拥重兵,多不法,奈何?对曰,诸王护卫兵才足自守。倘有变,临以六师,其谁能支?汉七国非不强,卒底亡灭,大小强弱不同,而顺逆之理异也。太孙是其言,比即位,命子澄兼翰林学士,与齐泰同参国政,谓曰,先生忆昔东角门之言乎?子澄顿首曰,不敢忘。(《明史》卷一百四十一《黄子澄传》)

所以即位之后,即与齐泰、黄子澄阴谋削藩。惠帝以皇太孙而承大统,在国基未固之时,已经可以引起诸叔之觊觎。这个时候,只能同汉文帝一样,外示优容,而阴行削弱。这种策略曾由高巍提出。"上嘉之,然而不能用。"(《明史纪事本末》卷十五《削夺诸藩》洪武三十一年十二月)

  惠帝即位,用事者方议削诸王,独巍与御史韩郁先后请加恩。略曰,高皇帝分封诸王,比之古制既皆过当,诸王又率多骄逸不法,违犯朝制。不削,朝廷纲纪不立,削之则伤亲亲之恩。贾谊曰,欲天下治安,莫如众建诸侯,而少其力。今盍师其意,勿行晁错削夺之谋,而效主父偃推恩之策。在北诸王子弟分封于南,在南子弟分封于北,如此则藩王之权不削

而自削矣。(《明史》卷一百四十三《高巍传》)

其实,"在北诸王子弟分封于南,在南子弟分封于北",不如贾谊所建"分齐为六,分淮南为三"之易实行。何况惠帝久忿诸王"拥重兵,多不法",而黄子澄又告以"先制者制人,毋为人制"(《明史》卷一百四十一《黄子澄传》)之说,于是急急废立诸王。

惠帝……即位,命子澄兼翰林学士,与齐泰同参国政,谓曰,先生忆昔东角门之言乎?子澄顿首曰,不敢忘。退而与泰谋,泰欲先图燕。子澄曰,不然,周齐湘代岷诸王在先帝时尚多不法,削之有名。今欲问罪,宜先周,周王燕之母弟,削周是剪燕手足也。谋定,明日入白帝,会有言周王橚不法者,遂命李景隆帅兵袭执之,词连湘代诸府。于是废橚及岷王楩为庶人,幽代王桂于大同,囚齐王榑于京师,湘王柏自焚死。(《明史》卷一百四十一《黄子澄传》)

周王之废在洪武三十一年六月,齐湘代三王之废在建文元年四月,岷王之废在建文元年六月,仅仅一年,连黜五王,何能不引起燕王之忧惧?七月,燕王举兵反,称其师曰靖难。靖难军兴,前后共历三年之久,即始于建文元年七月,终于建文四年六月。两军互有胜败,南军不能直捣燕京,北军不能攻下真定。宋祁说,"河朔天下根本,而真定又河朔之根本",盖其地"控太行之险,绝河北之要,西顾则太原动摇,北出则范阳震慑。若夫历清河,下平原,逾白马,道梁宋,如建瓴水于高屋,骋驷马于中逵也"(《读史方舆纪要》卷十四《真定府》)。燕王累争真定,久而不决,北军不敢南下,盖恐真定军队追蹑其后。南军缺乏名将,军队虽多,而号令不能统一,又无一定的作战计划。北军攻大同,则救大同;攻大名,又救大名。军士疲于奔命,师老无功,南军已由主动退居被动的地位了。建文三年,燕兵掠大名,方孝孺建议:"急令辽东诸将入山海关,攻永平;真定诸将渡卢沟,捣北平。彼必归救,我以大兵蹑其后,可成擒也。"(《明史》卷一百四十一《方孝孺传》)其实,建文元年十月,李景隆固曾率师渡卢沟桥,进攻北平，而竟大败于郑坝村。建文元年九月及三年十一月，辽东守将杨文亦曾引兵围永平，而皆兵败北返。盖彼此未曾联系之故。以地理言之，最可牵制燕京者莫如大宁，而镇大宁者则为宁王权。惠帝既知"燕王智勇，善用兵"（《明史》卷一百四十一《黄子澄传》），理应结合宁王，诱之以巨利，使其"不听王而为汉"。顾乃先存怀疑之心，"使人召权，权不至，坐削三护卫"（《明史》卷一百一十七《宁王权传》）。"燕王闻，喜曰，此天赞我也"，率师急趋大宁，"拥宁王入关，与俱归，燕兵既得三卫，兵益盛"（《明史纪事本末》卷十六《燕王起兵》）。齐泰、黄子澄"两人本书生，兵事非其所长"（《明史》卷一百四十一《黄子澄传》），而帝乃信任两人，故有这种失策。王师疲于奔命，节节败退，最后集合诸军二十万于德州，与真定"相为掎角之势"。而不知"真定距德州二百余里"，而"两军相薄，胜败在呼吸间，虽百步不能相救，况二百里哉"（《明史纪事本末》卷十六《燕王起兵》建文三年二月）。于是燕师进攻德州，大败王师之主力军，至济南，徇徐州，克盱眙，趋扬州，下镇江，陷金陵，惠帝出走，不知所终，时为建文四年六月。燕王遂即帝位，永乐十八年，迁都北京。此盖蒙古之余裔犹炽，习见燕都之宫阙朝市，不无窥伺之情，故靖难之勋既集，切切焉为北顾之忧，不能不建都于此。（《读史方舆纪要》卷十《直隶序》）

　　汉时景帝削地，虽然引起七国之变，而卒成功。明时惠帝削地，引起燕王之反，而竟逊位，盖有策略上与地理上不同之原因。

　　先就策略言之，汉在文帝时代，关于如何削弱诸侯，已有一番布置。他虽外放贾谊于长沙，状似反对贾谊之言，实则阴行贾谊"众建诸侯而小其力"之策。分齐为六，分淮南为三，盖"力少则易使以义，国小则无邪心"。又从"梁足以扞齐赵，淮阳足以禁吴楚"之言，立少子楫为梁王，徙代王武（文帝子）为淮阳王（十一年，楫薨无嗣，武徙为梁王，淮阳为郡。景帝二年，又置淮阳国，立子余为淮阳王）。所以七国作乱之时，齐地已分，无能为力。淮南已分为三国，而均为汉。梁复坚守睢阳，使吴楚之兵不敢西向。所以王师一出，七国之乱遂平。反之明初，太祖所注意者乃是功臣之叛变，至于诸王争位，虽然有害于国家之治安，而由太祖观之，不外楚弓楚得。惠帝为人既不能忍，即位伊始，即从书生齐泰、黄子澄之言，削夺周、齐、湘、代、岷诸王之地，又不能狠，在诸王之中,燕王"智勇有大略","屡帅诸将出征,威名大振"(《明史》卷五《成祖纪一》),太祖崩殂之时,燕王自北平入奔丧,已经发表遗诏,令其无至京师了(《明史》卷五《成祖纪一》);建文元年二月,燕王入觐,行皇道入,登陛不拜,监察御史劾其不敬,帝曰,至亲勿问;户部侍郎卓敬密请徙南昌,以绝祸本,帝又谓燕王骨肉至亲,何得及此?(《明史纪事本末》卷十六《燕王起兵》)此际若相如奏筑,血犯秦王;朱虚行酒,追斩吕氏,抑数武士力耳。顾齐黄不敢进言,建文亦仁柔寡断,失去大好机会,纵虎归山,惠帝地位已不安全。

次就地理言之,汉定都长安,关中"四塞以为固","阻三面而守,独以一面专制诸侯",诸王已同六国不能攻秦一样,入武关,而略关中了。而吴楚又僻处东方,三河又为中央的直辖地,诸王又不易经睢阳,取洛阳,过安邑,取荥阳,七国在地理上已难获胜。而周亚夫又善于用兵,知七国叛变,利于战,不利于守,遂出武关,抵洛阳,过荥阳,至邑昌,坚壁不战,而使轻骑偷袭吴楚后路,绝其粮道,于是吴楚败散,七国之乱遂平。反之,明初,定都金陵,燕王则出镇北平。洪武二十四年,太祖欲徙都关中,因皇太子之薨,遂罢。

都御史胡子祺上言,天下形胜地可都者四,河东地势高,控制西北,尧尝都之,然其地苦寒。汴梁襟带河淮,宋尝都之,然其地平旷,无险可凭。洛阳周公卜之,周、汉迁之,然嵩、邙非有殽函、终南之阻,涧、瀍、伊、洛非有泾、渭、灞、浐之雄。夫据百二河山之胜,可以耸诸侯之望,举天下莫关中若也。帝称善。至二十四年,命皇太子巡抚陕西,太子还,献陕西地图,上言经略建都事。明年薨,遂罢。(《明会要》卷七十一《国都》、《明史》卷一百一十五《兴宗传》)

燕幽之地自古以来,就可以威胁河南之安全。河南发生事变,江南最多只能偏安一时。唐时,增节镇于范阳卢龙之地,安史乘之,遂成天宝之祸,终唐之世,河北常为厉阶。其后契丹得幽燕,因以纵暴于石晋。女真得幽燕,因以肆毒于靖康。明初,蒙古之余裔犹炽,太祖"念边防甚,且欲诸子习兵事,诸王封并塞居者皆预军务。而晋燕二王尤被重寄,数命将兵出塞及筑城屯田。

大将如宋国公冯胜、颍国公傅友德皆受节制。又诏二王军中事大者方以闻"（《明史》卷一百一十六《晋王㭎传》）。晋王于洪武三十一年二月薨,惠帝即位之时北边诸王,燕为最大,"燕王智虑绝伦,雄才大略","北平形胜地,士马精强"（《明史》卷一百四十一《卓敬传》）,已经可以南下河南,而夺长江之险。而明又定都金陵。金陵虽称"龙蟠虎踞,帝王之都"（《明会要》卷七十一《国都》）,然而金陵为都,实赖长江为阻,而自古保江必先固淮。胡安国云："守江者必先守淮,长江以限南北,而长淮又所以蔽长江也。"（《读史方舆纪要》卷十九《江南一》）河北可以威胁淮北,进而略取淮南,淮南一经失守,则金陵之势岌岌不可终日。三国时,吴不得淮南,而邓艾理之,故吴并于晋。南北朝时,陈不得淮南,而贺若弼理之,故陈并于隋。自古倚长江之险者,屯兵据要纵在江南,而挫敌取胜必在江北。燕军与明师交战,约有三年之久,"所克城邑,兵去,旋复为朝廷守。无何,中官被黜者来奔,具言京师空虚可取状。王乃慨然曰,频年用兵,何时已乎？要当临江一决,不复返顾矣"（《明史》卷五《成祖纪一》）。遂于建文三年十二月出师。四年正月,徇徐州。五月,下泗州,遂克盱眙,淮泗既陷,燕军又直趋扬州。六月,攻下镇江,师次龙潭,都城遂陷。即亦先取两淮,然后取扬州,下镇江,而至金陵。

成祖既即帝位,就由金陵迁都于燕京。当成祖受命之时,"蒙古之余裔犹炽,习见燕都之宫阙朝市,不无窥伺之情。太宗（成祖）靖难之勋既集,切切焉为北顾之虑,建行都于燕。因而整戈秣马,四征弗庭,亦势所不得已也"。然而"都燕京而弃大宁,弃开平,委东胜于榛芜,视辽左如秦越,是自剪其羽翼,而披其股肱也。欲求安全无患,其得哉"（《读史方舆纪要·直隶序》）。明成化年间,丘濬已经说过：

  汉之边在北,咸阳去朔方余千里。唐边在西,长安去吐蕃亦几千里焉。今京都北抵居庸,东北抵古北口,西南抵紫荆关,近者百里,远者不过三百里。所谓居庸则吾之背也,紫荆则吾之吭也。据关中者将以扼中国之吭,而拊其背。都幽燕者切近于北狄,则又将恐其反扼我之吭,而拊我之背焉。所以防蔽之者,尤当深加之意。盖制人而不得,犹不至于失己；守己而或有所失,则其害岂但不得于人而已哉？（《大学衍义补》卷八十六

《都邑之建》）

果然,万历年间,女真勃兴于东北,取沈阳,征服察哈尔,以高屋建瓴之势,扼明之吭,而拊明之背,终乘流寇作乱之际,取燕京,掩有中原之地,而统一华夏。

又者,明既定都燕京,漕运甚为重要。元之漕运以海运为主,明因海运险远多失亡,乃改用河运。关于河运,《明史》及《明会要》所述,太过繁杂,兹抄录丘濬之言如次:

> 太宗皇帝(成祖)肇造北京,永乐初,粮道由江入淮,由淮入黄河,运至阳武,发山西、河南二处丁夫,由陆运至卫辉下御河,水运至北京。厥后济宁州同知潘叔正因州夫递运之难,请开会通旧河。朝廷命工部尚书宋礼发丁夫十余万,疏凿以复故道。又命刑部侍郎金纯,自汴城北金龙口,开黄河故道,分水下达鱼台县塌场口,以益漕河。十年,宋尚书请从会通河通运。十三年,始罢海运,而专事河运矣。明年,平江伯陈瑄又请浚淮安安庄闸一带沙河,自淮以北,沿河立浅铺,筑牵路,树柳木,穿井泉,自是漕法通便,将百年于兹矣。臣惟运东南粟以实京师,在汉唐宋皆然。然汉唐都关中,宋都汴梁,所漕之河皆因天地自然之势,中间虽或少假人力,然多因其势,而微用人为以济之。非若会通一河,前代所未有,而元人始创为之,非有所因也。元人为之而未至于大成,用之而未得其大利。是故开创之功虽在胜国,而所以修理而拓大之者,则有待于圣朝焉。前元所运,岁仅数十万石,而今日极盛之数则逾四百万焉,盖十倍之矣。(《大学衍义补》卷三十四《漕运之宜下》)

成祖以藩国而竟灭建文,即帝位,其对诸王有戒备之心,实属理之当然。固然"防范滋密,兵权尽解"(《明会要》卷四《诸王杂录》隆庆三年五月),然在宣宗时,尚有汉王高煦之反;武宗时,又有宁王宸濠之乱,经此两次叛变之后,防遏愈严。"分封而不锡土,列爵而不临民,食禄而不治事。盖矫枉鉴覆,所以杜汉晋末大之祸,意固善矣。然徒拥虚名,坐縻厚禄,贤才不克自见,知勇无所设施。防闲过峻,法制日增,出城省墓,请而后许。二王不得相见,藩禁严密,一至于此。"(《明史》卷一百二十《诸王传》赞)据赵翼言:

  《明史·诸王传》赞,谓出城省墓,亦须奏请,二王俱不得相见。今案襄王瞻墡,自长沙徙封,过安陆,见其弟梁王瞻垍,流连不忍去。临别痛哭,谓此生不得复见矣。此二王不相见之制也。天顺中,瞻墡奉旨入朝,英宗以其尊属,特命岁时,得与诸子出城游猎。可见非特旨则不得出城也。弘治中,周太后思见其次子崇王见泽,特召之。倪岳奏,自宣德以来,除襄王一人入朝外,无亲王朝见之事。乃不果召。万历中,郑贵妃不欲其子福王之国,以留过李太后寿节为词。太后曰,吾潞王亦可以寿节来乎(潞王,李太后次子,神宗亲弟)?此可见一受封,即入朝亦不得也。甚至土木之变,韩王子冲秋勤王赴京,亦以敕止之。寇入河套,冲秋愿率子婿击贼,亦不许。崇祯中,京师戒严,唐王聿键倡义勤王,反被诏切责,削为庶人,锢之凤阳。是虽赴国家之急,亦不得也。(《廿二史札记》卷三十二《明分封宗藩之制》)

  诸王受了防遏,固然不能作乱,而另一种流弊又发生了。明代每帝嗣位,即封诸子为王,而对于宗室又无恩杀之制,亲王之嫡子孙,世袭亲王之爵,世世不绝,亲王之支子孙封为郡王及镇国、奉国将军及中尉亦世世不绝,未有去而为民者。

  明制,皇子封亲王,授金册金宝,岁禄万石。……亲王嫡长子年及十岁,则授金册金宝,立为王世子。长孙立为世孙,冠服视一品。诸子年十岁,则授涂金银册银宝,封为郡王。嫡长子为郡王世子,嫡长孙则授长孙冠服,视二品。诸子授镇国将军,孙辅国将军,曾孙奉国将军,四世孙镇国中尉,五世孙辅国中尉,六世以下皆奉国中尉。其生也请名,其长也请婚,禄之终身,丧葬予费,亲亲之谊笃矣。(《明史》卷一百一十六《诸王传序》)

年代愈久,宗室愈多,亲者封国,疏者食肉,国有土地随之减少,而财政负担又随之增加。关于封国,神宗时宰相叶向高言:

> 自祖宗以来,封国不少,使各割一大郡,则天下地已尽。今日非但百姓无田,即国家亦无田矣。(《明会要》卷四《诸王杂录》)

关于食禄,嘉靖四十一年,御史林润言:

> 天下财赋,岁供京师米四百万石,而各藩禄岁至八百五十三万石,山西、河南存留米二百三十六万三千石,而宗室禄米五百四万石;即无灾伤蠲免,岁输亦不足供禄米之半,年复一年,愈加蕃衍,势穷弊极,将何以支?(《明会要》卷四《诸王杂录》)

明代宗室之多,可看隆庆二年尚书王世贞之言:

> 臣于嘉靖二十九年,遇故修玉牒臣云,自亲王而下至庶人,已书名者几三万位;又二十年,可得五万位。周府已近四千位,韩府亦近千余位。虽竭天下之财力,恐不足以供其源源之产。(《明会要》卷四《诸王杂录》)

再看隆庆三年礼部郎中戚元佐之疏:

> 夫国初亲王、郡王、将军才四十九位,女才九位;今二百余年,宗支玉牒见存二万八千有奇,视国初不啻千倍。即尽岁供之输,犹不能给其半;十年之后,又将何以给之?(《明会要》卷四《诸王杂录》)

亲亲之意适足以破坏国家财政,结果,便由财政困难,引起经济崩溃,而发生了流寇之乱。

第三节
边疆开发、海外探险及中叶以后的外患

今日云贵之地就是汉时西南夷。武帝开边,虽将该地改为牂牁(今贵州遵义以南之地)、益州(今云南大理之地)等郡,但是汉之外患乃是匈奴。汉之军队向北推进,占领朔方,至于阴山,而将匈奴逐出大碛之外。又向西进攻,取河西,置四郡,以隔绝胡羌。出阳关及玉门,降服西域诸国,断匈奴之右肩。其对于云贵各地虽然改为郡县,而未遑经营。西南夷本不统一,往往一地之内有许多渠帅,"力少则易使以义,国小则无邪心",其不能为害中国,势之至明。而在武帝时代,全国人口不过三四千万。元朔四年,固曾移民实边七十余万,"衣食皆仰给县官,数岁贷与产业"(《汉书》卷二十四下《食货志》)。元始以后,连年战争,户口减耗,所以虽得云贵之地,而不能用移民之法,以同化其地土民。到了东汉,西南夷还是保存旧有的习惯。

西南夷者在蜀郡徼外,有夜郎国(元鼎六年,以其地为牂牁郡),东接交址,西有滇国(元封二年,以其地为益州郡),北有邛都国(元鼎六年,以其地为越巂郡),各立君长。其人皆椎结左衽,邑聚而居,能耕田。其外又有巂、昆明诸落,西极同师,东北至叶榆。地方数千里,无君长,辫发,随畜迁徙无常。自巂东北有莋都国(元鼎六年,以其地为沈黎郡),东北有冉

媷国（元鼎六年，以其地为汶山郡），或土著，或随畜迁徙。自冉駹东北有白马国（元鼎六年，以其地为武都郡），氐种是也。此三国亦有君长。（《后汉书》卷一百一十六《西南夷传》）

东汉以后，中国陷入混乱之中，魏晋南北朝之世，国家忙于战争，当然无遑开边。西南夷乍降乍叛。唐兴，虽然武功赫赫，而其敌人乃是突厥，在北而不在南。故其对于西南夷，还是羁縻之而已。例如：

东谢蛮，其地在黔州之西数百里……土宜五谷，不以牛耕，但为畲田，每岁易。俗无文字，刻木为契。散在山洞间，依树为层巢而居，汲流以饮。皆自营生业，无赋税之事……燕聚则击铜鼓，吹大角，歌舞以为乐。好带刀剑，未尝舍离……男女椎髻，以绯束之，后垂向下。（《旧唐书》卷一百九十七《东谢蛮传》）

牂牁蛮……无城壁，散为部落……唯征战之时乃相屯聚。刻木为契。其法，劫盗者二倍还赃，杀人者出牛马三十头，乃得赎死，以纳死家。风俗略与东谢同。（《旧唐书》卷一百九十七《牂牁蛮传》）

由此可知，唐时云贵之地尚未确实成为中国之版图。天宝大乱，西南夷遂乘中国多事之秋，渐次强大，由羁縻而至于脱离。其中有南诏者屡为中国之患，南诏以区区之地，而乃每岁出兵，中国虽疲，南诏自耗国力，也衰弱下去，而来朝贡。经五代而至于宋，南诏改称大理，虽屡来朝贡，然而西南夷草昧之习尚未改变。

西南诸夷，汉牂牁郡也……无城郭，散居村落……将战征，乃屯聚。刻木为契。其法，劫盗者偿其主三倍，杀人者出牛马三十头与其家，以赎死。病疾无医药，但击铜鼓、沙罗以祀神……至道元年，其王遣使率西南牂牁诸蛮来贡方物……其使十数辈，从者千余人，皆蓬发，面目黧黑，状如猿猱。使者衣虎皮毡裘，以虎尾插首为饰。（《宋史》卷四百九十六

《西南诸夷传》）

这是可以证明宋时西南夷还是保存其传统的风俗制度，中国对于该地不过视为羁縻郡县，未曾收入版图。

元兴，情况稍稍不同。蒙古侵略中国，先取夏，次灭金，其对南宋，则入四川，进取云南，以拊宋国之背，经广西，趋长沙，直抵武昌。当其攻取云南也，诸蛮力不能抗，只有屈服于蒙古铁蹄之下。汉时虽然郡县其地，而汉人罕至。元取云南之后，建为行省。云南北接四川西南，东接贵州西境，元为讨伐缅国，常取道贵州、广西，由云南出兵。云贵、广西僻处西南，本与中国隔绝，自元出师其地，汉人随元师而移住其地者为数不少。但元对于西南夷只置土官。

> 宣慰司掌军民之务，分道以总郡县。行省有政令，则布于下；郡县有请，则为达于省。有边陲军旅之事，则兼都元帅府（都元帅从二品），其次则止为元帅府（元帅正三品）。其在远服，又有招讨（正三品）、安抚（正三品）、宣抚（正三品）等使，品秩、员数各有差等。（《元史》卷九十一《百官志七》）
>
> 诸蛮夷长官司，西南夷诸溪洞各置长官司，秩如下州达鲁花赤（从五品），长官、副长官参用其土人为之。（《元史》卷九十一《百官志七》）

明兴，承元之制，于西南夷之地仍用土官。除宣慰使、宣抚使、安抚使、招讨使外，尚有长官司长官，又有军民府土州土县。

> 土官，宣慰司宣慰使一人（从三品）、宣抚司宣抚使一人（从四品）、安抚司安抚使一人（从五品）、招讨司招讨使一人（从五品）、长官司长官一人（从五品）。军民府土州土县，设官如府州县……其府州县正贰属官或土或流，皆因其俗，使之附辑诸蛮，谨守疆土，修职贡，供征调，无相携贰。（《明史》卷七十六《职官志五》）

《历代职官表》(卷七十二《土司各官》)关于元明二代之土官,曾云:

> 谨案,明时土官,曰宣慰司,曰宣抚司,曰安抚司,曰招讨司,皆沿元时之制也。然元时宣慰使,内地边地皆设之。其设于边陲者,则曰宣慰司都元帅府,或曰宣慰司兼管军万户府,与宣抚、安抚、招讨使(指都元帅及元帅)长官皆参用流官、土官。而《百官志》无明文,今兼采《元史》本纪中,设立土官之事,可与志相证者,以见一代之制焉。①

关于明代之土官,又云:

> 谨案,明代土官设有定职,与两汉蛮夷君长、唐宋羁縻州县,微有不同,而亦参用流官。今以《会典》所载,参考《明史》及各省《通志》,四川军民府四,皆土官世袭也,广西土府二、土州三十六,云南土官知府七、土官知州九、土县一、军民府土知府二。惟贵州府州县皆流官,而同知、通判、州判、县丞之类多以土官为之也。

案明用布政司以代替元之行中书省。建文以前,除京都(领应天等府)外,全国置布政司十三,云南居其一。成祖即位,以北平布政司为京师,江南之京师改称南京,布政司还是十三,即云南与贵州各居其一(云南布政司置于洪武十五年,贵州布政司置于永乐十一年)。云贵之地列为中国郡县。在贵州,中原衣冠多流寓其间,风气日开,渐成为中国领土。云南自汉以来,乍臣乍叛。盖疆域辽阔,夷落环伺,崇山巨川足以为保据之资。明代留军屯田,而镇守云南之沐英又与别将不同,他少孤,太祖养之为子,后从蓝玉进军云南,略取大理。蓝玉召还,沐英因系太祖养子,留镇其地,而沐氏又世守该土。(《明史》卷一百二十六《沐英传》)布政使张紞在滇凡十七年,务变其俗,滇人遵用之

---

① 《历代职官表》举《世祖纪》,至元十四年、二十七年、二十九年;《成宗纪》,元贞二年、大德元年;《武宗纪》,至大三年;《顺帝纪》,元统二年。

（《明史》卷一百五十一《张纮传》）。成化初，沐英之孙琮因"广西土官虐所部为乱，请更设流官，民大便"《沐英传》）。这就是改土归流之策，即废世袭之土官制，而代以随时任命之流官制。经此改革之后，不但广西，而云南经明师驻防，商民走集，遂同贵州一样，成为中国版图。虽然各地尚有土司，即以各蛮之渠帅为各地之长官，宠以宣慰司、宣抚司、招讨司、安抚司、长官司之名号，令其统摄部众，"而府州县之名亦往往有之。袭替必奉朝命，虽在万里外，皆赴阙受职"。嘉靖中，"以府州县等官隶验封，宣慰、招讨等官隶武选，隶验封者布政司领之，隶武选者都指挥领之，于是文武相维，比于中土矣"（《明史》卷三百一十《土司传序》）。明除行政制度之外，又不忘文化上的同化。明志关于岁贡（《入国学》云："川云贵诸远省，其按年充贡之法亦间有增减。"（《明史》卷六十九《选举志一》）关于乡试（中试后，参加会试）又云："正统间，云南二十名为最少。嘉靖间，增至四十，而贵州亦二十名。"（《明史》卷七十《选举志二》）明制，非府州县学诸生，不能充岁贡，不能应乡试，由此可知云贵二地必有学校。这是改土归流的最好方法①。

中国系大陆国家，大陆国家之武功多向陆地发展。元代两次讨伐日本，均告失败，即因有大海为阻之故。明在成祖时代，因燕师攻陷金陵，建文不知所终，恐其逃匿海外，乘机复国，乃于永乐三年派宦官郑和通使西域，前后七次，历三十余国，南经越南而至暹罗南部之马来亚，再下苏门答腊而抵爪哇。西至印度北部之榜葛剌（Bengale）、南部之柯枝（Cochin），下锡兰，而至印度西部之葛兰（Quilon）、古里（Calicut）。再西，遂达波斯之忽鲁谟斯（Ormuz）、阿拉伯之阿丹（Aden），而抵非洲东海岸之木骨都束（Mogedoxu）、不剌哇（Brawa）等地。兹试列表如次：

---

① 除西南各省外，安南于永乐时又成为中国版图。"安南古交阯地，唐以前皆隶中国。"（《明史》卷三百二十一《安南传》）"自唐之亡，交阯沦于蛮服者四百余年。"永乐三年，安南黎季犛弑其主，自称太上皇，立子苍为帝。帝大怒，命成国公朱能、新城侯张辅、西平侯沐晟等率兵八十万，分道进讨。四年，获黎季犛及其子苍等，槛送京师，"安南平，得府州四十八、县一百八十、户三百十二万，遂设交阯布政司，以其地内属。交阯复入版图"。其后"交人苦中国约束，又数为吏卒侵扰，乍服乍叛"。宣宗以后弃去交阯，然交阯为中国附庸，而时时朝贡。（《明史》卷一百五十四《张辅传》、卷三百二十一《安南传》）

郑和下西洋表[1]

次数	出发日期	还朝日期	所到国家
第一次	永乐三年六月	五年九月	苏门答剌、爪哇、南巫里(Lambri)，曾到过古里(Calicut)，如是当经过锡兰，即其所历之地远至印度西岸。
第二次	永乐六年九月	九年六月	占城、爪哇、满剌加(Malacca)、苏门答剌、锡兰山(即锡兰)、小咀喃(即葛兰)、古里。
第三次	永乐十年十一月	十二年七月	占城、阇婆(Java)、三佛齐(Palembang)、五屿(即满剌加)、苏门答剌、锡兰、柯枝、古里、溜山(Maldives)、忽鲁谟斯，即其所历之地远至波斯。
第四次	永乐十四年十二月	十七年七月	占城、古里、爪哇、满剌加、苏门答剌、南巫里、浡泥(Bornec)、彭亨(Pahang)、柯枝、锡兰山、溜山、麻林(Malinde)、忽鲁谟斯、阿丹，即又由波斯而至阿拉伯之西南海岸了。而据《明史》(卷三百二十六)所载，郑和曾至木骨都束、不剌哇，即达到非洲东海岸。
第五次	永乐十九年正月	二十年八月	经印度之甘巴里(Koyampadi)、阿拉伯之祖法儿(Djofar)，而至非洲之木骨都束、不剌哇，其余行程不详。
第六次	永乐二十二年正月	是年七月，成祖崩，据《郑和传》(《明史》卷三百四)，比还，而成祖已晏驾，可知此次还朝，当在永乐二十二年七月以前。	只知到过旧港(Palembang)，即三佛齐之地。

---

[1] 本表据《郑和下西洋史》(伯希和著，冯承钧译)。《明史》(卷三百四)《郑和传》云："和经事三朝，先后七奉使，所历占城、爪哇、真腊、旧港、暹罗、古里、满剌加、渤泥、苏门答剌、阿鲁、柯枝、大葛兰、小葛兰、西洋琐里、琐里、加异勒、阿拨把丹、南巫里、甘把里、锡兰山、喃渤利、彭亨、急兰丹、忽鲁谟斯、比剌、溜山、孙剌、木骨都束、麻林、剌撒、祖法儿、沙里湾泥、竹步、榜葛剌、天方、黎伐、那孤儿，凡三十余国。所取无名宝物不可胜计，而中国耗费亦不赀。自宣德以还，远方时有至者，要不如永乐时，而和亦老且死。自和后，凡将命海表者，莫不盛称和，以夸外蕃。故俗传三保太监下西洋，为明初盛事云。"

续表

次数	出发日期	还朝日期	所到国家
第七次	宣德五年六月	八年	据《郑和传》,历忽鲁谟斯等十七国而还,然随行之巩珍撰《西洋番国志》,则言所历诸番,凡二十国,即占城、爪哇、暹罗、旧港、哑噜(Aru)、满剌加、苏门答剌、那姑儿(Battaks)、黎伐(Lide)、喃勃里(即南巫里)、溜山、榜葛剌、锡兰山、葛兰、柯枝、古里、祖法儿、忽鲁谟斯、阿丹、天方(Arabie),即其所历之地又远至非洲东海岸。

成祖命郑和通使西洋,盖"疑惠帝亡海外,欲踪迹之"(《明史》卷三百四《郑和传》),即其动机不在于耀兵海外,而在于防遏建文复国。目的如斯,所以郑和虽然南至爪哇,西至非洲,只有耗费国帑,对于国家未必就有利益。固然《明史》(卷三百二十五)《浡泥传》曾载有其国王谢词,意谓"覆我者天,载我者地,使我有土地人民之奉、田畴邑井之聚、宫室之居、妻妾之乐、和味宜服、利用备器,以资其生,强罔敢侵,众罔敢暴,实惟天子之赐。是天子功德所加,与天地并"。《明史》(卷三百二十六)《柯枝传》,又谓该国"慕中华而歆德化久矣",每遇明朝"命令之至,拳跽鼓舞,顺附如归。咸仰天而拜曰,何幸中国圣人之教,沾及于我!乃数岁以来,国内丰穰,居有室庐,食饱鱼鳖,衣足布帛。老者慈幼,少者敬长,熙熙然而乐,凌厉争竞之习无有也。山无猛兽,溪绝恶鱼,海出奇珍,林产嘉木,诸物繁盛,倍越寻常。暴风不兴,疾雨不作,札沴殄息,靡有害菑,盖甚盛矣"。此乃被征服种族对于征服者所作的谄辞,未必真有其事。不过自郑和出使之后,国人渐次知道海外情况,而不得志于国内之人既见郑和"所取无名宝物不可胜计"(《明史》卷三百四《郑和传》),遂亦冒险移住于南洋群岛。例如浡泥国,自洪熙以后,"虽不复朝贡,而商人往来不绝……华人多流寓其地"(《明史》卷三百二十五《浡泥传》)。今日华侨遍布于东南亚一带之地,不能不说是明代海外探险为之敷路。所可惜者,明代天子的魄力不如汉武帝那样大。汉武帝曾因"东越险阻反复,为后世患,迁其民于江淮间"(《汉书》卷六《武帝纪》),而移殖汉人填补之。成祖之时,中国国力颇见雄厚,而南洋群岛尚未开化,若

能稍学汉武,用国家之力,大量移民,则今日亚洲领土必定改观。顾成祖只知踪迹建文,郑和所取者只是宝物,而朝廷所希望于群蛮者不过岁来朝贡。耗费国帑,而所得如此,明代士大夫竟然没有一位如主父偃者,出来主张移民朔方(《汉书》卷六十四上《主父偃传》)。中国失去好机会,读史至此,不禁叹息秦已无人。善哉严复之言:"夫罗马有所征服,则其法载与俱行,虽其始若难行,顾其终则有统同之治……至若吾国,因循为治,得国不变其政,临民不移其俗。若朝鲜,若琉球,若卫藏,若缅甸、安南,正朔朝贡而外,皆安其故,此所谓至逸者也。而至于今,效可睹矣。"(《法意》卷二十九第十八章《复案》)固然景帝(即代宗)时代,刘定之建言:

> 今宜乘大兵聚集之际,迁徙其众远居南土。禁其种落,不许自相婚媾;变其衣服,不许仍遵夷俗。或以为兵,使与吾中国之兵,部伍相杂,以牵制之。或以为民,使与吾中国之民,里甲相错,以染化之。(《皇明文衡》卷八刘定之《登极建言》)

然其所言乃是对付北寇,而非对付南蛮,且为时已晚,也先跳跃于北边,明已救死不暇,何能学汉武一样,空东越之地,迁其民于江淮间?

国际上绝无正义,有进无退乃是外务的基本原则。我进一尺,彼退一丈;我退一尺,彼进一丈。为国者必须侦察敌人之形势,估计自己之国力,能进则进,不可失去良机。明在洪武二十六年,天下户一千六十五万八百七十、口六千五十四万五千八百一十二(《明会要》卷五十《户口》),即比汉代最盛时代为多。其所以不能开发南洋群岛者,亦有原因。盖云贵需要移民,蒙古尚窥伺于北方,明之军队须用以防遏北寇,明之财力亦不能用于南征,果然成祖而后,蒙古之祸又发生了。

顺帝北归,数传之后,就去国号,称鞑靼;去帝号,称可汗。太祖之时虽命将出师,先取开平,次取应昌。成祖即位,亦六师屡出,漠北尘清。但是蒙古鞑靼乃游牧民族,而和林之地寒冷,汉军不能久留。鞑靼虽内乱时起,而仍不忘于寇边。其后有瓦剌部(鞑靼之一部落)托欢者以力自为鞑靼丞相,胁诱朵颜诸卫,窥伺塞下。托欢死,子也先嗣,益桀骜自雄。而明廷"秉国者,多抑边功,谓恐生事。然大帅倚内援,叙录又多逾等,适以长武夫玩寇之心,而无以奖劳臣致死之节"(《明史》卷一百六十五《陶成等传》赞曰)。正统十四年,也先自大同入寇,英宗御驾亲征,至于土木,而师徒败北,也先拥帝北行。是为土木之变。也先原欲"挟此奇货,羁制中原,以战不败,以和可成。输币不还,进而割地;割地不归,诱之称臣"(《明史纪事本末》卷三十三《景帝登极守御》,谷应泰曰)。哪知于谦(时为兵部左侍郎)竟然奉立景帝,既不迁都,又不讲和,以表示决心抗战,不蹈南宋之覆辙。

> 也先大入寇,王振挟帝亲征……及驾陷土木,京师大震,众莫知所为。郕王监国,命群臣议战守,侍讲徐珵言当南迁。谦厉声曰,言南迁者可斩也。京师天下根本,一动,则大事去矣,独不见宋南渡事乎?……景泰元年,敌(也先)欲朝廷遣使讲和,谦曰,和不足恃……况我与彼不共戴天,理固不可和。万一和,而彼肆无厌之求,从之则坐敝,不从则生变,势亦不得和。(《明史》卷一百七十《于谦传》)

也先既知拘帝北庭,无补于事,又欲纵帝返国,虽不能用作傀儡,亦可以激起兄弟争位,乘中国多事之秋,再行侵略。吾人观其与杨善之对话,即知他是希望英宗复位的。

> 也先曰,上皇归,当仍作天子邪?善曰,天位已定,不再更也。(《明史》卷三百二十八《瓦剌传》)

兄终弟及,社稷为重,"归亦别院闲宫,不过汉家之老,然则挟天子者,挟一匹夫耳"(《明史纪事本末》卷三十三《景帝登极守御》,谷应泰曰)。景泰元年八月,也先送英宗返京。然天位已定,英宗入居南宫,尊为上皇。此种措置比之南宋高明多了,盖景帝系英宗之弟,高宗乃徽宗之子。景帝本来不希望英宗返国。

上皇北狩……也先见中国无衅,滋欲乞和。使者频至,请归上皇。大臣王直等议遣使奉迎。帝不悦曰,朕本不欲登大位,当时见推,实出卿等。谦从容曰,天位已定,宁复有他?顾理当速奉迎耳。万一彼果怀诈,我有辞矣。帝顾而改容曰,从汝从汝。(《明史》卷一百七十《于谦传》)

景帝崩殂,英宗复位,此时也先已死,瓦剌衰,部属分散,不能为祸中国,然而不久俺答之祸又发生了。天顺年间,鞑靼部众潜入河套居之,遂迫近西边,最初他们以争水草不相下,不能深入为寇,然时亦通三卫,扰塞下。由宪孝而至武宗,鞑靼部众入居河套者日益众。到了嘉靖,有吉囊及俺答者,"据河套,雄黠喜兵,为诸部长,相率躏诸边"。嘉靖二十一年,"吉囊死,诸子狼台吉等散处河西,势既分,俺答独盛,岁数扰延绥诸边"(《明史》卷三百二十七《鞑靼传》),朝廷穷于应付。到了二十九年,俺答入大同,寇蓟州,至古北口,长驱入内地,遂犯京师。此时严嵩当国,以为"败于边可隐,败于郊不可隐,(敌)饱将自去,惟坚壁为上策"(《明史纪事本末》卷五十九《庚戌之变》)。而"大将军仇鸾慑懦不敢战,兵部尚书丁汝夔惬扰不知所为,闭门守,敌焚掠三日夜"(《明史》卷三百二十七《鞑靼传》),引兵而西,"前后所掠男女骡畜、金帛财物既满志,捆载去"(《明史纪事本末》卷五十九《庚戌之变》),"徐由古北口出塞,诸将收斩遗尸,得八十余级,以捷闻"(《明史》卷三百二十七《鞑靼传》),是谓庚戌之变。自是而后,俺答虽不深入,而尚寇边不已。俺答死,鞑靼之祸还是与明相终始。到了后金勃兴,鞑靼诸部皆折入于清国,而明祚也灭亡了。

土木之变距离元亡尚近,也先有政治眼光,故欲利用英宗,勒索明廷之割地赔款;又有领土野心,既见燕都之宫阙朝市,不无窥伺之情。幸有于谦力主抗战,使也先不能肆志。庚戌之变距离元亡已久,俺答惯于游牧生活,没有领土野心,其所欲者子女玉帛而已。所以此时明廷虽然是巨奸当国,朝臣皆阘茸之徒,而俺答兵临城下,竟又徐引而去。现在试来研究元亡之后,何以它的后裔尚能为祸明廷?察其原因约有两种,一是地理上的原因,二是军事上的原因;而地理上的原因又有两种,一是永乐时弃大宁,二是天顺时弃河套,兹试述之如次。

先就地理上之原因言之,鞑靼、瓦剌均在北荒,明定都燕京,长城以北,以开平为重镇。开平北控沙漠,南屏燕蓟。洪武二年,建卫于此。但是欲守开平,须驻重兵于大宁,以作声援。"大宁东边辽左,西接宣府,为巨镇",太祖封子权为宁王,调各卫戍守其地(《明史》卷一百一十七《宁王权传》)。成祖即位,以大宁迫近燕京,改封宁王于南昌,而割大宁之地与三卫(朵颜、福余、泰宁三卫,其地为兀良哈,在黑龙江南、渔阳塞北。成祖起靖难,得三卫助,故割大宁。以偿其劳)。这是一种最大的失策。丘濬说:"洪武之初,西北边防重镇,曰宣府,曰大同,曰甘肃,曰辽东,曰大宁。永乐初,革去大宁,惟存四镇。""往者有大宁,以为外障,其后移入内地。以此之故,京师东北藩篱单薄之甚。异时卒有外患,未必不由于此。"(《大学衍义补》卷一百五十一《守边固围之略下》)果然,"大宁既罢,开平势孤"(《明会要》卷六十三《边防》)。兼以运粮开平,"每军运一石,又当以骑士护行,计所费率二石七斗而致一石"(《明史》卷一百六十《罗通传》)。因此之故,宣德五年,又弃开平,于是大同、宣府遂成重镇,即如宣大总督翁万达所言:"敌犯山西,必自大同;入紫荆(在保定府易州西四十里。路通宣府、大同,山谷崎岖,易于控扼,自昔为戍守之处),必自宣府。"(《明史》卷九十一《兵志三》)大同北控沙漠,居边隅之要害,为京师之藩屏,女真之亡辽、蒙古之亡金皆先下大同;土木之变、庚戌之变,也先、俺答亦自大同入犯。宣府南屏京师,北控沙漠,左挹居庸之险,右拥云中之固。石晋初,其地入于契丹,其后金人由此以迫燕云;蒙古得之,遂亦蚕食山北,而并山南。明将亡也,金铉还说:"宣大京师北门,大同陷,则宣府危;宣府危,大事去矣。"(《明史》卷二百六十六《金铉传》)但是大同、宣府均在长城之南,弃长城之北,而守长城之南,明之战略已经失败。何况紫荆、居庸又无守备,"既不能御虏之入,又不能遏虏之出,名为关塞,实则坦途。虏骑之来若长风之驱云雾,豁然无所底碍。盖兵士寡弱,亭障缺败,蹊隧疏漏,非朝夕之积也"(《皇明文衡》卷八刘定之《登极建言》)?这样,鞑靼入寇当然不能防御。

河套乃"古朔方郡,唐筑三受降城处也。地在黄河南,延袤二千里,饶水草。明初守之,后以旷绝内徙"(《明史》卷三百二十七《鞑靼传》)。天顺以后,鞑靼部落,先后继至,于是"舍黄河卫东胜,后又撤东胜以就延绥,套地遂沦失"。

然在弘治以前,"我未守,彼亦未取"。经正德而至嘉靖,"乃任彼出入,盘据其中,畜牧生养,譬之为家,成业久矣"。此时要想一举复之,实在不易(《明史》卷一百九十八《翁万达传》)。正德时,杨一清建议复套,意谓:

> 今河套即周朔方、汉定襄、赫连勃勃统万城也。唐张仁愿筑三受降城,置烽堠千八百所,突厥不敢逾山牧马……夫受降据三面险,当千里之蔽。国初,舍受降而卫东胜,已失一面之险。其后,又辍东胜,以就延绥,则以一面而遮千余里之冲,遂使河套沃壤为寇巢穴,深山大河,势乃在彼,而宁夏外险,反南备河,此边患所以相寻而不可解也。诚宜复守东胜,因河为固,东接大同,西属宁夏,使河套方千里之地,归我耕牧,屯田数百万亩,省内地转输,策之上也。如或不能,及今增筑防边,敌来有以待之,犹愈无策。(《明史》卷一百九十八《杨一清传》)

然而此时刘瑾用事,憾一清不附己,复套之议遂作罢论。嘉靖中,曾铣又请复河套。他说:

> 贼据河套,侵扰边鄙,将近百年。孝宗欲复而不能,武宗欲征而不果,使吉囊据为巢穴。出套,则寇宣大三关,以震畿辅。入套,则寇延宁甘固,以扰关中。深山大川,势顾在敌,而不在我。封疆之臣,曾无有以收复为陛下言者……臣请以锐卒六万益以山东枪手二千,每当春夏交,携五十日饷,水陆交进,直捣其巢。材官趋发,炮火雷激,则寇不能支,此一劳永逸之策,万世社稷所赖也。(《明史》卷二百四《曾铣传》)

此时,严嵩柄国,极言套必不可复,遂又作罢。不久,俺答果然进兵内郡,直犯京师了。总之,土木之变,原因在于弃大宁;庚戌之变,原因在于弃河套。盛衰之理虽曰人事,而地理亦与有关焉①。

---

① 关于河套,神宗时,丘濬曾言:"臣按朔方郡即今河套地也。唐初,与突厥以河为界,则是 (转下页)

次就军事上之原因言之,宣德年间,"承平日久,边备偷惰"(《明史》卷一百七十一《徐有贞传》)。汉胡交战,马队极为重要。明初,除国家设监养马之外,又依王安石保马之法,令民计丁养马(《明会要》卷六十二《马政》)。即如丘濬所说:

> 案今日马政,两京畿及山东、河南牧之于民,山西、陕西、辽东牧之于官,在官者有名而无实,在民者有损而无益。(《大学衍义补》卷一百二十四《牧马之政中》)

但明之与宋,又有不同之点。丘濬说:

> 但宋时户马是散官马于民,今日乃令民自买马养耳。宋是赋牧地与民,今日乃民自用其地所出以养耳。(《大学衍义补》卷一百二十四《牧马之政中》)

马政废弛,而汉胡战争,马队又不可缺,势只有购之于外蕃。杨继盛说:"彼宁肯予我良马哉?"(《明史》卷二百九《杨继盛传》)早在永乐末年,邹缉已经疏言:

> 朝廷岁令天下织锦铸钱,遣内官买马外蕃,所出常数千万,而所取曾

(接上页)固常守河矣,而张仁愿所筑之三受降城皆在黄河之北、大漠之南。史谓中城南直朔方,意今河套之地。西城南直灵武,意今宁夏之地。东城南直榆林,意在今绥云之间……说者多谓东胜州即古东受降城所在……国朝设东胜卫于此,其后移于内地。宣德、正统间,往往有建议者,欲复其故,然而卒不果焉。夫自古守封疆者必据险阻,然守险也不守其险,而守于险之外,若即险而守,则敌与我共其险矣。是以古人之守江也,必守淮,而河亦然。唐人御突厥也,始以河为界,其后张仁愿乃建三城于河之外焉,是即守江之意。盖择其要害之地,扼其吭而折其背也。是以唐自有此城之后,朔方益无寇,岁省费亿计,减镇兵数万,此其明验也。"又因此时明已放弃河套,而军队则守在河套之外,故丘濬又说:"今日吾之守镇顾有在河套之外者……自昔中国守边者,皆将卒守其内,而拒戎虏于外。兹地则虏反入吾之内,而吾之所守者反在其外焉。彼所以从入者必有其路,所以屯聚者必有其所,所以食用者必有其物,若一一推求其故,于其所经行之路,则预扼其要冲;于其所屯聚之处,则先据其形胜。勿但幸其眼前之无事,而必为后日之远图。议者若谓置为城守,则馈饷为难……盍思赫连之建国、元昊之列军皆在此地,何从得食乎?《宋史》明言其地饶五谷,尤宜稻麦。汉人于境外轮台之地尚为之屯营,况此乃在黄河之南,次边之地乎?"(《大学衍义补》卷一百五十一《守边固圉之略下》)

不能一二。马至虽多，类益驽下。责民牧养，骚扰殊甚，及至死伤，辄令赔补，马户贫困，更鬻妻子，此尤害之大者。(《明史》卷一百六十四《邹缉传》)

正统初年，杨士奇也说：

> 瓦剌渐强，将为边患，而边军缺马，恐不能御。(《明史》卷一百四十八《杨士奇传》)

未几也先入寇，民间养马，果然是仓促之间，不及调发。

> 正统十四年，北虏入寇，言者以马遍在民间，猝不及调发。(《明会要》卷六十二《马政》)

何况编户竭力破产以养马，而所养之马率皆小弱羸劣，不能骁腾御敌？试看成化末丘濬之言：

> 编户养马之害，甚于熙宁保马之法。民既供刍粮以给公家之用，复备刍秣以为官马之养。又生必报数，死必责偿。生者岁增，而供之者愈难；死者日继，而偿之者无已。民安得而不穷且盗也？夫使百姓竭力破产以供马，而官得其用，犹可言也。今所养之马率皆小弱羸劣，使驰逐数十里，固已顿毙，况望其骁腾御敌乎？是官民胥失之也。(《明会要》卷六十二《马政》)

马率小弱羸劣，明在军事上已经不能与漠北种族决胜于战场之上，而兵士的生活又甚艰苦，尤以边军为然。正统时，罗亨信言：

> 塞上诸军防边劳苦，无他生业，惟事田作。每岁自冬徂春，迎送瓦剌使臣，三月始得就田，七月又复刈草，八月以后，修治关塞。计一岁中，曾

无休暇。况边地硗瘠，霜早收薄，若更征税（时遣官度宣府、大同二镇军田，一军八十亩外，悉征税五升，故有是言），则民不复耕，必致窜逸。计臣但务积粟，不知人心不固，虽有粟，将谁与守？（《明史》卷一百七十二《罗亨信传》）

正统末，"也先入寇，中官挟帝亲征，未至大同，士卒已缺粮"（《明史》卷一百六十七《曹鼐传》）。景帝即位，也先之祸虽然小休，而"京师盗贼多出军伍，间有获者，辄云粮饷亏减，妻孥饥冻"（《明史》卷一百六十《石璞传》）。按明代初年，"养兵最厚，月粮以赡妻子，行粮以赡本身，不时赏犒银两，依期给食衣绵"（《皇明文衡》卷七程信《论城守疏》）。到了后来，官军"月给米一石，折银二钱五分，马则冬春给料，月折银一钱八分，即岁稔，不足支数日"（《明史》卷二百二十二《张学颜传》）。其实，月给米一石，乃以有妻者为限，无者只得六斗。

军以有妻者为有家，月饷一石，无者减其四，即有父母兄弟，而无妻，概以无家论。（《明史》卷一百七十七《李秉传》）

军士已经困穷，而武将又令其缴纳月钱。军士为补偿月钱之所失，只有经营工商，于是攻战之事遂不遑习。景泰初，刘定之说：

向者兵士受粟布于公门，而纳月钱于私室。于是乎手不习攻伐击刺之法，足不习坐作进退之术，目不识旗帜之色，耳不闻金鼓之节。但见其或负贩货财以为商，或习学技艺以为工，而工商之所得仅足补其月钱之费。（《皇明文衡》卷八刘定之《登极建言》）

成化中，谢铎也说：

今之边将……且侵克军饷，办纳月钱，三军方怨愤填膺，孰肯为国家效命者。（《明史》卷一百六十三《谢铎传》）

弘治时，克饷恶习仍不革除。

> 帝（孝宗）乃召见刘大夏于便殿，问曰，卿前言天下民穷财尽，祖宗以来，征敛有常，何今日至此？对曰，正谓不尽有常耳，如广西岁取铎木，广东取香药，费固以万计，他可知矣。又问军，对曰，穷与民等。帝曰，居有月粮，出有行粮，何故穷？对曰，其帅侵克过半，安得不穷？（《明史》卷一百八十二《刘大夏传》）

正德年间，除"民苦养马，马日瘦削"（《明会要》卷六十二《马政》）不计外，秉权之人且有买功、冒功、窜名、并功之弊。程启元说：

> 今幸门大启，有买功、冒功、寄名、窜名并功之弊。权要家赂军士金帛，以易所获之级，是谓买功。冲锋斩馘者甲也，而乙取之，甚者杀平民以为贼，是谓冒功。身不出门闾，而名隶行伍，是谓寄名。贿求掾吏，洗补文册，是谓窜名。至有一人之身，一日之间不出京师，而东西南朔四处报功者，按名累级，骤至高阶，是谓并功。（《明史》卷二百六《程启元传》）

到了世宗，严嵩弄权，日事掊克，"吏兵二部尤大利所在"（《明史纪事本末》卷五十四《严嵩用事》），于是一般武将为了上赂权贵，更不能不下剥士兵了。王宗茂说：

> 不才之武将，以赂而出其门，则必克军之饷，或缺伍而不补，或逾期而不发，兵奈何不疲？（《明史》卷二百一十《王宗茂传》）

董传策亦说：

> 今诸边军饷岁费百万，强半赂嵩，遂令军士饥疲。（《明史》卷二百一十《董传策传》）

在这种军政之下,哪里会有壮士投军?例如:

> 嘉靖二十九年,谙达犯京师。集诸营兵,仅四五万。是时禁军册籍皆虚数,半役内外提督大臣家,不归伍。在伍者半皆老弱,涕泣不敢前。(《明会要》卷六十一《军伍》)

而为武将者又"但知闭营坚壁,假托持重之说,而不能出奇尽力,以收胜捷之功。甚至前队败而后队不救,左哨出而右哨不随"(《皇明文衡》卷八刘定之《登极建言》)。成化时,程信曾见汉夷交战的情况如次:

> 都督孙镗领军与贼对敌,各路正当分军策应……然皆各以分地自诿,袖手旁观。臣于城上遥见西北军马约有三四千人,一见上首挫锋,其余不战,乱逾城濠,致令五六犬羊乘势追赶。(《皇明文衡》卷七程信《论城守疏》)

世宗时,刘绘亦言:

> 边将多自全,或拾残骑报首功,督巡诸臣亦第列士马守要害,名曰清野,实则避锋;名曰守险,实则自卫。(《明史》卷二百八《刘绘传》)

陵迟而至神宗,军队愈见腐化,"京师十余万兵,岁糜饷二百余万,大都市井负贩游手而已"(《明史》卷二百三十六《王元翰传》)。叶向高说:

> 今京营诸将多贾人子,厚金帛,结中贵权贵,既输财于此,不得不取偿于彼。故有索月钱,需常礼,恣意诛求,若以为当然,而不可易者。国家岁漕东南之粟数百万石以赡兵,而兵岁出月粮之半以赡将。将愈饱而兵愈饥,甚有典衣鬻儿,而枵腹待命者。(《续文献通考》卷一百二十三《兵制》,引叶向高《苍霞集》)

所以吕坤疏陈天下乱象已形。他说：

> 三大营之兵①，以卫京师也，乃马半羸敝，人半老弱。九边之兵以御外寇也，皆勇于挟上，怯于临戎。外卫之兵，以备征调，资守御也。伍缺于役占，家累于需求，皮骨仅存，折冲奚赖？设有千骑横行，兵不足用，必选民丁，以怨民斗怨民，谁与合战？（《明史》卷二百二十六《吕坤传》）

明代朝臣大率喜欢自我表现，而国家法令又甚繁碎。然而疆场之事，既不可筑室道谋，更不宜牵制之以文法。王崇古于神宗时，曾说：

> 俺答父子兄弟横行四五十年……缘议论太多，文网牵制，使边臣无所措手足。（《明史》卷二百二十二《王崇古传》）

兼以执政大臣又喜闻捷，而恶言败，内外相蒙，上下欺蔽，有如刘应秋所言：

> 近日敌情，有按臣疏，而督抚不以闻者，有督抚闻，而枢臣不以奏者。彼习见执政大臣喜闻捷而恶言败，故内外相蒙，恬不为怪，欺蔽之端自辅臣始。（《明史》卷二百一十六《刘应秋传》）

专制政治所赖以维持者在于军队之力。军政腐化，不但外寇危急，而暴民亦将蠢动于内，明祚之亡似在朝夕间了。

在鞑靼扰乱边境之时，沿海一带又有倭寇之祸。吾国东接大海，自古以来，外患均来自北方。元世祖讨伐日本，师出无功，此时日本尚以岛夷自居，而不敢蔑视天朝。然而既知大海之可恃，就渐有夜郎自大之意。吾国古代均称日本为倭奴国，案倭奴之名似源于日语之"アイヌ"，此系日本之原住民，现居北海道，即所谓虾夷是。日本皇族与倭奴为两个不同之人种。皇族来自何

---

① 据《明史》卷八十九《兵志一》，"京军三大营，一曰五军，一曰三千，一曰神机，其制皆备于永乐时"。

方,这须待考古学家之研究,唯据其三件传国宝一是宝剑,二是玉球,三是铜镜观之,大率来自中国。最初没有历史,所谓神武天皇、神功皇后不过后人虚构,犹如吾国之盘古氏、有巢氏、燧人氏一样。中国自魏晋以后,战乱不已,此时人民经朝鲜之釜山,移住于日本者必定不少。降至隋唐,中国建立第二次一统帝国,而日本因汉族之来临,亦渐次开化。隋唐两代,日本均曾派遣留学生来华求学,于是遂有圣德太子依唐之制,改革国政之事,这称为大化革新。从此以后,日本更脱掉草昧之习,而进入文明之境,而对于中国,则朝贡不绝。元以漠北游牧民族,征服欧亚二洲。世祖一登帝位,又依中国传统的政策,要求四裔称臣朝贡。日本立国于大海之中,与大陆不相连接,知元师不易来伐,遂不奉命,终元之世未与中国交通。元末,方国珍以海盗之形式,扰掠江浙沿海,竟令元室穷于应付。此种情况对于日本似有影响。"明兴,高皇帝即位,方国珍、张士诚相继诛服,诸豪亡命,往往纠岛人,入寇山东滨海州县。"(《明史》卷三百二十二《日本传》)洪武二年,帝遣行人杨载诏谕其国,"谓宜朝则来廷,不则修兵自固,倘必为寇盗,即命将徂征耳"。日本仍不奉命,复寇山东,转掠温台,进扰福建沿海郡县(《明史》卷三百二十二《日本传》)。十四年,日本国王且上书言:

> 臣居远弱之倭,褊小之国,城池不满六十,封疆不足三千,尚存知足之心。陛下作中华之主,为万乘之君,城池数千余,封疆百万里,犹有不足之心,常起灭绝之意……臣闻天朝有兴战之策,小邦亦有御敌之图……又闻陛下选股肱之将,起精锐之师,来侵臣境。水泽之地,山海之洲,自有其备,岂肯跪途而奉之乎?顺之未必其生,逆之未必其死。相逢贺兰山前,聊以博戏,臣何惧哉?倘君胜臣负,且满上国之意;设臣胜君负,反作小邦之羞。自古讲和为上,罢战为强,免生灵之涂炭,拯黎庶之艰辛,特遣使臣,敬叩丹陛,惟上国图之。(《明史》卷三百二十二《日本传》)

帝虽"愠甚,终鉴蒙古之辙,不加兵也"(《明史》卷三百二十二《日本传》)。自是而后,日本屡寇沿海各地,"倭性黠,时载方物戎器,出没海滨,得间则张其戎器而肆侵掠。不得,则陈其方物,而称朝贡"(《明史》卷三百二十二《日本传》)。景泰以后,日本虽有入贡,只是海寇。明成化时,丘濬曾言:

> 臣按皇明祖训所列诸夷国名,凡十有五,而日本与焉。而于其下注曰,日本国虽朝贡,暗通奸臣,谋为不轨,故绝之。盖以此国,其人虽粗知文字,而心实狡诈。海外诸蕃如占城、真腊、阇婆之类,皆未尝为边境患。惟此一国居海之中,在胜国时,许其互市,自四明航海而来,艨艟数十,戈矛剑戟莫不毕具,出其重货贸易。即不满所欲,燔焫城郭,钞掠居民,海道兵卒无以应之,往往为海边州郡害。圣祖(明太祖)灼知其故,故痛绝之……正德以前,彼犹出没海滨,以为民害。正德以后,盖罕有至者矣……数十年来,彼知吾有备,不复犯边,时或数年一来朝贡,朝廷亦以其恭顺之故而礼遇之。(《大学衍义补》卷一百五十五《四方夷落之情下》)

倭性狡猾,其一方修好同时寇掠的双面外交,自古已然,所以明廷不得不限制其入贡人数及船数。永乐二年,诏日本"十年一贡,人止二百,船止二艘"。宣德八年,"又申定要约,人毋过三百,舟无过三艘。倭人贪利,贡物外,所携私物增十倍"。由英宗至世宗,倭寇每乘我方无备之际,侵掠沿海各省。嘉靖九年,日本托琉球使臣奏请修贡如常,朝廷以"倭谲诈难信",敕令仍遵前命。十九年,日本贡使至京。申前请,诏令"贡期限十年,人不过百,舟不过三"。此时,"日本王虽入贡,其各岛诸倭岁常侵掠滨海"(《大学衍义补》卷一百五十五《四方夷落之情下》)。而吾国海防又甚废弛,以是贼帆所指,无不残破。

> 明初,沿海要地,建卫所,设战船,董以都司、巡视副使等官,控制周密。迨承平久,船散伍虚,及遇警,乃募渔船,以资哨守。兵非素练,船非专业,见寇舶至,辄望风逃匿,而上又无统率御之,以故贼帆所指,无不残破。(《大学衍义补》卷一百五十五《四方夷落之情下》)

倭寇猖獗,祸延数十年,幸有俞大猷经营两浙,戚继光驰驱闽海,海盗不能进入内郡。到了万历年间,丰臣秀吉秉政,"用法严,军行有进无退,违者虽子婿必诛,以故所向无敌"(《大学衍义补》卷一百五十五《四方夷落之情下》)。不禁夜郎自大,"欲侵中国,灭朝鲜而有之"(《大学衍义补》卷一百五十五《四方夷落之情下》),乃于万历二十年四月遣将率舟师数百艘,由对马岛渡海,陷朝鲜之釜山,乘胜长驱,掠开城,陷丰德诸郡,朝鲜军队望风崩溃,遂入王京,执其王妃王子,追奔至平壤,放兵淫掠。八月,中朝遣李如松统兵讨之;明年,如松师大捷于平壤,朝鲜所失四道并复。久之,秀吉死,诸倭扬帆尽归,朝鲜患平,而东南稍有安枕之日矣。(《大学衍义补》卷一百五十五《四方夷落之情下》)在丰臣秀吉以前,日本虽侵掠中国,其实不过小丑跳梁。在航海技术未曾进化到蒸汽时代,只向濒海进攻,很难有所成就。因为远隔大海,接济不易。到了丰臣秀吉秉政,似有一定策略,他以朝鲜为桥梁,意欲略朝鲜,而至东北,再学契丹、女真,以高屋建瓴之势,南压幽燕,进至江淮。若能再取洛阳,一方入关中而逼四川,他方略襄樊而胁武汉,则以明代那样腐化的政府实难应付。明治维新之后,取朝鲜,侵东北,终而发生"七七事变",中国虽受尽焚掠,日本亦疲惫不堪,卒至无条件地投降,宣告对华侵略之失败。

第四节
君主专制、政治腐化及言路习气之败坏

明太祖起自匹夫,其行事固然多仿汉高,但两人性格未必相同,汉高阔达大度,明祖性多猜忌。古来学者说到诛戮大臣,往往汉高与明祖并举。其实,杀韩彭者乃是吕后,英布则因其反而诛之(实际是为番禺人所杀),韩王信、卢绾亦以谋反而后征讨(他们两人皆亡入匈奴)。他如萧曹、绛灌等方且倚为心膂,欲以托孤寄命,未曾概加猜忌。独至明祖,借功臣以取天下,天下既定,即尽杀功臣,以保全大明江山的安全。此中原因虽如赵翼所言:"明祖起事虽早,而天下大定,则年已六十余。懿文太子又柔仁,懿文死,孙更孱弱,遂不得不为身后之虑。是以两兴大狱,一网打尽。"第一次是胡惟庸之狱,族诛至三万余人;第二次是蓝玉之狱,族诛至一万五千余人(《廿二史札记》卷三十二《胡蓝之狱》)。抑又如孟德斯鸠所谓"恐怖乃专制政治的精神"。专制政治所恃以统治臣民者在于恐怖,由恐怖建立权威,用权威维持政权。宰予曾说:"周人以栗,曰使民战栗。"(《论语·八佾》)明祖每览章奏,常因一字触犯忌讳,肆行刑杀,如福州府学训导林伯景为按察使撰贺冬表,以"仪则天下"诛;桂林府学训导蒋质为布按作正旦贺表,以"建中作则"诛,盖则音嫌于贼也;杭州教授徐一夔贺表有"光天之下,天生圣人,为世作则"等语,帝览之,大怒曰,生者僧也,以我尝为僧也,光则薙发也,则字音近贼

也,遂斩之。(《廿二史札记》卷三十二《明初文字之狱》)这就是明初文字之祸,太祖由匹夫而登帝位,"王侯将相宁有种耶",非常之人一旦得志,往往不讳出身,且以身世孤寒自夸。而太祖似有自卑之感,其见到"则"字即联想到"贼",见到"生"字即联想到"僧"。太祖少时曾否为贼,史无明证,至其为僧则载在史册,不能抹杀。既为贼了,而又为僧,这当然有害天子的尊严,所以深加忌讳。

明祖虽贵为天子,而却有自卑之感,由这心理变态,遂用刑杀以立威。明祖欲使臣下战栗,复用廷杖之法,视国家大臣如同宫中奴婢。凡敢直言极谏者,即在群臣面前加以廷杖。"士可杀,不可辱",解缙亦言"大臣有过恶,当诛,不宜加辱"(《明史》卷一百四十七《解缙传》)。顾明祖为要树立尊严,不惜侮辱大臣。既廷杖了,就宜杀之,明祖不但不杀,且又用之,犹如主人之鞭扑奴婢一样。毁伤大臣之人格,使大臣自视为软弱无骨的动物。史称:

> 帝尝览《孟子》,至草芥、寇仇之语,谓非臣下所宜言,议罢其配享,诏有谏者以大不敬论。(《明史》卷一百三十九《钱唐传》)

孟子虽然不是民主主义者,而却主张放伐暴君,与欧洲中世末期暴君放伐论(Monarchomachen)一派之思想相差无几。这种言论大有害于君主的神圣,明祖欲废孟子而不祀,专制魄力之大,可以说是空前绝后。茹太素为刑部主事,陈时事,言多忤触,帝怒召太素,杖于朝,而又外放为浙江参政,既复擢为户部尚书。太素抗直不屈,这种没有奴隶性的人,由明祖视之,是不可信任的。未几,降为御史,复因忤触帝怒,与同官十二人俱镣足治事,后竟坐法死。(《明史》卷一百三十九《茹太素传》)镣足治事,令人想到古代罗马奴隶主对于奴隶的做法。

明祖侮辱大臣之事,在《明史》上不胜枚举。现在只举两则。有李仕鲁者为大理寺卿,因帝颇好释氏,乃上疏匡谏,"及言不见用,遽请于帝前曰:'还陛下笏,乞赐骸骨归田里。'遂置笏于地。帝大怒,命武士摔搏之,立死阶下"(《明史》卷一百三十九《李仕鲁传》)。言不见用,弃冠而去,这是深合于孟子所谓"君有过则谏,反复之而不听,则去"(《孟子·万章章句下》)之义。然乃有害于皇帝的尊严,而使天子不能再以爵禄牢笼天下之英才。明祖大怒,捽死阶下,专制君主之滥肆刑杀,到了明祖,可以说是登峰造极。而其结果,遂如叶伯巨所说:"今之为士者……以鞭笞捶楚为寻常之辱。"(《明史》卷一百三十九《叶伯巨传》)明祖在天下未定之时,固然礼贤下士,天下既定,亦常下诏求贤,而据叶伯巨之言:

> 其始也,朝廷取天下之士,网罗捃摭,务无余逸,有司敦迫上道,如捕重囚……洎乎居官,一有差跌,苟免诛戮,则必在屯田工役之科,率是为常,不少顾惜。(《明史》卷一百三十九《叶伯巨传》)

尚有一则,更可证明明祖之专制。有曾秉正者南昌人,为陕西通政使,"在位素言事,寻以忤旨罢,贫不能归,鬻其四岁女。帝闻大怒,置腐刑,不知所终"(《明史》卷一百三十九《茹太素传》)。官至通政使,而竟贫到鬻女,清廉是清廉了,然乃大伤专制君主之自尊心。专制君主对于禄俸菲薄,无不讳莫如深,盖恐布衣之士将因此不愿干禄。现在曾秉正竟敢公开鬻女,这不啻是一种抗议,抗议朝廷之薄俸,使臣下仰不足以养父母,俯不足以活妻子。明祖大怒,置之腐刑,这又是专制君主之滥肆刑杀。

此种作风到了后代,更见变本加厉。古代,宰相进见天子,御座为起,在舆为下。其或有罪当诛,亦令自杀,不加显戮。(《汉书》卷八十四《翟方进传》及注,引如淳曰)而明代天子对于大臣往往动辄廷杖。此盖成祖以后,奄宦渐次用事。黄宗羲说:

> 自夫奄人以为内臣,士大夫以为外臣,奄人既以奴婢之道事其主,其主之妄喜妄怒,外臣从而违之者,奄人曰,夫非尽人之臣欤,奈之何其不敬也?人主亦即以奴婢之道为人臣之道,以其喜怒加之于奄人而受,加之于士大夫而不受,则曰,夫非尽人之臣欤,奈之何有敬有不敬也?盖内臣爱我者也,外臣自爱者也。于是天下之为人臣者见上之所贤所否者在是,亦遂舍其师友之道,而相趋于奴颜婢膝之一途。(《明夷待访录·奄宦上》)

明乎明代天子之专制,就可知道黄宗羲之思想乃有其时代的背景。在一定时代、一定社会,思想的来源不过两种:政治清明,思想常拥护现政治;政治腐化,思想每倾向于反动。黄宗羲生长明末,君主极端专制,而又不恤民瘼,故他谓:

> 后之为人君者……以为天下利害之权皆出于我,我以天下之利尽归于己,以天下之害尽归于人,亦无不可……以我之大私为天下之公,始而惭焉,久而安焉,视天下为莫大之产业,传之子孙受享无穷……是以其未得之也,屠毒天下之肝脑,离散天下之子女,以博我一人之产业,曾不惨然,曰我固为子孙创业也。其既得之也,敲剥天下之骨髓,离散天下之子女,以奉我一人之淫乐,视为当然,曰此我产业之花息也。然则为天下之大害者君而已矣。(《明夷待访录·原君》)。

又说:

> 我之出而仕也,为天下,非为君也;为万民,非为一姓也……世之为臣者昧于此义,以为臣为君而设者也。君分吾以天下而后治之,君授吾以人民而后牧之,视天下人民为人君橐中之私物。今以四方之劳扰、民生之憔悴,足以危吾君也,不得不讲治之牧之之术。苟无系于社稷之存亡,则四方之劳扰、民生之憔悴,虽有诚臣亦以为纤芥之疾也。夫古之为臣者于此乎,于彼乎?盖天下之治乱不在一姓之兴亡,而在万民之忧乐……为臣者轻视斯民之水火,即能辅君而兴,从君而亡,其于臣道固未尝不背也。(《明夷待访录·原臣》)

黄宗羲之思想实出于方孝孺。方孝孺生长于元顺帝至正十七年,明太祖时,官不过地方教授;惠帝即位,召在翰林学士,倚为心腹,故当燕兵入京,建文出走,方孝孺即以死报建文知遇之恩。他既习见明太祖之专制,对其臣下若草芥焉,若奴隶焉,故其早期文章,曾说:

生民之初,固未尝有君也。众聚而欲滋,情炽而争起,不能自决,于是乎有才智者出而君长之。世变愈下而事愈繁,以为天下之广,非一人所能独治也。于是置为爵秩,使之执贵贱之柄;制为赏罚,使之操荣辱修短之权,位于海内之人之上。其居处服御无以大异于人不可也,于是大其居室,彰其舆服,极天地之嘉美珍奇以奉之,而使之尽心于民事。故天之立君所以为民,非使其民奉乎君也……后世人君知民之职在乎奉上,而不知君之职在乎养民,是以求于民者致其详,而尽于己者卒怠而不修。赋税之不时、力役之不共,则诛责必加焉。政教之不举、礼乐之不修、强弱贫富之不得其所,则若罔闻知。呜呼,其亦不思其职甚矣!夫天之立君者何也?亦以民不能自安其生而明其性,故使君治之也。民之奉乎君者何也?亦以不能自治与自明而有资乎君也。如使立君而无益于民,则于君也何取哉?自公卿大夫至于百执事莫不有职,而不能修其职,小则削,大则诛。君之职重于公卿大夫、百执事远矣,怠而不自修,又从侵乱之,虽诛削之典莫之加,其曷不畏乎天邪?受命于天者君也,受命于君者臣也。臣不供其职,则君以为不臣。君不修其职,天其谓之何?(《逊志斋集》卷三《君职》)

　　推此言也,可以达到革命的理论。孟子称许汤武革命,不过许"巨室"起而易位,方孝孺则赞成秦汉以后,百姓起而推翻王朝。他说:"斯民至于秦,而后兴乱。后世亡人之国者大率皆民也……视其君如仇雠,岂民之过哉?"(《逊志斋集》卷三《民政》)其后有李贽者,言论更见激烈,他见明代天子之专制及大臣之愚忠,每因小事,即争相苦谏,卒至轻者廷杖,重者馘首。以为"天之立君,所以为民"(《温陵集》卷十九《道古录·论舜好问》),君若不能保民,臣何必学比干之谏而死?他说:

　　夫暴虐之君淫刑以逞,谏又乌能入也?早知其不可谏,即引身而退者上也。不可谏而必谏,谏之而不听乃去者次也。若夫不听复谏,谏而以死,痴也。何也?君臣之义交也,士为知己死,彼无道之君曷尝以国士遇我也?然此直云痴耳,未甚害也,犹可以为世鉴也。若乃其君非暴,而故诬之为暴;无所用谏,而故欲以强谏,此非以其君父为要名之资,以为吾他日终南之捷径乎?若而人者,设遇龙逢、比干之主,虽赏之使谏,吾知其必不敢谏矣,故吾因是而有感于当今之世也。(《初潭集》卷二十四《君臣四·痴臣五》)

李氏又因明代天子蔑视大臣人格,依孔子所说"君使臣以礼,臣事君以忠"之义观之,明之大臣实无尽忠的义务。凡事有利于民,虽如冯道历事五朝,对于一姓也许有悖名教,对于万民不能谓其无功。何以故呢?人民得免兵革之祸。李贽说:

> 孟子曰,社稷为重,君为轻。信斯言也,道(冯道)知之矣。夫社者所以安民也,稷者所以养民也。民得赡养而后君臣之责始尽。君不能赡养斯民,而臣独为之赡养,而后冯道之责始尽。今观五季相禅,潜移默夺,纵有兵革,不闻争城。五十年间,虽历四姓,事一十二君,并耶律契丹等,而百姓卒免锋镝之苦者,道务赡养之力也。(李氏《藏书》卷六十《冯道》)

又说:

> 以至谯周、冯道诸老宁受祭器归晋之谤、历事五季之耻,而不忍无辜之民日遭涂炭,要皆有一定之学术,非苟苟者。各周于用,总足办事。彼区区者欲选择其名实俱利者而兼之,得乎?此无他,名教累之也。以故瞻前虑后,左顾右盼,自己既无一定之学术,他日又安有必成之事功耶?(李氏《焚书》卷五《孔明为后主写申韩管子六韬》)

李贽之言似采用柳宗元之说:"曹丕之父攘祸以立强,积三十余年,天下之主曹氏而已,无汉之思也。丕嗣而禅,天下得之以为晚,何以异舜禹之事耶?"

(《柳河东集》卷二十《舜禹之事》)其后王船山亦说:"天下者非一姓之私也。兴亡之修短有恒数,苟易姓而无原野流血之惨,则轻受他人而民不病。魏之授晋,上虽逆而下固安,无乃不可乎?"(《读通鉴论》卷十一《晋泰始元年》)但吾人须知李贽与王船山有此思想,又是对于明代天子之专制而发。

案廷杖乃所以威吓大臣,而多出于天子一方欲肆意逞欲,他方心理上又有不安之念之时。成祖之即帝位,依传统观念未必合理,他每怀疑"言事者谤讪,下诏严禁之,犯者不赦"(《明史》卷一百六十四《邹缉传》)。这也是用刑杀使人战栗之意。史称仁宗"在位一载,用人行政,善不胜书"(《明史》卷八《仁宗纪》赞曰)。他虽曾"谕三法司,自今诽谤者悉勿治"(《明史纪事本末》卷二十八《仁宣致治》洪熙元年三月),而李时勉上疏言事,"仁宗怒甚,召至便殿,对不屈,命武士扑以金爪,胁折者三,曳出几死"。"仁宗大渐,谓夏原吉曰,时勉廷辱我。言已勃然怒。"(《明史》卷一百六十三《李时勉传》)以天子之尊,对于大臣之直言极谏,而乃认为廷辱,至死不忘,这比之汉文之对冯唐①、汉武之对汲黯②,相差远了。宣宗在位十年,虽有许多善政,然亦缺乏人君之度。江西巡按御史陈祚上疏请于听政之余,命儒臣讲说《大学衍义》一书。帝览疏竟然"大怒曰,竖儒谓朕未读《大学》耶? 薄朕至此,不可不诛"。宣宗不知《大学衍义》与《大学》为两书,而欲置言者于死刑。虽赖学士陈循之言,免其一死,而还命缇骑逮至京,并其家下锦衣狱,禁系者五年,其父竟瘐死。到了英宗即位,才释复官。(《明史》卷一百六十二《陈祚传》)明代天子胸襟之狭,真令人惊奇。

英宗在正统年间,信任宦官王振,振"导帝以严御下,大臣往往下狱"。而振亦"大作威福,百官小有抵牾,辄执而系之,廷臣人人惴恐"(《明史》卷一百四十八《杨士奇传》),"中外莫敢言事"(《明史》卷一百六十二《刘球传》)。刘球曾言:"古之大臣虽至大辟,亦不加刑,第赐之死。今之大臣有小失,辄桎梏棰楚之,然未

---

① 文帝拊髀曰,嗟乎吾独不得廉颇、李牧为将,岂忧匈奴哉? 唐曰,主臣,陛下虽有廉颇、李牧,不能用也。上怒,起入禁中,良久召唐让曰,公众辱我,独无间处乎? 唐谢曰云云。文帝悦,是日拜唐为车骑都尉。(《汉书》卷五十《冯唐传》)

② 上(武帝)方招文学儒者,上曰,吾欲云云。黯对曰,陛下内多欲,而外施仁义,奈何欲效唐虞之治乎? 上怒变色而罢朝,公卿益为黯惧。上退谓人曰,甚矣汲黯之戆也……然古有社稷之臣,至如汲黯近之矣。(《汉书》卷五十《汲黯传》)

几时,又复其职,非所以待大臣也。"(《明史》卷一百六十二《刘球传》)由此可见,正统年间,英宗必有廷杖大臣之事。到了土木之变,景帝入承大统,尊英宗为上皇。上皇返国,景帝心不自安,故凡群臣章奏提及上皇或请立上皇之子沂王为嗣,即赫然大怒,予以廷杖①。而"锦衣卫卫卒伺百官阴事,以片纸入奏,即获罪,公卿大夫莫不惴恐","廷臣丧气,以言为讳"。所以潘荣才说:"国家有利害,生民有得失,大臣有奸慝,何由而知?"(《明史》卷一百五十七《潘荣传》)而聊让亦引苏子之言,以为"平居无犯颜敢谏之臣,则临难必无仗节死义之士"(《明史》卷一百六十四《聊让传》)。景泰年间,"帝以兵革稍息,颇事宴游"(《明史》卷一百七十七《叶盛传》)。而朝臣又不顾民之疾苦,"一遇军兴,抑配横征,鬻官市爵,率行衰世苟且之政……任掊克聚敛之臣,行朝三暮四之术。民力已尽,而征发无已;民财已竭,而赋敛日增。苟纾目前之急,不恤意外之虞"(《明史》卷一百六十四《左鼎传》)。英宗复位,以天子之尊,竟为北寇所虏,而逊位又有八年之久,皇帝尊严,不免打了折扣。所以天顺年间,常用廷杖以立威②,此亦可以证明皇位苟有问题,天子心不自安,必用刑杀以立威。岂但如此,英宗北狩,可谓耻辱极了,而复辟之后,尚不知卧薪尝胆,改革政治。自古以来,政治的良窳完全是看地方官能否为民兴利除害。天顺三年,建安老人贺炀上言,"今铨授县令,多年老监生,苟且贪污","义仓本以振贫民,乃豪猾多冒支不偿","朝廷建学立师,将以陶镕士类,而师儒鲜积学……猥琐贪饕,要求百故,而授业解惑,莫措一词。生徒亦往往玩愒岁月,佻达城阙,待次循资,滥升太学,侵寻老鳌,幸博一官,但廑身家之谋,无复功名之念"(《明史》卷一百六十四《张昭传》)。观此言事,可知天顺年间政治如何腐化。

宪宗、孝宗均以皇太子嗣位,名分已定,本来无须再用刑杀以立威。但是明代士大夫往往毛举细故,借以沽名钓誉,而奏章多伤过激,"指斥乘舆,则癸辛并举;弹击大臣,则共鲧比肩,迹其事实初不尽然"。天子为了避免君臣冲突,中世以后,就深居简出,不与朝臣相见。今据赵翼之言:

---

① 景帝时廷杖之事,可阅《明史》卷一百六十二《钟同传》《章纶传》及《廖庄传》。
② 英宗天顺年间廷杖之事,可阅《明史》卷一百六十二《杨瑄传》、卷一百八十《魏元传》。

前明中叶以后，诸帝罕有与大臣相见者。《明史·万安传》，成化七年，群臣多言君臣否隔，宜时召大臣议政。大学士彭时、商辂力请于司礼中官，乃约以御殿日召对，并戒初见，情意未洽，勿多言。及期，时、辂及安同进见，甫奏一二事，安遽呼万岁欲出，时等不得已亦叩头出。中官戏朝士曰，若辈尝言不召见，及见，止知呼万岁耳。一时传笑为万岁阁老。自是帝不复召见大臣矣。其后尹直入阁，欲请见帝，安辄止之。按尹直入阁，乃成化二十二年，然则自七年召见时、辂后，至此十五六年，未尝与群臣相见也。《徐溥传》，弘治十年，帝御文华殿召见溥及刘健、谢迁，面议诸事，赐茶而退。自成化间，宪宗召对彭时、商辂等后，至此始再见，举朝诩为盛事。然终溥在位，亦止此一召而已云云。是成化七年至弘治十年，两朝天子与廷臣不相见，且二十五六年也。《刘健传》，帝自召对健后，阁臣希得进见，及是在位久，数召见大臣，欲以次除弊，遂召健等，时时进见，左右窃从屏间听，但闻帝数称善。计是时已在弘治十五六年间，阁臣始得频见。未久而孝宗崩，武宗嗣位，初与刘瑾等八人昵，继与江彬等昵，色荒禽荒，南北游涉，至使谷大用等守居庸，不许群臣出谏，则其时廷臣之不得见，更不待言。世宗初，亦尚勤于治，然《邓继曾传》云，嘉靖三年，帝渐疏大臣，政率内决，是临政未久，即已疏大臣也。十一年正月，祈谷，郭勋摄事，则郊祀已不躬亲也。二十一年，因宫婢之变，移居西苑，则并大内亦不复入也。《丁汝夔传》，俺答薄都城，帝久不视朝，军事无由面奏。礼部尚书徐阶固请，乃许群臣昧爽入，至日晡，帝始御奉天殿，不发一词，但命阶奉敕，谕至午门，集群臣，切责之而已。按是时嘉靖二十九年，本纪特书始御殿，明乎前此未尝见群臣也。以后亦更无有召见之事。穆宗嗣位，临御日浅，周宏祖疏言，陛下嗣位二年，未尝接见大臣，咨访政事。郑履亦疏言，陛下御极三年，曾召问一大臣，面质一讲官否？是隆庆初，已不复见大臣也。神宗初年，犹有召见大臣之事，《张居正传》，帝御文华殿，居正侍讲毕，以给事中所陈灾伤疏奏上。又居正服阕，帝御平台，召对慰谕久之。自万历十七年以后，渐不复见廷臣，本纪书是年三免升授官面谢,自是临御遂简。《王家屏传》云,家屏服阕,召入阁,三月未得见,家屏以为言。帝乃于万寿节,强一临。家屏又请勤视朝,帝为一御门,自是益深居不出。家屏疏言,臣一岁间,两觐天颜而已。按家屏服阕入阁,十七年事也。本纪又书,十八年正月,始召见申时行等于毓德宫,出皇太子见之。七月,召见阁臣议边事。一岁中,两见阁臣,至特书之以为异事。十九年四月,享太庙,自后庙祀皆遣代,则十九年以后,太庙亦不亲祭矣。二十四年,大学士赵志皋请视朝发章奏,不报。直至四十三年以梃击事起,始召见群臣于慈宁宫。盖自十七八年至此,凡二十四年,群臣始得一望颜色耳。《马孟正传》,万历三十九年,怡神殿火,孟正疏言,陛下二十年来,郊庙、朝讲、召对、面议俱废,通下情者惟恃章奏,而疏入旨出,悉由内侍,未知果达御前否?《吴道南传》,万历四十一年,道南以大学士入阁,故事廷臣受官先面谢,乃莅任。帝不视朝久,皆先莅任,道南至不获见,不敢入。同官方从哲以为言,帝令先视事。迨梃击案起,慈宁宫召见群臣,道南始得一见,自是亦不得见云。本纪又书,四十七年,群臣请视朝行政,不报。四十八年,南京科道言,上深居二十余年,未尝一接见大臣,天下将有陆沉之忧,亦不报。则自四十三年梃击事一见群臣后,终神宗世不复有召见之事也。光宗短祚,仅于弥留召见刘一燝等。熹宗童昏,为权阉所蔽,固无论矣。统计自成化至天启一百六十七年,其间延访大臣不过弘治之末数年,其余皆帝远堂高,君门万里。无怪乎上下否隔,朝政日非。神宗初即位,高拱请绌司礼权,还之内阁,是内阁且听命于司礼监矣。倦勤者即权归于奄寺嬖幸,独断者又为一二权奸窃颜色,为威福,而上不知。主德如此,何以尚能延此百六七十年之天下而不遽失,诚不可解也。(《陔余丛考》卷十八《有明中叶天子不见群臣》)

韩非有言:"人主以一国目视,则视莫明焉;以一国耳听,则听莫聪焉。"(《韩非子》第四十三篇《定法》)然此尚须人主有判断之力,又有决断之心。明代天子拒见群臣,内外悬隔,当然不知民间疾苦,国势危殆。成化年间,廷杖之事迄未少休①。是时帝怠于政，大臣希得见，凡"进退一人，处分一事，往往降中旨"(《明史》卷一百七十九《邹智传》)。"名爵日轻，廪禄日费。"(《明史卷》一百八十《李森传》)而"言路大阻，给事御史多获谴"(《明史》卷一百七十四《高瑶传》)。他们耽禄尸位，不敢有所建白，"或以忠义激之，则曰，吾非不欲言，言出则祸随，其谁吾听"(《明史》卷一百七十九《邹智传》)。大臣受了主威胁制，"又唯诺惟谨，仳仳俔俔，若有所不敢，反不如一二俗吏足以任事"(《明史》卷一百七十九《邹智传》)。当时有"纸糊三阁老(刘吉、万安、刘珝)、泥塑六尚书之谣"(《明史》卷一百六十八《刘吉传》)。其结果也，"幸门大开，鬻贩如市。恩典内降，遍及吏胥；武阶荫袭，下逮白丁。……以至厮养贱夫、市井童稚皆得攀援，妄窃名器"。"末流贱伎，妄厕公卿；屠狗贩缯，滥居清要。文职有未识一丁，武阶亦未挟一矢。"(《明史》卷一百八十《王瑞传》)政界人物如斯，政治便如谢铎所说：

  今天下有太平之形，无太平之实。因仍积习，废实徇名。曰振纲纪，而小人无畏忌。曰励风俗，而缙绅弃廉耻。饬官司，而污暴益甚。恤军民，而罢敝益极。减省有制，而兴作每疲于奔命。蠲免有诏，而征敛每困于追呼。考察非不举，而幸门日开。简练非不行，而私挠日众。赏竭府库之财，而有功者不劝。罚穷谳覆之案，而有罪者不惩。(《明史》卷一百六十三《谢铎传》)

孝宗嗣位，"登极诏书，不许风闻言事"(《明史》卷一百八十九《李文祥传》)。中人"摭言官过，贬窜殆尽，致士气委靡"(《明史》卷一百八十《汤鼐传》)。刘吉"居内阁十八年，人目之为刘棉花，以其耐弹也"(《明史》卷一百六十八《刘吉传》)。于是"仕者以刚方为刻，急缓为宽。学者以持正为滞，恬软为通"(《明史》卷一百八十《王徽传》)。阉宦奸臣遂乘机窃取政权。弘治初，刘概上言，天子大权所以为小人攘窃，由此辈心险术巧，人主稍加亲信，辄坠计中。概言如次：

---

① 宪宗时廷杖之事，可阅《明史》卷一百七十二《孙原贞传》、卷一百七十六《商辂传》、卷一百七十九《章懋传》《黄仲昭传》《庄昶传》、卷一百八十《汪奎传》、卷一百八十二《刘大夏传》。

爱者乘君之喜,而游言以扬之;恶者乘君之怒,而微言以中之,使贤人君子卒受暧昧而去。卿相缺人,则迁延饵引,待有交通请属、软美易制之人,然后荐用。其刚正不阿者,辄媒孽而放弃之,俟其气衰虑易,不至大立异同,乃更收录。巧计既行,刑赏予夺虽名人主独操,实一出于其所簸弄。迨党立势成,复恐一旦败露,则又极意以排谏诤之士,务使其君孤立于上,耳无闻,目无见,以图便其私,不至其身与国俱败不止。(《明史》卷一百八十《汤鼐传》)①

当时政治腐化,李文祥曾上封事言:

顷者在位多匪人,权移内侍,赏罚任其喜怒,祸福听其转移。仇视言官,公行贿赂,阿之则交引骤迁,忤之则巧谮远窜。朝野寒心,路道侧目……顷法司专徇己私,不恤国典。豪强者虽重必宽,贫弱者虽轻必罪。惠及奸宄,养成玩俗。(《明史》卷一百八十九《李文祥传》)

黄巩亦上疏言:

臣僚言及时政者,左右匿不以闻。或事关权臣,则留中不出,而中伤以他事,使其不以言获罪,而以他事获罪。(《明史》卷一百八十九《黄巩传》)

不使臣僚以言获罪,而以他事获罪,妙哉此计。朝廷有广开言路的雅量,而言者竟因他事受谴。由是虽有安民长策、谋国至计,亦不敢自达于天子。但是百姓的眼光是明亮的,哪会受到欺骗,而不之知？天子受到蒙蔽,政治每况愈下,国事遂不可为了。

武宗嗣位,下诏南巡,盖欲假巡狩之名,肆其荒游之欲。群臣恐千骑万

---

① 孝宗时廷杖之事,可阅《明史》卷一百七十九《邹智传》。只此一传,遗漏必多。

乘,百姓骚驿,争相谏阻,于是廷杖之事遂超过前代①。据赵翼所述:

　　成化、嘉靖两次伏阙,固属大案。而正德中百官谏南巡,被杖之多亦不减此二案也。武宗南巡诏下,员外郎夏良胜、主事万潮、博士陈九川连疏谏,而舒芬、黄巩、陆震疏已先入。吏部郎中张衍瑞等十一人、刑部郎中陆俸等五十三人疏继之。礼部郎中姜龙等十六人、兵部郎中孙凤等十六人,疏又继之。帝与诸幸臣大怒,遂令良胜等百有七人,罚跪午门外五日。而大理寺正周叙等十人、行人司余廷瓒等二十人、工部主事林大辂等疏又上。帝益怒,并下诏狱,跪午门者,晚亦系狱。晨出暮入,累累若重囚。佥事张英,且肉袒戟刃于胸,囊土数升,当跸道跪哭,即自刺血流出。卫士夺其刃送狱,问囊土何为?曰恐污帝廷耳。诏杖八十死。舒芬等百七人,跪既毕,各杖三十。良胜等六人,及叙、廷瓒、大辂各杖五十,余三十人各杖四十,有死者。(《良胜传》)然是时南巡之行,究因群臣之谏而止。其后南巡,则又自宸濠之变,借为词耳。(《廿二史札记》卷三十四《正德中谏南巡受杖百官》)

然而钳制言路,竟然助长阉人刘瑾的乱政。刘瑾用事,阁臣"徒拥虚衔,或旨从中出,略不与闻;或众所拟议,竟行改易"(《明史纪事本末》卷四十三《刘瑾用事》正德元年六月)。瑾"以严苛折辱士大夫"(《明史》卷一百八十一《刘忠传》),"每撼小过,枷死廷臣","毛举官僚细过,散布校尉远近侦伺,使人救过不赡,因颛擅威福"。"又令六科寅入酉出,使不得息,以困苦之。"(《明史》卷三百四《刘瑾传》)"尤恶谏官,惧祸者往往自尽。"(《明史》卷一百八十八《许天锡传》)尝"矫旨,禁诸言官无得妄生议论,不言则失于坐视,言之则处以非法,通国皆寒心"(《明史》卷一百八十八《蒋钦传》)。武宗"早朝,有遗书丹墀者,上命拾以进,则告瑾不法状也。上手匿名书曰,汝谓贤,吾故不用;汝谓不贤,今用之。任瑾益专"(《明史纪事本末》

---

① 武宗时廷杖之事,可阅《明史》卷一百六十二《杨瑄传》、卷一百七十九《舒芬传》、卷一百八十八《刘蒨传》《戴铣传》《陆昆传》《张士隆传》、卷一百八十九《黄巩传》《夏良胜传》《何遵传》、卷一百九十一《薛蕙传》、卷一百九十五《王守仁传》。

卷四十三《刘瑾用事》正德三年六月)。这种性癖不是刚毅,而是褊愎,褊愎乃出于变态心理,即一方有自大之念,同时又有自卑之感,由这两种心理的冲突,遂假天子之势,宁犯众怒,以表示一己之魄力。"时公卿多出入瑾门"(《明史纪事本末》卷四十三《刘瑾用事》正德四年春正月),"士大夫悉曲学阿世"(《明史纪事本末》卷四十三《刘瑾用事》正德五年八月),而"寡廉鲜耻,趋附权门"遂成为正德年间的风气(《明史》卷二百八《余珊传》)。"政令出于多门","内阁执奏方坚,而或挠于传奉;六卿拟议已定,而或阻于内批","纪纲积弛,国是不立;士气摧折,人心危疑"(《明史》卷一百九十二《王思传》)。流寇蔓延,几危社稷,而武宗还是恣情纵欲,不一顾念。这个时候,虽有直言极谏之士,而乃不是言官,而是没有言责之人。请看嘉靖初,主事件瑜之疏。

> 嘉靖初,主事件瑜上疏曰,正德间,给事御史挟势凌人,趋权择便,凡朝廷大阙失、群臣大奸恶,缄口不言。一时犯颜敢诤,视死如归,或拷死阙廷,或流窜边塞,皆郎中、员外、主事、评事、行人、照磨、庶吉士,非有言责者。(《明史》卷一百八十九《何遵传》)

世宗以外藩入承大统,大礼之议(追尊所生父兴献王为皇考或为皇叔)本系天子私事,与国计民生毫无关系,而廷臣竟然伏阙哭争,至谓"国家养士百五十年,仗节死义,正在今日"(《明史》卷一百九十一《何孟春传》)。而欲世宗称武宗为皇考,兴献王为皇叔。世宗大怒,也用廷杖之法,使廷臣不敢开口①。林俊曾言:"鞭扑之刑非所以加于士大夫也。"(《明史》卷一百九十四《林俊传》)然而世宗"深疾言官",且"以廷杖遣戍不足遏其言,乃长系以困之"(《明史》卷二百九《沈束传》)。而小人又借议礼为词,中伤异己,即如给事中管律所说:

---

① 世宗时廷杖之多,可阅《明史》卷一百八十八《陆昆传》、卷一百八十九《刘槩传》、卷一百九十一《何孟春传》《丰熙传》《薛蕙传》、卷一百九十二《杨慎传》《王思传》《刘济传》《张汉卿传》《郭楠传》、卷一百九十六《何遵传附张璁传》、卷二百二《唐龙传》、卷二百五《张经传》、卷二百六《张选传》郑一鹏传》、卷二百七《朱淛传》《杨言传》《刘世龙传》《张选传》《杨思忠传》、卷二百九《杨最传》《薛宗铠传》《沈炼传》《杨继盛传》、卷二百一十《邹应龙传》、卷二百二十六《海瑞传》《邱橓传》。

>比言事者,每借议礼为词,或乞休,或引罪,或为人辨慭。于议礼本不相涉,而动必援引牵附,何哉?盖小人欲中伤人,以非此不足激陛下怒;而欲自固其宠,又非此不足得陛下欢也。(《明史》卷二百六《杜鸾传》)

于是"士风日下,以缄默为老成,以謇谔为矫激"(《明史》卷二百九《冯恩传》)。刘世龙说:

>今天下刻薄相尚,变诈相高,谄媚相师,附比相倚,仕者日坏于上,学者日坏于下,彼倡此和,靡然成风。(《明史》卷二百七《刘世龙传》)

嘉靖中叶以后,"世宗享国日久,不视朝,深居西苑,专意斋醮"(《明史》卷二百二十六《海瑞传》),于是,严嵩遂乘机窃取权柄。案"大礼之争,群臣至撼门恸哭,亦过激且戆矣"(《明史》卷一百九十二《杨慎等传》赞),世宗以外藩入承大统,未免自感孤立,他对严嵩说:"卿所云,为人臣于今日率皆观望祸福,必使人主孤立自劳。此言已尽,但尽心翼赞,以副简任。"(《明史纪事本末》卷五十四《严嵩用事》嘉靖十五年)史称:

>嵩无他才略,惟一意媚上,窃权图利。帝英察自信,果刑狱,颇护己短,嵩以故得因事激帝怒,戕害人以成其私。(《明史》卷三百八《严嵩传》)

世宗"颇护己短",即其胸襟褊狭,而严嵩之能窃权图利,盖如赵锦所云:

>厚赂左右亲信之人,凡陛下动静意向,无不先得,故称旨者多。或伺圣意所注,因而行之,以成其私。或乘事机所会,从而鼓之,以肆其毒。(《明史》卷二百一十《赵锦传》)

结果如何?他继着又说:

>朝廷之上,用者不贤,贤者不用。赏不当功,罚不当罪。陛下欲致太

平,则群臣不足承德于左右;欲遏戎寇,则将士不足御侮于边疆。财用已竭,而外患未有底宁;民困已极,而内变又虞将作……天下之势,其危如此,非严嵩之奸邪,何以致之?(《明史》卷二百一十《赵锦传》)

杨继盛疏奏严嵩十罪五奸,中有:

凡文武迁擢,不论可否,但衡金之多寡而畀之。将弁惟贿嵩,不得不朘削士卒;有司惟贿嵩,不得不掊克百姓。士卒失所,百姓流离,毒遍海内,臣恐今日之患不在境外而在域中……自嵩用事,风俗大变,贿赂者荐及盗跖,疏拙者黜逮夷齐,守法度者为迂疏,巧弥缝者为才能,励节介者为矫激,善奔走者为练事。自古风俗之坏,未有甚于今日者。(《明史》卷二百九《杨继盛传》)

王宗茂云:

夫天下之所恃以为安者,财也,兵也。不才之文吏以赂而出其门,则必剥民之财,去百而求千,去千而求万,民奈何不困?不才之武将,以赂而出其门,则必克军之饷,或缺伍而不补,或逾期而不发,兵奈何不疲?(《明史》卷二百一十《王宗茂传》)

张翀亦说:

臣试以边防、财赋、人才三大政言之,国家所恃为屏翰者,边镇也。自嵩辅政,文武将吏,率由贿进。其始不核名实,但通关节,即与除授。其后不论功次,但勤问遗,即被超迁。托名修边建堡,覆军者得荫子,滥杀者得转官,公肆诋欺,交相贩鬻,而祖宗二百年防边之计尽废坏矣。户部岁发边饷,本以赡军。自嵩辅政,朝出度支之门,暮入奸臣之府。输边者四,馈嵩者六。臣每过长安街,见嵩门下无非边镇使人,未见其父,先馈其子;未见其子,先馈家人。家人严年富已逾数十万,嵩家可知。私藏充溢,半属军储,边卒冻馁,不保朝夕,而祖宗二百年豢养之军尽耗弱矣。边防既隳,边储既虚,使人才足供陛下用,犹不足忧也。自嵩辅政,亵蔑名器,私营囊橐;世蕃以狙狯资,倚父虎狼之势,招权罔利,兽攫鸟钞。无耻之徒,络绎奔走,靡然成风,有如狂易,而祖宗二百年培养之人才尽败坏矣。(《明史》卷二百一十《张翀传》)

严嵩"相世宗,入于嘉靖二十年八月,去位于嘉靖四十一年五月,盘踞津要,盗窃宠灵,凡二十余岁"(《明史纪事本末》卷五十四《严嵩用事》,谷应泰曰)。在其入朝以前,"言官缔党求胜,内则奴隶公卿,外则草芥司属,任情恣横,殆非一日"(《明史》卷二百六《马录传》)。当其在位之时,"士大夫辐辏附嵩"(《明史》卷三百八《严嵩传》),"海内贤士大夫被斥者众"(《明史》卷二百二《周延传》)。"凡论嵩者,不死于廷杖,则役于边塞。"(《明史》卷二百一十《王宗茂传》)"相臣挟权以遏言官,言官惧势而咻公议。"(《明史》卷二百八《刘绘传》)"自严嵩败,言官争发愤论事"(《明史》卷二百一十五《欧阳一敬传》),所以史臣才说:

世宗之季,门户渐开,居言路者,各有所主,故其时不患其不言,患其言之冗漫无当,与其心之不能无私。言愈多,而国是愈益淆乱也。(《明史》卷二百一十五《王治等传》赞曰)

穆宗即位,言事之官承世宗末年之弊,更"悻悻好搏击"(《明史》卷二百一十五《胡应嘉传》),帝虽用廷杖立威①,而风气已成,不能矫除积习。"言官条奏率锐意更张。部臣重违言官,轻变祖制,迁就一时,苟且允覆。及法立弊生,又议复旧政。"(《明史》卷二百一十五《汪文辉传》)此时"士习倾危,稍或异同,辄加排陷"(《明史》卷二百一十五《骆问礼传》)。朝臣相轧,门户渐开。到了神宗,张居正当国,他虽"慨然以天下为己任",其为政以尊主权、课吏职、信赏罚、一号令为主(《明

---

① 穆宗时廷杖之事,可阅《明史》卷二百一十五《詹仰庇传》《陈吾德传》。

史》卷二百一十三《张居正传》)。但居正只是能臣,而非贤相,其能取得权柄,乃倚中人冯保为内助。性又"褊衷多忌,刚愎自用"。"信任奸佞,好谀成风,六曹之长咸唯唯听命,至章奏不敢斥名,第称元辅。"(《明史纪事本末》卷六十一《江陵柄政》万历十年)"操群下如束湿,异己者率逐去之。"(《明史》卷二百一十八《申时行传》)"谏官言事必先请。"(《明史》卷二百一十五《陈吾德传》)"台谏习为脂韦,以希世取宠,事关军国,卷舌无声,徒摭不急之务,姑塞言责。"(《明史》卷二百二十《赵世卿传》)"至若辅臣(指张居正)意之所向,不论是否,无敢一言,以正其非,且有先意结其欢、望风张其焰者。"(《明史》卷二百二十九《王用汲传》)及居正丁父忧,夺情之议起,"疏劾者转出于翰林、部曹,而科道(六科给事中、十三道御史),且交章请留。及居正归葬,又请趣其还朝。迨居正病,科道并为之建醮祈祷"(《廿二史札记》卷三十五《明言路习气先后不同》)。由此可见,明代言路风纪已坏,不足以肃正纪纲。"居正自夺情后,益偏恣,其所黜陟,多出爱憎,左右用事之人多通贿赂。世以此益恶之。"(《明史》卷二百一十三《张居正传》)万历十年,居正卒,神宗"拒谏益甚,上下否隔"(《明史》卷二百一十七《陈于升传》)。廷杖一事遂不少于张居正握权之时①。盖"人君惟所欲为者,由大臣持禄,小臣畏罪,有轻群下心"(《明史》卷二百一十七《王家屏传》)。"张四维、申时行相继柄政,务为宽大"(《明史》卷二百一十八《申时行传》),于是"言路势张,恣为抨击,是非聱乱,贤否混淆,群相敌仇,罔顾国是"(《明史》卷二百一十四《张四维等传》赞)。赵志皋为首辅,柔而懦,御史、给事中争相诋讦,志皋不禁"愤言,同一阁臣也,往日势重而权有所归,则相率附之以媒进。今日势轻而权有所分,则相率击之以博名"(《明史》卷二百一十九《赵志皋传》)。最初神宗"乐言者评居正短"(《明史》卷二百一十八《申时行传》),又"心疑大臣朋比,欲大臣摘发之,以杜壅蔽"(《明史》卷二百二十五《杨巍传》)。中叶以后,"帝久倦勤,中外章奏悉留中,惟言路一攻,则其人自去,不待诏令,台谏之势积重不返"(《明史》卷二百三十六《夏嘉遇传》)。此时政情如何?"言官舍国事,争时局。部曹舍职

---

① 神宗时廷杖之多,可阅《明史》卷二百一十三《张居正传》、卷二百一十六《田一俊传》、卷二百二十九《刘台传》《吴中行传》《赵用贤传》《艾穆传》《沈思孝传》、卷二百三十一《钱一本传》、卷二百三十三《李献可传》、卷二百三十四《卢洪春传》《李沂传》、卷二百三十五《王德完传》、卷二百三十六《汤兆京传》、卷二百四十三《邹元标传》。

掌,建空言。天下尽为虚文所束缚,有意振刷者,不曰生事,则曰苛求。事未就而谤兴,法未伸而怨集。豪杰灰心,庸人养拙,国事殆不可为矣。"(《明史》卷二百四十八《梅之焕传》)而令时人回想到张居正综名实、振纪纲之可贵(《明史》卷二百四十八《梅之焕传》)。当此之时,内则流贼蔓延,外则边事日急,而阁臣不断更迭,"君臣相猜,政事积废","议大事则十疏而九不行,遇廷推则十人而九不用"(《明史》卷二百三十五《张养蒙传》)。"惟孜孜以患贫为事","民生憔悴极矣,乃采办日增,诛求益广"(《明史》卷二百二十六《吕坤传》)。善乎侍郎冯琦之疏曰:"皇上之心但欲裕国,不欲病民。群小之心必自瘠民,方能肥己。"(《明史纪事本末》卷六十五《矿税之弊》,谷应泰曰)"论者谓明之亡,神宗实基之"(《明史》卷二百一十八《方从哲传》),不是没有理由的。

由神宗末年,经光宗,而至天启之初,宫廷之中陆续发生梃击(万历四十三年五月)、红丸(光宗崩时)、移宫(天启初年)三案。明代言官自"仁宣以后,往往借端聚讼,逞臆沽名"(《历代职官表》卷十八《都察院上》)。"然论国事,而至于爱名,则将惟其名之可取,而事之得失有所不顾。"(《明史》卷一百八十《张宁等传》赞)天启之初,国无长君,朝无权臣,言官更肆诪张,而三案之争讼于是乎开始。最后移宫案虽因杨涟等争之甚烈,得到胜利。然而选侍去,客氏入,卒与魏忠贤乱政,明祚因之而亡。

熹宗以冲龄即位,不能辨别贤佞。"当是时,人务奔竞,苟且恣行,言路横尤甚。每文选郎出,辄邀之半道,为人求官,不得,则加以恶声,或逐之去。选郎即公正,无如何,尚书亦太息而已。"(《明史》卷二百四十三《赵南星传》)法纪荡然,魏忠贤遂因之窃取威福,"最初外廷尚盛,忠贤未敢加害,其党有导以兴大狱者,忠贤意遂决"(《明史》卷二百四十《叶向高传》),乃挟天子,用廷杖威胁廷臣[①],"一时罢斥者吏部尚书赵南星、左都御史高攀龙及杨涟、左光斗、魏大中等先后数十人","正人去国纷纷若振槁"。而"忠贤之党遍要津矣,当是时东厂番役横行,所缉访,无论虚实,辄糜烂"。"浙江巡抚潘汝桢,奏请为忠贤建祠,于

---

① 熹宗时廷杖之事,可阅《明史》卷二百四十《叶向高传》、卷二百四十五《黄尊素传》《万燝传》。东林党人如杨涟、左光斗、魏大中等皆下诏狱,拷讯死。

是颂功德者相继,诸祠皆自此始矣。""凡忠贤所宿恨,虽已去,必削籍,重或充军,死必追赃,破其家。""当此之时,内外大权一归忠贤,文臣则崔呈秀等主谋议,号五虎。武臣则田尔耕等主杀僇,号五彪。又吏部尚书周应秋等号十狗,又有十孩儿、四十孙之号,自内阁、六部至四方总督、巡抚遍置死党。""忠贤所过,士大夫遮道拜伏,至呼九千岁,忠贤顾盼未尝及也。""群凶煽虐,以是毒痛海内。"(《明史》卷三百五《魏忠贤传》)然而台谏反为其鹰犬,所以周宗建才说:"先朝汪直、刘瑾虽皆枭獍,幸言路清明,臣僚隔绝,故非久即败。今权珰报复,反借言官以伸,言官声势反借权珰以重。"(《明史》卷二百四十五《周宗建传》)言官对于内政,固然噤如寒蝉,而对于边事乃乱发议论。当时辽得幸存,不能不归功于熊廷弼,而"御史冯三元乃劾其无谋者八、欺君者三,谓不罢,辽必不保"。继而给事中复劾之,所以廷弼才说:"今朝堂议论全不知兵。冬春之际,敌以冰雪稍缓,哄然言师老财匮,马上促战。及军败,始愀然不敢复言。比臣收拾甫定,而愀然者又复哄然责战矣。自有辽难以来,用武将,用文吏,何非台省所建白,何尝有一效?疆场事当听疆场吏自为之,何用拾帖括语,徒乱人意?一不从,辄怫然怒哉。"(《明史》卷二百五十九《熊廷弼传》)阉党乱政,言官竟拾边事以掩饰其不言之罪,明祚何得不亡?

崇祯即位,虽缢死忠贤而磔其尸,阉宦次第伏诛。然"四海渐成土崩瓦解之形,诸臣但有角户分门之念,意见互鬨,议论滋扰,遂使剿抚等于筑舍,用舍有若举棋"(《明史》卷二百五十八《华允诚传》)。兼以内剿流寇、外御强敌之臣又受台谏掣肘,而如卢象升所说:"台谏诸臣不问难易,不顾死生,专以求全责备,虽有长材,从何展布?"(《明史》卷二百六十一《卢象升传》)言官专事攻击,终而造成不正确之舆论,所以汤开远才说:

> 往往上以为宜详宜新之事,而下以为宜略宜仍之事。朝所为缧辱摈弃不少爱之人,又野所为推重忾叹不可少之人。上与下异心,朝与野异议,欲天下治平,不可得也。(《明史》卷二百五十八《汤开远传》)

到了这个地步,虽无清军入关,明祚之亡亦不能免。

第五节
宦官之祸与朋党之争

太祖鉴前代宦官之祸,定下许多制度,以预防宦官之干预政事。

> 明太祖鉴前代之失,定制(宦官)不得兼外臣文武衔,不得御外臣冠服。官无过四品,月米一石,衣食于内庭。尝镌铁牌置宫门曰,内臣不得干预政事,预者斩。敕诸司不得与文移往来。(《明史》卷三百四《宦官传序》)

又恐阉宦逞其智巧,逢君作奸,而禁其读书识字。

> 太祖制,内臣不许读书识字。(《明史》卷三百四《宦官传序》)

最初宦官犹如西汉宦官之隶少府一样,隶于礼部,职不过供掖廷洒扫而已。

> 国初,宦官悉隶礼部,秩不过四品,职不过扫除。(《明史》卷一百八十九《叶钊传》)

立法虽备,而太祖却自禁之,而自紊之。

三编,洪武八年正月,遣中官赵成使河州市马。十一年,诏以辰州指挥杨仲名讨五开蛮,遣内官吴诚往谕仲名,且观兵。复遣尚履奉御吕玉诣军阅胜。而《明史·职官志》于二十五年庆童之行(命聂庆童往河州敕谕茶马)云,中官奉使自此始。其实不始于此也。太祖驭内侍甚严,而奉使观兵,早开其隙,是自禁之而自紊之,又何怪后之变本加厉耶?(《明会要》卷三十九《宦官》洪武十七年,文彬按)

建文嗣位,钳制内侍颇见严厉。

　　建文帝嗣位,御内臣益严,诏出外稍不法,许有司械闻。(《明史》卷三百四《宦官传序》)

而卒因此,引起内侍之不满,靖难军兴,内侍密遣人赴燕,具言京师虚实。

　　建文三年,燕王因兵屡败,不敢决意南下。无何,有以中官奉使侵暴为言者,帝诏所在有司械系,于是中官密遣人赴燕,具言京师空虚可取状,约为内应。(《明会要》卷三十九《宦官》)

成祖"以为忠于己,即位后,遂多所委任"(《明史》卷三百四《宦官传序》)。今据《明会要》所载:

　　永乐元年,遣中官侯显等使外域,此出使外夷之始。三年六月,遣中官郑和等率兵二万七千余人,遍历西洋诸国,复遣中官山寿帅师出云州,此将兵之始。七年十一月,始令中官刺事,此刺事之始。八年十二月,敕内官王安等监都督谭青军,马靖巡视甘肃,此监军巡视之始。十八年,立东厂于东安门北,以内监掌之,东厂始此。(《明会要》卷三十九《宦官》)

降至宣宗,设内书堂,选小内侍,令大学士教其读书识字。

初太祖制,内臣不许读书识字。后宣宗设内书堂,选小内侍,令大学士陈山教习之,遂为定制。用是,多通文墨,晓古今,逞其智巧,逢君作奸。数传之后,势成积重。(《明史》卷三百四《宦官传序》)

故史家云:"中人多通书,晓文义。宦寺之盛,自宣宗始。"(《明史》卷一百六十四《黄泽传》)及至英宗,宦官之祸就发生了。关于武宗时代的刘瑾、熹宗时代的魏忠贤,前章已经述及,兹不厌重复,再将明代宦官之祸,列表如次。

明代宦官之祸表

时代	宦官姓名	弄权情况	备考
英宗	王振	王振少选入内书堂,侍英宗东宫为局郎。及英宗立,年少,振狡黠得帝欢,遂掌司礼监,导帝用重典御下,防大臣欺蔽。于是大臣下狱者不绝,而振得因以市权。然是时太皇太后贤,方委政内阁,阁臣杨士奇、杨荣、杨溥皆累朝元老,振心惮之,未敢逞。至正统七年,太皇太后崩,新阁臣势轻,振遂跋扈不可制。所忤恨,辄加罪谪。帝方倾心向振,尝以先生呼之,赐振敕极褒美。振权日益积重,公侯勋戚呼曰翁父,畏祸者争附。兵部尚书徐晞等多至屈膝。十四年,瓦剌太师也先大举入寇,振挟帝亲征,次土木,瓦剌兵追至,师大溃。帝蒙尘,振为乱兵所杀。郕王监国,振族无少长皆斩。振擅权七年,籍其家,得金银六十余库、玉盘百、珊瑚高六七尺者二十余株,他珍玩无算。	《明史》卷三百四《王振传》。
	曹吉祥	曹吉祥素依王振,后与石亨结,帅兵迎英宗复位,迁司礼太监,总督三大营。嗣子钦、从子铉铎镅等皆官都督。门下厮养冒官者,多至千百人。朝士亦有依附希进者。恶言官有言,谮于帝,逮治阁臣徐有贞、李贤等。无何石亨败,吉祥不自安,渐蓄异谋。钦问客冯益曰,自古有宦官子弟为天子者乎?益曰,君家魏武其人也。天顺五年七月,钦举兵反,王师讨平之,磔吉祥于市,其姻党皆伏诛。	《明史》卷三百四《曹吉祥传》。
宪宗	汪直	汪直初给事万贵妃于昭德宫。直为人便黠。成化十三年,设西厂,以直领之,列官校刺事,屡兴大狱,人情大扰。直每出,随从甚众,公卿皆避道。兵部尚书项忠不避,迫辱之。权焰出东厂上。大学士商辂等奏其状,帝震怒,罢西厂,然	《明史》卷三百四《汪直传》。

续表

时代	宦官姓名	弄权情况	备考
		帝眷直不衰。御史戴缙者佞人也,窥帝旨,盛称直功,诏复开西厂。直焰愈炽,讽言官论忠违法事,竟勒忠为民。大学士辂亦罢去。一时九卿劾罢者数十人。直威势倾天下。会东厂获贼,廉得直所泄禁中秘语,奏之,帝始疏直。十七年,命直往宣府御敌,敌退,直请班师,不许,徙镇大同,而尽召将吏还。直既久镇不得还,宠日衰。给事、御史交章奏其苛扰,乃调直南京御马监,罢西厂不复设,中外欣然,然直竟良死。	
武宗	刘瑾	刘瑾侍武宗东宫。武宗即位,以旧恩得幸。瑾慕王振之为人,日进鹰犬、歌舞、角抵之戏,导帝微行,帝大欢乐之,渐信用。大学士刘健、谢迁、李东阳骤谏不听,会星变,健、迁等复连疏请诛瑾,瑾等伏帝前环泣。帝立命瑾掌司礼监,马永成掌东厂,谷大用掌西厂。瑾既得志,遂毛举官僚细过,散布校尉,远近侦伺,使人救过不赡,因颛擅威福。瑾每奏事,必俟帝为戏弄时,帝厌之,亟麾去曰,吾用若何事,乃溷我。自此遂专决不复白。是时瑾权倾天下,威福任情,公侯勋戚以下,莫敢钧礼,每私谒,相率跪拜。章奏先具红揭投瑾,号红本,然后上通政司,号白本,皆称刘太监而不名。有匿名书诋瑾所行事,瑾矫旨召百官,跪奉天门下,瑾立门左诘责。日暮,收五品以下官尽下狱。凡瑾所逮捕,一家犯,邻里皆坐,或瞰河居者以河外居民坐之。屡起大狱,冤号遍道路。边将失律,赂入即不问,有反升擢者。又遣其党丈边塞屯地,诛求苛刻,边军不堪,焚公廨,守臣谕之始定。五年四月,安化王寘鐇反,檄数瑾罪。瑾始惧,匿其檄,而起都御史杨一清、太监张永为总督讨之。及永出师还,欲因诛瑾,一清为画策,先期入献俘毕,帝置酒劳永,瑾等皆侍,及夜,瑾退,永出寘鐇檄,因奏瑾不法十七事。帝已被酒,俯首曰,瑾负我。永曰,此不可缓。遂执瑾,系于菜厂,分遣官校封其内外私第。次日,帝亲籍其家,得伪玺一、穿宫牌五百,及衣甲、弓弩、衮衣、玉带诸违禁物,又所常持扇内藏利匕首二,始大怒曰,奴果反。趣付狱,狱具,诏磔于市,族人逆党皆伏诛。	《明史》卷三百四《刘瑾传》。
神宗	冯保	冯保嘉靖中为司礼秉笔太监。隆庆元年,提督东厂,兼掌御马监事。时司礼掌印缺,保以次当得之。适不悦于穆宗,大学士高拱荐御用监陈洪代,保由是疾拱。及洪罢,拱复荐孟冲。保疾拱弥甚,乃与张居正深相结,谋去之。穆宗甫崩,保言于后妃斥孟冲,而夺其位。又矫遗诏,令与阁臣同	《明史》卷三百五《冯保传》。

续表

时代	宦官姓名	弄权情况	备考
		受顾命。及帝登极，保既掌司礼，又督东厂，兼总内外，势益张。拱讽六科给事中、十三道御史交章数其奸。而保匿其疏，亟与居正定谋，遂逐拱去。慈圣太后遇帝严，保倚太后势，数挟持帝，帝甚畏之。帝有所赏罚，非出保口，无敢行者。帝积不能堪，而保内倚太后，外倚居正，帝不能去也。居正固有才，其所以得委任专国柄者，由保为之左右也。已而居正死，太后久归政，保失所倚，帝又积怒保，遂谪保奉御南京安置，久之乃死。	
熹宗	魏忠贤	魏忠贤自万历中，选入宫，与长孙乳母客氏相结。光宗崩，长孙嗣立，是为熹宗。忠贤迁司礼秉笔太监，密结大学士沈𬭚为援。初神宗在位久，怠于政事，章奏多不省，廷臣渐立门户，以危言激论相尚。吏部郎顾宪成讲学东林书院，海内士大夫多附之，东林之名自是始。既而梃击、红丸、移宫三案起，盈廷如聚讼，与东林忤者众，目之为邪党。天启初，废斥殆尽。及忠贤势成，其党果谋倚之以倾东林。三年，忠贤兼东厂事。四年，副都御史杨涟劾忠贤二十四大罪，帝憪然不辨也，严旨切责涟。当是时，忠贤欲杀异己者，乃用廷杖威胁廷臣，廷臣大詟，一时罢斥者吏部尚书赵南星、左都御史高攀龙及杨涟、左光斗、魏大中等先后数十人，正人去国纷纷若振槁，乃矫中旨召用阮大铖等为之爪牙。未几复用崔呈秀为御史。初朝臣争三案及辛亥、癸亥两京察与熊廷弼狱事，忠贤本无预。其党欲借忠贤力，倾诸正人，遂相率归忠贤，称义儿。且云，东林将害翁，以故忠贤欲甘心焉。朝署一空，于是忠贤之党遍要津矣。当是时，东厂番役横行，所缉访，无论虚实，辄糜烂。六年，浙江巡抚潘汝桢奏请为忠贤建祠，于是颂功德者相继，诸祠皆自此始矣。凡忠贤所宿恨虽已去，必削籍，重或充军，死必追赃，破其家。或忠贤偶忘之，其党必追论前事，激忠贤怒。当此之时，内外大权一归忠贤。文臣则崔呈秀等主谋议，号五虎。武臣则田尔耕等主杀僇，号五彪。又吏部尚书周应秋等号十狗，又有十孩儿、四十孙之号。自内阁、六部至四方总督、巡抚，遍置死党。帝性机巧，好亲斧锯髹漆之事，积岁不倦。每引绳削墨时，忠贤辈辄奏事。帝厌之，谬曰：朕已悉矣，汝辈好为之。忠贤以是恣威福，惟己意。岁数出，所过，士大夫遮道拜伏，至呼九千岁，忠贤顾盼未尝及也。忠贤无他长，其党日夜教之，客氏为内主，群凶煽虐，以是毒痛海内。七年，熹宗崩，崇祯立，安置忠贤于凤阳，寻命逮治。忠贤缢死，诏磔	《明史》卷三百五《魏忠贤传》。

续表

时代	宦官姓名	弄权情况	备考
		其尸,笞杀客氏。尽逐忠贤党,东林党人复进用,诸丽逆案者,日夜图报复。其后温体仁辈相继柄政,潜倾正人,为翻逆案地。帝亦厌廷臣党比,复委用中珰,而逆案中阮大铖等,卒肆毒江左,至于灭亡。	

明代宦官时或出使,时或将兵,时或刺事,时或监军,而其弄操国权,乃另有其他原因。自洪武十二年革去中书省,中书之权分于六部,而六部又直接隶属于天子之后,天子威柄自操,不假宰相①。吾人观严嵩得志之时,尚须惴惴付帝旨,而作票拟。到了其子世蕃纵淫乐,嵩所进青词,往往失旨,便失帝欢,而至谪死。(《明史》卷三百八《严嵩传》)由此一事,亦可知道明之权臣乃与过去朝代不同,其操弄国权,不过城狐社鼠,假天子之势而作威福而已。成化以后,天子深居宫中,不见朝臣,于是传递章奏,宣示诏令,不能不假手于阉宦。依历史所示,凡有传递章奏之权,常得审查章奏,而干涉大臣之行政。而有宣示诏令之权,又得假托圣旨,变为发布诏令之机关。阉宦既为天子之喉舌,遂同东汉之尚书一样,成为枢机之任。例如穆宗甫崩,冯保即矫遗诏,令与阁臣同受顾命。大学士高拱,讽六科给事中、十三道御史数其奸,保又匿其疏,而逐拱去。(《明史》卷三百五《冯保传》)明初宦官本来属于礼部,旋即改制,而直隶于天子。宦官十二监,以司礼监为最贵,而在司礼监之中,掌印太监与秉笔太监尤有权力。明志云:

司礼监,掌印太监一员,秉笔太监无定员。掌印掌理内外章奏及御

---

① 明末清初学者,例如黄梨洲以为,"吾以谓有宰相之实者,今之宫奴也。盖大权不能无所寄,彼宫奴者,见宰相之政事坠地不收,从而设为科条,增其职掌,生杀予夺出自宰相者,次第而尽归焉……故使宫奴有宰相之实者,则罢丞相之过也"(《明夷待访录·置相》)。王船山亦说:"因权臣之蠹国而除宰相,弃尔辅矣。宰相废而分任于六官……事权散乱,统之者唯秉笔内官而已。"(《噩梦》)按《尚书·周官》,有"冢宰统百官"之语。杜佑解释云:"六官之职皆总属于冢宰,故《论语》曰,君薨,百官总己以听冢宰。《尔雅》曰,冢大也,冢宰则太宰于百官,无所不主。"(《通典》卷十九《职官总序》)即周制,虽置六官,但天官冢宰实为宰相之职。

前勘合。秉笔掌章奏文书，照阁票批朱。(《明史》卷七十四《职官志三·宦官十二监》)

明在洪熙以前，凡遇大事，臣下唯面奏请旨，而批答皆出自御笔。宣德以后，始令内阁关于中外奏章，许用小票墨书，贴附奏疏以进，中易红书批出。而遇大事，亦命内阁条旨，然后批行。(《历代职官表》卷四《内阁》，引廖道南《殿阁词林记》)其收发文书的过程乃如孝宗时大学士刘健之言：

朝廷有命令，必传之太监，太监传之管文书官(宦官所司，尚有文书房，掌房十员，管公文之收发，凡升司礼者必由文书房出。见《明史》卷七十四《职官志三·宦官十二监》)，管文书官方传至臣。内阁有陈说，必达之管文书官，管文书官达之太监，太监乃达至御前。(《续文献通考》卷五十二《职官二·宰相》)

但是每日御笔亲批，不过数本，其余皆令太监分批，即如刘若愚所云：

凡每日奏文书，自御笔亲批数本外，皆众太监分批，遵照阁中票来字样，用朱笔楷书批之，间有偏旁偶讹者，亦不妨改正。(《酌中志》卷十六《内府衙门职掌》)

刘若愚为明代宦官，《酌中志》撰于崇祯末年。他必详知明代宦官之事，据其所述，甚似宦官分批之时，乃照阁中所拟字句，若有错字，无妨略为改正。这样，宦官对于内阁的票拟，是不能变更其内容了。然此乃就常态言之，刘若愚又云：

一日欲处钱受益，以为钱谦益之昆仲也；又一日欲处黄愿素，以为黄尊素之昆仲也。各直房执事之人，细查籍贯父母姓名，逆贤（魏忠贤）始知其不相干，乃止。凡每日票本奏下，各秉笔分到直房，即管文书者，打发本管公公，一本一本照阁中原票，用朱笔誊批，事毕奏过，才打发。此

系皇祖以来，累朝旧制，非止今日一家一人如此也。(《酌中志》卷十二《各家经管纪略》)

所谓"照阁中原票"，原则上是如前所举，"遵照阁中票来字样"，易红笔批出，当然天子保留有更改内容之权。天子若怠于政务，批朱就由司礼监代作。此际宦官不免有任意更改之事，唯须奏明天子，所以刘瑾必侦武宗为戏弄时奏事(《明史》卷三百四《刘瑾传》)。刘瑾弄权之时，首辅为李东阳，瑾党焦芳为阁臣，张彩为吏部尚书。据王鏊言：

> 刘瑾虽擅权，然不甚识文义，徒利口耳。中外奏疏处分亦未尝不送内阁。但秉笔者(指首辅)自为观望，本至，先问此事当云何，彼事当云何，皆逆探瑾意为之；有事体大者，令堂后官至河下(《震泽纪闻》卷下《李东阳》原注云，河下者瑾所居也)，然后下笔，故瑾益肆。使人人据理执正，牢不可夺，则彼亦不敢大肆其恶也。(明王鏊撰《震泽长语》卷上《官制》，参阅王鏊撰《震泽纪闻》卷下《李东阳》)①

王鏊乃正德初年的阁臣，因反对刘瑾弄权，力求去，遂致仕。依其上述之言，正德初年，阁臣已依大珰之意，票拟旨意了。刘瑾不甚识文义，故须利用阁臣，代为拟旨，其后宦官多识文义，遂进一步，不经内阁票拟，而经由宦官批示，此即所谓内批、中旨。内批之事由来已久，宣宗时，太监已有矫旨之事。

> 宣德四年七月，太监马骐矫旨下内阁书，敕付骐复往交趾间办金银珠香。时骐自交趾召还未久，内阁覆请，上正色曰，朕安得有此言？(郑端简公《今言类编》卷三《建官门妇寺》)

---

① 《明史》(卷三百四)《刘瑾传》："瑾不学，每批答奏章，皆持归私第，与妹婿礼部司务孙聪、华亭大猾张文冕相参决，辞率鄙冗，焦芳为润色之，东阳俯首而已。"

宣宗常与大臣面议政事,所以马骐矫旨,内阁可面告宣宗,宣宗亦识马骐之奸。宪宗口吃,不欲与大臣接谈,深匿宫廷之中,朝夕所接近者乃是宦官,于是宦官遂得擅权,发布中旨。成化(宪宗年号)中,御史涂棐尝言:"批答多参以中官,内阁或不与。"(《明史》卷一百七十九《罗伦传附涂棐传》)武宗即位之初,给事中刘蒨上疏言:"近日批答章奏……阁臣不得与闻,而左右近习阴有关与矣。"(《明史》卷一百八十八《刘蒨传》)世宗时,御史程启元言:"迩者旨由中出,而内阁不知……司礼之权重于宰相,枢机之地委之宦官。"(《明史》卷二百六《程启元传》)神宗时,给事中喻安性言:"今日政权不由内阁,尽移于司礼。"(《明史》卷二百一十九《朱赓传》)熹宗时,左副都御史杨涟言:"祖制,以拟旨专责阁臣,自魏忠贤擅权,多出传奉,或径自内批。"(《明史》卷二百四十四《杨涟传》)以上不过略举数例,说明批朱之事,事实上乃归于宦官。

但秉笔太监批朱之后,尚须盖以御玺,才为有效。元时,达鲁花赤不过掌盖印而已,而竟为机关之长官,必以蒙古人为之。所以司礼监之中,掌印之权似比秉笔为大。冯保在嘉靖中已为秉笔太监。隆庆时,司礼掌印缺,穆宗恶瑾为人,大学士高拱荐陈洪代。洪免,拱又荐用孟冲,瑾嫉拱弥甚。穆宗崩,保言于后妃,斥孟冲而夺其位。(《明史》卷三百五《冯保传》)由此可知,掌印地位必比秉笔为高。两者均掌章奏,所以天子倦勤,他就代替天子批阅章奏,而操弄国权。《职官志》云:"内阁之票拟,不得不决于内监之批红,而相权转归于寺人。"(《明史》卷七十二《职官志序》)即如许誉卿所说:"内阁政本重地,而票拟大权拱手授之内廷。"(《明史》卷二百五十八《许誉卿传》)王振于正统七年太皇太后崩后,才跋扈不可制。盖太皇太后贤慧,委政内阁,王振不能威福任情。刘瑾于世宗时,魏忠贤于熹宗时,每乘天子游弄之际,前来奏事,天子厌闻,他们遂得恣行威福。此种史料均可以证明明代宦官之祸虽不减于汉唐,而其地位比之汉唐宦官,相差尚远。

明代天子威柄自操,虽然仁宗以后,设置内阁,有阁臣若干名,阁臣之中且有首辅。明之首辅与汉之丞相不同,丞相是法律上的官制,首辅乃偶尔发生的职官。丞相所请,靡有不听。首辅呢?凡事皆须取旨,由首辅票拟,而后批朱施行。长君在位,首辅必须迎合天子之意旨,严嵩窃权二十年,盖"能先意揣帝指"(《明史》卷三百八《严嵩传》);又须买收宦官,"上左右小珰诣嵩,必执手延坐,持黄金置其袖中,故珰辈争好嵩"(《明史纪事本末》卷五十四《严嵩用事》嘉靖二十四年)。要是天子年幼,首辅更须勾结后庭。张居正之能专擅朝政,因有宦官冯保协助,而保复"内倚太后","帝虽积怒",而"不能去也"(《明史》卷三百五《冯保传》)。光熹之际,"群贤满朝,天下欣欣望治"(《明史》卷二百四十《叶向高传》)。盖有司礼秉笔太监王安劝帝行诸善政,而大学士刘一燝、给事中杨涟、御史左光斗等皆与之交。到了王安病,不能数见帝(熹宗),而竟谪死之时,魏忠贤代为秉笔太监,东林党人便相继斥逐了。(《明史》卷三百五《王安传》)首辅须倚宦官为援,所以百官与宦官交接,莫敢抗礼,赵翼云:

> 明内监故事,永乐中,差内官至五府六部禀事,内官离府部官一丈作揖;途遇公侯驸马,则下马旁立。今则呼府部官如属吏;公侯驸马途遇内官,转回避矣。(陆容《菽园杂记》)张吏侍延祥云,内阁待中官之礼凡几变。天顺间,李贤为首相,司礼监巨珰至者,以便服接见之,事毕,揖之而退。彭文宪继之,门者来报,必衣冠见之,与之分列而坐。太监第一人,对阁老第三位,常虚其二位。后陈阁老文,则送之出阁;商阁老辂,又送之下阶;万阁老安,则送至内阁门矣。今凡调旨等事,司礼者间出,或使少监等传命而已。(陆深《金台记闻》)太监至,阁臣迎之于花台,送之止中门。李西涯告王鏊云,此定例也。(陆深《玉堂漫笔》,又见王鏊《震泽长语》)朱象元云,有一顺门上内官云,我辈在顺门上久,见时事凡几变。昔日张先生(孚敬)进朝,我辈俱要打恭。后来夏先生(言),我们只平眼看着。今严先生(嵩),与我们恭恭手才进。(何良俊《四友斋丛说》)此阁部大臣与内官交接先后不同之大概也。至王振、汪直、刘瑾、魏忠贤,则有长跪叩头,呼九千岁者矣。(《廿二史札记》卷三十六《明代宦官先后权势》)

明代又有东厂,创于永乐十八年,专刺缉刑狱之事,而以宦官任之。

> 东厂掌印太监一员,掌刺缉刑狱之事,专用司礼秉笔第二人或第三

人为之（秉笔太监无定员）。其贴刑官则用锦衣卫千百户为之……西厂不常设,惟汪直、谷大用置之。(《明史》卷七十四《职官志三·宦官十二监》)

这无异于东汉之黄门北寺狱。穆宗时,舒化说:

> 厂卫徼巡辇下,惟诘奸宄,禁盗贼耳。驾驭百官,乃天子权,而纠察非法,则责在台谏,岂厂卫所得干?今命之刺访,将必开罗织之门,逞机阱之术,祸贻善类,使人人重足累息,何以为治?(《明史》卷二百二十《舒化传》)

宦官常利用厂卫加害大臣。成化十三年,设西厂,以汪直领,列官校刺事,直遂"屡兴大狱"(《明史》卷三百四《汪直传》)。刘瑾掌司礼监,以其党马永成掌东厂,谷大用掌西厂,亦得"毛举官僚细过,散布校尉,远近侦伺,使人救过不赡,因颛擅威福"(《明史》卷三百四《刘瑾传》)。冯保"既掌司礼,又督东厂,兼总内外,势益张"(《明史》卷三百五《冯保传》)。魏忠贤以秉笔太监兼东厂事,"东厂番役横行,所缉访,无论虚实,辄糜烂"(《明史》卷三百五《魏忠贤传》)。由此可知,宦官之掌厂卫无异于助虎以翼。

明代有外库与内库之别,成化以后,常将正供之银纳入内库(《明会要》卷五十六《库藏》)。世宗时,"帑银属内府,虽计臣不得稽赢缩"(《明史》卷二百七《刘最传》)。穆宗时,"内官监岁入租税至多,而岁出不置籍"(《明史》卷二百一十五《詹仰庇传》)。神宗时,"加赋重征,矿税四出,移正供以实左藏,中涓群小横敛侵渔"(《明史》卷七十七《食货志序》)。即国家之财政权也归于阉宦了。所以黄梨洲才说:

> 今夫宰相六部,朝政所自出也,而本章之批答,先有口传,后有票拟;天下之财赋先内库而后太仓,天下之刑狱先东厂而后法司,其他无不皆然。则是宰相、六部为阉宦奉行之员而已。(《明夷待访录·阉宦上》)

阉宦弄权当然引起贤士大夫之不满,终则发生朋党之祸。中国士人自古就以干禄为目的,所谓"不事王侯,高尚其志",只是少数人之志趣。嘉靖中,"讲学者以富贵功名,鼓励士大夫,谈虚论寂,靡然成风"(《明史》卷二百二十七《张岳传》)。士人既以富贵功名相尚,则士人之数应与职官之数保持一定比例。官多士少,则官职旷虚。官少士多,则人才壅滞,超过一定程度,势必引起党争。证之吾国历史,至为显明。明代士人入仕之途甚多,有进士、举人、监生、杂流数种,进士为殿试及格之人,举人为乡试及格之人,监生为国子监学生之通称,杂流是由吏道出身之人。合此数途,士人人数必超过职官之数。单单监生一途,弘治八年听选于吏部,至万余人,有十余年不得官者。(《明史》卷六十九《选举志一》)而考选又不公平,达官子弟往往名列前茅。例如成化、弘治之间,万安"在政府二十年,每遇考,必令其门生为考官,子孙甥婿多登第者"(《明史》卷一百六十八《万安传》)。正德三年,"太监刘瑾录五十人姓名,以交主司,因广五十名之额"(《明史》卷七十《选举志二》)。神宗初,张居正当国,其子礼闱下第;居正不悦。至五年,其子嗣修遂以一甲第二人及第;至八年,其子懋修以一甲第一人及第。而次辅吕调阳、张四维、申时行之子亦皆先后成进士。(《明史》卷七十《选举志二》)而考场之中又有舞弊,如"贿买、钻营、怀挟、倩代、割卷、传递、顶名、冒籍,弊端百出,不可穷究。而关节为甚,事属暧昧。或快恩仇报复,盖亦有之"(《明史》卷七十《选举志二》)。明以文字取士,本非择人之法,而既用文字了,就须以文学为标准,顾乃不视文学优劣,唯视权力大小。而考试及第之后,能否得官,又非倚仗权贵汲引不可。于是"无耻之徒但知自结于执政,所得爵禄直以为执政与之"(《明史》卷二百三十《汤显祖传》)。他们"分曹为朋,率视阁臣为进退。依阿取宠则与之比,反是则争。比者不容于清议,而争则名高。故其时端揆之地,遂为抨击之丛,而国是淆矣"(《明史》卷二百三十《蔡时鼎等传》赞)。阉宦柄权,虽以大臣之尊,亦须夤缘内侍。而如李俊所说:

> 今之大臣,其未进也,非夤缘内臣,则不得进;其既进也,非依凭内臣,则不得安。此以财贸官,彼以官鬻财,无怪其渔猎四方,而转输权贵也。(《明史》卷一百八十《李俊传》)

兼以明代用人极重资格,太祖"谓吏部曰,资格为常流设耳,有才能者当不次用之"(《明史》卷一百三十八《黄震传》)。然此乃明代初年之事。征之吾国历史,开国之初,用人往往不讲资格,因为若讲资格,则上自天子,下至公卿,均无资格。天下既定,又必重视资格,因为不讲资格,不能压倒后起之秀,而保全许多权贵之地位。明代资格独重进士。

> 明初三途并用,荐举一途,进士、举贡一途,吏员一途。正统以后,荐举之途废,进士与举贡遂分为二途。然进士升于礼部为高选,而下第举人与岁贡,使肄业国学以观其成,本非轻以待之也。内而台谏,外而藩臬,由此迁擢者不少,原与进士并重。迨制科(进士)日盛,内外要重之司皆归之。而举贡之在太学者,循资待选,年老始博一官,又积久不迁,于是与进士判若天渊矣……或谓太学之成材者多录于甲科(进士),而亦不尽然也……而在监者自分迁擢无阶,颓惰荒废;重以纳粟例开,致举贡、监生益形壅滞,此所以积轻而莫能挽也。(《明会要》卷四十八《铨选》,龙文彬曰)

这种资格制度当然引起举(人)、监(生)之不满,而据顾炎武之言,资格与朋党还有关系。他说:

> 明初,荐辟之法既废,而科举之中尤重进士,神宗以来,遂有定例。州长印官,以上中为进士缺,中下为举人缺,最下为贡生缺。举贡历官,虽至方面,非广西、云贵不以处之,以此为铨曹一定之格。间有一二举贡受知于上,拔为卿贰大僚,则必尽力攻之,使至于得罪谴逐,且杀之而后已。于是不由进士出身之人遂不得不投门户以自庇。资格与朋党二者牢不可破,而国事大坏矣。(《日知录》卷十七《进士得人》)

顾炎武为明末清初之人,其言必有所本。唯依《明史》所载,明代朋党之祸似与资格,即与出身无关。世宗时,大礼之议,主张追尊兴献王为皇叔者杨廷和为之倡,廷和由进士出身(《明史》卷一百九十《杨廷和传》)。主张追崇兴献王为皇考者张璁、桂萼为首,张璁、桂萼亦由进士出身(《明史》卷一百九十六《张璁桂萼传》)。神宗时,张居正丁父忧,吏部侍郎李幼孜欲媚居正,唱夺情议,意谓夺情之言乃宋人腐语。李幼孜《明史》无传,他"初讲学,盗虚名",即他的学问颇受社会尊崇(《明史》卷二百一十三《张居正传》,但卷二百一十六《田一俊传》作工部尚书李幼滋,想系一人)。张居正本人于嘉靖二十六年成进士,此时反对夺情者甚多,而以吴中行、赵用贤最为激烈,此二人也是出身于进士(《明史》卷二百二十九《吴中行赵用贤传》)。

由万历四十三年而至天启之初,陆续发生三案,此与明祚覆亡颇有关系。赵翼曾简单叙述三案本末,兹特录之如次,以供读者参考。

万历中,郑贵妃专宠,光宗虽为皇长子,而储位未定,朝臣多疑贵妃欲立己子福王,故请建储及争三王并封之议者,无虑数十百疏。迨光宗既立为太子,犹孤危无依,故朝臣请福王之国者又数十百疏。福王已之国矣,四十三年五月四日,忽有人持枣木梃,入慈庆宫(光宗为太子时所居),击伤门者,至前殿,为内侍所执。皇太子奏闻。巡城御史刘廷元讯其人名张差,语无伦次,状似疯癫,移刑部。郎中胡相士等遂欲以疯癫具狱,提牢主事王之采,密讯其人,名张五儿。有马三舅、李外父,令随一老公至一大宅,亦系老公家,教以遇人辄打死。之采录其语。明日,刑部又覆讯,马三舅名三道,李外父名守才,引路老公系庞保,大宅老公系刘成,保、成皆郑贵妃宫内奄人也。中外籍籍,皆疑贵妃弟郑国泰主谋,欲弑太子,为福王地。帝亦心动,贵妃窘,自乞哀于皇太子。帝御慈宁宫,皇太子及三皇孙侍,召阁臣方从哲、吴道南及朝臣入。极言我父子慈爱,以释群疑。命磔差、保、成三人,无他及。群臣出,帝意中变,命先戮差。及九卿、三法司会同司礼监,讯保、成于文华门,保、成以无左证,遂辗转不承。刑部尚书张问达,请移入法司刑讯。帝以事连贵妃,恐付外益滋口实,乃毙保成于内,三道守才远流,其事遂止。(张问达、王之采等传)此梃击一案也。光宗即位甫数日,即病痢。中官崔文升进利剂,益剧。有鸿胪寺官李可灼,进药称仙丹。帝召阁臣方从哲、韩爌等,入受顾命。因闻李可灼有药,即传入诊视,言病源甚悉。帝命速进药,诸臣皆不敢决。可灼遂进一丸,帝稍觉舒畅。诸臣退,帝又命进一丸。明日,天未明,帝崩。(《韩爌传》)此红丸一案也。光宗初即位,时郑贵妃尚在乾清宫,李选侍为贵妃,请封皇太后。帝已允太后之封,谕司礼监矣。时外廷传言,贵妃以美女进帝以致病。御史杨涟劾崔文升,用药无状。并请帝慎起居,因及郑贵妃,不宜封太后。越三日,帝召大臣,并及涟,数目视涟,毋听外间流言,遂逐文升,且停太后命。涟自以小臣受顾命,誓以死报。帝崩,涟急催阁部大臣同入,临毕,阁臣刘一燝问群奄,皇长子何在?东宫伴读王安曰,为李选侍所匿耳。一燝大呼,谁敢匿新天子者?安入白,选侍乃令皇长子出,一燝等即呼万岁,掖升辇,至文华殿,先正太子位,时选侍在乾清宫,一燝谓太子不可与同居,乃奉太子暂居慈庆宫。明日,周嘉谟、左光斗等疏请令选侍移宫。光斗疏中,有武氏语。选侍怒,欲召太子,加光斗重谴。涟正色谓诸奄,太子今为天子,选侍何得召?明日,又合疏上,选侍不得已,即日移哕鸾宫,帝乃还乾清。(一燝、涟、光斗传)此移宫一案也。梃击自庞保、刘成死后,浮议已息。明年,之采为徐绍吉劾去。天启中,之采复官,乃追理前事,上复仇疏,谓梃击一事,何等大变,乃刘廷元以疯癫蔽狱,胡士相亦朦胧具词。实缘外戚郑国泰私结廷元,谋为大逆耳。此又梃击一案争端之始也。光宗崩,阁臣方从哲票拟,赏李可灼银币。御史王舜等劾可灼,乃改令可灼引疾归。已而孙慎行入朝,追劾从哲,谓可灼非太医,红丸是何药,从哲乃敢使进御,从哲应坐弑逆之罪。王纪、邹元标等疏继之。黄克缵等则为从哲辨。此又红丸一案争端之始也。李选侍移宫时,内竖李进忠、刘朝等盗金宝,过乾清门而仆。帝下法司案治,诸奄惧,则扬言帝薄待先朝妃嫔,致选侍移宫日,跣足投井,以摇惑外廷。御史贾继春遂上安选侍书,黄克缵入其言,亦附和之。帝怒,削继春籍。已而帝渐忘前事,王安又为魏忠贤排死。刘朝等乃赂忠贤而上疏辨冤。于是继春等起用,倚奄势与杨涟等为难。此又移宫一案争端之始也。此三案者本各有其是……乃此三案遂启日后无穷之攻击者,缘万历中,无锡顾宪成等讲学东林书院,为一时儒者之宗……天下清流之士群相应和,遂总目为东林。凡忤东林者,即共指为奸邪,而主梃击、红丸、移宫者皆东林也。万历末,东林已为齐楚浙三党斥尽。《叶向高传》光熹之际,叶向高再相,与刘一燝等同心辅政,复起用东林。及赵南星长吏部,又尽斥攻东林者。于是被斥者谋报复,尽附魏奄,借其力以求胜。向高等相继去国,杨涟、左光斗等又被诬害。凡南星所斥者无不拔擢,所推者无不遭祸。迭胜迭负,三案遂为战场。倪元璐所谓三案在逆奄未用之先,虽甚水火,不害埙篪。逆奄得志后,逆奄杀人,则借三案;群小求进,则借三案;经此二借,而三案全非矣。《廿二史札记》卷三十五《三案》)

盈廷互讼,不问主之者,或争之者均出身于进士,而各有各的理由,即如倪元璐所说:"主梃击者,力护东宫。争梃击者,计安神祖。主红丸者,仗义之言。争红丸者,原情之论。主移宫者,弭变于几先。争移宫者,持平于事后。数者各有其是,不可偏非。"《明史》卷二百六十五《倪元璐传》)案梃击乃发生于万历四十三年,神宗父子均不欲扩大其事《明史》卷二百四十四《王之采传》)①,中经光宗而至天启之初,其间相隔约有五年之久,卒因红丸、移宫两案,旧事重提。此际东林党人能够顾全大局,不欲小题大做者固不乏其人,例如韩爌关于红丸一案,疏请"勿以小疑成大疑"《明史》卷二百四十《韩爌传》);张问达对于三案,"持议平允,不激不随"《明史》卷二百四十一《张问达传》)。唯在政局动荡(光宗即位一月而崩,熹宗年幼)之时,中庸之论往往不为人士所接受,而明代臣僚自张居正死后,又如余懋学所说:"或大臣交攻,或言官相讦。始以自用之私,终之好胜之习,好胜不已,必致忿争,忿争不已,必致党比。"《明史》卷二百三十五《余懋学传》)于是梃击一案王之采又追理前事《明史》卷二百四十四《王之采传》),红丸一案孙慎行复发其端《明史》卷二百四十三《孙慎行传》),移宫一案左光斗争执最烈(《明

---

① 神宗亲御慈宁宫,皇太子侍御座右,三皇孙雁行立左阶下。召大学士方从哲暨文武诸臣入,责以离间父子。因执太子手曰,此儿极孝,我极爱惜。既又手约太子体,谕曰,自襁褓养成丈夫,使我有别意,何不早更置?因命内侍引三皇孙至石级上,令诸臣熟视曰,朕诸孙俱长成,更何说?顾问皇太子有何语,与诸臣悉言无隐。皇太子具言疯癫之人宜速决,毋株连。又责诸臣云,我父子何等亲爱,而外廷议论纷如,尔等为无君之臣,使我为不孝之子。帝又谓诸臣曰,尔等听皇太子语否?复连声重申之,诸臣跪听叩头出。《明史》卷二百四十四《王之采传》)

史》卷二百四十四《左光斗传》)。此三人者皆是进士出身,亦均挂名于东林党籍。可知关于三案如何处理,固然与诸臣出身没有关系,而在东林党人之中,意见亦不一致。不过主三案者以东林党人为多而已。不宁唯是,光熹之际,东林党人且依监生汪文言,而与太监王安(神宗时,为皇长子伴读,光宗即位,擢司礼秉笔太监)结合,而得登用(《明史》卷二百四十四《魏大中传》,参阅卷三百五《王安传》),这更可以证明顾炎武所谓"资格与朋党二者牢不可破"之言未必真确。

所谓东林党本来不是一个团体,最初不过顾宪成等数人讲学于东林书院。因其讽议朝政,裁量人物,士大夫抱道忤时而退处林野者,闻风响附,遂为一代名望所归。

> 顾宪成,无锡人……削籍里居……邑故有东林书院,宋杨时讲道处也,宪成与弟允成倡修之,常州知府欧阳东凤与无锡知县林宰为之营构,落成,偕同志高攀龙、钱一本、薛敷教、史孟麟、于孔兼辈,讲学其中。学者称泾阳先生。当是时士大夫抱道忤时者,率退处林野,闻风响附,学舍至不能容。宪成尝曰,官辇毂,志不在君父;官封疆,志不在民生;居水边林下,志不在世道,君子无取焉。故其讲习之余,往往讽议朝政,裁量人物。朝士慕其风者,多遥相应和,由是东林名大著,而忌者亦多。(《明史》卷二百三十一《顾宪成传》)

明代"士大夫好胜喜争"(《明史》卷二百四十《叶向高传》),世宗时大礼之争、神宗初夺情之议,朝臣不识大体,而乃化小事而为大事,这种作风已经可以发生党派了。而明代又有廷推大臣之制,即大臣有阙,令吏部会同朝臣推举之(《明会要》卷四十八《廷推》),此乃"爵人于朝,与众共之之义"(《明史》卷二百二十四《孙鑨传》)。然而党同伐异,人情之常,他们何能以大公无私之心,品藻人才,势必引用私人而排斥异己。这样,又助长了朋党之争。顾宪成就是因为吏部廷推阁臣王家屏,神宗特旨任用沈一贯,先后疏争,而被削籍,乃归卧无锡,而讲学于东林的(《明史纪事本末》卷六十六《东林党议》万历二十二年)。何况仕宦壅塞,退处林野之人唯冀目前有变,不乐政局安定,遇有机会,即借题发挥,攻击当途。盖欲引起政变,使得意者退处林野,不得意者弹冠相庆。这种心理更是党争的根本原因,在这种政局之下,最可利用者莫如言官,"而言事者又不降心平气,专务分门立户",其"论人论事者,各怀偏见,偏生迷,迷生执"(《明史》卷二百四十三《邹元标传》)。于是明代遂同宋代一样,每次掀起政潮都是出于御史及给事中,而各派亦利用御史及给事中排斥异己,而朋党遂形成了。"朋党之成也,始于矜名,而成于恶异。名盛则附之者众,附者众则不必皆贤,而胥引之,乐其与己同也。名高则毁之者亦众,毁者不必不贤,而怒而斥之,恶其与己异也。同异之见歧于中,而附者毁者争胜而不已,则党日众,而为祸炽矣。"(《明史》卷二百三十二《魏允贞等传》赞)泰昌、天启之初,东林党人因有太监王安之助渐次登用。此时攻击东林者不是阉宦,而是一般士大夫,即齐楚浙三党。此三党者均以地域为基础。案吾国在南北朝时,已有南北的歧视。隋唐建立大一统的国家,南北歧视已经消灭。宋室南渡,北方遗黎受金统治,南北分立约有一百五十年之久。元兴,又分别北人(汉人)与南人,其举士复以省份为标准。明兴,承元之旧,早在太祖时,关于考试取士,已有南北之见。

　　洪武三十年,刘三吾偕纪善、白信蹈等主考会试,榜发,泰和宋琮第一,北士无预者。于是诸生言三吾等南人,私其乡。帝怒,命侍讲张信等覆阅,不称旨。或言信等故以陋卷进,三吾等实嘱之。帝益怒,信蹈等论死,三吾以老戍边,琮亦遣戍。帝亲赐策问,更擢六十一人,皆北士。时谓之南北榜,又曰春夏榜云。(《明史》卷一百三十七《刘三吾传》)

明祖起自南方,他为抚循北士起见,不能不擢北士六十一人中式,原未必有南北之见。自成祖迁都北京,数传之后,纵令天子亦有重北轻南之意。"英宗尝言,北人文雅不及南人,顾质直雄伟,缓急当得力。"(《明史》卷一百七十七《王翱传》)景帝命吏部尚书李贤尽用北人,南人必若彭时者方可(《明史》卷一百七十六《彭时传》)。成化时,"万安为首辅,与南人相党附。(阁臣刘)珝与尚书尹旻、王越又以北人为党,互相倾轧"(《明史》卷一百六十八《万安传》)。孝宗时,"王翱为吏部,专抑南人,北人喜之。至夔,颇右南人"(《明史》卷一百七十七《姚夔传》)。最初还只有南北之别,以后又发生省界之分,齐楚浙三党即其一例。"齐则给事中亓诗教、周永春,御史韩浚。楚则给事中官应震、吴亮嗣。浙则给事中姚宗文、御史刘廷元。"他们"与相倡和,务以攻东林、排异己为事"。"后进当入为台谏者,必钩致门下,以为羽翼。当事大臣莫敢撄其锋。"(《明史》卷二百三十六《夏嘉遇传》)其后汪文言用法破齐楚浙三党(《明史》卷二百四十四《魏大中传》,参阅卷二百三十六《夏嘉遇传》)。三党的联合既然瓦解,遂相率归附于魏忠贤,而东林、阉党的斗争便开始了。

魏忠贤与东林党本来没有恩怨,"朝臣争三案与熊廷弼狱事,忠贤本无预"(《明史》卷三百五《魏忠贤传》)。他雅重赵南星,"尝于帝前,称其任事"(《明史》卷二百四十三《赵南星传》)。当此之时,东林党人若知天子年幼,司礼权重,能同张居正之利用冯保一样,稍与忠贤周旋,使宫中府中不至隔阂,借以改革弊政,则明代历史也许改观。顾东林党人专以意气用事,忠贤"一日遣娣子傅应星,介一中书赘见,南星麾之去"(《明史》卷二百四十三《赵南星传》)。悻悻然拒人于千里之外,试问对于政治有何裨益?而嫉恶过甚,予人难堪,更可以制造敌人。例如"大学士魏广微南星友允贞子也,素以通家子畜之。广微入内阁,尝三至南星门,拒勿见。又尝叹曰,见泉无子。见泉允贞别号也。广微恨刺骨,与忠贤比,而龁南星"(《明史》卷二百四十三《赵南星传》)。为政之道绝不能意气用事,更不宜制造敌人,尤宜争取中立之士以为己助。左光斗亦东林之一强将,身为朝中大臣,而乃"务为危言核论,甄别流品"(《明史》卷二百四十四《左光斗传》),此何为者?"方东林势盛,罗天下清流。士有落然自异者,诟誶随之矣。攻东林者,幸其近己也,而援以为重。于是中立者类不免蒙小人之玷,核人品者乃专以与东林厚薄为轻重,岂笃论哉?"(《明史》卷二百五十六《崔景荣等传》赞)中立者蒙小人之玷,何能不引起他们反感?东林陷入孤立之中,在策略上已经失败了。何况不知当时敌我形势,而唯以意气用事?当杨涟将劾魏忠贤二十四大罪之时,"魏大中以告,黄尊素曰,除君侧者,必有内援,杨君有之乎?一不中,吾侪无噍类矣"(《明史》卷二百四十五《黄尊素传》)。杨一清之能剪除刘瑾,即倚中官张永为内援(《明史》卷一百九十八《杨一清传》,参阅卷三百四《刘瑾张永传》)。果然,杨涟之疏一出,忠贤就与东林决裂,而过去蒙小人之玷之人便乘机罗织,以梃击、红丸、移宫三案为东林离间天子之骨肉。东林党人相继去位,多下狱而死,党祸之惨比之东汉,似有过而无不及。

崇祯即位,诛忠贤,杀逆党,东林诸人复进用。元年,且"命内臣俱入直,非受命,不许出禁门",并"谕戒廷臣结交近侍"(《明史纪事本末》卷七十四《宦寺误国》)。然而诸丽逆案者日夜图报复,其后温体仁辈相继柄政,异己者概坐以袁崇焕党,日造蜚语,次第去之。帝亦厌廷臣党比,肉食寡谋,乃始"参用貂珰,往来给使,劳军转饷,侦刺行间",终则"内外各司必兼貂贵,缘边诸镇复设中涓","南衙枢机,权过宰相矣"(《明史纪事本末》卷七十四《宦寺误国》,谷应泰曰)。这个时候,流寇蹂畿辅,扰中原,边警杂沓,民生日困,而朝臣"未尝建一策,惟日与善类为仇"(《明史》卷三百八《温体仁传》)。到了李自成攻陷北京,崇祯殉国,福王即位于南京,国势岌岌不可终日,而朝臣还是以偏安自慰,日事党争,而如刘宗周所说:"中朝之党论方兴,何暇图河北之贼?"(《明史》卷二百五十五《刘宗周传》)然而自古以来,志在恢复,已难偏安;志在偏安,何能自立? 史可法说:

> 昔晋之东也,其君臣日图中原,而仅保江左。宋之南也,其君臣尽力楚蜀,而仅保临安。盖偏安者恢复之退步,未有志在偏安,而遽能自立者也。(《明史》卷二百七十四《史可法传》)

何况马士英、阮大铖许多逆党又在江左肆毒,内"借三案为题,凡生平不快意之人一网打尽"(《明史》卷三百八《马士英传》),外结四镇(黄德功、高杰、刘泽清、刘良佐)为援,"虑东林倚左良玉为难,谩言修好,而阴忌之"(《明史》卷二百七十三《左良玉传》)? 良玉移檄远近,引兵进讨,士英又撤江北之防,以御良玉。其有"请无撤江北兵,亟守淮扬者,士英厉声叱曰,若辈东林,犹借口防江,欲纵左逆入犯耶? 北兵至,犹可议款,左逆至,则若辈高官,我君臣独死耳"(《明史》卷三百八《马士英传》)。会良玉死,而四镇又互相攻战,刘宗周说:

> 四镇额兵各三万,不以杀敌,而自相屠毒,又日烦朝廷讲和,何为者? 夫以十二万不杀敌之兵,索十二万不杀敌之饷,必穷之术耳。(《明史》卷二

百五十五《刘宗周传》)

何刚亦说:

> 若以骄悍之将,驭无制之兵,空言恢复,是却行而求前也。优游岁月,润色偏安,锢豪杰于草间,迫枭雄为盗贼,是株守以待尽也。(《明史》卷二百七十四《何刚传》)

在天启、崇祯年间,党争尚局限于朝廷之内,而福王监国之时,竟然扩大到军队之间。领土愈狭隘,士大夫愈集中,攘夺的对象愈少,斗争的情况愈激烈,这是必然之势。于是清兵破扬州,逼金陵,挟福王而去。嗣后唐王即位于福州,桂王即位于肇庆,而群臣仍为水火,朝士植党相角,虽前有史可法,后有何腾蛟、瞿式耜崎岖危难之中,介然以艰贞自守,而国事已坏,明祚终在党争之中,归于沦亡。史臣云:

> 明自中叶以后,建言者分曹为朋,率视阁臣为进退。依阿取宠则与之比,反是则争。比者不容于清议,而争则名高。故其时端揆之地,遂为抨击之丛,而国是淆矣。(《明史》卷二百三十《汪若霖等传》赞)

又云:

> 明自神宗而后,浸微浸灭,不可复振。揆厥所由,国是纷呶,朝端水火,宁坐视社稷之沦胥,而不能破除门户之角立。故至桂林播越,旦夕不支,而吴楚之树党相倾,犹仍南都翻案之故态也。颠覆之端有自来矣。于当时任事诸臣,何责哉?(《明史》卷二百七十九《吕大器等传》赞)

第六节
经济崩溃、流寇蜂起与明之灭亡

历代易姓革命常以政治腐化为远因，而以财政困难为近因，政府入不敷出，不惜竭泽取鱼，而苛敛繁征便促成经济破产。税源既然枯竭，财政更见困难，政府更要榨取。于是流民遍地，土匪蜂起，而朝代随之更易。

明代赋税还是循唐之旧，以田租、丁役为主，即杨炎之两税是。

> 自杨炎作两税法，简而易行，历代相沿，至明不改。太祖为吴王，赋税十取一，役法计田出夫……即位之初定赋役法，一以黄册为准。册有丁有田，丁有役，田有租。租曰夏税，曰秋粮，凡二等。夏税无过八月，秋粮无过明年二月。丁曰成丁，曰未成丁，凡二等。民始生籍其名曰不成丁，年十六曰成丁，成丁而役，六十而免。（《明史》卷七十八《食货志二·赋役》）

先就田赋言之，田有两种，一为官田，二为民田。其田租轻重不同。明志所载，稍欠明了，兹试抄录如次：

> 初太祖定天下官民田赋，凡官田亩税五升三合，民田减二升；重租田八升五合五勺，没官田一斗二升。惟苏、松、嘉、湖，怒其为张士诚守，乃籍诸豪族

及富民田以为官田,按私租簿为税额。而司农卿杨宪又以浙西地膏腴,增其赋,亩加二倍。故浙西官民田,视他方倍蓰,亩税有二三石者。大抵苏最重,嘉、湖次之,杭又次之。(《明史》卷七十八《食货志二·赋役》)

即除官田民田之外,尚有重租田与没官田。志既云,"籍诸豪族及富民田以为官田",而传又云:

> 初太祖平吴,尽籍其功臣子弟庄田入官,后恶富民豪并,坐罪没入田产,皆谓之官田。按其家租籍征之,故苏赋比他府独重。官民田租共二百七十七万石,而官田之租,乃至二百六十二万石,民不能堪。(《明史》卷一百五十三《周忱传》)

这样,官田与没官田有何区别,官田之租特重,则所谓重租田又复何指?历史对此未加说明。以意猜之,大约重租田是指吴中之民田,没官田是指吴中没入之官田。明代田租自始就无划一之制,累世相沿,未曾改革。王士性有云:

> 天下赋税,有土地肥瘠不甚相远,而征科乃至悬绝者。当是国初草草,未定画一之制,而其后相沿,不敢议耳。如真定之辖五州二十七县,苏州之辖一州七县,无论所辖,即其广轮之数,真定已当苏之五,而苏州粮二百三万八千石,真定止一十万六千石,然犹南北异也。若同一北方也,河间之繁富,二州十六县,登州之贫寡,一州七县,相去殆若莛楹,而河间粮止六万一千,登州乃二十三万六千,然犹直隶、山东异也。若在同省,汉中二州十四县之殷庶,视临洮二州三县之冲疲易知也,而汉中粮止三万,临洮乃四万四千,然犹各道异也。若在同道,顺庆不大于保宁,其辖二州八县均也,而顺庆粮七万五千,保宁止二万,然犹两郡异也。若在一邑,则同一西南充也,而负郭十里田以步计,赋以田起,二十里外则田以絙量不步矣,五十里外田以约计不絙矣。官赋无定数,私价亦无定估,

何其悬绝也！惟是太平日久，累世相传，民皆安之，以为固然，不自觉耳。（《日知录》卷八《州县赋税》，引王士性《广志绎》）

而以江南各府为最重，丘濬云：

> 韩愈谓赋出天下，而江南居十九。以今观之，浙东西又居江南十九，而苏、松、常、嘉、湖又居两浙十九也。考洪武中，天下夏税秋粮以石计者，总二千九百四十三万余，而浙江布政司二百七十五万二千余，苏州府二百八十万九千余，松江府一百二十万九千余，常州府五十五万二千余。是此一藩三府之地，其田租比天下为重，其粮额比天下为多。今国家都燕，岁漕江南米四百余万石以实京师，而此五府者几居江西、湖广、南直隶之半。窃以苏州一府计之，以准其余。苏州一府七县（时未立太仓州），其垦田九万六千五百六顷，居天下八百四十九万六千余顷田数之中，而出二百八十万九千石税粮，于天下二千九百四十余万石岁额之内，其科征之重、民力之竭，可知也已。（《续文献通考》卷二《历代田赋之制》，引丘濬《大学衍义补》）

隋唐以后，经济中心移至江南，国家财赋所出亦以江南为主。

> 故时公侯禄米、军官月俸皆支于南。（《明史》卷一百五十三《周忱传》）

由江南之苏、松、常、镇四府，输粮于徐淮，"率三石而致一石，有破家者"（《明史》卷一百六十八《王文传》）。而远输除正额外，又须加耗。景泰中，孙原贞疏言：

> 如浙江粮军兑运米，石加耗米七斗。民自运米，石加八斗，其余计水程远近加耗。是田不加多，而赋敛实倍，欲民无困，不可得也。（《明史》卷一百七十二《孙原贞传》）

其尤弊者，江南本系富庶之区，受了漕运的负荷，一到万历年间，遂因力竭，由富庶变为贫穷。试看徐贞明之言：

> 神京雄据上游，兵食宜取之畿甸。今皆仰给东南……而军船夫役之费常以数石致一石，东南之力竭矣。(《明史》卷二百二十三《徐贞明传》)

江南田赋独重，民不能堪，只有逃亡。宣宗时，

> 宣宗即位，广西布政使周干巡视苏、常、嘉、湖诸府。还言，诸府民多逃亡，询之耆老，皆云重赋所致。(《明史》卷七十八《食货志二·赋役》)

降至世宗之初，马录疏言"江南之民最苦粮"(《明史》卷二百六《马录传》)，而征粮又不合于公平原则，"苏、松田不甚相悬，下者亩五升，上者至二十倍"(《明史》卷二百三《欧阳铎传》)。于是就引起细民逃亡的现象，细民逃亡，国家又将耗额加在居民之上；豪强不肯加耗，而耗额复落在细民身上。这在宣德年间已经有此现象了。

> 宣德五年九月，帝以天下财赋多不理，而江南为甚，苏州一郡，积逋至八百万石……乃迁周忱工部右侍郎巡抚江南……始至，召父老问逋税故，皆言豪户不肯加耗，并征之细民。民贫逃亡，而税额益缺。(《明史》卷一百五十三《周忱传》)①

由"天下财赋多不理"一语观之，可知不独苏州，其他各地无不皆然。例如：

---

① 据周忱言，"忱尝以太仓一城之户口考之，洪武……二十四年黄册，原该……八千九百八十六户。今宣德七年造册，止有……一千五百六十九户。核实又止有见户七百三十八户，其余又皆逃绝虚报之数。户虽耗，而原授之田俱在。夫以七百三十八户而当洪武年间八千九百八十六户之税粮，欲望其输纳足备而不逃去，其可得乎？窃恐数岁之后，见户皆去而渐至于无征矣"。(《皇明文衡》卷二十七周忱《与行在户部诸公书》)

> 畿内征徭繁重，富民规免，他户代之。(《明史》卷一百八十五《丛兰传》)

其结果也，人民或匿田不报，或弃田不耕，洪武二十年之"鱼鳞图册"①已失效用。田日益少，赋日益减。景泰年间，张凤奏言：

> 国初，天下田八百四十九万余顷，今数既减半，加以水旱停征，国用何以取给？(《明史》卷一百五十七《张凤传》)

此种减半现象，一直由弘治而至嘉靖还是一样。

> 弘治十五年，天下土田止四百二十二万八千五百十八顷，官田视民田得七之一。嘉靖八年，霍韬奉命修会典，言自洪武迄弘治百四十年，天下额田已减强半，而湖广、河南、广东失额尤多，非拨给于王府，则欺隐于猾民。广东无藩府，非欺隐，即委弃于寇贼矣。(《明史》卷七十七《食货志一·田制》)

万历八年，张居正用开方法，测量天下田亩，虽然增田不少，其实，不过有司短缩步弓以求田多，或掊克见田以充虚额。

> 万历八年十一月，阁臣张居正议：天下田亩通行丈量。遂用开方法，以径围乘除，畸零截补。于是豪猾不得欺隐，里甲免赔累，而小民无虚粮。总计田七百一万三千九百七十六顷，视孝宗时赢三百万顷。居正颇以溢额为功。有司短缩步弓以求田多，或掊克见田以充虚额，后遂按溢额增赋。(《明会要》卷五十三《田制》)

---

① 洪武二十年，命国子生武淳等分行州县，随粮定区。区设粮长四人，量度田亩方圆，次以字号，悉书主名及田之丈尺，编类为册，状如鱼鳞，号曰鱼鳞图册。(《明史》卷七十七《食货志一·田制》)

举例言之：

> 时方核天下隐田，大吏争希张居正指，增赋廪，令如额而止。(《明史》卷二百二十七《萧廪传》)

隐田未曾括出，而见田乃增加其虚额，这样，农民受了赋税的压迫，更日益憔悴了。洪武初年，田赋就不平均，后代相沿，未曾改革。解缙说：

> 贫下之家不免抛荒之咎，或疾病死丧、逃亡弃失，今日之土地无前日之生植，而今日之征聚有前日之税粮。里胥不为呈，州县不为理，或卖产以供税，产去而税存；或赔办以当役，役重而民困。又土田之高下不均，而起科之轻重无别，或膏腴而税反轻，瘠卤而税反重。(《皇明文衡》卷六解缙《上皇帝封事》，参阅《明史》卷一百四十七《解缙传》)

不消说，"膏腴而税反轻"是豪猾的田，"瘠卤而税反重"是细民的田，现在"开方法"又用人为之法，增加细民田亩之数，小民穷困可想而知。

次就丁役言之，明代役法如次：

> 役法定于洪武元年，田一顷，出丁夫一人，不及顷者以他田足之，名曰均工夫。每岁农隙赴京供役，三十日，遣归。田多丁少者，以佃人充夫，而田主出米一石资其用。非佃人而计亩出夫者，亩资米二升五合。(《明史》卷七十八《食货志二·赋役》)

明代役法非以人丁为本，而以田亩为基础，即如葛守礼所说：

> 工匠及富商大贾，皆以无田免役，而农夫独受其困。(《明史》卷二百一十四《葛守礼传》)

而编制册籍时,又"放大户而勾单小"(《明史》卷七十八《食货志二·赋役》)。宣宗时,徭役不均,观范济之言即可知之。

> 无丁之家,诛求不已。有丁之户,诈称死亡,托故留滞,久而不还。及还,则以所得财物,遍贿官吏,朦胧具覆。究其所取之丁,十不得一,欲军无缺伍难矣。(《明史》卷一百六十四《范济传》)

兼以官吏尚有免役的权利,太祖时不过京官一家免役。

> 洪武十三年七月,诏京官复其家。(《明会要》卷五十二《优免》)

世宗嘉靖二十四年,又定内外官均得免役,又得免税。其所免数目如次。

嘉靖二十四年所定优免表(据《明会要》卷五十二《优免》)

京官	免役数	免租数	外官及教官
一品	三十丁	三十石	外官各减一半。教官免二丁、粮二石。
二品	二十四丁	二十四石	
三品	二十丁	二十石	
四品	十六丁	十六石	
五品	十四丁	十四石	
六品	十二丁	十二石	
七品	十丁	十石	
八品	八丁	八石	
九品	六丁	六石	

由上表所列丁数之多,似可推测内外官吏不但一家免役,且可荫及别人,这又与魏晋以后的荫附相差无几了。何况出资赈荒者称为义民,一家亦得免役?例如:

宣德五年三月，诏旌出谷赈荒者为义民，复其家。(《明会要》卷五十二《优免》)

正统二年，诏旌出谷赈荒者为义民，复其家。(《明会要》卷五十二《优免》)

到了嘉靖年间，人民尚得出资买官，而免徭役。

嘉靖八年令：有仗义出谷二十石、银二十两者，给与冠带；三十石、三十两者，授正九品散官；四十石、四十两者，正八品；五十石、五十两者，正七品；俱免杂泛差役。(《明会要》卷五十二《优免》)

万历九年，行"一条鞭"法，将丁役之税与土贡方物均加在田赋之中，计亩征银，一岁之役，官为佥募。

一条鞭法者，总括一州县之赋役，量地计丁，丁粮毕输于官。一岁之役，官为佥募。力差，则计其工食之费，量为增减。银差，则计其交纳之费，加以赠耗……以及土贡方物悉并为一条，皆计亩征银，折办于官，故谓之一条鞭。立法颇为简便。嘉靖间，数行数止。至万历九年，乃尽行之。(《明史》卷七十八《食货志二·赋役》)

一条鞭乃"计亩征银"，还是以田亩为基础。小农受了重税的压迫，遂由"浮户"而沦为富家的佃客。

天下浮户依富家为佃客者何限。(《明史》卷二百二十三《徐贞明传》)

又者魏晋以后，为僧者可以免役。明代亦然，吾人观下述"其实假此以避差役"一言即可知之。

洪武十七年闰十月癸亥，礼部尚书赵瑁言，自设置僧道二司，未及三年,天下僧尼已二万九百五十四人。今来者益多,其实假此以避差役。请三年一次出给度牒,且严加考试,庶革其弊。从之。(《明会要》卷三十九《僧道录司》)

国家对于度僧人数,固然曾加限制,而年年增加,到了弘治年间,已超过限制之数。

> 弘治中,尚书马文升奏,定制:僧道,府不过四十名,州不过三十名,县不过二十名。今天下一百四十七府、二百七十七州、一千一百四十五县,共额设僧三万七千九十余名。成化十二年,度僧一十万;二十二年,度僧二十万;以前各年所度僧道不下二十余万,共该五十余万。(《明会要》卷三十九《僧道录司》)

小民惮役,只有逃隐,于是又发生了户口减少的现象。成化初,徐州之地,"丁夫不足,役及老稚"(《明史》卷一百六十一《夏寅传》)。弘治年间,承平日久,而户口反比明初为少。

> 时承平久,生齿日繁。孝宗览天下户籍数,乃视国初反减。(《明史》卷一百八十七《何鉴传》)

减少的原因乃如户部尚书韩文所说:

> 耗损之故有二,有因灾伤敛重,逼迫逃移者;有因惧充军匠诸役,贿里长匿报者。(《明会要》卷五十《户口》弘治十八年)

人民受赋役的压迫,已经贫穷,若再有水旱之灾,他们将无以为生。固然明代也有义仓,以赈凶荒,称之为豫备仓。洪武间,每县四境设仓。永乐中,移置城内。(《明会要》卷五十六《豫备仓》)如是,农挑谷至仓,不免多费脚力。何况

饥馑之年,穷民又不能得到仓米? 成化中,商辂疏言:

> 各处豫备仓所储米谷,本以赈济饥民。每岁,官司取勘里老,将中等人民开报,其鳏寡孤疾、无所依倚饥民一概不报。盖虑其无力还官,负累赔纳。(《明会要》卷五十六《豫备仓》)

不但穷苦无告之饥民,不得赈济,而守令既暴敛于民,而遇到凶荒之年,又常匿灾不报。此事在正统初年已经有了,请看彭勖之言:

> 真定、保定、山东民逃凤阳、颍州以万计,皆守令匿灾暴敛所致。(《明史》卷一百六十一《彭勖传》)

这样,当然是百姓逃荒,编户为之减少。天顺初,张昭曾上疏言:

> 今畿辅、山东仍岁灾歉,小民绝食逃窜,妻子衣不蔽体,被荐裹席,鬻子女无售者。家室不相完,转死沟壑,未及埋瘗,已成市脔。(《明史》卷一百六十四《张昭传》)

明乎此,可知明代建国不久,就有流寇之祸的原因了。兹将明代户口之增减列表如次:

明代户口增减表①

时代	户数	口数
太祖洪武十四年	10 654 362	59 873 305
洪武二十六年	10 652 870	60 545 812
成祖永乐元年	11 415 829	66 598 337

---

① 本表据《续文献通考》卷十三《户口》,是书云:"今考会典所载,自万历六年而止。后惟天启元年一见于实录,余岁皆不书。"故穆宗隆庆六年应依《明会要》卷五十《户口》,为万历六年之数。

续 表

时代	户数	口数
英宗天顺元年	9 466 288	54 338 476
宪宗成化二年	9 201 718	60 653 724
孝宗弘治四年	9 113 446	53 281 158
武宗正德元年	9 151 773	46 802 005
世宗嘉靖元年	9 721 652	60 861 273
穆宗隆庆六年	10 621 436	60 692 856
熹宗天启六年	9 825 426	51 655 459

垦田减少，户口隐匿，国家财政随之穷匮，朝廷为解决财政困难，又重敛于民。世宗初年，张汉卿已经上言：

> 今天下一岁之供不给一岁之用，加以水旱频仍，物力殚屈……内库不足，取之计部；计部不足，取之郡邑小民；郡邑小民将安取哉？（《明史》卷一百九十二《张汉卿传》）

穆宗时，"边陲多事，支费渐繁，其初止三五十万，后渐增至二百三十余万"（《明史》卷二百一十四《马森传》）。此单指边饷言也。神宗时，又见增加。到了光启，边饷增加到三百五十三万，而岁入不过二百万。

> 崇祯元年六月，户部给事中黄承昊上言，祖宗朝，边饷止四十九万三千八十八两。神宗时，至二百八十五万五千九百余。（据《明史》卷二百三十五《王德完传》，弘正间近四十三万，至嘉靖则二百七十余万，而今〔万历中〕则三百八十余万。数目不同。）先帝（熹宗）时，至三百五十三万七千七百余（其他京支杂项，万历间岁放不过三十四万一千六百余，迩来至六十八万二千五百余，今出数共百余万）。而岁入不过三百二十三十万，即登其数，已为不足。而重以逋负，实计岁入仅二百万耳。戍卒安得无

脱巾,司农安得不仰屋乎?(《明史纪事本末》卷七十二《崇祯治乱》)

职官之数又多,官多则俸多。刘体乾说:

> 历代官制,汉七千五百员,唐万八千员,宋极冗,至三万四千员;本朝自成化五年,武职已逾八万,合文职盖十万余,多一官则多一官之费……供亿日增,余藏顿尽。(《明史》卷二百一十四《刘体乾传》)

宣宗初,范济诣阙言八事,其中一事,即言官多之弊。案官之多少应以事之多少为标准,而事之多少又必以民之众寡为标准。民寡官多,十羊九牧,政事反而不理。他说:

> 国家承大乱后,因时损益,以府为州,以州为县,继又裁并小县之粮不及俸者。量民数以设官,民多者县设丞簿,少者知县典民而已。其时官无废事,民不愁劳。今藩臬二司及府州县官视洪武中再倍,政愈不理,民愈不宁,奸弊丛生,诈伪滋起。甚有官不能听断,吏不谙文移,乃容留书写之人,在官影射,贿赂公行,狱讼淹滞,皆官冗吏滥所致也。(《明史》卷一百六十四《范济传》)

左鼎于代宗中,亦疏言:

> 国初,建官有常,近始因事增设。主事每司二人,今有增至十人者矣;御史六十人,今则百余人矣;甚至一部有两尚书,侍郎亦倍常额;都御史以数十计,此京官之冗也。外则增设抚民管屯官,如河南参议益二而为四,佥事益三而为七,此外官之冗也。天下布按二司各十余人,乃岁遣御史巡视,复遣大臣巡抚镇守。夫今之巡抚镇守即曩之方面御史也。为方面御史,则合众人之长而不足;为巡抚镇守,则任一人之智而有余,有是理邪?(《明史》卷一百六十四《左鼎传》)

建官既多,官俸就成为国家财政的负荷。而且各种官吏又不久任,于是功罪在谁,便无法考核。万历时,张养蒙曾举治河一事为证。他说:

> 二十年来,河几告患矣。当其决,随议塞;当其淤,随议浚,事竣辄论功。夫淤决则委之天灾,而不任其咎;浚塞则归之人事,而共蒙其赏。及报成未久,惧有后虞,急求谢事,而继者复告患矣。其故皆由不久任也。(《明史》卷二百三十五《张养蒙传》)

国家为筹划经费,只有增加赋税。哪知在一定期间之内,"天下之财止有此数,君欲富,则天下贫;天下贫,而君岂独富"(《明史》卷二百二十六《吕坤传》)?何况朝廷苛敛,天下守令又缘之为奸?武宗时,张原说:

> 比年军需杂输十倍前制,皆取办守令。守令假以自殖,又十倍于上供。民既困矣,而贡献者复巧立名目,争新竞异,号曰孝顺。取于民者十百,进于上者一二。(《明史》卷一百九十二《张原传》)

然守令之不廉亦自有故。吾人观韩一良之言即可知之。

> 户科给事中韩一良上言,皇上召对平台,有文臣不爱钱之语,然今之世,何处非用钱之地,何官非爱钱之人,向以钱进,安得不以钱偿?臣起县官,居言路,以官言之,则县官行贿之首,而给事为纳贿之魁。今言蠹民者俱咎守令之不廉,然守令亦安得廉?俸薪几何,上司督取,不曰无碍官银,则曰未完纸赎。冲途过客,动有书仪。考满朝觐,不下三四千金。夫此金非从天降,非从地出,而欲守令之廉得乎?科道号为开市,臣两月来辞金五百,臣寡交犹然,余可推矣。(《明史纪事本末》卷七十二《崇祯治乱》崇祯元年)

守令之贪污盖由中央大僚之好货。嘉靖年间,王廷相说:"今廉隅不立,贿赂盛行。先朝犹暮夜之私,而今则白昼之攫。大臣污则小臣悉效,京官贪则外臣无畏。"(《明史》卷一百九十四《王廷相传》)这种腐化情况似由永乐年间开始,吾人观邹缉之言,即可知之。

> 在外藩司府县之官闻有钦差官至,望风应接,惟恐或后。上下之间贿赂公行,略无畏惮,剥下媚上,有同交易,贪污成风,恬不为怪。(《皇明文衡》卷六邹缉撰《奉天殿灾上疏》)

张原所谓"取于民者十百,进于上者一二",民穷而国不富,只予官僚以侵渔的机会,所以邱橓乃说:

> 方今国与民俱贫,而官独富,既以官而得富,还以富而市官。(《明史》卷二百二十六《邱橓传》)

明代赋税如何压迫民生,洪武年间,解缙已经说过,"夏税一也,而茶椒有粮,果丝有税,既税于所产之地,又税于所过之津"(《明史》卷一百四十七《解缙传》)。嘉靖时,余珊又复警告:

> 近年以来,黄纸蠲放,白纸催征。额外之敛,下及鸡豚;织造之需,自为商贾。江淮母子相食,兖豫盗贼横行,川陕湖贵疲于供饷,田野嗷嗷,无乐生之心。(《明史》卷二百八《余珊传》)

降至万历,天下殷户竟然十减其五。

> 比来天下赋额,视二十年以前,十增其四。而民户殷足者,则十减其五。(《明史》卷二百一十六《冯琦传》)

然在古代,社会之安定有靠于殷户者甚大,《周礼》荒政十二,保富居一。盖如钱士升所说：

> 且郡邑有富家，固贫民衣食之源也。地方水旱，有司令出钱粟，均粜济饥。一遇寇警，令助城堡守御。富家未尝无益于国。(《明史》卷二百五十一《钱士升传》)

人民受了重税的剥削，其生活的困难，万历年间又比嘉靖为甚。试看吕坤之言：

> 臣久为外吏，见陛下赤子冻骨无兼衣，饥肠不再食，垣舍弗蔽，苦槁未完，流移日众，弃地猥多。留者输去者之粮，生者承死者之役，君门万里，孰能仰诉？(《明史》卷二百二十六《吕坤传》)

贫穷已经成为普遍的现象，而政府尚不知安抚百姓，且为铸钱之故，寻求银铜，而有采矿之事。按吾国古代皆用铜铸钱。秦时铜钱，文曰半两(《汉书》卷二十四下《食货志》)。两汉之钱均用铜铸，吾人观贾谊之言"上收铜，勿令布下，则民不铸钱"(贾谊《新书》卷三《铜布》，参阅《汉书》卷二十四下《食货志》)，即可知之。纵是董卓更铸之小钱，亦"悉取洛阳及长安铜人、钟虡、飞廉、铜马之属，以充铸焉"(《后汉书》卷一百二《董卓传》)。由魏晋而至南北朝，固然货币不甚流通，然其所铸之钱还是用铜，只唯"昭烈(刘备)入蜀，仅铸铁钱"(《日知录》卷十一《铜》)，这是铁钱之始。南朝宋文帝时，"先是患货重，铸四铢钱，民间颇盗铸，多翦凿古钱以取铜"(《宋书》卷六十六《何尚之传》)。北朝魏孝庄帝时，高恭之说"在市铜价八十一文，得铜一斤。私铸薄钱，斤余二百"(《魏书》卷七十七《高恭之传》)，可知当时铸钱还是用铜。梁武帝普通年间，"尽罢铜钱，更铸铁钱，人以铁贱易得，并皆私铸"(《隋书》卷二十四《食货志》)。隋文肇兴，又铸铜钱，开皇三年，"诏四面诸关各付百钱为样，从关外来，勘样相似，然后得过，样不同者即坏以为铜入官"(《隋书》卷二十四《食货志》)，即其一证。唐代亦然，所以杨嗣复谓"禁铜之令，朝廷常典，但行之不严。市井逐利者销钱一缗，可为数器，售利三四倍"(《旧唐书》卷一百七十六《杨嗣复传》)。降至五代,中原国家还是以铜铸钱。唐同光二年二月,诏曰:"钱者即古之泉布……工人销铸为铜器。"(《旧五代史》卷一百四十六《食货志》)周世宗"以县官久不铸钱,而民间多销钱为器皿及佛像,钱益少"。显德二年九月,"始立监采铜铸钱……民间铜器佛像五十日内悉令输官,给其直,过期隐匿不输,五斤以上,其罪死,不及者论刑有差"(《资治通鉴》卷二百九十二周世宗显德二年),是则五代也是以铜铸钱的。但诸国割据者,钱有铜铁二等(《文献通考》卷九《钱币二》)。宋时亦铜铁二品并行(《宋史》卷一百八十《食货志下二·钱币》)。元代未曾铸钱,专用楮币,而以金银为担保。武宗至大三年,初行钱法,而仁宗即位,复下诏以鼓铸弗给,废而不行。(《元史》卷九十三《食货志》)明祖即位,洪武二十二年,诏更定钱式,生铜一斤铸小钱百六十(《明史》卷八十一《食货志五·钱钞》),一斤十六两,一两十钱,即小钱一文用铜一钱。洪武二十三年,复定钱制,每小钱一文用铜一钱二分(《明会要》卷五十五《钱法》)。嘉靖六年,每文重一钱三分(《明会要》卷五十五《钱法》),然亦杂用铁钱及楮币。此皆可以证明吾国古代铸钱皆以铜为主要原料。盖吾国自古乏铜(《日知录》卷十一《铜》),以铜铸钱,民间不易盗铸,这就是神宗致力于采矿的原因。然既乏铜,而矿使四出,所至肆虐,天下咸被其害。兹抄录赵翼之言如次,以供读者参考。

> 万历中,有房山民史锦、易州民周言等,言阜平、房山各有矿砂,请遣官开采,以大学士申时行言而止。后言矿者争走阙下,帝即命中官与其人偕往,盖自二十四年始,其后又于通都大邑,增设税监,故矿税两监遍天下。两淮又有盐监,广东又有珠监,或专或兼,大珰小监,纵横绎骚,吸髓饮血,天下咸被害矣。其最横者,有陈增、马堂、陈奉、高淮、梁永、杨荣等。增开采山东,兼征东昌税,纵其党程守训等,大作奸弊,称奉密旨搜金宝,募人告密,诬大商巨室藏违禁物,所破灭什伯家,杀人莫敢问。又诬劾知县韦国贤、吴宗尧等皆下诏狱,凡肆恶山东者十年。堂天津税监,兼辖临清。始至,诸亡命从者数百人,白昼手银铛,夺人财,抗者以违禁罪之。僮告主者,畀以十之三。破家者大半,远近罢市。州民万余,纵火焚堂署,毙其党三十七人,皆黥臂诸偷也。事闻,诏捕首恶,株连甚众。

有王朝佐者,以身任之,临刑,神色不变。州民立祠祀之。陈奉征荆州店税,兼采兴国州矿砂,鞭笞官吏,剽劫行旅。商民恨刺骨,伺其出,数千人竞掷瓦石击之。至武昌,其党直入民家,奸淫妇女,或掠入税监署中。士民公愤,万余人甘与奉同死,抚按三司护之始免。已而汉口、黄州、襄阳、宝庆、德安、湘潭等处,民变者凡十起。奉又诬劾兵备佥事冯应京等数十员,帝皆为降革逮问。武昌民恨切齿,誓必杀奉。奉逃匿楚王府,众乃投奉党耿文登等十六人于江。以巡抚支可大护奉,焚其辕门,而奉幸免。高淮采矿征税辽东,搜括士民财数十万,招纳亡命,纵委官廖国泰虐民激变,诬系诸生数十人,打死指挥张汝立,又诬劾总兵马林等,皆谪戍。率家丁三百人,张飞虎旗,金鼓震天,声言欲入大内,遂潜住广渠门外。御史袁九皋等劾之,帝不问。淮益募死士出塞,发黄票,龙旗走朝鲜,索冠珠貂马。又扣除军士月粮,前屯卫军甲而噪,誓食其肉,锦州、松山军相继变,淮始内奔。梁永征税陕西,尽发历代陵寝,搜摸金玉,纵诸亡命,旁行劫掠。所至邑令皆逃,杖死指挥、县丞等官,私宫良家子数十人。税额外增耗数倍,索咸阳冰片五十斤、麝香二十斤。秦民愤,共图杀永,乃撤回。杨荣为云南税监,肆行威虐,诬劾知府熊铎等皆下狱。百姓恨荣入骨,焚税厂,杀委官张安民。荣益怒,杖毙数千人。又怒指挥樊高明,榜掠绝筋以示众。于是指挥贺世勋等,率冤民万人焚荣第,杀之,投火中,并杀其党二百余人,帝为不食者累日。此数人其最著者也。他如江西矿监潘相,激浮梁、景德镇民变,焚烧厂房。相往勘上饶矿,知县李鸿戒邑人,敢以食物市者死。相竟日饥惫而归,乃劾鸿罢其官。苏杭织造太监孙隆激民变,遍焚诸委官家,隆走杭州以免。福建税监高采,在闽肆毒十余年。万众汹汹欲杀采。采率甲士二百人,突入巡抚袁一骥署,劫之令谕众始退。此外如江西李道,山西孙朝、张忠,广东李凤、李敬,山东张晔,河南鲁坤,四川邱乘云辈,皆为民害,犹其次焉者也。是时廷臣章奏悉不省,而诸税监有所奏,朝上夕报可,所劾无不曲护之。以故诸税监益骄,所至肆虐,民不聊生,随地激变。迨帝崩,始用遗诏罢之,而毒痛已遍天下矣。论者谓明之亡,不亡于崇祯,而亡于万历云。(《廿二史札记》卷三十

五《万历中矿税之害》)①

其实,明朝承历代之制度,钱币还是以铜为主。徽宗急于取铜,到处采矿,而当时冶金之法不甚进步,不在山陵采取铜砂,而于民房,掘取成铜,祸国殃民,自是意中之事。

国家在财政困难之际,币制往往随之紊乱。明代钱币就各品之关系说,是合理的。各品所表示的价格与其所含有的价值成为正比。

太祖即位,颁洪武通宝钱,其制凡五等,曰当十、当五、当三、当二、当一。当十钱重一两,余递降,至重一钱止。(《明史》卷八十一《食货志五·

---

① 吾国古代,货币用银,并不普遍。赵翼在《陔余丛考》(卷三十《银》),曾考证用银为币,始于何时。他说:"汉武元狩四年,始造白金为币,白金乃银锡所造……然岁余,终废不行。王莽时,又制为银货与钱货并行,而民间仍以五铢钱交易……此历代未用银之证也。《文献通考》,萧梁时,交广之域全以金银交易。后周时,河西诸郡或用西域之钱,此盖用银之始,然第行于边地,而中土尚未行……唐宪宗元和三年(以银无益于生人,禁止采银),则并禁用银矣。然《唐书·齐映传》(有银瓶、银佛之事),则是时虽不用银,而已竞相贵重,既竞相贵重,则渐用之于市易,亦势所必然……《五代史》,后唐庄宗将败,谕军士曰,适报魏王平蜀,得金银五十万,当悉给尔等。又李继韬既反复降,其母杨氏……赍银数十万两至京都,厚赂庄宗之宦官伶人,并赂刘皇后,继韬由是得释……想其时民间已皆用银……宋真宗澶渊之盟,定以银绢各三十万两匹……南宋时,赐秦桧造第银绢万两匹;贾似道母死,赐银绢四千两匹。《金史》张行信疏称买马官,市于洮州,以银百锭,几得马千匹,乞捐银万两,可得良马千匹云,亦可见银已通用也。按《宋史》仁宗景祐二年,诏福建、两广岁输缗钱易以银,此为岁赋征银之始。绍熙中,臣僚言今之为绢者一倍,折而为钱再倍,折而为银,银愈贵,钱愈难得,此又南宋时折绢收银之始。金章宗承安五年,以旧例银每锭重五十两,其直钱百贯,民间或有截凿用之者,其价亦随轻重为低昂。乃更铸承安宝货一两至十两,分五等,凡官俸、军须皆银钞兼支,此朝廷用银之始。……元宪宗五年,定汉民包银额征四两者以半输银,半折丝绢等物。因张晋亨言,五方土产各异,必责以输银,有破产不能办者,乃诏民听输土物,不复征银。又《续通考》,文宗天历元年,天下课税之数,金二万四千四百三十两、银七万七千五百一十八两,则犹是土宜所出,而非以当赋税也。《明史》洪武初,天下田赋夏税米麦四百七十一万二千七百石、钱钞三万九千八百锭、绢二十八万八千四百八十七匹,秋粮米二千四百七十三万四百五十石、钱钞五千七百三十锭、绢五十九万匹,是所征者犹第米麦钱钞及绢,而未有银。洪武九年,始有折纳令,其制屡有增减,然是时,制令凡愿折者听,不愿者仍纳本色,并非专主于银。永乐中,以钞法不行,并禁民间金银交易,犯者以奸恶论,有首捕者,即以交易金银赏之,则赋税不收银可知也。宣德四年,偶有秋粮折银赴部之令,遂为征银之始。正统元年,令南京粮米愿折色者,听以布帛银两折纳,则亦尚不全征银。七年,令夏税绢每匹折银五钱解京,又令各省不通河道之处,粮米折银,自后各省夏税类多征银。隆庆中,葛守礼言近乃为一条鞭法,计亩取银,则夏税一概征银,实起于隆庆中。"

钱钞》)①

大约各钱所含有的价值不能与其所表示的价格相称,所以洪武二十三年"复定钱制,每小钱一文用铜一钱二分,其余四等钱依小钱制递增"(《明会要》卷五十五《钱法》)。嘉靖六年,"大铸嘉靖钱,每文重一钱三分"(《明会要》卷五十五《钱法》)。小钱一文初用铜一钱,次用铜一钱二分,再用铜一钱三分。可知当一之钱只用铜一钱铸之,依当时物价,其所含有的铜是不值一文的。

明代也同宋代一样,每帝即位,均铸钱币。成祖时有永乐通宝,宣宗时有宣德通宝,孝宗除铸弘治通宝外,又补铸累朝未铸者。钱渐薄劣,杂以铅锡,"奸伪仿效,盗铸日滋"(《明史》卷八十一《食货志五·钱钞》)。穆宗铸隆庆通宝,高拱为相,奏言"钱法朝议夕更,迄无成说,小民恐今日得钱,而明日不用。是以愈更愈乱,愈禁愈疑"(《明史》卷八十一《食货志五·钱钞》)。可知钱币时时改铸,大有害于人心的安定。万历四年,铸万历通宝(《明史》卷八十一《食货志五·钱钞》)。天启元年,补铸泰昌通宝。天启二年,又铸大钱,有当十、当百、当千三种,"当十者重二倍,当百者重五倍,当千者重十倍"(《续文献通考》卷十一《钱币》)。这又蹈王莽及唐代第五琦之覆辙,当然"民不愿行",乃"差官收买大钱,改铸小钱"(《续文献通考》卷十一《钱币》)。崇祯中,"内帑大竭,命各镇有兵马处,皆开铸,以资军饷。而钱式不一,盗铸孔繁"(《续文献通考》卷十一《钱币》)。且"日益恶薄,大半杂铅砂,百不盈千,摔掷辄破碎"(《明史》卷八十一《食货志五·钱钞》),"末年,每银一两易钱五六千文,有煞儿、大眼贼、短命官诸号"(《续文献通考》卷十一《钱币》),而至于亡。

吾国到了明代,全国各地经济上愈有连带关系。交易频繁,钱币不易携带,因之,"商贾沿元之旧习,用钞,多不便用钱"(《明史》卷八十一《食货志五·钱钞》)。这是经济进步之必然现象。但是政府要发行钞票,须有限额,又须有准备金,听人民兑换金银。明代钞票发行于洪武七年,有一贯、五百文、四百文、

---

① 洪武二十二年,诏更定钱式,生铜一斤铸小钱百六十,折二钱半之。当三至当十准是为差。(《明史》卷八十一《食货志五·钱钞》)按一斤十六两,一两十钱,一斤生铜铸小钱百六十,即小钱一文用生铜一钱。其余依小钱递增。

三百文、二百文、一百文凡六等。本来是"每钞一贯准钱千文、银一两,四贯准黄金一两"(《明史》卷八十一《食货志五·钱钞》)。末年钞法已乱,"两浙、江西、闽广,民重钱轻钞,有以钱百六十文折钞一贯者"(《明史》卷八十一《食货志五·钱钞》)。成祖时,钞法更失信用,盖"朝廷出钞太多,收敛无法,以致物重钞轻"(《明史》卷八十一《食货志五·钱钞》)。仁宗时,"夏原吉言钞多则轻,少则重。民间钞不行,缘散多敛少,宜为法敛之"(《明史》卷八十一《食货志五·钱钞》)。然通货既已膨胀,紧缩实不容易。"宣德初,米一石用钞五十贯"(《明史》卷八十一《食货志五·钱钞》),"民间交易惟用金银,钞滞不行"(《明史》卷八十一《食货志五·钱钞》)。正统初,"朝野率皆用银,其小者乃用钱,钞壅不行"(《明史》卷八十一《食货志五·钱钞》)。宪宗时,"钞一贯不能直钱一文"(《明史》卷八十一《食货志五·钱钞》)。钞法完全破坏。到了嘉靖,"钞久不行,钱亦大壅,益专用银矣"(《明史》卷八十一《食货志五·钱钞》)。崇祯十七年,户部主事蒋臣"请行钞法,言岁造三千万贯,一贯价一两,岁可得银三千万。帝特设内宝钞局,昼夜督造,募商发卖,无一人应者。蒋德璟言百姓虽愚,谁肯以一金买一纸?帝不听"(《明史》卷二百五十一《蒋德璟传》)。"岁入不过三百二三十万",除去逋负,"实计岁入仅二百万耳"(《明史纪事本末》卷七十二《崇祯治乱》崇祯元年六月)。而所发纸币竟达银三千万两,商人不肯购买,只有发给官吏、军人,官吏、军人强迫人民接受,于是社会经济又由钞票之滥发,更见破坏了。

国家之乱常由支出增加,先之以苛捐繁敛,次之以滥发钱币。吾国钱币唯汉武帝所铸之五铢钱,最为合理,所以人心思汉就表现为"五铢当复"之言。自兹以降,历代钱法无有不乱,而均引起贫民叛变。吾人读古代历史,即可知之。明代自始就是钱钞俱乱,其结果,遂表现为米价的腾贵。明代钱币似由铜本位而渐次变为银本位。洪武年间,"每钞一贯准钱千文、银一两"(《明史》卷八十一《食货志五·钱钞》),即铜钱千文值银一两。嘉靖年间,钱已滥恶,"率以三四十钱当银一分",后更薄劣,"至以六七十文当银一分"。一两十钱,一钱十分,即六七千文值银一两。钱币虽然贬值,而银价与米价还能保持一定比例。永乐年间,周忱"请检重额官田、极贫下户两税,准折纳金花银,每两当米四石"(《明史》卷一百五十三《周忱传》)。景泰中,苏、松、常、镇四府粮四石折白银一两(《明史》卷一百六十八《王文传》);弘治年间,"丰年用粮八九石方易一两"(《明史》卷一百八十二《马文升传》);正德年间,米价渐贵,米石值银一两,即增加四倍,后又增至十之五(《明史》卷一百八十六《杨守随传》)。崇祯初年,斗米四钱(《明史》卷二百四十八《李继贞传》),即一石值银四两。中年以后,边疆则外敌抢攘,内郡则群盗延蔓,加以天灾流行,饥馑洊臻,"山东米石二十两,而河南乃至百五十两"(《明史》卷二百七十五《左懋第传》)。贫穷已经普遍化了,明代遂同过去朝代一样,发生了许多流寇。

明代流寇之祸开始于永乐末年。永乐十九年,唐赛儿倡乱于山东(《明史》卷一百七十五《卫青传》)。此后乘暇弄兵,频见窃发,正统中,叶宗留、邓茂七作乱于福建(《明史》卷一百七十二《张骥传》)。景泰中,"黄萧养作乱于广东"(《明史》卷一百七十二《杨信民传》)。天顺中,李添保作乱于贵州(《明史》卷一百六十六《李震传》)。成化中,刘千斤、李胡子作乱于荆襄,流民归者四十余万(《明史》卷一百七十二《白圭传》、卷一百七十八《项忠传》)。虽皆旋见扑灭,而吏治不修,发生祸患,已经萌芽。当时"铨授县令,多年老监生,逮满九岁,年几七十,苟且贪污"(《明史》卷一百六十四《张昭传》)。武宗之世,流寇蔓延,几危社稷,刘宠、刘宸等乱畿辅,方四、曹甫、蓝廷瑞等蹒四川,江澄二、罗先权、王钰五等扰江西,皆称王,四方告急无虚日(《明史》卷一百八十七《何鉴传》)。其所以如此者,固然因为民穷为盗,而"官军所杀皆良民,以故捷书屡奏,而贼势不衰"(《明史》卷一百八十七《陆完传》)。群盗剽掠,"官军不敢击,潜蹑贼后,斩良民为功,士兵虐尤甚。时有谚曰,贼如梳,军如篦,士兵如剃"(《明史》卷一百八十七《洪钟传》)。此批小股寇贼虽然不久就告消灭,而"盗贼所至,乡民奉牛酒,甚者为效力"(《明史》卷一百九十四《王廷相传》)。可知当时人民已有轻视朝廷之意,而希望朝代变更,另有一位真命天子出来拯救他们。到了嘉靖年间,据余珊说:"近年以来,黄纸蠲放,白纸催征。额外之敛,下及鸡豚;织造之需,自为商贾。江淮母子相食,兖豫盗贼横行,川陕湖贵疲于供饷。田野嗷嗷,无乐生之心。"(《明史》卷二百八《余珊传》)所以赵炳然以福建为例,而谓"福建所以致乱者,由将吏抚驭无术,民变为兵,兵变为盗耳"(《明史》卷二百二《赵炳然传》)。于是弥勒佛又出世了,山西妖贼李福达以弥勒教诱惑愚民为乱(《明史》卷二百六《马录传》),令人回想到隋炀帝大业六年"弥勒佛出世"之谣言。"神宗末年,征发频仍,矿税四出,海内骚然烦费,郡县不克修举厥职。而庙堂考课,一切以虚文从事,不复加意循良之选,吏治既以日偷,民生由之益蹙。"(《明史》卷二百八十一《循吏传序》)盗贼群起,使政府陷入进退维谷之中,"留兵则民告病,恤民则军不给"(《明史》卷二百四十一《汪应蛟传》)。到了天启魏阉乱政,"四川则奢崇明叛,贵州则安邦彦叛,山东则徐鸿儒乱"(《明史》卷二百四十六《满朝荐传》)。徐鸿儒以白莲教惑众,"见辽东尽失,四方奸民思逞",遂于天启二年倡乱,这又是外战失败引起内乱之一证。其"徒党不下二百万",后虽伏诛,而社会秩序已经动摇。(《明史》卷二百五十七《赵彦传》)崇祯即位,国事已不可为,"流寇日炽,缘吏朘民,民益走为盗,盗日多,民生日蹙"(《明史》卷二百六十五《王家彦传》)。盖当时吏治乃如王家彦所说,"不肖而墨者以束湿济其饕餮,一二贤明吏,束于文法,展布莫由"(《明史》卷二百六十五《王家彦传》)。朝廷为了讨伐盗匪,不能不集兵增赋。崇祯曾言:"不集兵无以平寇,不增赋无以饷兵。"(《明史》卷二百五十二《杨嗣昌传》)而其结果,乃如卢象升之言:"贼横而后调兵,贼多而后增兵,是为后局。兵至而后议饷,兵集而后请饷,是为危形。况请饷未敷,兵将从贼而为寇。是八年来所请之兵皆贼党,所用之饷皆盗粮也。"(《明史》卷二百六十一《卢象升传》)何况"司农告匮,一时所讲求者,皆掊克聚敛之政。正供不足,继以杂派;科罚不足,加以火耗。水旱灾伤,一切不问。敲扑日峻,道路吞声。小民至卖妻鬻子以应。有司以掊克为循良,而抚字之政绝;上官以催征为考课,而黜陟之法亡。欲求国家有府库之财,不可得已"(《明史》卷二百五十五《刘宗周传》)?所以吴甘来才说,"臣所虑者,兵闻贼而逃,民见贼而喜。恐非无饷之患,而无民之患,宜急轻赋税,收人心"(《明史》卷二百六十六《吴甘来传》)。帝虽颔之,而不能行。到了崇祯之末,熊汝霖还谓:"比者外县难民纷纷入都,皆云避兵,不云避敌。霸州之破,敌犹不多杀掠,官军继至,始无孑遗。"(《明史》卷二百七十六《熊汝霖传》)军纪如斯,明已大失民心,安得不亡?

崇祯承神、熹之后,"神宗怠荒弃政,熹宗昵近阉人,元气尽澌,国脉随绝"(《明史》卷三百九《流贼传序》)。崇祯虽说,"朕非亡国之君"(《明史》卷二百五十三《魏藻德传》),"皆诸臣误朕"(《明史》卷二十四《庄烈帝纪》崇祯十七年),然其为人,"性多疑而任察,好刚而尚气。任察则苛刻寡恩,尚气则急遽失措。当夫群盗满山,四方鼎沸,而委政柄者非庸即佞。剿抚两端,茫无成算。内外大臣救过不给,人怀规利自全之心,言语戆直切中事弊者,率皆摧折以去。其所任为阃帅者,事权中制,功过莫偿。败一方,即戮一将;隳一城,即杀一吏。赏罚太明,而至于不能罚。制驭过严,而至于不能制"(《明史》卷三百九《流贼传序》)。此盖崇祯"恃一人之聪明,而使臣下不得尽其忠。凭一人之英断,而使诸大夫国人不得衷其是"(《明史》卷二百五十五《刘宗周传》)。且"求治之心,操之太急,酝酿而为功利。功利不已,转为刑名。刑名不已,流为猜忌。猜忌不已,积为壅蔽"(《明史》卷二百五十五《刘宗周传》)。"在位十七年辅相至五十余人,其克保令名者数人而已。"(《明史》卷二百五十一《李标等传》赞)到了"国事益棘,获罪者益众,狱几满朝"(《明史》卷二百五十八《傅朝佑传》)。天子用人不专,用法益峻,于是朝臣遂不敢任责,亦不肯任责,然而"诸臣之不肯任不敢任者罪,而肯任敢任者亦罪,且其罪反重"(《明史》卷二百五十八《汤开远传》)。此种作风在国家太平之时已可引起祸乱,国家已乱,更何能挽回危局?崇祯性情如斯刚愎,而其御将治兵,又常流于姑息。"兵哗则为兵易将,将哗则为武抑文。"(《明史》卷二百五十八《汤开远传》)当此之时,女真已经勃兴于东北。天启元年,攻下沈阳。崇祯十四年,陷锦州。十五年,克蓟州,以高屋建瓴之势,南压区夏。"边事日坏"(《明史》卷二百五十八《魏呈润传》),崇祯"好察边事,频遣旗尉侦探"(《明史》卷二百五十一《钱龙锡传》),而不知"军不可从中御","疑志不可以应敌","军中之事不闻君命,皆由将出"(《六韬》第二十一篇《立将》)。而守边之臣又复抵牾。天启年间,经略熊廷弼主守,巡抚王化贞主战,各有廷臣为之后援。这更应了"凡兵之道莫过乎一,一者能独往独来"(《六韬》第十二篇《兵道》)的道理。难怪"廷弼愤上言,臣以东西南北所欲杀之人,而适遘事机难处之会。诸臣能为封疆容则容之,不能为门户容则去之。何必内借阁部,外借抚道以相困。又言经抚不和,恃有言官。言官交攻,恃有枢部。枢部佐斗,恃有阁臣。臣今无望矣"(《明史》卷二百五十九《熊廷弼传》)?最后,廷弼、化贞并论死。稍后,袁崇焕为辽东巡抚,虽然勤于职守,将士乐为尽力,而亦内受朝廷干涉,外受监司掣肘。"用兵之要,必先察敌情"(《三略·上略》),而最知道敌情的莫如前线主将。《孙子》(第十篇《地形》)云:"知吾卒之可以击,而不知敌之不可击,胜之半也。知敌之可击,而不知吾卒之不可以击,胜之半也。知敌之可击,知吾卒之可以击,而不知地形之可以战,胜之半也。故曰知彼知己,胜乃不殆;知天知地,胜乃可全。"天启时,袁崇焕说:"战虽不足,守则有余。守既有余,战无不足。顾勇猛图敌,敌必仇;奋迅立功,众必忌。任劳则必召怨,蒙罪始可有功。怨不深则劳不著,罪不大则功不成。谤书盈箧,毁言日至,从古已然,惟圣明与廷臣始终之。"崇祯时,他又说:"以臣之力制全辽有余,调众口不足。一出国门,便成万里。忌能妒功,夫岂无人?即不以权力掣臣肘,亦能以意见乱臣谋。"(《明史》卷二百五十九《袁崇焕传》)结果也受谗间而诛。自是而后,"诸将本恇怯","边兵多虚额"(《明史》卷二百五十二《杨嗣昌传》),明之亡征已决。而天子又多猜忌,边臣遇有兵警,不敢自作主张,常"请旨示方略,比下军前,则机宜已变,进止乖违,疆事益坏云"(《明史》卷二百五十二《杨嗣昌传》)。《三略》(《中略》)云:"出军行师,将在自专,进退内御,则功难成。"《孙子》(第十篇《地形》)云:"故战道必胜,主曰无战,必战可也。战道不胜,主曰必战,无战可也。"战事请旨示方略,其不败北,自古以来,实未曾有。

在疆事益坏之时,国内流寇又复蔓延,而以出自陕西之群盗最为嚣张。顾祖禹说:"陕西据天下之上游,制天下之命者也。是故以陕而发难,虽微必大,虽弱必强,虽不能为天下雄,亦必浸淫横决,酿成天下之大祸……盖陕西之在天下也,犹人之有头项然。患在头项,其势必至于死,而或不死者,则必所患之非真患也……然吾观自古以来为天下祸者,往往起于陕西。东汉当承平之时,而羌胡构乱于西陲,故良将劲卒尽在河陇间。迨其末也,封豕长蛇,凭陵宫阙,遂成板荡之祸……晋武帝既并天下,以关中势在上游,为作石函之制,非至亲不使镇焉。及元康之世,乱果始于关中。元魏之乱起于沃野、高平诸镇,而盛于萧宝寅之徒,则亦关中为厉阶矣。女真入关中,而宋室之中原遂不可得。蒙古入关中,而金人之汴蔡遂不可保。明初以北方为虑,沿边四镇竭天下之力以供亿之,及于挽季,犷夫悍卒奋臂而起,纵横蔓衍,以致中原鼎沸,宗社沦胥,此何为者也?呜呼,当创兴之日势大力强,即有桀黠之徒,亦且弭耳俯首,以就我之驱除。迨凌迟之际,庸夫牧竖忽然思逞,初视为疥癣之忧,而卒有滔天之祸,虽时势使然,抑亦地势形便为之也。然则陕西之为陕西,固天下安危所悬也,可不畏哉?"(《读史方舆纪要》卷五十二《陕西方舆纪要序》)崇祯元年,陕西大饥,"是时秦地所征,曰新饷,曰均输,曰间架,其目日增,吏因缘为奸,民大困"(《明史》卷三百九《李自成传》)。所在群盗蜂起,"巡抚陕西都御史胡廷宴庸而耄,恶闻盗,杖各县报者曰,此饥氓,徐自定耳。于是有司不以闻,盗侦知之,益恣"(《明史纪事本末》卷七十五《中原群盗》崇祯元年)。马贼高迎祥乘机作乱,自称闯王。勤王之师又复哗变,与群盗合。这个时候给事中刘懋又"议裁驿站山陕游民,仰驿糈者无所得食,俱从贼,贼转盛"(《明史》卷三百九《李自成传》)。这又与唐代"销兵"相同了。"官兵东西奔击,贼或降或死,旋灭旋炽。"(《明史》卷三百九《李自成传》)官军难于应付,米脂人李自成、延安人张献忠亦聚众反,号闯将。群贼分道四出,"陕西、河南、湖广、四川、江北数千里地,皆被蹂躏。当此之时,贼渠率众,无专主,遇官军,人自为斗。胜则争进,败则窜山谷,不相顾。官军遇贼追杀,亦不知所逐何贼也。贼或分或合,东西奔突,势日强盛"(《明史》卷三百九《张献忠传》)。崇祯九年,高迎祥被擒磔死,贼党又拥自成为闯王。入四川,取成都,又出扰河南。时"河南大旱,斛谷万钱,饥民从自成者数万"(《明史》卷三百九《李自成传》),自成势复振。明代"资格独重进士,致举贡无上进阶"(《明史》卷二百六《陆粲传》),举贡受了歧视,于是举人李岩、牛金星等皆往投自成,为其谋主。岩因说曰:"取天下以人心为本,请勿杀人,收天下心。"又"散所掠财物振饥民","岩复造谣词曰,迎闯王,不纳粮。使儿童歌以相煽,从自成者日众"(《明史》卷三百九《李自成传》)。此时也,朝廷非无良将,顾天子性多猜忌,朝臣又党同伐异,熊廷弼、袁崇焕均遭诛戮之祸,诸将心不自安,所以贼势穷蹙,亦不肯乘机进攻。崇祯十三年,左良玉击破张献忠,追且及,献忠使人告良玉曰:"献忠在,故公见重;无献忠,则公灭不久矣。良玉心动,纵之去。"(《明史》卷二百七十三《左良玉传》)但是李张二贼亦无成功之道。自成嗜杀人,"李岩者故劝自成以不杀人者也",而自成左右又潜杀之。自成"攻城,迎降者不杀,守一日杀十之三,二日杀十之七,三日屠之。凡杀人,束尸为燎,谓之打亮。城将陷,步兵万人环堞下,马兵巡徼,无一人得免。献忠虽至残忍,不逮也"(《明史》卷三百九《李自成传》)。其实献忠亦"嗜杀,一日不杀人,辄悒悒不乐。诡开科取士,集于青羊宫,尽杀之,笔墨成丘冢。坑成都民于中园,杀各卫籍军九十八万,又遣四将军分屠各府县,名草杀。伪官朝会拜伏,呼癸数十下殿。獒所嗅者引出斩之,名天杀。又创生剥皮法,皮未去而先绝者,刑者抵死。将卒以杀人多少叙功次,共杀男女六万万有奇"(《明史》卷三百九《张献忠传》)。当闯贼起事之时,民众所以响应者,盖积忿于明廷,希望他们解其倒悬,而闯贼之残忍又有甚于明之官吏,其终归灭亡是当然的。

方李张二寇横行于山陕、四川、湖广之时,"清兵南侵,京师方告急,朝廷不暇复讨贼"(《明史》卷三百九《李自成传》)。自成又于崇祯十六年十月入陕西,陷西安,"初自成剽掠十余年,既席卷楚豫,始有大志。然地四通皆战场,所得郡县,官军旋复之。至是,既入秦,百二山河遂不可制"(《明史纪事本末》卷七十八《李自成之乱》崇祯十六年十月辛未)。十七年,称王于西安,国号曰大顺,改元永昌。又进兵山西,陷大同,略宣府,迫居庸,而犯燕京。是时禁军至为腐化,"京营故有占役、虚冒之弊,占役者其人为诸将所役,一小营至四五百人;虚冒者无其人,诸将及勋戚、奄寺、豪强以苍头冒选锋壮丁,月支厚饷"(《明史》卷二百六十五《李邦华传》)。而且"伍虚而饷仍在,不归主帅,则归偏裨,乐其逃而利其饷。凡借以营求迁秩,皆是物也。精神不以束伍,而以侵饷。厚饷不以养士,而以求官。伍虚则无人,安望其练?饷糜则愈缺,安望其充"(《明史》卷二百六十六《陈纯德传》)。至于真正之"京军五月无饷,一时驱守,率多不至","守军不用命,鞭一人起,一人复卧如故"(《明史纪事本末》卷七十九《甲申之变》)。士无斗志,自成势如破竹,而内侍又为之内应,京营兵溃,遂陷外城而入内城。崇祯登煤山,望烽火彻天,叹曰,苦我民尔。书衣襟为遗诏曰,朕死,任贼分裂,无伤百姓一人。以帛自缢于山亭。(《明史》卷二十四《庄烈帝纪》,参阅卷三百九《李自成传》)这个时候,山海关总兵吴三桂奉诏入援,自成劫其父襄作书招之,三桂欲降,既闻爱姬陈沅被掠,愤甚,乞降于清,引清兵南入北京。自成遂归西安,僭即帝位。顺治二年,清兵攻破潼关,自成逃襄阳,走武昌,为村民所杀。(《明史》卷三百九《李自成传》)张献忠则于崇祯十七年入川,进陷成都,僭号大西国王,改元大顺。顺治三年,献忠率众出川北,至汉中,猝遇清兵,中矢坠马,清兵擒斩之。(《明史》卷三百九《张献忠传》)流寇之祸虽灭,而明祚亦随之而亡。固然福王即位于南京,唐王即位于福州,桂王即位于肇庆,最后郑成功又取台湾,举兵抗清,然大势已去,明祚不能复兴了。兹借史可法之言,以作本节结论。

昔晋之东也,其君臣日图中原,而仅保江左。宋之南也,其君臣尽力楚蜀,而仅保临安。盖偏安者恢复之退步,未有志在偏安,而遽能自立者也。(《明史》卷二百七十四《史可法传》)

第七节
明的政治制度

第一项　中央官制

明初，承元之制，设中书省以统天下之文治，都督以总天下之兵政，御史台以振朝廷之纪纲。即采文治、兵政、监察三权分立之制，不过改元之枢密院为都督府而已。太祖说：

> 国家立三大府，中书总政事，都督掌军旅，御史掌纠察，朝廷纪纲尽系于此。(《明史》卷七十三《职官志二·都察院》)

中书省置左右丞相（正一品，明尚左，左丞相在右丞相之上）、平章政事（从一品）、左右丞（正二品）、参知政事（从二品），以统领众职(《明史》卷七十二《职官志一·内阁》)。到了左丞相胡惟庸图谋不轨而伏诛，洪武十三年，遂革去中书省，升六部，直属于天子；置五军都督府，以分领军卫。

洪武十三年春正月己亥，左丞相胡惟庸等既伏诛,上谕文武百官曰,朕今革去中书省,升六部,仿古六卿之制,俾之各司所事;更置五军都督府,以分领军卫。如此则权不专于一司,事不留于壅蔽,卿等以为何如?监察御史许士廉等对曰,历代制度皆取时宜,况创制立法天子之事?既出圣裁,实为典要。癸卯,诏罢中书省,升六部,改大都督府为五军都督府,布告天下。(黄光升《昭代典则》,引自《历代职官表》卷四《内阁下》)

又改御史台为都察院:

洪武十三年,罢御史台。十五年,更置都察院。(《明史》卷七十三《职官志二·都察院》)

明中央官制表

职官		员数	品级	职掌	备考
三公	太师		正一品	掌佐天子理阴阳,经邦弘化,其职至重,无定员,无专授。	洪武初,授李善长太师,徐达太傅,赠常遇春太保。三孤无兼任者。建文、永乐间,罢公孤官。仁宗复设。宣宗宣德三年,敕太师张辅等各辍所领,侍左右,咨访政事。公孤但属虚衔,为勋戚文武大臣加官、赠官而已。而文臣无生加三公者,唯赠乃得之。其后文臣得加三公,唯张居正,万历九年加太傅,十年加太师。
	太傅				
	太保				
三孤	少师		从一品		
	少傅				
	少保				
六部	吏部尚书	一人	正二品	尚书掌天下官吏选授、封勋、考课之政令,以甄别人才,赞天子治,侍郎为之贰。	左右侍郎各一人,正三品。其属,文选、验封、稽勋、考功四清吏司各郎中一人,正五品;员外郎一人,从五品;主事一人,正六品。
	户部尚书	一人	正二品	尚书掌天下户口、田赋之政令,侍郎贰之。	左右侍郎各一人,正三品。其属,浙江、江西、湖广、陕西、广东、山东、福建、河南、山西、四川、广西、贵州、云南十三清吏司各郎中一人,正五品;员外郎一人,从五品;主事二人,正六品。

续 表

职官		员数	品级	职掌	备考
	礼部尚书	一人	正二品	尚书掌天下礼仪、祭祀、宴飨、贡举之政令,侍郎佐之。	左右侍郎各一人,正三品。其属,仪制、祠祭、主客、精膳四清吏司各郎中一人,正五品;员外郎一人,从五品;主事一人,正六品。
	兵部尚书	一人	正二品	尚书掌天下武卫官军选授、简练之政令,侍郎佐之。	左右侍郎各一人,正三品。其属,武选、职方、车驾、武库四清吏司各郎中一人,正五品;员外郎一人,从五品;主事二人,正六品。
	刑部尚书	一人	正二品	尚书掌天下刑名及徒隶、勾覆、关禁之政令,侍郎佐之。	左右侍郎各一人,正三品。其属,浙江、江西、湖广、陕西、广东、山东、福建、河南、山西、四川、广西、贵州、云南十三清吏司各郎中一人,正五品;员外郎一人,从五品;主事二人,正六品。
	工部尚书	一人	正二品	尚书掌天下百工、山泽之政令,侍郎佐之。	左右侍郎各一人,正三品。其属,营膳、虞衡、都水、屯田四清吏司各郎中一人,正五品;员外郎一人,从五品;主事二人,正六品。
都察院	左右都御史	各一人	正二品	都御史职专纠劾百司,辩明冤枉,提督各道,为天子耳目风纪之司。	左右副都御史,正三品;左右佥都御史,正四品。又十三道监察御史一百十人,正七品。
六科	都给事中	每科各一人	正七品	六科掌侍从规谏、补阙拾遗、稽察六部百司之事。	每科左右给事中各一人,从七品;给事中吏科四人,户科八人,礼科六人,兵科十人,刑科八人,工科四人,并从七品。
五军都督府	左右都督	每府各一人	正一品	都督府掌军旅之事,各领其都司卫所,以达于兵部。	中军、左军、右军、前军、后军五都督府,每府除左右都督外,有都督同知从一品,都督佥事正二品等官。初太祖下集庆,即置行枢密院,自领之。寻罢枢密院,改置大都督府,以朱文正为大都督,节制中外诸军事。吴元年,更定官制,罢大都督不设,

续表

职官	员数	品级	职掌	备考
				以左右都督为长官（左右都督本大都督之属官）。洪武十三年，始改都督府为五军都督府，分领在京各卫所及在外各都司卫所。

本表乃依《明史·职官志》，择其重要者列之。此外尚有府（例如宗人府）、寺（例如大理寺）、院（例如翰林院）、监（例如国子监）等，均从略。兹宜特别提出者，明初定都金陵（南京），永乐十八年迁都燕京（北京），而南京六部都察院、五军都督府及其他职官仍然存在（《明史》卷七十五《职官志四》）。明采天子集权之制，纵在北京，凡事多仰成于天子，则南京职官之为虚设，可想而知。故史臣云："南京卿长体貌尊，而官守无责，故为养望之地，资地深，而誉闻重者处焉。或强直无所附丽，不为执政所喜，则以此远之。"（《明史》卷二百二十一《袁洪愈等传》赞）"明既定都北京，南京官僚，仍旧并置，而实无职业可任。于是投闲置散者则一切屏之于南京。其为是官者，亦率以养高自放，不复事事。其间如吏部、都察院尚有考察之责，则又借以行其私意，遇有一事，则纷纭论列，与北京部院互相攻击，群肆把持，徒受冗官之弊，于实政毫无裨补。"（《历代职官表》卷四十九《盛京五部等官》）

明在太祖时代，"威柄在上，事皆亲决"（《历代职官表》卷四《内阁》），"中外章奏皆上彻御览，每断大事，决大疑，臣下惟面奏取旨，有所可否，则命翰林儒臣折衷古今，而后行之。故洪武时，批答皆御前传旨当笔"（廖道南《殿阁词林记》，引自《历代职官表》卷四《内阁》）。此时虽有殿阁大学士，而亦不过"侍左右备顾问"（《明史》卷七十二《职官志一·内阁》），并不以之为宰辅之任。殿阁大学士有下列数种。

> 洪武十五年，仿宋制，置华盖殿、武英殿、文渊阁、东阁诸大学士，又置文华殿大学士，以辅导太子，秩皆正五品……当是时……大学士特侍左右备顾问而已。（《明史》卷七十二《职官志一·内阁》）①

然以万乘之尊，而乃亲总吏职，不但精神上有顾此失彼之虞，而一日万

---

① 仁宗时，又置谨身殿大学士。世宗时，改华盖为中极，谨身为建极。见《明史》卷七十二《职官志一·内阁》。

机,何能无错?集错既多,又有害天子之尊严。成祖登极,自操威柄,但为集思广益,特简亲信七人,直文渊阁,参与机务。兹依《明史》(卷一百九《宰辅年表一》)所载,将七人之姓名、官职列表如次:

最初阁臣七人表

建文四年秋七月,燕王即皇帝位,仍称洪武三十五年,始简翰林官,直文渊阁,参与机务。	黄淮,编修,八月入,十一月晋侍读。 胡广,侍讲,九月入,十一月晋侍读。 杨荣,修撰,九月入,十一月晋侍讲。 解缙,侍读,八月入,十一月晋侍读学士。 杨士奇,编修,九月入,十一月晋侍讲。 金幼孜,检讨,九月入,十一月晋侍讲。 胡俨,检讨,九月入,十一月晋侍讲。

一般人"以其授餐大内,常侍天子殿阁之下,避宰相之名,又名内阁"(《明史》卷七十二《职官志一·内阁》)。即在成祖时代,内阁已由"备顾问",进而"参与机务"。然当时"入内阁者皆编(编修正七品)、检(检讨从七品)、讲(侍讲正六品)、读(侍读正六品)之官"(《明史》卷七十二《职官志一·内阁》),此四者皆属翰林院。但明志尚遗漏修撰一官,修撰从六品,亦属翰林院,故志云:"内阁固翰林职也。"(《明史》卷七十三《职官志二·翰林院》)然在"嘉(嘉靖)隆(隆庆)以前,文移关白,犹称翰林院(以后则竟称内阁矣)"(《明史》卷七十三《职官志二·翰林院》)。内阁既系内直天子之近臣,所以"不置官属,不得专制诸司,诸司奏事亦不得相关白"(《明史》卷七十二《内阁》)。固然属吏有中书舍人,而其"所掌仅书写缮录之事,不得行词,非唐宋中书舍人之职"(《历代职官表》卷四《内阁下》,详见《明史》卷七十四《职官志三·中书舍人》)。

最初阁臣必以翰林院之官为之,而所谓入阁亦即翰林官入直文渊阁,参与机务。其后入阁者不限于入直文渊阁。凡为四殿(中极殿、建极殿、文华殿、武英殿)、二阁(文渊阁、东阁)之大学士,若有参与机务之旨,均为阁臣。(《明史》卷七十二《职官志一·内阁》)大约直文渊阁者必为阁臣,其他"大学士无入内阁旨,不得与机务也"(明郑端简公《今言类编》卷三《建官门阁臣》)。又者明志云:"成祖初年内阁七人,非翰林者居其半。"(《明史》卷七十《选举志二》,此言似有问题,观上表所列,无一不是翰林院之官)天顺以后,"非进士不入翰林,非翰林不入内阁"(《明史》卷七十《选举志二》)。穆宗隆庆三年,南京刑科给事中骆问礼言:"内阁政事根本,宜参用诸司,无拘翰林。"(《明史》卷二百一十五《骆问礼传》)神宗万历中,"内阁缺人,建议者谓不当专用词臣,宜与外僚参用"(《明史》卷二百三十二《李三才传》)。但是翰林入阁已成惯例,故某人入阁之时虽然不是翰林官,而过去必曾做过翰林院之官。《明史》(卷二百五十三)《张至发传》:"自世宗朝许赞后,外僚入阁,自至发始。"对此,赵翼以为英宗时的李贤、世宗时的张璁与夏言均非翰林官而入阁(《陔余丛考》卷二十六《殿阁大学士》)。其实,李贤于英宗复位之时,以吏部侍郎,兼翰林学士,入直文渊阁,预机务(《明史》卷一百七十六《李贤传》)。即李贤入阁,仍带有翰林官之衔。张璁固曾为詹事兼翰林学士,嘉靖六年,拜礼部尚书,兼文渊阁大学士,入参机务(《明史》卷一百九十六《张璁传》)。夏言亦曾为侍读学士、翰林学士,嘉靖十年,由礼部侍郎晋礼部尚书;十五年,遂兼武英殿大学士,入参机务(《明史》卷一百九十六《夏言传》)。由此可知,阁臣不问其入阁前之官职如何,必须过去做过翰林官,或入阁之时兼为翰林官。至于许赞,正德元年,由御史改编修;嘉靖二十三年,以吏部尚书兼文渊阁大学士,参与机务(《明史》卷一百八十六《许进传附许赞传》),即许赞也做过翰林官。崇祯八年,"帝将增置阁臣,以翰林不习世务,思用他官参之"(《明史》卷二百五十三《张至发传》)①。于是王应熊、张至发、薛国观、程国祥、范复粹(《明史》卷二百五十三各本传)、吴甡(《明史》卷二百五十二《吴甡传》)、方岳贡(《明史》卷二百五十一《方岳贡传》)、范景文(《明史》卷二百六十五《范景文传》)等均次第以外僚入阁。他们均未曾做过翰林官,入阁之时,亦不兼翰林官之职。

明代内阁乃肇始于成祖之时,仁宗即位,"以杨士奇、杨荣东宫旧臣,升士奇为礼部侍郎,兼华盖殿大学士;荣为太常卿,兼谨身殿大学士,阁职渐崇。其后士奇、荣等皆迁尚书,职虽居内阁,官必以尚书为尊"(《明史》卷七十二《内阁》),即"其署衔必曰某部尚书兼某殿阁大学士。本衔在下,而兼衔反在上"

---

① 郑以伟于崇祯二年与徐光启并相,"票拟非其所长,尝曰,吾富于万卷,窘于数行,乃为后进所藐。章疏中有何况二字,误以为人名也。拟旨提问,帝驳改始悟,自是词臣为帝所轻,而阁臣不专用翰林矣"(《明史》卷二百五十一《郑以伟传》)。

《历代职官表》卷四《内阁》)。"永乐、洪熙二朝,每召内阁造膝密议,人不得与闻,虽倚畀之意甚专,然批答出自御笔,未尝委之他人也。"(《历代职官表》卷四《内阁》,引廖道南《殿阁词林记》)至宣德时,"事无大小,悉下大学士杨士奇等参可否,虽吏部蹇义、户部夏原吉时召见,得预各部事,然希阔,不敌士奇等亲,自是内阁权日重"(《明史》卷七十二《职官志序》)。且"令内阁杨士奇辈于中外奏章,许用小票墨书,贴各疏面以进,谓之条旨,中易红书批出",此即所谓票拟及批朱。然"遇大事犹命大臣面议,议既定,传旨处分,不待批答"(《历代职官表》卷四《内阁》,引廖道南《殿阁词林记》)。真正的票拟乃始于英宗正统初年。"英宗即位方九龄,军国大政关白太皇太后(仁宗张皇后),太后推心任士奇、荣、溥三人,有事遣中使诣阁咨议,然后裁决。"(《明史》卷一百四十八《杨士奇传》)固然太后多依内阁所拟,即内阁的票拟有如最后的决定。唯在制度上,票拟只供太后参考,裁决之权还是属于太后。夏言曾谓"圣意所予夺,亦必下内阁议而后行,绝壅蔽矫诈之弊"(《明史》卷一百九十六《夏言传》)。邓继曾亦说:"凡有批答,必付内阁拟进者,非止虑独见之或偏,亦防矫伪者之假托也。"(《明史》卷二百七《邓继曾传》)而且圣意决定之后,"诏旨必由六科(六科给事中)、诸司始得奉行,脱有未当,许封还执奏,如六科不封驳,诸司失检察者,许御史纠弹"(《明史》卷二百一十五《骆问礼传》)。然而票拟不过提供意见,与汉世"丞相所请,靡有不听",绝不相同,则天子深居宫中,旨从中出,谁能判断其非矫伪?英宗初年,太皇太后听政,"王振虽宠于帝,终太后世,不敢专大政"(《明史》卷一百一十三《仁宗张皇后传》)。正统七年,太后崩,"振遂跋扈不可制"(《明史》卷三百四《王振传》)。成化以后,天子罕见朝臣,此际传递天子与内阁之文件者乃是阉人。孝宗时,大学士刘健曾言:

> 朝廷有命令,必传之太监,太监传之管文书官,管文书官方传至臣。内阁有陈说,必达之管文书官,管文书官达之太监,太监乃达于御前。
> (《续文献通考》卷五十二《职官二·宰相》)

但是每日御笔亲批不过数本,其余皆令太监分批(《酌中志》卷十六《内府衙门职掌》),于是"内阁之拟票,不得不决于内监之批红。而相权转归之寺人"(《明史》

卷七十二《职官志序》）。例如武宗"悉以天下章奏付刘瑾,瑾初亦送内阁拟旨,但秉笔者逆探瑾意为之。其事大者,令堂后官至瑾处请明,然后下笔。后瑾竟自于私宅拟行"。"瑾自建白本,则送内阁拟旨,阁臣李东阳等必极为称美。"(《明史纪事本末》卷四十三《刘瑾用事》正德元年十二月）天启中,魏忠贤用事,许誉卿"言内阁政本重地,而票拟大权,拱手授之内廷"(《明史》卷二百五十八《许誉卿传》)。其所以如此者,实因明代法制上无宰相之职有以致之。黄宗羲说：

> 或谓后之入阁办事,无宰相之名,有宰相之实也。曰不然,入阁办事者职在批答,犹开府之书记也。其事既轻,而批答之意又必自内授之,而后拟之,可谓有其实乎? 吾以谓有宰相之实者今之宫奴也。盖大权不能无所寄,彼宫奴者见宰相之政事坠地不收,从而设为科条,增其职掌,生杀予夺出自宰相者次第而尽归焉。有明之阁下,贤者贷其残膏剩馥,不贤者假其喜笑怒骂,道路传之,国史书之,则以为其人之相业矣。故使宫奴有宰相之实者,则罢丞相之过也。（《明夷待访录·置相》）①

内阁虽然只是票拟机关,然而既有内阁,势之所趋,不能不有主持之人。这位主持之人称为首辅。唯在法制上似无首辅之官。宣德及正统之初,阁臣有杨士奇、杨荣、杨溥等数人。三杨见眷特隆,而其权限似无轾轩,即谁是首辅,无法分别。《明史》三杨之传（《明史》卷一百四十八《三杨传》),亦未曾提及首辅,此盖明自太祖罢中书省之后,不欲国家设立宰相。

---

① 龙文彬亦言："周官内小臣、阍人、寺人、内竖之属,皆内宰统之,上隶于冢宰。以冢宰相总辖,而又有内宰之禁令,行乎其间。使君无私昵,下无私干。故历八百载,未闻有阉寺敢为不义者,宰相制之也。西汉制犹近古,三公总九卿,而少府之官,内臣皆属焉。佞幸如邓通,小有不谨,申屠嘉得召而斩之,权在故也。东汉以后,不然矣。自是迄于唐宋,宦官之弊,无代无之,非天英君谊辟,严为防闲,而卒阴受其沉毒,而莫之觉,总由于制之不得其道也。明初,内官悉隶礼部,旋即更制。正德中,主事叶钊疏请易置司礼,仍隶之部,武宗不能从。向使初制不更,若辈有所钤束,何得暴横至此? 太祖惟虑相权太重,罢中书省,散政六部。鳃鳃然内官是禁,又不求所以闲制之方。一家之中,既夺冢子之柄,欲使狡奴黠婢无乘闲用事,以蛊惑其父母,得乎? 虽洪、宣后,阁体稍崇,而珰权既盛,势不相摄。甚且有阁臣甘为其腹心鹰犬,而不以为羞者。积重难返,势使然也。"（《明会要》卷三十九《宦官》）

洪武二十八年，敕谕群臣，国家罢丞相，设府部院寺，以分理庶务，立法至为详善。以后嗣君，其毋得议置丞相。臣下有奏请设立者，论以极刑。(《明史》卷七十二《职官志一·内阁》)

祖训如斯，嗣君何敢设置宰相及类似宰相之首辅？据明代朱国祯说：

洪武十三年，革丞相，学士及大学士等官皆儒臣备顾问者。至永乐始有入阁之名。三杨历年既久，名位益崇，然止称曰阁臣，曰阁老，不敢著辅相字面。世宗御笔有元辅之称，后遂因之，亦有称相者。(朱国祯撰《涌幢小品》卷九《内阁》)

元辅即是首辅，盖年代已久，嗣君渐次忘记祖宗禁止设置宰相之言，犹如忘记祖宗禁止内臣干政一样。朱国祯谓元辅之称始于世宗。朱氏明人，天启初，曾为首辅(《明史》卷二百四十《朱国祚传附朱国祯传》)，其言必有根据。唯依《明史》所载，首辅一职似开始于英宗复位之时。历史虽未明言某人为首辅，苟有"当国"或"柄政"之语，该人亦为首辅，如万历十年，"张居正卒，四维始当国"(《明史》卷二百一十九《张四维传》)；沈一贯于万历三十二年至三十四年前后，"辅政十有三年，当国者四年"(《明史》卷二百一十八《沈一贯传》)；万历十年，"张居正卒，张四维、申时行相继柄政"(《明史》卷二百一十八《申时行传》)，均其例也。兹再于《明史》之中，举出每帝之时首辅数人。英宗复位，"天顺之世，李贤为首辅，吕原、彭时佐之"(《明史》卷一百七十六《李贤传》)。成化(宪宗)时，万安曾为首辅(《明史》卷一百六十八《万安传》)。弘治(孝宗)时，徐溥(《明史》卷一百八十一《徐溥传》)、刘健(《明史》卷一百八十一《刘健传》)曾为首辅。正德(武宗)时，李东阳、杨廷和为首辅(《明史》卷一百八十一《李东阳传》，虽未明言其为首辅，但卷一百九十《杨廷和传》云："东阳致政，廷和遂为首辅。"可知廷和之前为首辅者乃是东阳)。嘉靖(世宗)时，首辅有杨一清(《明史》卷一百九十八《杨一清传》)、张璁(《明史》卷一百九十六《张璁传》)、李时(《明史》卷一百九十三《李时传》，参阅同卷《顾鼎臣传》)、夏言(《明史》卷一百九十六《夏言传》)、翟銮(《明史》卷一百九十三《翟銮传》)、严嵩(《明史》卷三百八《严嵩传》,虽未明言嵩为首辅,但卷二百一十三《徐阶传》有"阶遂代嵩为首辅"之语,可知徐阶之前,为首辅者乃是严嵩)、徐阶等。隆庆(穆宗)时,首辅有李春芳(《明史》卷一百九十三《李春芳传》)、高拱(《明史》卷二百一十三《高拱传》)等。万历(神宗)时,首辅有张居正(《明史》卷二百一十三《张居正传》)、王家屏(《明史》卷二百一十七《王家屏传》)、赵志皋(《明史》卷二百一十九《赵志皋传》)、叶向高(《明史》卷二百四十《叶向高传》)有"向高遂独相"一语,时为万历三十六年至四十一年。四十一年九月,方从哲、吴道南入阁,向高为首辅)、方从哲(《明史》卷二百一十八《方从哲传》,四十二年八月,叶向高致仕,从哲遂独相。四十八年七月,神宗崩。八月,刘一燝、韩爌、朱国祚入阁,从哲为首辅)等。光宗即位,一月而崩,首辅仍为方从哲。天启(熹宗)时,最初是刘一燝当国(《明史》卷二百四十《刘一燝传》),不久叶向高还朝,复为首辅(《明史》卷二百四十《叶向高传》),此外首辅尚有韩爌(《明史》卷二百四十《韩爌传》)、朱国祚(《明史》卷二百四十《朱国祚传》)等。到了崇祯(庄烈帝)时代,"在位仅十七年,辅相至五十余人"(《明史》卷二百四十一《李标等传》赞),首辅有十余人之多。举其要者,如李标(《明史》卷二百五十一《李标传》)、韩爌(《明史》卷二百四十《韩爌传》)、周延儒(《明史》卷三百八《周延儒传》)、温体仁(《明史》卷三百八《温体仁传》)、张至发(《明史》卷二百五十三《张至发传》)等,最后首辅为魏藻德。崇祯十七年三月,李自成攻陷北京,下令勒内阁十万金,藻德输万金,贼以为少,酷刑五日夜,脑裂而死(《明史》卷二百五十三《魏藻德传》)①。

内阁之内既然发生首辅,而为首辅者因得君独专,不免揽权自恣,这是有反于太祖不设宰相的宗旨的,所以嘉靖年间赵锦上疏反对。

> 昔太祖高皇帝罢丞相,散其权于诸司,为后世虑至深远矣。今之内阁无宰相之名,而有其实,非高皇帝本意。(《明史》卷二百一十《赵锦传》)

---

① 据郑晓言,"初设内阁,杨文贞公(士奇)官止兼兵部尚书,陈芳洲(循)官亦止户部尚书。此后惟李文达公(贤)领吏部尚书。而彭文宪(时)、商文毅(辂)、万安相继领吏部尚书,自后遂成首相故事"(郑端简公《今言类编》卷三《建官门阁臣》)。但是万安以后,首相之不领吏部尚书者亦未曾无。嘉靖十六年,李时为首辅,此时吏部尚书乃是许赞。嘉靖二十一年,翟銮为首辅,此时吏部尚书还是许赞。(《明史》卷一百九十三《翟銮李时顾鼎臣传》,参阅卷一百一十《宰辅年表二》、卷一百一十二《七卿年表二》)

但无补于事,在严嵩弄权、张居正秉政之时,首辅之权特大。但首辅之得弄权,又与古代权臣不同,权臣依一己之才智,遭时际会,而登高位,首辅不过城狐社鼠,窃弄国权而已。嘉靖二十一年,严嵩拜武英殿大学士,入直文渊阁,先倾首辅夏言去之,次又讽言官弹击首辅翟銮去之,"吏部尚书许赞、礼部尚书张璧同入阁,皆不预闻票拟事,政事一归嵩"(《明史》卷三百八《严嵩传》)。但严嵩之得弄权,乃因其"能先意揣帝指"(《明史》卷三百八《严嵩传》)。神宗即位时,张居正已入阁,先与中人冯保结合,阴陷高拱去之,"居正遂代拱为首辅"(《明史》卷二百一十三《张居正传》)。此时阁臣吕调阳"衰,数寝疾不出"(《明史》卷二百一十九《马自强传》);张四维"家素封,历时馈问居正不绝"(《明史》卷二百一十九《张四维传》);申时行"以文学受知张居正,蕴藉不立崖异,居正安之"(《明史》卷二百一十八《申时行传》)。"居正固有才,其所以得委任专国柄者,由冯保为之左右也",而"保内倚太后"(《明史》卷三百五《冯保传》)。案明代阁臣没有法定人数,成祖初年,解缙与"黄淮、杨士奇、胡广、金幼孜、杨荣、胡俨并直文渊阁,预机务"(《明史》卷一百四十七《解缙传》),即阁臣有七名之多。而天启三年,阁臣竟有九人。

> 天启三年正月,拜(朱国祯)礼部尚书,兼东阁大学士,与顾秉谦、朱延禧、魏广微并命。阁中已有叶向高、韩爌、何宗彦、朱国祚、史继偕,又骤增四人,直房几不容坐。(《明史》卷二百四十《朱国祚传附朱国祯传》)

有时亦有一人独相的,如《李时传》(《明史》卷一百九十三)云:"张孚敬已罢,翟銮独相","孚敬谢政,费宏卒,李时遂独相",通常阁臣大率是三人。所谓首辅本来只是票拟由其秉笔。

> 故事,阁中秉笔止首辅一人。(《明史》卷二百四十《韩爌传》)

当然首辅柄笔之前,须与同僚商议。即如申时行所说:"阁中票拟当使同官知……至票拟无不与同官议者。"(《明史》卷二百一十八《申时行传》)但首辅若勇于任事,不免独舒己见,张居正即其一例。反之,首辅不负责任,又常令诸臣各书所见,类奏以听上裁。例如万历二十年,赵志皋为首辅,张位佐之,"凡会议会推,并令廷臣类奏,取自上裁"(《明史》卷二百三十一《史孟麟传》)。所以史孟麟才说:

> 曩太祖罢中书省,分设六部,恐其专也。而官各有职,不相侵越,则又惟恐其不专。盖以一事任一官,则专不为害,即使败事,亦罪有所归,此祖宗建官之意也。今令诸臣各书所见,类奏以听上裁,则始以一部之事,分而散之于诸司,究以诸司之权,合而收之于禁密。事虽上裁,旨由阁拟,脱有私意奸其间,内托上旨,外诿廷言,谁执其咎?(《明史》卷二百三十一《史孟麟传》)

天启中,魏忠贤操国柄,欲夺当时首辅韩爌之权,曾令阁臣协恭。

> 韩爌为首辅,每事持正,为善类所倚……而同官魏广微又深结忠贤,遍引邪党……忠贤势益张。故事,阁中秉笔止首辅一人,广微欲分其柄,嘱忠贤传旨,谕爌同寅协恭,而责次辅毋伴食。爌惶惧,即抗疏乞休。(《明史》卷二百四十《韩爌传》)

所谓"协恭",即票拟由阁臣分任,不专属于首辅一人。

> 先是内阁调旨,惟出首辅一人,余但参议论而已。魏广微欲擅柄,谋之忠贤,令众辅分任,政权始分。后遂沿为故事。(《明史》卷三百六《顾秉谦传》)

由此可知,魏忠贤之时,首辅之权大见削弱。到了崇祯时代,为首辅者多不负责,"平时养威自重,遇天下有事,辄曰,昭代本无相名,吾侪止供票拟,上委之圣裁,下委之六部"(《明史》卷二百五十七《冯元飙传》)。吾人须知宰臣之不负责,实因崇祯性格有使宰臣不敢负责之故(《明史》卷二百五十八《汤开远传》)。

随着内阁的设置，六部地位也发生了变化。太祖初年，"六部初属中书省，权轻，多仰承丞相意旨"（《明史》卷一百三十八《陈修传》）。及洪武十三年革去中书省之后，六部分掌庶政，如古六卿之制，事皆专达于天子。

> 案六官分职始自成周，而今之六部，其原实起于汉魏以下之尚书诸曹。唐宋迄元，则为尚书六部，隶于尚书都省……其都省之制，以令仆所居为都堂，当省之中；左为吏、户、礼部，分三行，每行四司；右为兵、刑、工部，分三行，每行四司，皆东西相向……元代废尚书省，移入中书，六部亦随之改隶……其制亦与唐宋无异，故当时六部署衔，皆曰尚书某部、中书某部，以其统属于都省故也。自明太祖罢丞相，革中书省，仿古六卿之制，析其职归之六部，以尚书分掌庶政，侍郎佐之，于是六部始各为分署，事皆专达，而都省之制遂废。（《历代职官表》卷五《吏部序》）①

内阁本来只是议政机关，不负实际行政责任。内阁不得侵犯六部之权，"至世宗中叶，夏言、严嵩迭用事，遂赫然为真宰相，压制六卿矣"（《明史》卷七十二《职官志一》），尤其严嵩秉政，六部之权尤轻；迨张居正时，六部便如属吏，凡事皆秉承内阁风旨而后行。

> 明制，六部分莅天下事，内阁不得侵，至严嵩始阴挠部权。迨张居正时，部权尽归内阁，逡巡请事如属吏。（《明史》卷二百二十五《杨巍传》）

张居正卒，张四维、申时行相继柄政，虽然"务为宽大"，而六部之权犹轻。

---

① 古来尚书，只是一省，凡吏户兵刑之类同在此一省中，各分职务，非如今之分为六署也。唐杨嗣复迁礼部员外郎，因父于陵为户部侍郎，乃请避同省。以礼户虽分，而省则同也。庞元英《文昌杂录》，宋制尚书，凡六曹，除告身赈目外，一百六十八案，吏额一千四百一十三人。总五月六月，文书十二万三千五百余件。天下事莫不上于尚书，是曹虽六，而省则仍一。其分为六署，亦自明祖始。（《陔余丛考》卷二十六《尚书》）

及居正卒，张四维、申时行相继柄政，务为宽大……然是时内阁权积重，六卿大抵徇阁臣指。（《明史》卷二百一十八《申时行传》）

此种制度由政制原理观之，未必有错。内阁决定施政方针，六部依施政方针，各管其专管的事务，这样，行政方能统一，不致互相抵牾，而减少其效用。张居正之能"起衰振隳"，未必不是因为"部权尽归内阁"之故（《明史》卷二百一十三《张居正传》）。然此只就大政方针言之，至于部务依委任责成之意，应由各部尚书自行决定而办理之，内阁不必越俎代庖。西汉丞相之于九卿，固未尝随意指示。但大政方针由内阁决定，又须看阁臣尤其首辅之人选如何。黄宗羲说：

古者不传子而传贤，其视天子之位，去留犹夫宰相也。其后天子传子，宰相不传子。天子之子不皆贤，尚赖宰相传贤，足相补救，则天子亦不失传贤之意。宰相既罢，天子之子一不贤，更无与为贤者矣，不亦并传子之意而失之乎？（《明夷待访录·置相》）

黄宗羲之言尚不能抓到问题的核心。古代，用人之权操于天子，天子不皆贤，则其所谓贤也许只是大奸巨猾。世宗以严嵩为贤，崇祯以周延儒、温体仁为贤，而卒乱政亡国。这是吾国古代政治的缺点。但内阁统制六卿太甚，而至于干涉六部的行政，又有反于宰相不亲小事之理。钱一本云：

我国家仿古为治，部院即分职之六卿，内阁即论道之三公。未闻三公可尽揽六卿之权，归一人掌握；而六卿又低首屏气，唯唯听命于三公，必为请教而后行也。（《明史》卷二百三十一《钱一本传》）

内阁对于各种政务，虽有票拟之权，但朝廷若有大政或任用文武大臣，皇帝常令廷臣集议，前者称为廷议，后者称为廷推，阁臣本来不能参加集议，因之首辅也不是集议之时的主席。集议开始于洪武时代。

洪武二十四年令，今后在京衙门有奉旨发放为格为例及最要之事，须会廷臣计议允当，然后施行。(《明会要》卷四十五《集议》)

据宣德三年之令，参加集议的朝臣如次：

宣德三年夏四月癸亥敕：凡官民建言章疏，尚书、都御史、给事中会议以闻。(《明史》卷九《宣宗纪》)

最初集议是于御前举行。英宗即位年方九岁，张太皇太后以女主摄政，不接公卿，面议遂废。这个时候，内阁已经成立，依上举宣德三年之令，阁臣除兼为六部尚书、都御史、六科给事中之外，未必就有出席的权利。到了正统十年，张太后已崩(正统七年)，三杨死者过半(正统五年，杨荣卒；九年，杨士奇卒；杨溥老，十一年卒)，内阁不能负此重任，"始命"内阁与各衙门会议大政。

正统十年三月，始命内阁与各衙门会议大政。宣德以前，每有大事，与群臣面议，传旨施行，不待批答。上嗣位幼冲，面议遂废。至是，命廷臣赴内阁会议，具本奏决。(《明会要》卷四十五《集议》)①

此盖一切政事既由内阁票拟，则各衙门之政，内阁必须周知通悉而后可。内阁与各衙门会议大政，在皇帝倦勤而不出席之时，由谁主持，与会之人选是否仍照宣德三年之令，均有问题。照原则说，凡阁臣、尚书以及左右都御史、六科都给事中均得与会。凡所议之事属于某部则由该部之长贰主持之。有时与会人数尚比上述为多。举一例说，嘉靖二十九年，俺答进犯京师，求以三千

---

① 《明史》卷一百六十八《陈循传》："陈循进翰林院学士，正统九年，入文渊阁，典机务。初廷议天下吏民章奏，皆三杨主之。至是杨荣、杨士奇已卒，礼部援故事，请帝以杨溥老，宜优闲，令循等预议。"由此可知，在正统十年以前，张太皇太后摄政之时，面议既废，凡大政之决定、大僚之任命，均由三杨决定。

人入贡,形势危急,此时廷议之情况如次:

> 帝召大学士严嵩、李本,礼部尚书徐阶,出书示之曰,何以应之?嵩曰,此礼部事。阶曰云云。帝曰,卿言是,命出集廷臣议。日午,群臣毕集。阶出俺答书,言欲以三千人入贡,许之则缓兵,否则益兵破京师。群臣相顾莫敢发言,因陈笔札,令各书所见,奏请上裁。国子司业赵贞吉抗言曰,万一许贡,则彼必入城,三千之众何以御之?检讨毛起谓时事孔棘,宜暂许之。是夕火光烛天,上在西内,闻中官稍稍道贞吉语,乃驰使召入对……时帝久不视朝,吏部尚书夏邦谟疏请延见廷臣,许之。(《明史纪事本末》卷五十九《庚戌之变》)

文中有"命出集廷臣议","上在西内,闻中官稍稍道贞吉语","时帝久不视朝",可知此次廷议不是面议。主持之人不是首辅,而是与该事件有关之尚书,故由礼部尚书徐阶担任主席。因礼部有"主客"一司,"掌诸蕃朝贡接待给赐之事"(《明史》卷七十二《职官志一·礼部》)之故。发言之人,有国子司业,又有检讨,则参加会议之人并非以宣德三年之令所列举之职官为限。由上述之例,吾人又可知道:凡所议之事属于某一部,则由该部之尚书主持之;苟其事不属于某一部,似由吏部尚书主持之,因为六部之中,吏部乃是第一部之故。例如:

> 张问达天启元年冬代周嘉谟为吏部尚书……会孙慎行、邹元标追论红丸,力攻方从哲,诏廷臣集议,与议者百十余人,问达既集众议,乃会户部尚书汪应蛟等上疏曰云云。(《明史》卷二百四十一《张问达传》)

案集议是令群臣讨论事件。讨论是交换意见,各用合理之言,一方使对方相信自己意见之正确,他方又使自己相信对方意见之正确。即彼此均能说服别人,而又愿意为别人所说服,不受党派的拘束,不为个人利害所束缚,这是讨论的要件。顾明代"士习倾危,稍或异同,辄加排陷"(《明史》卷二百一十五

《驺问礼传》）。这样，集议之制势将引起朋党之争。吾国古代没有多数决的观念，所以廷议之后，主席往往不肯负责，而将各人意见分类呈奏，倘若意见纷歧，则摘要上达。例如：

> （楚恭王薨，子华奎嗣。宗人华勋诉华奎行贿状）……诏公卿杂议，日晏方罢。议者三十七人各具一单，言人人殊。李廷机以（礼部）左侍郎代郭正域（时为礼部尚书）署部事，正域欲尽录诸人议，廷机以辞太繁，先撮其要以上。（《明史》卷二百二十六《郭正域传》）

案会议之最重要者乃是与议的人须有表示意见的自由，即言论的自由，又须有决定哪一个意见是正确意见的自由，即投票的自由。而各人所发表的意见和他们所做的投票绝不能因官之大小，有所差别，而宜有平等的价值。要是意见不合于天子或权臣之旨意，轻则斥其谤讪，重又加以廷杖，试问谁敢直言？这在《明史》上不乏其例，现在只举一事。

> 朝廷有大政及推举文武大臣，必下廷议。议者率相顾不发，拱手以听。（《明会要》卷四十五《集议》嘉靖八年）①

何况最后决定权又属于天子？正德末，马文升为吏部尚书，"孝宗崩，文升承遗诏，请汰传奉官七百六十三人，命留太仆卿李纶等十七人，余尽汰之。正德元年，御用监中官王瑞复请用新汰者七人，文升不奉诏。瑞恚，诬文升抗旨，更下廷议，皆是文升，帝终不听。文升因乞归"（《明史》卷一百八十二《马文升传》）。朝臣明哲保身，遂依天子之意，而作决议。嘉靖二十六年，曾铣建言复套，条上八议，又条上方略十八事，"并优旨下廷议，廷臣见上意向铣，一如铣

---

① 有时也取多数决之法，例如隆庆五年，王崇古上疏言俺答封贡事，"诏下廷议，定国公徐文璧、侍郎张四维以下二十二人以为可许，英国公张溶、尚书张守直以下十七人以为不可许；尚书朱衡等五人言封贡便，互市不便，独金都御史李棠极言当许状。郭乾（兵部尚书）悉上众议，会帝御经筵，阁臣面请外示羁縻，内修守备，乃诏封俺答顺义王"（《明史》卷二百二十二《王崇古传》）。

言"。到了严嵩反对复套,"兵部尚书王以旗令廷臣复议(这又可以证明主席为与该问题有关之尚书),遂尽反前说,言套不可复"(《明史》卷二百四《曾铣传》)。这种集议哪能集思广益?其尤弊者御史及给事中往往在集议之时,意见互觭,议论滋扰,但有角户分门之念,而无共襄国是之诚意,而致筑室道谋,始终没有确定的政策。明代御史及给事中合称为科道,因为御史是指十三道御史,给事中是指六科给事中之故。兹述御史及给事中如次。

先就御史言之,明改前代御史台为都察院。唐时,御史台分为三院(台院、殿院及察院)。宋虽以侍御史为台长(御史中丞)之贰,而三院名目犹存。至元,减为二院(殿中司及察院)。明又并之为一,即将纠仪之事归属于监察御史,并革去察院之名,于是弹劾、纠仪、巡察之任,一切责之监察御史。兹依《明史》所载,将都察院之组织及职掌,录之如次:

> 都察院左右都御史(正二品)、左右副都御史(正三品)、左右佥都御史(正四品)……十三道监察御史一百十人,正七品。浙江、江西、河南、山东各十人,福建、广东、广西、四川、贵州各七人,陕西、湖广、山西各八人,云南十一人。其在外加都御史或副佥都御史衔者,有总督,有提督,有巡抚,有总督兼巡抚、提督兼巡抚,及经略、总理、赞理、巡视、抚治等员。
>
> 都御史职专纠劾百司,辩明冤枉,提督各道,为天子耳目风纪之司。凡大臣奸邪,小人构党,作威福乱政者劾。凡百官猥茸贪冒,坏官纪者劾。凡学术不正,上书陈言,变乱成宪,希进用者劾。遇朝觐考察,同吏部司贤否陟黜。大狱重囚,会鞫于外朝,偕刑部、大理谳平之。其奉敕内地,拊循外地,各专其敕行事。
>
> 十三道监察御史,主察纠内外百司之官邪,或露章面劾,或封章奏劾……而巡按则代天子巡狩,所按藩服大臣、府州县官诸考察,举劾尤专,大事奏裁,小事立断。按临所至,必先审录罪囚,吊刷案卷,有故出入者理辩之……存恤孤老、巡视仓库、查算钱粮、勉励学校、表扬善类、翦除豪蠹,以正风俗,振纲纪。凡朝会纠仪、祭祀监礼,凡政事得失、军民利

病,皆得直言无避。有大政,集阙廷预议焉。盖六部至重,然有专司,而都察院总宪纲,惟所见闻,得纠察。(《明史》卷七十三《职官志二·都察院》)

左右都御史正二品,即其品秩与六部尚书相同,"台职与部权并重,七卿之名遂为一代定制"(《明会要》卷三十三《都察院》)。盖明罢丞相之后,六部直属于天子,秩皆正二品,都御史为天子之耳目,秩亦正二品,故与六部尚书合称为七卿。

明代不置侍御史,十三道监察御史不但巡按在外十三道,因其"主察纠内外百司之官邪",故又"各协管两京、直隶衙门"(《明史》卷七十三《职官志二·都察院》)。兹依明志(《明史》卷七十三《职官志二·都察院》)所载,择其所协管之重要衙门,列表如次:

十三道监察御史协管两京重要衙门表

道名	协管之衙门
浙江道	中军
江西道	前军
福建道	户部
四川道	工部
陕西道	后军、大理寺
云南道	顺天府
河南道	礼部、都察院、翰林院、国子监、太常寺、光禄寺、鸿胪寺、司礼监
广西道	六科
广东道	刑部、应天府
山西道	左军、锦衣卫
山东道	宗人府、兵部
湖广道	右军
贵州道	吏部、太仆寺

其次，十三道监察御史虽隶于都察院，而其行使职权，乃依古代习惯，"比肩事主，得各弹事，不相关白"。"其分巡回京，不须经由本院，径赴御前覆奏"(《明会要》卷二百一十《奏请点差》)，且得弹劾都御史。即如陆昆所言："御史与都御史例得互相纠绳，行事不宜牵制。"(《明史》卷一百八十八《陆昆传》)例如"乙丑年，南御史王藩臣劾南掌院右都耿定向。辛丑年，北掌院左都李世远亦为御史胡克俭所弹"(《万历野获编》卷十九《御史大夫被论》)。所以监察御史之官衔只书其道，而不系于都察院。

> 今六部官属皆书其部，如吏部属则曰吏部文选清吏司，兵部属则曰兵部武选清吏司之类是也。唯监察御史则书其道，而不系于都察院焉。
> (丘濬《大学衍义补》，引自《历代职官表》卷十八《都察院上》)

仁宗洪熙元年，定巡按以八月出巡(《续文献通考》卷五十四《御史台》)，由此更可证明十三道监察御史犹如汉世部刺史，不是地方官，而是中央官。平时群萃于京师，其印曰"某道监察御史印"。天子有命，才出巡按，其印曰"巡按某处监察御史印"。(《明史》卷七十三《职官志二·都察院》)

再次，给事中在秦汉为加官，汉东京省；魏代复置，或为加官，或为正员；晋无加官，亦无常员；隋置给事郎，初隶吏部，后移为门下之职；唐改给事郎为给事中，掌驳正违失(《文献通考》卷五十《给事中》)；宋仍唐制，给事中四人，分治六房，凡政令有失当，除授非其人，则论奏而驳正之(《宋史》卷一百六十一《职官志一·门下省》)；南渡后，不置门下省(《续文献通考》卷五十二《门下省》)，另置一局以处谏官(《历代职官表》卷十九《都察院下》，引王应麟《玉海》)，给事中则与起居郎同为掌记天子言动之官(《宋史》卷一百六十一《职官志一·门下省》)；元给事中为修起居注之职(《续文献通考》卷五十二《给事中》)；至明，似依宋给事中分治六房之制，而分给事中为六科，不属于任何衙门，自成一曹。兹将明志所载六科制度录之如次：

> 吏户礼兵刑工六科各都给事中一人正七品，左右给事中各一人从七品。给事中吏科四人，户科八人，礼科六人，兵科十人，刑科八人，工科四

人,并从七品(原注,后增减人数不常)。六科掌侍从、规谏、补阙、拾遗,稽察六部百司之事。凡制敕宣行,大事覆奏,小事署而颁之,有失,封还执奏。凡内外所上章,疏下分类抄出,参署付部,驳正其违误……而主德阙违、朝政失得、百官贤佞,各科或单疏专达,或公疏联署奏闻(原注,虽分隶六科,其事属重大者,各科皆得通奏。但事属某科,则列某科为首)……凡大事廷议、大臣廷推、大狱廷鞠,六掌科皆预焉。(《明史》卷七十四《职官志三·六科》)

即明以给事中代替谏官,其职本与御史不同。《历代职官表》云:

案唐宋台谏为两官,台则侍御史、殿中侍御史、监察御史,谏则谏议大夫、左右拾遗补阙、左右司谏正言,掌侍从规谏,宋世亦称为谏院。而台官则专主纠劾官邪,各分职守。宋真宗诏亦有令谏官奏论、宪臣弹举之文。洪迈《容斋随笔》谓,台谏官例不往来相见,盖职事各殊,故谏官、御史得以互相纠驳也。至给事中虽与谏官同居门下,而其职但主封驳,书读亦与谏议不同。自后世不置三省,而谏议、司谏、正言之在门下者随之俱废,谏院已久无其官。明初立制,复以其职并入于科道。故丘濬(见《大学衍义补》)有给事中实兼前代谏议、补阙、拾遗之语。(《历代职官表》卷十九《都察院下》)

给事中为言事之官,故现任大臣之子不得为之,例如:

许诰授户科给事中,进刑科右给事中。正德元年,父进为兵部尚书。故事,大臣子不得居言职(御史应包括在内),遂改翰林检讨。(《明史》卷一百八十六《许进传》)

给事中即前代谏官之职,其职掌与御史根本不同。宋代对斯二者虽有区别,而乃渐次混同。元废谏官,只置御史,而御史所掌者不但纠察百官善恶,又得纠察政治得失(《元史》卷八十六《百官志二》)。明承元制，都察院固然职专纠劾百官，为天子耳目风纪之司，同时"凡政事得失、军民利病，皆得直言无避"(《明史》卷七十三《职官志二·都察院》)。六科给事中除奏闻"朝政得失"之外，又得奏闻"百官贤佞"。这个奏闻"百官贤佞"似不限于谏正"大臣至百官任非其人"，且有纠举"百官邪慝"之意。英宗说：

给事中乃近侍之官，凡朝廷政令得失、百官邪慝，举得言之。(《明会要》卷三十七《六科》)

御史与给事中之职掌混淆不清，遂启科道之争。

谨案明初不设门下省……给事中……遂自成一曹，称六科都给事中。凡章疏案牒得与部院衙门平列。迨其末季，廷论纷嚣，科道虽并为言官，实则党援相持，务彼此攻击以求胜。《春明梦余录》载，管志道疏谓拾遗一节，六科拾御史之已升者一人，则十三道亦拾给事中之已升者一人，迹近调停，实争门户，台垣水火，即此而大概可知。特御史尚听考察于堂官，而给事中以无所隶属，益得恣情自肆。如赵兴邦在兵科，至以红旗督战，敢干预兵事机宜，侵挠国政，其流弊复何所底止？(《历代职官表》卷十九《都察院下》)

兼以两者均得参加集议，兹再将明志所载，重复录之如次：

十三道监察御史……凡政事得失、军民利病，皆得直言无避。有大政，集阙廷预议焉。(《明史》卷七十三《职官志二·都察院》)

六科掌侍从、规谏、补阙、拾遗……而主德阙违、朝政失得、百官贤佞，各科或单疏专达，或公疏联署奏闻……凡大事廷议、大臣廷推、大狱廷鞫，六掌科皆预焉。(《明史》卷七十四《职官志三·六科》)

但他们均是言事之官,不知实际政况,言论不免标高立异,求扬名于当世。"然论国事而至于爱名,则将惟其名之可取,而事之得失有所不顾。"(《明史》卷一百八十《张宁等传》赞)集议之时将因"一字之误,皆喋喋以言"(《明会要》卷三十七《六科》永乐二年三月),而事后御史又"深文弹劾"(《明史》卷一百七十《于谦传》),掀起政潮。质言之,给事中由讨论朝政进而弹劾,加反对派以罪名。御史复由弹劾进而论政,使既定政策因之变更。"言路势张,恣为抨击,是非瞀乱,贤良混淆,群相敌仇,罔顾国是。"(《明史》卷二百一十九《张四维等传》赞)卒至奸臣如严嵩,权臣如张居正,阉宦如魏忠贤,皆以台谏为爪牙,以排斥异己。明祚之亡,言官要负一半责任。

最后尚须一述五军都督府。初太祖下集庆(应天府),即置行枢密院,自领之。寻罢枢密院,改置大都督府,以其侄朱文正为大都督,节制中外诸军事。吴元年,罢大都督不设,以左右都督为长官。洪武十三年,丞相胡惟庸伏诛之后,既革去中书省,又改大都督府为五军都督府,盖政权既不欲归于一人之手,兵权亦不欲集中于一个机关。五军都督府之组织如次:

> 中军、左军、右军、前军、后军五都督府,每府左右都督正一品,都督同知从一品,都督佥事正二品……都督府掌军旅之事,各领其都司、卫所(即分领在京各卫所及在外各都司、卫所),以达于兵部。(《明史》卷七十六《职官志五·五军都督府》)

既云"以达于兵部",然则两者之关系如何?照孙承泽说:

> 宋制,军旅属于枢密院,与中书省并谓之两府。明以兵部掌兵政,而统军旅。专征伐则归之五军都督府。兵部有出兵之令,而无统兵之权;五军有统兵之权,而无出兵之令。至将属于五府,而兵又总于京营,合之则呼吸相通,分之则犬牙相制。(《春明梦余录》,引自《续文献通考》卷五十七《大都督府》)

对此，郑晓则谓：

> 祖宗微意，不欲武臣权重。在内营操官止管操练者，无开设衙门，亦无印信。在内五府有衙门印信，理常行政务。至于营操，非特命不得干预。盖五府、三营①、十二营②职掌不相侵也。至于出征，亦不止大将一人，必选二三人名位谋勇相等者，相参用之。出师之日，赐平贼、讨贼、平虏、平胡、征夷、征虏等印，或将军，或副将军，或大将军，随时酌与，必由兵部题请（《明史》卷七十二《职官志一·兵部》云："兵部掌天下武卫官军选授、简练之政令。"即兵部有选授武臣之权），五府亦不得干预。事平之日，将归于府，军归于营，印归于朝，其意深矣。（郑端简公《今言类编》卷四《经武门·兵权》）

即明代兵制，练兵之权属于三大营，统兵之权属于五军都督府，发兵之权属于兵部。然自英、宪以后，兵政尽归于兵部，武臣均受其节制，甚至专阃也为部符所格，东西牵掣，坐失事机，而致遇敌即形挫衄，措置乖方，故内不能平定流寇，外不能抵御强敌，而至于亡。

明初兵制，内领之五军都督府，外则统之都司，而有事则别选侯伯为总兵官，以主征伐，原不专隶中枢。自英、宪以还，承平日久，军伍废弛，而兵政遂尽归之兵部。每遇疆场有警，则调兵拨饷及战守机宜皆

---

① 何谓三营？"洪武时，止为五军营。永乐初，分三大营：曰五军营，有步队、马队，专教阵法；曰神机营，皆步队，肄习火器；曰三千营（据《明史》卷八十九《兵志一》，"得边外降丁三千立营"，故云三千营），皆马队，专扈从出入，管车辇、宝纛等事。"（郑端简公《今言类编》卷四《经武门·兵权》）即"兵制本三营，一曰五军，肄战阵；一曰神机，习火器；一曰三千，备宿卫。"（郑端简公《今言类编》卷四《经武门·兵权》）。

② 十二营乃团营分为十二单位，以教练士卒者。景帝用于谦为兵部尚书，谦请于三大营中，选精锐者合营团练，故曰团营，士卒本十万，分为十营。英宗复辟，谦死，团营罢。宪宗立，复之，士兵十四万有奇，乃增为十二营，而区别其名，有奋、耀、练、显四武营，敢、果、效、鼓四勇营，立、伸、扬、振四威营。然原营之名仍保留，如军选自三千营，团操于立威营，即名为立威三千营，五军、神机亦如之。（《明史》卷八十九《兵志一》，参阅郑端简公《今言类编》卷四《经武门·兵权》）

惟兵部是听。武臣自专阃以下均受节制,黜陟进退罔不由之。总兵官领敕至长跪部堂,而弁帅奔走尽如铃卒。其权甚重,故当时号为本兵,而受任者多非其人,甚或借以营私填窟。诸边将率多纨绔,夤缘得官……即有一二果锐敢战者,又为部符所格,东西牵掣,坐失事机,遇敌即形挫衄。明之诸帝既委其责于兵部,一切仰成。及败事偾辕,则又归咎部臣,重加刑狱……措置乖方,故兵威益以不振。(《历代职官表》卷十二《兵部》)

第二项　地方官制

明定都北京,而以南京为陪都。两京犹如元之"腹里"一样,辖地甚大,称为南北直隶。南北直隶之外,则废元之行中书省,改称承宣布政使司,简称为布政司,凡十三。《地理志》云:

洪武初,建都江表,革元中书省,以京畿应天诸府直隶京师,后乃尽革行中书省,置十三布政使司,分领天下府州县及羁縻诸司……成祖定都北平……乃以北平为直隶。又增设贵州、交址二布政使司。仁、宣之际,南交屡叛,旋复弃之外徼。终明之世,为直隶者二,曰京师,曰南京。为布政使司者十三,曰山东,曰山西,曰河南,曰陕西,曰四川,曰湖广,曰浙江,曰江西,曰福建,曰广东,曰广西,曰云南,曰贵州。其分统之府百有四十、州百九十有三、县千一百三十有八,羁縻之府十有九、州四十有七、县六。(《明史》卷四十《地理志序》)

《职官志》云:

初太祖下集庆,自领江南行中书省。戊戌,置中书分省于婺州,后每略定地方,即置行省。其官自平章政事以下,大略与中书省同,设行省平章政事（从一品）、左右丞（正二品）、参知政事（从二品）……洪武九年，改浙江、江西、福建、北平、广西、四川、山东、广东、河南、陕西、湖广、山西诸行省俱为承宣布政使司，罢行省平章政事、左右丞等官，改参知政事为布政使，秩正二品，左右参政从二品……十三年，改布政使正三品，参政从三品。十四年，增置左右参议正四品。寻增设左右布政使各一人。十五年，置云南布政司。二十二年，定秩从二品。建文中，升正二品，裁一人。成祖复旧制。永乐元年，以北平布政司为北京。五年，置交阯布政司。十一年，置贵州布政司（止设使一人，余官如各布政司）。宣德三年，罢交阯布政司。除两京外，定为十三布政司。初置藩司与六部均重，布政使入为尚书侍郎。副都御史每出为布政使。宣德、正统间犹然，自后无之。

（《明史》卷七十五《职官志四·布政司》）

两直隶及十三布政司之下置府、州及县，制度同元一样，不甚整齐，兹依《地理志》所载，作表如次：

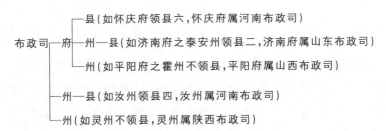

明代之布政司就是元之行省，不过稍加分析，而其所分析者亦多依元末之行省。所以《明史》常用"省"字，例如山东省、山西省，以代山东布政司、山西布政司。即只废行中书省之名，而保存省之实质，用作地方行政之区域。布政司之下为府，而直接悬之以州者亦不少。府之下为州，而直接悬之以县者亦有之。州之下为县，而不领县者亦有之。反过来说，县多属于州，而直辖于府者亦有之。州多属于府，而直辖于布政司者亦有之。府则必属于布政司。其制度极不一致，《职官志》对于州之一级，曾说明云：

凡州二，有属州（即属于府），有直隶州（即属于布政司）。属州视县，直隶州视府，而其秩则同。（《明史》卷七十五《职官志四·州》）①

明代并非废除元代之路。查元明二史《地理志》，明乃改路为府，故《职官志》云："明初，改诸路为府。"（《明史》卷七十五《职官志四·府》）试以襄阳府为例言之，明之襄阳府，元称为襄阳路，其管辖之州县如次：

元襄阳路与明襄阳府地区比较表

元襄阳路		明襄阳府		备考
领县六	襄阳县	领县六	襄阳县	
	南漳县		南漳县	
	宜城县		宜城县	
	谷城县		谷城县	
	光化县		光化县	
	枣阳县		枣阳县	
领州二	均州（领武当、郧县二县）	领州一	均州（领武当一县）	元均州之郧县及元房州之房陵、竹山二县，明均改属郧阳府。
	房州（领房陵、竹山二县）			

即明代襄阳府所领地区比元代之襄阳路略小，而大体相同。

兹将各级官制列表如次：

---

① 顾炎武《日知录》卷八《府》："又有隶府之州，特异其名，而亲理民事，与县尹无别。县之隶于州者，则既带府名，又带州名，而其实未尝管辖于州（原注：惟到任缴凭，必由州转府，尚有饩羊之意），体统乖而名实淆矣。窃以为宜仍唐制，凡郡（指大州）之连城数十者，析而二之三之，而以州统县，惟京都乃称府焉，岂不画一而易遵乎？"

明地方官制表①

地区	官名	员数	官品	备考
布政司	左右布政使	各一人	从二品	此外尚有左右参政从三品,左右参议从四品,无定员。
府	知府	一人	正四品	此外尚有同知正五品,通判无定员正六品,推官一人正七品等。 其在北京所在地之顺天府与南京所在地之应天府,则置府尹一人正三品,此外有府丞一人正四品,治中一人正五品,通判六人(应天府二人)正六品,推官一人从六品等。
州	知州	一人	从五品	此外尚有同知一人从六品,判官无定员从七品等。
县	知县	一人	正七品	此外尚有县丞一人正八品,主簿一人正九品等。

三国时,夏侯玄曾批评魏世州郡县三级制度,"以为今之长吏皆君吏民,横重以郡守,累以刺史。若郡所摄唯在大较,则与州同,无为再重,宜省郡守,但任刺史"(《魏志》卷九《夏侯玄传》)。明制,却增加为四级。固然属州视县,直隶州视府,但属州既然视县,何以属州之下又复有县？而依《明史·地理志》所载,属州之不领县者为数甚少。而府之上又有布政司。此四者皆掌其地之"政"。现抄录《明史》(卷七十五)《职官志》所载四级长官之职权如次：

承宣布政使司①②,左右布政使各一人,从二品。布政使掌一省之政,朝廷有德泽禁令,承流宣播,以下于有司。凡僚属满秩,廉其称职不称职,上下其考,报抚(巡抚)、按(巡按御史)③,以达于吏部、都察院。三

---

① 吴元年,定县三等,粮十万石以下为上县,知县从六品；六万石以下为中县,知县正七品；三万石以下为下县,知县从七品,已并为正七品……洪武六年,分天下府三等,粮二十万石以上为上府,知府秩从三品；二十万石以下为中府,知府正四品；十万石以下为下府,知府从四品,已并为正四品。(《明史》卷七十五《职官志四·府县》)
② 两直隶不设布政司,北直隶由中央政府直接管辖之,南直隶由南京各机关管辖之,南京设官略同北京,见《明史》卷七十五《职官志四》。
③ 文中有抚按,又有都按,抚指巡抚,都指都指挥使,固无问题。按指什么？观"会都、按议",(转下页)

年,率其府州县正官,朝觐京师,以听察典。十年,会户版,以登民数、田数。……民鳏寡孤独者养之,孝悌贞烈者表扬之,水旱、疾疫、灾祲则请于上蠲振之。凡贡赋役视府州县土地人民丰瘠多寡,而均其数。凡有大兴革及诸政务会都(都指挥使正二品,掌一方之军政)、按(提刑按察使正三品,掌一省刑名按劾之事)议,经画定,而请于抚(巡抚)、按(巡按御史)若总督。(《明史》卷七十五《职官志四·布政司》)

府,知府一人①,正四品。知府掌一府之政,宣风化,平狱讼,均赋役,以教养百姓。每三岁察属吏之贤否,上下其考,以达于省,上吏部。凡诏敕、例令、勘札至,谨受之,下所属奉行。所属之政,皆受约束于府,剂量轻重。而令之大者白于抚按,布按,议允乃行。凡宾兴科贡、提调学校、修明祀典之事咸掌之。若籍帐、军匠、驿递、马牧、盗贼、仓库、河渠、沟防、道路之事,虽有专官,皆总领而稽核之。(《明史》卷七十五《职官志四·府》)

州,知州一人,从五品。知州掌一州之政。凡州二,有属州,有直隶州。属州视县,直隶州视府,而品秩则同。(《明史》卷七十五《职官志四·州》)

县,知县一人,正七品。知县掌一县之政,凡赋役,岁会实征,十年造黄册,以丁产为差。赋有金谷、布帛及诸货物之赋,役有力役、雇役、借债

(接上页)"经画定,而请于抚按",可知抚按之"按"与布按之"按"乃是两种不同的职官。因为"按"既与议矣,不宜再请示于"按"。著者以为抚按之按指监察御史之出巡者,即指巡按御史,布按之按则指提刑按察使。案巡按御史品秩虽低,职权则大。沈德符撰《野获编》云:"弘治十七年十月,巡按山东御史金濂与巡抚张鼐讦奏,上下其事于礼、兵、刑部会议,云抚按公会文移,宜各遵旧制,都御史正坐(巡抚多挂名为都御史),御史旁坐(巡按御史);都御史札付,御史具呈。上从之。"(《万历野获编》卷二十二《抚按重轻辽绝》)当时体制悬绝如此。又云:"巡抚以部堂等官出者与巡按御史不相统摄,文移往来,窒碍难行,始专定为都御史。以故,景泰四年,镇守陕西刑部右侍郎耿九畴,改右副都御史仍旧镇守,此专用宪臣之始。其后,凡尚书、侍郎任督抚者,俱兼都宪,以便行事。盖欲以堂官临御史。初犹以属礼待之,既而改称晚生,见犹侍坐。今则彼此俱称侍生,文移毫无轩轾,相与若寮采,抚臣反伺巡方(巡按御史)噸笑,逢迎其意旨矣。天顺元年,以总兵官石亨言,尽革天下巡抚,及亨败,复设如故。至正德二年十一月刘瑾乱政,取回天下巡抚官,瑾诛,复设如故。盖此官在国初,可以无设,今非督抚,何以之总官制横断,不能一日罢矣。"(《万历野获编》卷二十二《巡抚之始》)观此可知,巡按御史品秩虽低,而职权却与巡抚相去不远。

① 顺天府及应天府,置府尹以代知府。"府尹掌京府之政令,宣化和人,劝农问俗,均贡赋,节征徭,谨祭祀,阅实户口,纠治豪强,隐恤穷困,疏理狱讼,务知百姓之疾苦。"(《明史》卷七十四《职官志三·顺天府》、卷七十五《职官志四·应天府》)

不时之役,皆视天时休咎、地利丰耗、人力贫富,调剂而均节之。岁歉则请于府若省,蠲减之。凡养老、祀神、贡士、读法、表善良、恤穷乏、稽保甲、严缉捕、听狱讼,皆躬亲厥职,而勤慎焉。若山海泽薮之产足以资国用者,则按籍而致贡。(《明史》卷七十五《职官志四·县》)

吾人观上文所记,实难明了权限如何分配于各级之间,甚至怀疑布政使对于知府,知府对于知州,知州对于知县,均得干涉其行政。令人不能判别布政为汉世刺史之职乎,抑为汉世郡守之职?当其设置之初,似依方伯之制,洪武十一年正月,"上谓廷臣曰,布政使即古方伯之职,知府即古刺史之职,所以承流宣化,抚吾民者也"。十四年正月,又说:"今布政使视古之牧伯,其任甚重,在承流宣化、通达民情也。"(《明会要》卷四十《布政司》)所谓方伯,《周礼》(卷十八《春官·大宗伯》)"九命作伯",郑玄注云:"长诸侯为方伯。"据贾公彦之疏,其职务为征伐违逆之诸侯,即以监察为职。可惜明太祖不甚理解古代方伯与汉世刺史之职掌,吾人观其十一年正月之语,谓布政使与知府皆"所以承流宣化,抚吾民者也",即可知之。后代不敢变更祖宗遗训,遂致四级皆掌一地区之"政",而职权因之混淆。层层控制,层层监督,亲民之官安能积极地有所作为,势只有消极地希望无过而已。顾炎武说:"天下之尤急者,守令亲民之官,而今日之尤无权者,莫过于守令。守令无权,而民之疾苦不闻于上,安望其致太平而延国命乎?"(《日知录》卷九《守令》)①

一省之内,除布政司外,有巡抚,有都指挥使司,又有提刑按察使司。提刑按察使司是沿元代肃政廉访司之制。按察司及都指挥使司之职掌如次:

> 提刑按察使司,按察使一人,正三品。按察使掌一省刑名按劾之事,纠官邪,戢奸暴,平狱讼,雪冤抑,以振扬风纪,而澄清其吏治。大者暨都(都指挥使)、布(布政使)二司会议,告抚(巡抚)、按(巡按御史),以听于

---

① 《历代职官表》(卷五十三《知府直隶州知州等官》)云:"明初,甚重府州之治,天下州县官廉能正直者,必遣行人赍敕劳赐以示劝励。迨中叶以后,督抚、巡按、藩臬指挥之。临其上者,既不免于朘剥之日繁,而铨选率由资格,庸懦无能者转视为持禄养拙之薮,而良二千石之风遂不可复问矣。"

部院。(《明史》卷七十五《职官志四·按察司》)

都指挥使司,都指挥使一人,正二品,都司掌一方之军政,各率其卫所,以隶于五府,而听于兵部。(《明史》卷七十六《职官志五·都司》)

都指挥使正二品,布政使从二品,提刑按察使正三品,由这官品,可知三者之地位如何。所以《历代职官表》(卷五十六《提督》)云:

> 谨案,明自罢中书行省(其实,所罢者为中书省,至于中书行省不过改称为承宣布政使司而已),设都、布、按三司,分治兵、刑、钱谷(其实,都司固然以掌兵为主,按察司也以掌刑为主,至于布政司所掌乃不限于钱谷)。都司序衔在布、按二司上,则都司实为一方武职重臣。

关于三司之职掌,都(都指挥使司)、按(提刑按察使司)二司固甚明显,至于布政司似涉及行政方面,与汉时吏治专责成于郡守,而刺史止以督察二千石为职者绝不相同。

布、按二司为推行其职权,尚有分道之制。布政司之分道有督粮道、督册道、分守道等,而以分守道为要。全国共六十道,由布政司之参政、参议分司之。按察司之分道有督学道、清军道、分巡道等,而以分巡道为最要。洪武二十九年,分为四十一道,其后渐次分析,增加到六十余道,以按察司之副使、佥事分司之。(《明史》卷七十五《职官志四·各道》)道之种类甚见繁杂,似无完整之系统,故不拟多加说明。

明祖虽说"布政使即古方伯之职",然到了后来,又非方面大臣,其上尚有巡抚(总督),巡抚乃巡行府县,观民瘼而察吏治,本系暂行之制,宣德五年,才专设于各省。

> 巡抚之名,起于懿文太子陕西之行。其分遣大臣,自永乐十九年始。各省专设,自宣德五年始。加都御史衔,自景泰四年始。巡抚兼军务者,加提督;有总兵地方,加赞理或参赞;所辖多事重者,加总督。有总督兼

巡抚、提督兼巡抚,及总理、巡视、抚治等员,皆加都御史或副佥都御史衔。(《明会要》卷三十四《巡抚》,引《弇山集》)①

所谓"各省专设",不是说每省置巡抚一员。固然巡抚多以一省为单位,但是亦有巡抚一府者,如巡抚顺天府是。又有巡抚数府者,如巡抚保定、真定、河间、顺德、大名、广平六府是。复有巡抚两省襟要之地者,如巡抚大同(属山西省)初与宣府(属京师)共一巡抚,后或分或并是。(《明史》卷七十三《职官志二·巡抚》)巡抚多兼军务,而"巡抚所辖多事重者,加总督",其在辽东一带则称经略,即总督不过巡抚之别称。依《职官志》所载,常由军事上之必要,临时设置,故以管理军务为主。总督所辖地区,原则上比巡抚为大,例如四川、陕西、河南、湖广各置巡抚一员,而又合置总督一员。其因兵事孔亟,特定一地设置总督者亦有之。例如保定等六府既有巡抚一员了,而崇祯十一年又在保定地方设置总督一员。(《明史》卷七十三《职官志二·总督》)巡抚、总督常常并置,关于军务之处理,职权已难统一。若据《职官志》所载,布、按二司与巡抚、总督在行政上尚有关系。志云:

> 布政使掌一省之政(中略),凡有大兴革及诸政务,会都(都指挥使)、按(提刑按察使)议,经画定而请于抚(巡抚)、按(巡按御史)若总督。(《明史》卷七十五《职官志四·布政司》)
>
> 按察使(全名为提刑按察司按察使)掌一省刑名按劾之事……大者暨都(都指挥使)、布(布政使)二司会议,告抚、按,以听于部院。(《明史》卷

---

① 永乐十九年四月癸丑,命尚书蹇义等二十六人,分巡天下,问军民疾苦,及文武长吏扰民者,奏黜之。(《三编》)
宣德五年九月丙午,擢御史于谦等六人为侍郎,巡抚各省。谦抚河南,越府长史周忱抚江苏,吏部郎中赵新抚江西,兵部郎中赵伦抚浙江,礼部员外郎吴政抚湖广,刑部员外郎曹宏抚北畿、山东。此各省专设巡抚之始。(《大政记》)
景泰四年,耿九畴镇陕西。布政使许资言,侍郎出镇,与巡按御史不相统,事多掏滞。又文移往来,多窒碍难行,请改授宪职便,乃转右副都御史。大臣镇守,巡抚皆授都御史,自九畴始。(《耿九畴传》)以上均引自《明会要》卷三十四《巡抚》。

七十五《职官志四·按察司》)

是则布政使与按察使关于有些大事,尚须会议商讨,因之布、按二司之职掌又混淆不清。又须上告于巡抚、巡按御史或总督,这样,巡抚、巡按御史或总督亦得参加地方之政事了。故云:"天顺而后,巡抚之寄专,而监司、守牧不得自展布。"(《明史》卷一百六十一《周新等传》赞)按明废元之行御史台,而"总督、巡抚即行御史台之职"(《续文献通考》卷五十四《行御史台》,臣等谨案)。元代行御史台之职掌同内台一样,"掌纠察百官善恶、政治得失"(《元史》卷八十六《百官志二·御史台》),即将违法问题与政治问题混为一谈。明承其制,而又加甚,巡抚、总督既已典兵,又司纠察,"百僚群将俯首听一人之谋,似于兼制少疏,故以巡按权参杀之。然表里异同,痛痒不相关,而司锋镝者每掣肘不能自尽……天顺间,石亨、曹钦请罢巡抚。正德间,刘瑾取回巡抚,彼固借私以逞,要亦不为无说"(《续文献通考》卷五十四《行御史台》,引《春明梦余录》)。且也,据《历代职官表》(卷五十《总督巡抚》)说:

明自中叶以后,督抚多用廷推,率以营求得之。又往往交结阉人,为其私党,以致擅作威福,朘克民膏。即名挂弹章者,亦多置之不问,甚者且加迁擢,益无所顾忌。惟事贪暴殃民,而于国事边防,一切全不为意。浸成厉阶,积弛已甚。

前已说过,总督一职在辽东一带者称为经略。总督与巡抚往往并置,所以辽东既有经略,又有巡抚,甚至还有总督。万历四十八年,辽东一地之内有经略杨镐、总督汪可受、巡抚周永春(《明史》卷二百五十九《杨镐传》)。天启年间,熊廷弼为辽东经略,王化贞为辽东巡抚,卒因经抚不和,误及疆事(《明史》卷二百五十九《熊廷弼传》)。所以魏呈润说:"边事日坏,病在十羊九牧,既有边帅,又有监司,既有督抚,有巡方,又有监视。"(《明史》卷二百五十八《魏呈润传》)岂但边疆,就在内郡也是一样。

在这种地方制度之下,亲民之官如守令,实难展布其才能。而"中叶以后,督抚、巡按、藩臬指挥之。临其上者,既不免于朘剥之日繁,而铨选率由资格,庸懦无能者转视为持禄养拙之薮,而良二千石之风遂不可复问矣"(《历代职官表》卷五十三《知府直隶州知州等官》)。兼以"重内轻外,益不以州县为意。铨选之法弊,而吏职多不得其人。考课之政弛,而浮滥阘冗皆得以冒居其列。字人之职益轻,而簿书钱谷之寄,遂尽归于胥吏之手。其僚佐各官有虚名而无实效,甚至舞法营私无所顾忌,而吏治益不可问矣"(《历代职官表》卷五十四《知州知县等官》)。

第三项 文官制度

我在本书第一册说明西汉文官制度之时,分为在官前的制度、在职中的制度、退任后的制度。其中最重要者则为学校、考选、禄俸、监察、考课、致仕六项。兹试就此六项,说明明代制度。

一、学校

学校乃培养人才,使官职不致旷虚。明制,学校有京师与地方两种。明初,京师置国子学。洪武十五年,改学为监。永乐元年,始设北京国子监。十八年,迁都,乃以京师国子监为南京国子监,而太学生有南北监之分。(《明史》卷六十九《选举志一·国学》,参阅卷七十三《职官志二·国子监》)入国学者通谓之监生,厚给廪饩,又有家粮(《明史》卷六十九《选举志一·国学》,参阅卷一百一十三《太祖马皇后传》)。监生之来源如次表。

明代监生表(据《明史》卷六十九《选举志一》)[①]

种类	来　源
举监	乡试中试者为举人。举人入监称为举监,始于永乐中。会试下第,辄令翰林院录其优者,俾入学,以俟后科。

[①] 监生所习,自四子本经外,兼及刘向《说苑》,及律令、书、数、《御制大诰》。每月试经、书义各一道,诏、诰、表、策论、判、内科二道。每日习书二百余字。每班选一人为斋长,督诸生工课。《明史》卷六十九《选举志一》。

续表

种类		来源
贡监	岁贡	每岁天下按察使选地方学校生员年二十以上、厚重端秀者送监考留(中试者入国子监,不中试者遣返),其例屡更。弘治、嘉靖间,照洪武二十五年制,府学岁二人,州学二岁三人,县学岁一人,遂为永制。
	选贡	于常贡外,令提学(属按察司),对于地方学校生员,不分廪膳增广,通行考选,务求学行兼优、年富力强、累试优等者以充贡。
	恩贡	国家有庆典或登极诏书以当贡者充之。
	纳贡	视例监稍优,其实相仿,亦是捐贷入监。
荫监	官生	在京三品以上,方得请荫,令其子一人入监,谓之官生。
	恩生	出自特恩者不限官品,谓之恩生。
例监		始于景泰元年,令天下纳粟纳马者,入监读书,其后或遇岁荒,或因边警,或大兴工作,率援例行之。讫不能止。

国学分六堂以馆诸生,其实还是宋之三舍、元之三斋。不过下舍分为三堂,中舍分为二堂而已。

明国学六堂表(据《明史》卷六十九《选举志一》)

堂名	年服	程度	备考
正义	一年半	凡通四书,未通经者。	国子监祭酒一人,从四品;司业一人,正六品。其属,博士厅五经博士五人,从八品;六堂助教十五人,从八品;学正十人,正九品;学录七人,从九品;典簿厅典簿一人,从八品;典籍厅典籍一人,从九品。祭酒、司业掌国学诸生训导之政令。(《明史·职官志二·国子监》)
崇志			
广业			
修道	一年半	文理条畅者。	
诚心			
率性		经书兼通、文理俱优者。	

升至率性,乃积分,岁内积八分者为及格,与出身,不及者仍坐堂肄业。如有才学超异者,奏请上裁。

兹述明之学制如次:

本朝洪武十六年，定生员三等高下，凡通四书未通经者，居正义、崇志、广业堂。一年半之上，文理条畅者升修道、诚心堂。一年半之上，经史兼通、文理俱优者，升率性堂。升率性堂者，方许积分。积分之法，孟月试本经义（一道），仲月试论（一道）及内科、诏、诰、章、表一道，季月试史策（一道）及判语二条。每试文理俱优者与一分，理优文劣者与半分，文理纰缪者无分。岁内积至八分者为及格，与出身，不及分者仍坐堂肄业。其后此制不用，监生惟计年月，先后拨出六部诸司历事三阅月。所司考其勤谨，奏送吏部附选，挨次取用……此又太学出身之资格也。方其在学校时，每月之中，会讲、背书皆有定日。每季一试，惟策高下以为激劝之方，而于出身无所关预。又轮差于内外诸司，俾其习为政事。半年回学，昼则趣事于各司，夕则归宿于斋舍。优游之以岁月，琢磨之以义理，约束之以规法。廪食学校，则俾其习经史；历事各司，则俾其习政法。遇大比年，许其就试，其为教法可谓本末兼举矣。(《大学衍义补》卷七十《设学校以立教下》)①

所谓"出身"，即有任官的资格，无须参加国家考试。"太祖虽间行科举，而监生与荐举人才参用者居多。故其时布列中外者，太学生最盛。一再传之后，进士日益重，荐举遂废，而举贡日益轻。"(《明史》卷六十九《选举志一》)最初，"岁贡必考学行端庄、文理优长者，以充之。其后但取食廪年深者"(《明史》卷六十九《选举志一》)。"洪、永间，国子生以数千计"；到了弘治中，"在监科贡共止六百余人"；到了嘉靖年间，"监生在监者不及四百人"(《明史》卷六十九《选举志一》)，

---

① 《明史》(卷六十九《选举志一》)亦谓"凡通四书未通经者，居正义、崇志、广业。一年半以上，文理条畅者升修道、诚心。又一年半，经史兼通、文理俱优者，乃升率性。升至率性，乃积分。其法，孟月试本经义一道，仲月试论一道、诏诰表内科一道，季月试经史策一道、判语二条。每试文理俱优者与一分，理优文劣者与半分，纰缪者无分。岁内积八分者为及格，与出身，不及者仍坐堂肄业。如有才学超异者，奏请上裁"。案《大学衍义补》一书乃起草于成化年间，弘治元年书成表进。其中有"其后此制不用"一语与明志不同，且事实并不如此。关于"历事"，本书当重述于后。此处所以引用丘濬之言，盖取其说明学科与实习甚得要领，足供今人参考。

国学废弛于兹可见。

地方学校创始于洪武二年,有府、州、县三种。"初生员入学,从巡按御史、布按两司及州府官选取。"正统元年,"南北直隶各置御史一员,余置按察使副使或佥事一员,专督学校",这总称为提学官(《续文献通考》卷五十《郡国乡党之学》)。由监察机关管理教育行政,不能不说是奇怪制度。生员皆廪食于学,故称为廪膳生员(《明史》卷六十九《选举志一》),"生员专治一经,以礼乐射御书数设科分教,务求实才,顽不率者黜之"(《明史》卷六十九《选举志一》)。只唯廪膳生才得充为岁贡,其"非廪生久次者,不得充岁贡也"(《明史》卷六十九《选举志一》)。廪膳生人数如次:

地方学校廪膳生员人数表(《明史》卷六十九《选举志一》)

种类	人数	备考
府学	四十人	府设教授一人,从九品,训导四人。州学正一人,训导三人。县教谕一人,训导二人。教授、学正、教谕掌教诲所属生员,训导佐之。(《明史》卷七十五《职官志四·儒学》)
州学	三十人	
县学	二十人	

宣德中,又增广其额,谓之增广生员,增广生员不食廪,吾人观"天顺六年,令廪膳有缺,于增广内选补"(《明会要》卷二十五《府州县学》),即可知之。增广生员人数如次:

地方学校增广生员人数表(《明史》卷六十九《选举志一》)

两京		外省	
府学	六十人	府学	四十人
州学	五十人	州学	三十人
县学	四十人	县学	二十人

据顾炎武之言:

明初，诸生无不廪食于学。《会典》言，洪武初，令在京府学六十人、在外府学四十人、州学三十人、县学二十人，日给廪膳，听于民间选补，仍免其差徭二丁。其后以多才之地，许令增广，亦不过三人五人而已。踵而渐多，于是宣德元年定为之额，如廪生之数。(《日知录》卷十七《生员额数》)

即是洪武初，只唯在京府学之增广生员人数较多，至于州学及县学则在京及在外，人数相同。到了宣德元年，增广生员与廪膳生员之数不问在京或在外，均为四十人、三十人、二十人。前表乃根据明志。其原文云："宣德中，定增广之额，在京府学六十人、在外府学四十人，州县以次减十。"(《明史》卷六十九《选举志一》)正统十二年，因民间子弟可造者多，"又于额外增取，附于诸生之末，谓之附学生员，凡初入学者止谓之附学"。附学生员经两次考试(三年两试)，等第高者，可补为廪膳增广。(《明史》卷六十九《选举志一》)所谓两次考试，即由提学官三岁两试。此时不但附学生员，就是廪膳增广，也同时受试。考试结果如次。

　　提学官在任三岁，两试诸生。先以六等试诸生优劣，谓之岁考。一等前列者，视廪膳生，有缺依次充补。其次补增广生。一二等皆给赏，三等如常，四等挞责，五等则廪增递降一等，附生降为青衣，六等黜革。继取一二等为科举生员，俾应乡试，谓之科考。其充补廪增给赏，悉如岁试。其等第仍分为六，而大抵多置三等。三等不得应乡试，挞黜者仅百一，亦可绝无也。(《明史》卷六十九《选举志一》)①

吾人须知明代学校，不问地方或中央，早就有名无实。师儒鲜积学，生徒亦玩愒岁月，目的只在幸博一官。天顺三年，建安老人贺炀上书言：

---

① 此外尚有所谓童生者。"士子未入学者通谓之童生。当大比之年间收一二异敏，三场并通者，俾与诸生一体入场，谓之充场儒士。中式即为举人，不中式仍候提学官岁试合格，乃准入学。"(《明史》卷六十九《选举志一》)

朝廷建学立师,将以陶镕士类,而师儒鲜积学,草野小夫夤缘津要,初解兔园之册,已厕鹗荐之群。及受职泮林,猥琐贪饕,要求百故,而授业解惑,莫措一词。生徒亦往往玩愒岁月,佻达城阙,待次循资,滥升太学,侵寻老耋,幸博一官,但厪身家之谋,无复功名之念。及今不严甄选,人材日陋,士习日非矣。(《明史》卷一百六十四《张昭传》)

二、考选

太祖起事之时,曾"征耆儒宋濂、刘基、章溢、叶琛至建康,创礼贤馆处之"(《明史》卷七十一《选举志三》)。终太祖世,此种征召常见于史(《明会要》卷四十九《征辟》)。元时,汉人受了歧视,屈伏于牖下者为数不少。明初,天下未定,需才孔亟,故用特征之法,礼聘贤能。甲辰三月,又敕中书省曰:

今土宇日广,文武并用,卓荦奇伟之才,世岂无之,或隐于山林,或藏于士伍,非在上者开导引拔之,无以自见。自今有能上书陈言、敷宣治道、武略出众者,参军及都督府具以名闻。或不能文章而识见可取,许诣阙面陈其事。郡县官年五十以上者,虽练达政事,而精力既衰,宜令有司选民间俊秀,年二十五以上,资性明敏有学识才干者,辟赴中书,与年老者参用之。十年以后,老者休致,而少者已熟于事,如此则人才不乏,而官使得人。其下有司宣布此意。于是州县岁举贤才及武勇谋略、通晓天文之士,间及兼通书律者。(《明史》卷七十一《选举志三》)

此种选举比之科举之以文字取士者似胜一筹。因为俊秀之士既派至中书省实习,他们自可得到行政经验,而又承接年老者之任,则政界复有新陈代谢之作用。洪武六年,罢科举,别令有司察举贤才,礼送京师,不次擢用,于是罢科举者十年。至十七年,复行科举,而荐举之法亦不废。(《明史》卷七十一《选举志三》)但是"荐举行之既久,不能无弊,所举或乡里亲旧、僚属门下、素相私比者"(《明史》卷七十一《选举志三》)。固然永乐元年以后,间行保举之法,所举"后以贪污闻者,举主连坐",但"诸臣畏连坐而不举"(《明史》卷七十一《选举志三》)。"宣德间,尝诏天下布、按二司及府、州、县官,举贤良、方正各一人",而到了正统元年,"尚举未已"(《明史》卷七十一《选举志三》)。"自后科举日重,荐举日益轻,能文之士,率由场屋进以为荣。有司虽数奉求贤之诏,而人才既衰,第应故事而已。"(《明史》卷七十一《选举志三》)

  明制,"科举必由学校,而学校起家可不由科举"(《明史》卷六十九《选举志一》)。这话怎么说呢？即唯府、州、县学诸生,科试(因各学设科分教,故称科试)名列一、二等者,才得应乡试,中试者称为举人,而后再参加会试与廷试,这是与宋制不同之点。"宋则科举、学校绝不相关。"(《明会要》卷四十七《科目杂录》,引黄尊素言)又者明代,国学生员升至"率性",岁内积八分者,即与出身,换言之,就有任官的资格。太祖时,曾"令国子生于诸司习吏事",吏部四十一名,户部五十三名,礼部十三名,其他机关亦派遣有差。(《续文献通考》卷四十七《学校一》)这称为"历事","始于洪武五年。建文时,定考核法,上中下三等。上等选用,中下等仍历一年再考。上等者依上等用,中等者不拘品级随才任用,下等者回监读书"(《明史》卷六十九《选举志一》)。此时"布列中外者太学生最盛"(《明史》卷六十九《选举志一》)。例如洪武"二十五年,擢监生师逵、墨麟等为监察御史,夏原吉为户部主事";"二十六年十月,擢监生刘政、龙镡等六十四人,为行省布政、按察两使,及参政、参议、副使、佥事等官"(《明会要》卷二十五《国学》)。但是只唯监生才有此种资格。至于府、州、县学诸生不是依岁贡,入国学,就须经乡试中试,或再参加会试、廷试,而得进士之衔。故志云"府、州、县诸生入国学者,乃可得官,不入者不能得也"(《明史》卷六十九《选举志一》)。

  唯自"进士日益重"之后,就发生了"监生益轻"的现象(《明史》卷六十九《选举志一》)。固然监生亦得由有司申举参加会试以及廷试,例如永乐九年,钟英等五人成进士(《明史》卷六十九《选举志一》)。但是府、州、县学诸生既得由乡试而会试而廷试,则纵令会试下第,亦必不愿离开乡里,而留在京师入监(《明史》卷六十九《选举志一》)。这便是地方学校,由廪膳而增广而附学,日益加多,而"嘉靖中,南北国学皆空虚"之原因(《明史》卷六十九《选举志一》)。这样,科举便成为明代择才的唯一方法。

明代科举之法如何？兹抄录明志所载如次,而后分为四点说明之。

试士之法,专取四子书及《易》《书》《诗》《春秋》《礼记》五经命题试士。盖太祖与刘基所定,其文略仿宋经义,然代古人语气为之。体用排偶,谓之八股,通谓之制义。三年大比,以诸生试之直省曰乡试,中试者为举人。次年,以举人试之京师,曰会试。中试者天子亲策于廷,曰廷试,亦曰殿试。分一二三甲以为名第之次。一甲止三人,曰状元、榜眼、探花,赐进士及第。二甲若干人,赐进士出身。三甲若干人,赐同进士出身。子午卯酉年乡试,辰戌丑未年会试。乡试以八月,会试以二月,皆初九日为第一场,又三日为第二场,又三日为第三场……后颁科举定式,初场试四书义三道、经义四道……二场试论一道,判五道,诏、诰、表、内科一道。三场试经史、时务策五道。廷试以三月朔,乡试直隶于京府,各省于布政司,会试于礼部……举子则国子生及府州县学生员之学成者、儒士之未仕者、官之未入流者,皆由有司申举性资敦厚、文行可称者应之。(《明史》卷七十《选举志二》)

唯在说明以前,不能不稍费笔墨一述者,明代取士,专尚文词,由四书(用朱子章句集注)、五经(《易》《书》《诗》《春秋》《礼记》)内命题。文章不在于穷理,而思想则受古人尤其朱熹注疏的拘束,所以士人必须记诵章句,而后方能下笔成文。于是有大儒王阳明者出来反对,他先要求学问解放于章句之外。他说:"世之学者章绘句琢以夸俗,诡心色取,相饰以伪,谓圣人之道劳苦无功,非复人之所可为,而复取辩于言词之间……而圣人之学遂废,则今之所大患者,岂非记诵词章之习？而弊之所从来,无亦言之太详、析之太精者之过欤？"(《阳明全书》卷七《别湛甘泉序》)"世之学者承沿其举业词章之习,以荒秽戕伐其心,既与圣人尽心之学相背而驰,日骛日远,莫知其所抵极矣。"(《阳明全书》卷七《重修山阴县学记》)王阳明希望学者解放于四书五经的章句之外,观此可以知道。

阳明又进一步,对于六经采怀疑态度,他先说:"天下之大乱,由虚文胜而实行衰也。"(《阳明全书》卷一《传习录上》徐爱记)次谓"自伏牺画卦,至于文王周公,其间言《易》,纷纷籍籍,不知其几,《易》道大乱。孔子以天下好文之风日盛,知其说之将无纪极,于是取文王、周公之说而赞之,以为惟此为得其宗,于是纷纷之说尽废,而天下之言《易》者始一。《书》《诗》《礼》《乐》《春秋》皆然。《书》自典谟以后,《诗》自二南以降,如九丘八索,一切淫哇逸荡之词,盖不知其几千百篇。《礼》《乐》之名物度数至是亦不可胜穷。孔子皆删削而述正之,然后其说始废。如《书》《诗》《礼》《乐》中,孔子何尝加一语? 今之《礼记》诸说皆后儒附会而成,已非孔子之旧。至于《春秋》,虽称孔子作之,其实皆鲁史旧文。所谓笔者笔其旧,所谓削者削其繁,是有减无增"(《阳明全书》卷一《传习录上》徐爱记)。始皇焚书若非"出于私意","志在明道","亦正暗合删述之意"(《阳明全书》卷一《传习录上》徐爱记)。他反对《左传》,以为"世儒之说未得圣人作经之意,如书弑君,即弑君便是罪,何必更问其弑君之详? 征伐当自天子出,书伐国,即伐国便是罪,何必更问其伐国之详? ……若是一切纵人欲、灭天理的事,又安肯详以示人? 是长乱导奸也"(《阳明全书》卷一《传习录上》徐爱记)。"《诗》非孔门之旧本矣,孔子云,放郑声,郑声淫。又曰,恶郑声之乱雅乐也,郑卫之音亡国之音也。孔子所定三百篇皆所谓雅乐,皆可奏之郊庙,奏之乡党,皆所以宣畅和平,涵泳德性,移风易俗,安得有此? 是长淫导奸矣。此必秦火之后,世儒附会,以足三百篇之数。"(《阳明全书》卷一《传习录上》徐爱记)阳明不信六经,且以《诗经》为诲淫之书,古来学者的注疏,阳明都把它推翻了。

  阳明复进一步,不以孔孟为偶像,而反对俗儒之排斥"异端"。他说:"孟子辟杨墨,至于无父无君。二子亦当时之贤者,使与孟子并世而生,未必不以之为贤。墨子兼爱,行仁而过耳;杨子为我,行义而过耳。此其为说亦岂灭理乱常之甚,而足以眩天下哉? 而其流之弊,孟子至比于禽兽夷狄,所谓以学术杀天下后世也。今世学术之弊,其谓之学仁而过者乎,谓之学义而过者乎,抑谓之学不仁不义而过者乎? 吾不知其于洪水猛兽何如也。"(《阳明全书》卷二《答罗整庵少宰书》)又说:"今世学者皆知宗孔孟,贱杨墨,摈释老。圣人之道,若大明于世。然吾从而求之,圣人不得而见之矣。其能有若墨氏之兼爱者乎,其能有若杨氏之为我者乎,其能有若老氏之清静自守、释氏之究心性命者乎?

吾何以杨墨老释之思哉？彼于圣人之道异，然犹有自得也。"(《阳明全书》卷七《别湛甘泉序》)阳明由这见解，进而主张孔子之言，未可全信，而吾心之善未必在孔子之下。他说："夫学贵得之心，求之于心而非也，虽其言之出于孔子，不敢以为是也，而况其未及孔子者乎？求之于心而是也，虽其言之出于庸常，不敢以为非也，而况其出于孔子者乎？……夫道，天下之公道也。学，天下之公学也。非朱子可得而私也，非孔子可得而私也。天下之公也，公言之而已矣。故言之而是，虽异于己，乃益于己也。言之而非，虽同于己，适损于己也。"(《阳明全书》卷二《答罗整庵少宰书》)这种不以孔子为偶像，不以孔孟之言为绝对的真理，中国思想到了王阳明，已经发生了革命①。

思想如此，制度亦然。王船山说："法者非一时、非一人、非一地者也。"(《读通鉴论》卷四《汉元帝》)"一人之身，老少异状，况天下乎？刚柔异人也，不及者不可强，有余者不可裁。清任各有当，而欲执其中，则交困也。南北异地也，以北之役役南人，而南人之脆者死；以南之赋赋北土，而北土之瘠也尽。以南之文责北士，则学校日劳鞭扑；以北之武任南兵，则边疆不救，危亡其间。"(《读通鉴论》卷四《汉元帝》)"一代之治，各因其时，建一代之规模，以相扶而成治。故三王相袭，小有损益，而大略皆同。未有慕古人一事之当，独举一事，杂古于今之中，足以成章者也。王安石惟不知此，故偏举《周礼》一节，杂之宋法之中，而天下大乱。"(《读通鉴论》卷二十一《唐高宗》)此种言论虽不能谓其出于王阳明，而王阳明的思想实开其端，此又吾人不可不知。

兹再回头说明明代科举之制，分为四点讨论之。

1. 明代科举犹如宋元一样，分乡试、会试、廷试。乡试由两直隶之京府

---

① 阳明之后有李贽者，其言论更见激烈，而欲推翻一切传统观念，他说："夫天生一人，自有一人之用，不待取给于孔子而后足也。若必待取足于孔子，则千古以前无孔子，终不得为人乎？"(李氏《焚书》卷一《答耿中丞》)顾世人乃奉尼父为至圣先师，非孔子之言不敢言，于是千余年来，舍孔子所定的是非之外，乃无是非。"岂其人无是非哉？咸以孔子之是非为是非，故未尝有是非耳。"(李氏《焚书》卷一《答耿中丞》)他更抨击周程朱张，而说："彼以为周程张朱者皆口谈道德，而心存高位，志在巨富。既已得高官巨富矣，仍讲道德、说仁义自若也，又从而晓晓然语人曰，我欲厉俗而风世。彼谓败俗伤世者莫甚于讲周程张朱者也。"(李氏《焚书》卷二《又与焦弱侯》)"嗟乎，平居无事只解打恭作揖，终日匡坐，同于泥塑。以为杂念不起，便是真实大圣大贤人矣……一旦有警则面面相觑，绝无人色。甚至互相推委，以为能明哲。盖因国家专用此等辈，故临时无人可用。"(李氏《焚书》卷四《因记往事》)

及各省之布政司主办,会试由礼部主办,廷试又称殿试,由天子亲策。乡试中试者称为举人,而后贡于中央,经会试中试后,再举行廷试。廷试中试,分三甲,授以进士之衔;一甲三人,曰状元、榜眼、探花,赐进士及第;二甲若干人,赐进士出身;三甲若干人,赐同进士出身。各种考试皆分三场,"始以经义,继以论表,终以策问"(《明会要》卷四十七《科目》龙文彬案),即如王鏊所说,"先之经义,以观穷理之学;次论表,以观博古之学;终策问,以观时务之学"(《明会要》卷四十七《科目杂目》),"而百年之间,主司所重,士子所习惟有经义"(《明会要》卷四十七《科目杂目》)。经义专考四书五经,而四书则以朱子集注为本(《明史》卷七十《选举志二》)。对此,王阳明曾加批评。本书已举于上。且也,明代考试之经义又与宋代之经义不同,如题为"乐天者保天下",发端三句,谓之破题,即讲乐天四股,中间过接四句或二句,复讲"保天下"四股,复收四句或二句,再作大结。每四股之中,一反一正,一虚一实,一浅一深(《日知录》卷十六《试文格式》),体用排偶,配以音韵,此种文体称为八股。考卷能否录取,先看破题。破题恶劣,考卷即弃去不阅,所以文章虽长,而阅卷官最初所注意者不过破题数句而已。顾炎武云:

> 明初三场之制虽有先后,而无轻重。乃士子之精力多专于一经,略于考古。主司阅卷,复获初场所中之卷,而不深求其二三场。夫昔之所谓三场,非下帷十年、读书千卷,不能有此三场也。今则务于捷得,不过于四书一经之中,拟题一二百道,窃取他人之文记之,入场之日,抄誊一过,便可侥幸中式,而本经之全文有不读者矣。率天下而为欲速成之童子,学问由此而衰,心术由此而坏。(《日知录》卷十六《三场》)

又云:

> 初场试所习本经义四道。而本经之中,场屋可出之题不过数十。富家巨族延请名士,馆于家塾,将此数十题各撰一篇,计篇酬价,令其子弟及僮奴之俊慧者记诵熟习。入场命题十符八九,即以所记之文抄誊上

卷,较之风檐结构,难易迥殊。四书亦然。发榜之后,此曹便为贵人,年少貌美者多得馆选。天下之士靡然从风,而本经亦可以不读矣……故愚以为八股之害等于焚书,而败坏人材有甚于咸阳之郊所坑者但四百六十余人也。(《日知录》卷十六《拟题》)

黄宗羲亦说:

> 今也……其所以程士者止有科举之一途,虽使古豪杰之士……舍此亦无由而进……流俗之人徒见夫二百年以来之功名气节,一二出于其中,遂以为科法已善,不必他求。不知科第之内既聚此百千万人,不应功名气节之士独不得入。则是功名气节之士之得科第,非科第之得功名气节之士也。(《明夷待访录·取士下》)

2. 明代乡试只唯地方学校诸生科试(因设科分教,故曰科试)名列一二等者,才得参加(《明史》卷六十九《选举志一》),其中试者称为举人,解送礼部会试,纵不中试,不但来科可以不经乡试,而得直接参加会试,并且举人尚有任官的资格。此是与宋制不同之点。宋时,乡试中试之人只能得到参加会试的资格。"其下第进士,虽曾中省试,来科仍复解试"(即再参加乡试),"御试(即廷试)苟不中格,则省试(及乡试)皆虚也"(《明会要》卷四十七《科目杂录》,引黄尊素言)。关此顾炎武亦云:

> 举人者举到之人……(唐时)登科则除官,不复谓之举人,而不第则须再举,不若今人以举人为一定之名也。原注云,乡举在宋为漕试,谓之发解。第偕之解送南宫会试耳。试不第者须再试,未阶以入仕也。及累举不第,然后有推恩焉,谓之特奏名,不复系诸乡举矣。元时亦然。至国朝(明),始定为入仕之途,则一代之新制也。(《日知录》卷十六《举人》)

3. 宋代乡试虽然是"诸州各自为试,各自发解,与路分无与"(《明会要》卷四十七《选举杂录》,引黄尊素言),而会试及廷试录取额数并不受地方之限制,吾人观神宗时苏轼之言,"今陛下以经义取人……考其所得多吴、楚、闽、蜀之人。至于京东西、河北、河东、陕西五路……得人常少"《东坡七集·奏议集》卷二《元丰元年上皇帝书》),即可知之。至元,录取人数虽与地方无关,而又依蒙古、色目、汉人、南人之别,在乡试,各取七十五名,会试各取二十五名,廷试如何,史阙其文。明之乡试,乃在各省首府举行,各省贡额有一定数目。

洪武三年,京师行省各举乡试。直隶贡额百人,河南、山东、山西、陕西、北平、福建、江西、浙江、湖广皆四十人,广西、广东皆二十五人,才多或不及者不拘额数……洪武十七年,诏不拘额数……洪熙元年,始有定额,其后渐增。至正统间,南北直隶定以百名,江西六十五名,他省又自五而杀,至云南二十名为最少。嘉靖间,增至四十,而贵州亦二十名。庆历、启祯间,两直隶益增至一百三十余名,他省渐增,无出百名者。交址初开,以十名为额,迨弃其地乃止。(《明史》卷七十《选举志二》)

会试录取人数,"初无定额,少至三十二人,其多者若洪武乙丑、永乐丙戌至四百七十二人。其后或百名,或二百名,或二百五十名,或三百五十名,增损不一,皆临期奏请定夺。至成化乙未而后,率取三百人。有因题请及恩诏,而广五十名或百名者,非恒制也"(《明史》卷七十《选举志二》)。案明代乃沿宋之制,会试中试者,殿试不再黜落(详下文),所以殿试中试人数亦即会试中试人数。依《续文献通考》(卷三十五)《明登科记总目》,在宪宗成化十四年及二十三年,殿试中试人数就有三百五十人;武宗正德年间,每次殿试中试人数均在三百名以上;世宗嘉靖二年,有四百一十人,三十二年有四百一人,四十四年有三百九十四人;穆宗隆庆二年,有四百三人,五年有三百九十六人;神宗万历十一年、十四年、十七年、四十一年、四十四年、四十七年,均将近三百五十人之数;熹宗天启二年,竟达到四百九人;崇祯年间,殿试中试人数多在三百名以上,而十六年且达三百九十五人之多。由此可知"率取三百名"一语未必真实。又者,明初,会试未尝分地而取,洪熙年间分南北二区,宣德、正统间分南北中三区，每区额数如次。

> 讫永乐间，未尝分地而取。洪熙元年，仁宗命杨士奇等定取士之额，南人十六，北人十四。宣德、正统间，分为南北中卷，以百人为率，则南取五十五名，北取三十五名，中取十名……南卷应天及苏松诸府、浙江、江西、福建、湖广、广东，北卷顺天、山东、山西、河南、陕西，中卷四川、广西、云南、贵州及凤阳、庐州二府，滁、徐、和三州也。（《明史》卷七十《选举志二》）

宋初会试中试者，殿试可以黜落；仁宗嘉祐二年以后，殿试无黜落之事（《宋史》卷一百五十五《选举志一·科目上》）。元制，会试中选者一百名，而廷试中试人数，除顺帝元统元年为一百人之外，其余皆不及一百人之数（《元史》卷八十一《选举志一·科目》、卷九十二《百官志·选举附录·科目》）。即元之廷试有黜落之事。至明，"殿试不过名次升降，无有黜落"（《明会要》卷四十七《科目杂录》，引黄尊素言），即会试中试，虽然还有廷试一关，而名存实亡，最劣者亦赐同进士出身。

4. 宋时，吏部掌文武二选（《宋史》卷一百六十三《职官志三·吏部》）。元代亦然（《元史》卷八十五《百官志一·吏部》）。明则依唐之制，"任官之事，文归吏部，武归兵部，而吏部职掌尤重"（《明史》卷七十一《选举志三》）。但是唐代"士之及第者未便解褐入仕，尚有试吏部一关"，明乃依宋初之制，"进士解褐，不试吏部"（《日知录》卷十七《出身授官》）。到了员多缺少，而后才由吏部铨选。吏部如何铨选，是否亦若唐代之试身言书判？抑若宋代之试判三道？史缺其文。最初吏部之权甚大，据赵翼说：凡"量能授职，核功过以定黜陟，则惟吏部主之"。"布政等官皆吏部选用"，"六部堂官亦吏部推用"。"方面大吏专属吏部"，"巡抚等官皆吏部所用"，"公正则选用得人，否则可以高下在心，予夺任意"（《廿二史札记》卷三十三《明吏部权重》）。因之，由代宗而至英宗复辟，天顺中就酝酿了廷推之制，"然亦皆吏部主之"。《历代职官表》（卷五《吏部》，又案）云："明代铨政，主于文选一司，自部院属官、府县正佐，皆听吏部择人注授，初无成法。而大僚则由廷议会推。"即由吏部提出人选，由廷议评其可否，而后呈请天子简用，故廷推又称为会推，如《明会要》（卷四十八《廷推》）："崇祯元年，诏会推阁臣"，"六年,廷推阁臣","十五年,廷推阁臣"。均是推举阁臣,既云会推,又云廷推。最初会推是由吏部为之,廷推是由廷臣为之,到了后来,廷推与会推本质上遂无区别。廷推之制似由廷议发展而成,最初见于《明史》者,代宗景泰中,"兵部尚书于谦以病在告,诏推一人协理部事"(《明史》卷一百六十八《江渊传》)。然而此际廷推尚未成为定制,中经英宗复辟,天顺年间,"凡选用卿佐重臣,必召吏部尚书王翱与大学士李贤面议可否"(《西园闻见录》卷二十六《宰相上》),而廷推之制也于此时渐次发生。史谓"天顺之世,李贤为首辅……故事,方面官敕三品官保举。贤患其营竞,令吏部每缺举二人,请帝简用。并推(即吏部会推)之例始此"(《明史》卷一百七十六《李贤传》)。及至宪宗嗣位,因口吃之故,"始不召见大臣面议,只令吏部会推才望相应者二三员,疏名请旨,点用一员"(《西园闻见录》卷二十六《宰相上》)。降至孝宗年间,吏部会推又演变为廷推,而成为明代确定的制度。所以"弘治五年正月,湖广巡抚徐恪,中旨改南京工部侍郎。恪上疏曰,大臣进用,宜出廷推,未闻有传奉①得者。臣生平不敢由他途进,请赐罢黜。帝慰留之"(《明会要》卷四十八《廷推》,参阅《明史》卷一百八十五《徐恪传》)。

廷推本来是"爵人于朝,与众共之之义"(《明史》卷二百二十四《孙鑨传》)。然其结果并不理想,今日民主国家之采用总统制者,一切国务员均由总统任命。而采用内阁制者,国务总理亦不过要得到议会信任,并不由议会选举。至于一般国务员,均由国务总理推荐,而由元首任命之。明制,一切大僚均由廷推,其结果如何,请看下文所说:

> 又案,大僚则由廷议会推……然究其所推者,又不必尽孚舆论,大抵仍视大臣居首者意指所向,而群相附和之,其阙门聚议不过沿习具文,并无一人能主持公道。是即所推者果克当其任,而恩怨所在,其不预推者,势不能不生觖望,营求倾轧,将从此起。又况所推不出于至公,而徒以朝

---

① 陆子元尝言,祖宗时用人,亦往往出亲擢。今凡不由吏部拟上,而特旨迁除者,谓之传奉官,必不久而罢,人亦耻为之。(《明会要》卷三十一《吏部尚书侍郎》,引《续通典》)

廷爵禄荣途为诸臣网利徇私之具,其弊又何可胜道?(《历代职官表》卷五《吏部》)

最初廷推如上所言,是由吏部提名,吏部并不开列名单,只由尚书宣布人选,正推一名、陪推一名,众议佥同,便由吏部尚书请旨简用。

  国之大僚,政事系焉,会推不可不审也。每遇员缺,先一日移大九卿、掌科、掌道,集会于东阙,九卿东西立,科道北向立。选司(吏部尚书之下置四司,其一为文选司)致词,推某缺,递一空册于冢宰(此冢宰是指吏部尚书,《明史》卷七十二《吏部》云,吏部尚书掌天下官吏选授、封勋、考课之政令,盖古冢宰之职,视五部为特重)。冢宰云,推某正某陪、各画题而本不列名,此旧例也。(《春明梦余录》卷三十四《吏部》)①

后来,一方内阁侵夺部权②,他方参加廷推之人又多③,吏部不能做主,廷臣意见很难一致,被推的人遂由二人增加至五六人,最后且在十人以上。此时也,吏部之权日轻④,而廷推竟变为类奏⑤。廷推由吏部先定人选,类奏由

---

① 廷推由吏部尚书提名,下列之例更为明显。"万历二十二年五月丁亥,吏部推阁臣王家屏、沈鲤、陈有年、沈一贯,左都御史孙丕扬,吏部右侍郎邓以赞,少詹事冯琦,不允。初阁臣王家屏以谏册储罢归,至是,上谕有不拘资品堪任阁臣语,吏部遂以家屏等名上。上览不怿,下旨诘责,以宰相奉特简,不得专擅。吏部尚书陈有年争之,以为冢宰总宪廷推,自有故事。王家屏为相有名,若宰相不廷推,将来恐开捷径,因乞骸骨。上命驰驿还籍,以孙丕扬代之。"(《明史纪事本末》卷六十六《东林党争》)
② 《明史》卷二百二十五《杨巍传》:"明制,六部分莅天下事,内阁不得侵,至严嵩(世宗嘉靖年间)始险挠部权。迨张居正时(神宗万历十年以前),部权尽归内阁,逡巡请事如属吏,祖制由此变。"
③ 《春明梦余录》卷二十三《阁臣宜推》,万历十九年,吏部尚书陆光祖疏言:"祖宗定制,凡大臣员缺,吏部与九卿会推,请旨简用。至推吏兵二部尚书、各边总督及内阁大臣,则九卿之外,复益以六科十三道。盖其任愈重,则举愈当公,询谋愈同,方敢推用,实所以广思集众,而杜偏听之奸,绝阿私之患也。"
④ 《明史》卷二百二十五《李戴传》:"万历二十六年,吏部尚书蔡国珍罢,廷推代者七人,李戴居末,帝特擢用之。当是时,赵志皋、沈一贯辅政,虽不敢挠部权,然大僚缺人,九卿及科道掌印官咸得自举,听上裁。而吏部诸曹郎亦由九卿推举,尚书不得自择其属。在外府佐及州县正佐官则尽用掣签法,部权日轻。"
⑤ 据《明史》卷二百一十九《张位传》,万历二十年,赵志皋、张位在阁,"志皋为首辅,位与志 (转下页)

九卿各举所知。唯在专制时代，天子用人并不受廷推的拘束，不但可以简用陪推之人，而且正推、陪推若不获简帝心，尚可下诏再推，而至于三推四推，推到天子所拟用之人乃已①。其甚者，天子尚得置廷推于不顾，而出特旨用人。例如"世宗眷侍直诸臣厚，凡迁除皆出特旨。李春芳自学士至柄政凡六迁，未尝一由廷推"（《明会要》卷四十八《廷推》）。又如崇祯属意周延儒，元年十一月，"命会推，廷臣以延儒望轻，置之；列成基命、钱谦益等十一人。名上，帝以延儒不预，尽罢会推者不用"。翌年，"特旨拜延儒礼部尚书兼东阁大学士，参机务"（《明史》卷三百八《周延儒传》）。固然崇祯一代常令廷臣会推，而每次廷推必增广名额，名额既多，就用枚卜之法择用大臣。枚卜乃出于《尚书·大禹谟》："枚卜功臣，惟吉之从。"孔传："谓历卜之，而从其吉。"其法是将廷推之姓名，贮之金瓯，焚香肃拜，以拈阄方式，选用阁员（《明史》卷二百五十一《钱龙锡传》）。其后，又因枚卜之未协众心，乃变为亲试，即"简用阁臣，每亲发策，以所条对觇能否"（《明史》卷二百五十三《陈演传》）。用人之法大坏，国祚安得不亡？

除大僚由廷推之外，前已说过，"在外府、州、县正佐，在内大小九卿之属员，皆常选官，选授迁除一切由吏部"（《明史》卷七十一《选举志三》）。但是吏部对

（接上页）皋相厚善。志皋衰，位精悍敢任，政事多所裁决。时黜陟权尽还吏部，政府（内阁）不能侵挠，位深憾之"。又据卷二百二十四《孙丕扬传》，万历二十年三月，孙丕扬为吏部尚书，"吏部自宋繻（万历十八年三月任，十九年五月卒）及陆光祖（万历十九年四月任，二十年三月致仕）为政，权始归部。至丕扬守益坚，张位（时为阁臣）等不能平，因欲夺其权。建议大僚缺，九卿各举一人，类奏以听上裁（《续文献通考》卷三十六《举官》作"九卿、科道各举所知，送之吏部类奏，取自上裁"），用杜专擅。丕扬言廷推大臣，得共衡可否，此爵人于朝，与众共之之义（《续文献通考》卷三十六《举官》）。孙丕扬又谓官至大臣，历已久，才品己定，会推之时，九卿、科道俱在，如有不当，自宜面相争引，何必类奏？类奏启幸途，非制。给事中史孟麟亦言之，诏卒如位议，自是吏部权又渐散之九卿矣"。据《明史》（卷二三一）《史孟麟传》，"疏争曰，曩太祖罢中书省，分设六部，恐其专也。而官各有职，不相侵越，则又惟恐其不专。盖以一事任一官，则专不为害，即使败事，亦罪有所归，此祖宗建官之意也。今令诸臣各书所见，类奏以听上裁（《史孟麟传》，类奏又兼指会议会推，故云所见），则始一部之事，分而散之于诸司，究以诸司之权，合而收之于禁密。事虽上裁，旨由阁拟，脱有私意奸其间，内托上旨，外诿廷言，谁执其咎"。由此可以证明，廷推时，提名权应属吏部。上述之年月乃根据《明史》卷一百一十《宰辅年表二》及卷一百一十二《七卿年表二》。七卿为六部尚书及都察院都御史，九卿又加以通政司使及大理寺卿。

① 举一例说，正德八年十二月己亥，升兵部左侍郎石玠为都察院右都御史。初都御史缺，吏部拟起用林俊、彭泽以请。有旨再推，乃拟刘洪、戈瑄。复命再推，又拟孙需、陶琰，皆不用。最后以王璟及石玠上，竟用玠焉。见《明武宗实录》卷一百七。

此，却深受资格的限制，明志(《明史》卷七十一《选举志三》)虽云："进士为一途，举贡等为一途，吏员等为一途，所谓三途并用也。"而据顾炎武之言："国初之制，谓之三途并用，荐举一途也，进士、监生一途也，吏员一途也，或以科与贡为二途，非也。"(《明会要》卷四十八《铨选》)但是"进士日益重，荐举遂废，而举贡日益轻"(《明史》卷六十九《选举志一》)，"举贡虽与进士并称正途，而轩轾低昂，不啻霄壤"(《明史》卷七十一《选举志三》)，则明志将进士与举贡别为二途，未必有错。不过顾炎武所言者乃明初之制，嗣后"制科既重，太学生成材者与天下贤士尽入搜罗"(《明会要》卷二十五《国学》嘉靖八年，引王圻《通考》)，换言之，举贡虽寄籍于国学，尚得参加会试，则顾炎武将进士与监生合为一途，也有理由。

明代最重资格，正统六年，周叙曾言："掌铨选者，罔论贤否，第循资格。"(《明史》卷一百五十二《周叙传》)进士、举贡、吏员三途，不但初次入仕之品级不同，嗣后升迁又依资格而异。成化中，丘濬曾言：

> 文臣入仕之途非一端，其大者有三，进士也，监生也，吏员也。吏员资格，其崇者止于七品，用之为佐贰、幕职、监当、筦库之职，非有保荐者，不得为州郡正员。监生则出自学校之贡选，及举人试进士不第者。其肄业大学也，循资以出，先历事于府部诸司，然后次其名于选曹，循资而考之，以定其高下，而授之以职焉。监生、吏员二者虽各有其资格，进士初任，亦循其甲第，及其不次擢用，往往越常调焉，是又不专在于资格也。

(《大学衍义补》卷十《公铨选之法》)

即据丘濬之言，监生、吏员必循资而迁。吏员最多只能迁到七品之官，"人多缺少，计其资次，乃有老死不待得一官者，而监生尤甚"。只唯进士得"不次擢用，往往越常调焉"(《大学衍义补》卷十《公铨选之法》)。此成化年间之事，弘(弘治)、正(正德)以后，更重资格①。"举贡虽与进士并称正途，而轩轾低昂，不啻

---

① 但据崇祯时姜采言，"嘉靖时，犹三途并用，今惟一途，举贡不得至显官。一举进士，横行放诞，此资格之病也"(《明史》卷二百五十八《姜采传》)，斯言若实，则嘉靖年间，还是三途并用。

霄壤。隆庆中,大学士高拱言,国初,举人跻八座,为名臣者甚众。后乃进士偏重,而举人甚轻,至于今极矣,请自授官以后,惟考政绩,不问其出身。然势已积重,不能复返。"(《明史》卷七十一《选举志三》)此时"内外要重之司皆归进士,而举贡所称监生者,则有遗贤。铨入高等,不过授以省府幕僚、郡佐、州正。而台谏、藩臬则必待其历官有誉而后得之,然亦千百而什一耳"(《明会要》卷二十五《国学》嘉靖八年注,引王圻《通考》)。明志云：

成祖初年,内阁七人非翰林者居其半,翰林、纂修亦诸色参用。自天顺二年李贤奏定纂修专选进士,由是非进士不入翰林,非翰林不入内阁。南北礼部尚书、侍郎及吏部右侍郎非翰林不任,而庶吉士始进之时,已群目为储相。通计明一代宰辅一百七十余人,由翰林者十九,盖科举视前代为盛,翰林之盛则前代所绝无也。(《明史》卷七十《选举志二》)

到了末世,国家需才孔亟,而尚拘于资格,不肯破格用人。哪里知道"国家设制科、立资格,以约束天下豪杰,此所以弭乱,非所以戡乱也"(《明史》卷二百七十四《何刚传》)? 于是明朝遂于人才旷虚之中而至灭亡。

吏部在资格的范围内对于府、州、县正佐,大小九卿之属员尚有注拟之自由。固然不免有纳贿之事,严嵩时,"吏兵二部尤大利所在"(《明史纪事本末》卷五十四《严嵩用事》嘉靖三十二年杨继盛疏言),盖文选归吏部,武选归兵部之故。然除大奸巨猾之外,"虽多有为人择地,亦尚能为地择人"。到了万历二十二年孙丕扬为吏部尚书,因患中贵请托,难于从违,乃创为掣签法。《明史》(卷七十一)云:"其初用拈阄法,至万历间变为掣签。"拈阄不知始于何时,其实拈阄与掣签无甚差别,均是书官名及空签于纸而卷之,令各取其一,以凭取舍。后虽有讥其失者,终明世不复更。

孙丕扬二十二年拜吏部尚书,丕扬挺劲不挠,百僚无敢以私干者,独患中贵请谒,乃创为掣签法。大选、急选悉听其人自掣,请寄无所容,一时选人盛称无私,然铨政自是一大变矣。(《明史》卷二百二十四《孙丕扬传》)

拈阄法唯见于《明史》(卷七十一)《选举志》,于传无考。掣签法,《选举志》言创议于倪斯蕙,吏部尚书李戴拟行报可(《明史》卷二百二十五《李戴传》,万历二十六年,为吏部尚书。三十一年十二月,致仕),孙丕扬不过"踵而行之"(孙丕扬于万历二十二年为吏部尚书,二十四年闰八月,病免,均见《明史》卷一百一十二《七卿年表》)。但孙丕扬为吏部尚书乃在李戴之前,哪有前人踵行后人之事?故《续通考》云:

> 臣等谨案《明史·选举志》,言万历二十九年,文选员外郎倪斯蕙条上铨政十八事,其一曰议掣签,尚书李戴拟行报可,孙丕扬踵而行之。而《丕扬传》则言万历二十二年,拜吏部尚书,患中贵请托,乃造为掣签法,赞亦及之。《李戴传》则言,时在外府佐及州县正佐官尽用掣签法。戴视事,谨守新令,幸无罪而已。考《神宗实录》,二十三年五月,载曹上吉一事云,吏部尚书孙丕扬选法用掣签,颇称无私。则掣签不始于戴,而始于丕扬无疑。且《实录》载二十九年,李戴疏陈铨政十八事,不报。而志乃云拟行报可,亦属失考。(《续文献通考》卷三十六《举官》)

吾所以详述掣签法之起源者,盖清代亦曾承明之弊,用此法以举官。此盖出于大臣不肯负责之故。对此,于慎行《笔麈》曾有批评,其言曰:

> 古人见除吏条格,却而不视,以为一吏足矣。奈何衡鉴之地自处于一吏之职,而无所秉成,亦已陋矣。至于人才长短各有所宜,资格高低各有所便,地方繁简各有所合,道里远近各有所准,乃一付之于签,是掩镜可以索照,而折衡可以坐撝也。从古以来,不闻此法。(《日知录》卷八《选补》)

三、禄俸

禄俸是官吏用以维持一家生活、与身份相等的一种收入。禄俸菲薄,不能养生送死,免不了营私舞弊。到了最后,贪污便成为政界的普遍现象,贪污不是用以救贫,而是用以致富。法纪荡然,悠悠风尘皆冒货之士,列官千百无清廉之风,人民嫉视朝廷有如寇仇,而政界的污浊又引起社会的梦乱。这种情况常见于吾国历史之上,明代亦不例外。

明代百官禄俸在太祖时,屡经变更。洪武元年及四年所定禄俸,史阙其文,十三年复位之数如次:

> 十三年,复位内外文武官岁给禄米俸钞之制,正从一二三四品官,自千石至三百石,每阶递减百石,皆给俸钞三百贯;正五品二百二十石,从减五十石,钞皆百五十贯;正六品百二十石,从减十石,钞皆九十贯;正从七品视从六品递减十石,钞皆六十贯;正八品七十五石,从减五石,钞皆四十五贯;正从九品视从八品,递减五石,钞皆三十贯。勒之石。(《明史》卷八十二《食货志六·俸饷》)

二十五年,又更定百官禄。

> 二十五年,更定百官禄,正一品月俸米八十七石;从一品至正三品递减十三石,至三十五石;从三品二十六石;正四品二十四石;从四品二十一石;正五品十六石;从五品十四石;正六品十石;从六品八石;正七品至从九品递减五斗,至五石而止。自后为永制。(《明史》卷八十二《食货志六·俸饷》)

兹将上述百官禄米作表如次:

洪武二十五年所定百官俸米表(单位石)

官品	月俸米	一年所得俸米	官品	月俸米	一年所得俸米
正一品	87	1 044	从二品	48	576
从一品	74	888	正三品	35	420
正二品	61	732	从三品	26	312

续 表

官品	月俸米	一年所得俸米	官品	月俸米	一年所得俸米
正四品	24	188	正七品	7.5	90
从四品	21	252	从七品	7	84
正五品	16	192	正八品	6.5	78
从五品	14	168	从八品	6	72
正六品	10	120	正九品	5.5	66
从六品	8	96	从九品	5	60

二十五年所定禄米比较十三年为少，十三年除禄米外，尚给俸钞，一品、二品、三品、四品皆给300贯，五品150贯，六品90贯，七品60贯，八品45贯，九品30贯。二十五年是否只给禄米，而省俸钞，各书所记，不甚明了。但明代官禄固然用米，而又不是全部给米。明志云：

> 洪武时，官俸全给米，间以钱钞兼给，钱一千、钞一贯，抵米一石。成祖即位，令文武官俸则米钞兼支，官高者支米十之四五，官卑者支米十之七八，惟九品全支米。其折钞者，每米一石给钞十贯。(《明史》卷八十二《食货志六·俸饷》)①

这样，就要比较钞价与米价了。洪武时，钱一千、钞一贯抵米一石。而"每钞一贯准钱千文、银一两"(《明史》卷八十一《食货志五·钱钞》)。前已说过，明代钱币渐由铜本位改为银本位，以银计算米价，明时正常米价四石值银一两，所以正一品每年所得之米，折之为银，不值1 044两，而只值261两。至于从九品一年所得，名义上是60两，实质上只值15两。成祖以后，米钞兼支，钞在太祖末期已经跌价，到了永乐，其跌更甚，"每米一石给钞十贯"，即钞价比

---

① 正统年间，胡濙言，太祖时，"每钞二贯五百文折米一石，黄金一两折二十石，白金一两折四石，绢一匹折一石二斗，布一匹折一石"(《日知录》卷十一《银》)。即此时钞已由一贯抵米一石，跌为二贯五百文折米一石了。

之洪武初年,已经跌到十分之一,"仁宗立,官俸折钞,每石至二十五贯"(《明史》卷八十二《食货志六·俸饷》)。倘若折钞是准米价,犹可说也,而又不然。仁宗在位不过一年,继之嗣位者则为宣宗,改元宣德,"宣德初,米一石用钞五十贯"(《明史》卷八十一《食货志五·钱钞》),即仁宗时所给官俸,以二十五贯抵一石米,其实只值五斗。然而宣德八年,乃从胡濙(礼部尚书掌户部事)之言,每石减十贯,即只给十五贯。折钞不准米价,官价为十五贯抵一石米,市价为五十贯抵一石米,百官之穷可想而知,试观孔友谅之言:

> 国朝制禄之典,视前代为薄。今京官及方面官,稍增俸禄。其余大小官,自折钞外,月不过米二石,不足食数人。仰事俯育,与道路往来费,安所取资?贪者放利行私,廉者终窭莫诉。(《明史》卷一百六十四《黄泽传》)

到了"正统中,五品以上,米二钞八;六品以下,米三钞七"。时"钞价日贱",原定米一石给钞十五贯,乃增十贯,而为二十五贯。然而不久复从户部尚书王佐之言,仍减为十五贯。(《明史》卷八十二《食货志六·俸饷》)成化二年,户部尚书马昂又请每石再省五贯(《明史》卷八十二《食货志六·俸饷》),即每石只给十贯。七年,户部尚书杨鼎请以布代钞。其法:"米一石折钞十贯",而"布一匹折米二十石",即"布一匹当钞二百贯",然而布一匹时估不过二三百钱(铜钱,非钞),现乃令其充为二百贯之官俸,"自古官俸之薄未有若此者"(《明史》卷八十二《食货志六·俸饷》,参阅《日知录》卷十二《俸禄》大明会典条原注)。

正德以后,米价渐贵,嘉靖以后,钞久不行,而官禄还是以钞代米,间或折绢,折银,而所得者比实质之米相差甚远。明代官俸之薄,请看赵翼之言:

> 明初百官之俸,皆取给于江南官田,其后令还田给禄。洪武十三年,已定文武官禄米俸钞之数。二十五年,更定官禄,正一品月俸米八十七石;从一品至正三,递减十三石;从三品二十六石;正四品二十四石;从四品二十一石;正五品十六石;从五品十四石;正六品十石;从六品八石;正七品至从九,递减五斗,至五石而止。自后为永制。洪武时,官全给米,

间以钱钞,兼给钱一千、钞一贯抵一石(其时钞尚贵)。官高者支米十之四五,卑者支米十之七八。九品以下全支米。后折钞者,每米一石,给钞十贯(时钞已贱,故十贯抵一石)。又凡折色俸,上半年给钱,下半年给苏木胡椒。《孔友谅传》,疏言大小官,自折钞外,月米不过二石,此宣德中事也。又《李贤传》,正统以前,北京漕运少,各官月支米一石。李贤疏言,降人居京师者,实支十七石五斗。指挥使月俸三十五石者,实支仅一石。是一降人当京官十七员半矣。)成化七年,户部钞少,乃以布估给。布一匹,当钞二百贯。是时钞一贯,仅值钱二三文。而米一石,折钞十贯,是一石米仅值二三十钱也。布一匹,亦仅值二三百钱,而折米二十石,是一石米仅值十四五钱也。《明史·食货志》,谓自古官俸之薄,未有若此者。顾宁人谓其弊在于以钞折米,又以布折钞,以致如此。其后又定有折银之例(成祖迁都北京,以漕运不便,百官俸米,皆令赴南京关支。惟英国公张辅,以功大,许北京支领。其百官俸米,领票后卖与商人赴领,每十石止值银一二两。周忱以江南正苦粮重,建议量折银,每石银四钱以充百官俸,折银之例始此)。凡官俸有二,曰本色,曰折色。其本色又有三,曰月米,曰折绢米,曰折银米。月米不问官大小,皆一石,折绢者绢一匹当银六钱,折银者银六钱五分当米一石,比从前以布折钞之例稍优矣。其折色亦有二,曰本色钞,曰绢布折钞。本色钞,二十贯折米一石,绢布折钞,绢一匹折米二十石,布一匹折米十石。一品者本色仅十之三,递增至从九品,本色乃十之七。此有明一代官俸之大略也。(《廿二史札记》卷三十二《明官俸最薄》)

百官贫穷,何能不营私舞弊?张居正为有明一代名臣,而身死之后,神宗籍其家,虽然财产不及严嵩二十分之一(《明史纪事本末》卷六十一《江陵柄政》万历十二年),然其诸子兄弟藏得黄金万两、白金十余万两(《明史》卷二百一十三《张居正传》)。禄俸之厚薄与国家之治乱有很大关系。西汉之世,官禄已经很厚,同时又有察廉之制,廉吏而有才干,常被拔擢,往往由百石之吏升为县之令长,由县令而郡守,由郡守而九卿,由九卿而御史大夫,最后则为丞相。富贵者人之所欲也,欲人清廉,须诱之以富贵,即管仲所谓"人主之所以令则行者,必令于民之所好也"(《管子·形势解》)。同时又严禁贪污,"赃直十金,则至重罪"(《汉书》卷八十三《薛宣传》师古注),"赃吏子孙三世禁锢"(《后汉书》卷七十五《袁安传》),此种刑罚可使百官不敢枉法贪赃,而致害及本身,害及子孙,此即管子所谓"人主之所以禁则止者,必禁于民之所恶也"(《管子·形势解》)。令之以其所好,禁之以其所恶,人心思汉,实有理由。明呢?在财政困难之际,户部尚书只知减少百官禄俸,岁暖而妻呼寒,年丰而儿啼饥。妻子冻馁,虽冒刃求利,尚犹不畏,况可令其临财御众乎?明代政治腐化,禄俸菲薄实为原因之一。唐时,"杨绾为相,承元载汰侈之后,欲变之以节俭,而先益百官之俸。皇甫镈以宰相判度支,请减内外官俸禄,给事中崔植封还诏书,可谓达化理之原者矣"(《日知录》卷十二《俸禄》)。

四、监察

监察之法,各书所载不甚明白,似将监察官邪与考课功绩混为一谈。明志云:"考满、考察二者相辅而行。"(《明史》卷七十一《选举志三》)依余之意,考满当属于考课,考察当属于监察,否则考察之目八项,何以单举百官之劣迹,而不举其优点?志云:

> 考察通天下内外计之,其目有八:曰贪,曰酷,曰浮躁,曰不及,曰老,曰病,曰罢,曰不谨。(《明史》卷七十一《选举志三》)

总其事者则为都察院与吏部,明志于《都察院》,述其职掌云:

> 遇朝觐考察,同吏部司贤否陟黜。(《明史》卷七十三《都察院》)

所谓"司贤否陟黜"又有似于考课,此盖明制对于监察官邪与考课功绩未曾予以明了区别之故。考察分为京察与外察二种,京察是考察京官,外察是考察外官。今将《明史》所载，录之如次，而后再加说明。《选举志》云：

> 考察之法，京官六年，以巳亥之岁、四品以上自陈，以取上裁；五品以下，分别致仕、降调、闲住、为民者有差，具册奉请，谓之京察。自弘治时，定外官三年一朝觐，以辰戌丑未岁，察典随之（《明史》卷七十五《布政司》，布政使三年率其府、州、县正官，朝觐京师，以听察典），谓之外察。州县以月计，上之府，府上下其考，以岁计，上之布政司；至三岁，抚按通核其属事状，造册具报，丽以八法而处分。察例有四，与京官同①。明初行之，相沿不废，谓之大计。计处者不复叙用，定为永制。（《明史》卷七十一《选举志三》）

《职官志》亦云：

> 京官六年一察，察以巳亥年，五品下，考察其不职者降罚有差；四品上，自陈去留取旨。外官三年一朝，朝以辰戌丑未年，前期移抚按官各综其属三年内功过状，注考汇送复核，以定黜陟。（《明史》卷七十二《职官志一·吏部》）

依两志所载，吾人可以推定为，京官每六年考察一次，外官每三年考察一次。这不是宽京官而严外官，而是因为京官群萃京师，外官远在四方，每届三年才由布政使率其府、州、县正官朝觐京师之故。不消说，在此六年或三年之内，京官或外官若有不法之事，言路可以随时劾奏。

考察方法似和考课一样，四品以上自陈，以取上裁；五品以下，听各衙门正官考其贤否，具册奏闻。但外官散在四方，不易详查，故又运用地方行政组织，分层负责考察。即州县正官每月察其官属，报告于府，府则上下其考，每

---

① 所谓"察例有四，与京官同"，依《续通典》卷十九《选举三》，"京官之考察凡六年举行一次，四品以上自陈，以取上裁；五品以下老病者致仕，浮躁不及者降调，罢软不谨者闲住，贪酷者降为民"。

年报告于布政司;布政司又上下其考,三岁报告于抚、按(抚指巡抚,按指巡按御史,已说明于前。有总督时又须报告总督)。抚、按又会按察使(全名为提刑按察司按察使,按察使掌一省刑名按劾之事,以纠官邪、澄清吏治为职。见《明史》卷七十五《职官志四·按察使》),通核其属事状,造册具报于都察院与吏部。至于布、按二司官,依景泰七年令,由巡抚、巡按考察。

> 景泰七年令,巡抚、巡按会同按察使考察府、州、县。其布、按二司官,听抚、按考察。(《明会要》卷四十六《考课》)

而据明志所载:

> 布政司四品以上、按察司五品以上,任满黜陟,取自上裁。(《明史》卷七十一《选举志三》)

即巡抚、巡按固然可以考察布、按,而黜陟之权属于天子。巡抚、巡按本身因系京官,故依京官办理。

这样,就发生了两个问题,一是四品以上自陈,二是各衙门正官考察官属,倘若他们自陈不实,或考察官属有所偏私,则又如何?此时科、道可以出来纠举。

> 凡京官五品以下,六年一次考察,及四品以上自陈,有遗漏者,科、道纠举(《明会典》卷二百九《都察院》,考核百官)。外官三年考察,有抚、按监临,科、道纠举。(《明史》卷一百八十八《许天锡传》)

而科、道本身又得互相监察。前曾说过,吾国古制,凡监察之官都是"比肩事主,得各弹事",所以不但御史与御史之间、给事中与给事中之间可以自相纠弹,即御史与给事中亦得彼此弹击。如景泰中,给事中林聪等劾右都御史王文畏势长奸(《明史》卷一百六十八《王文传》);万历时,御史胡克俭劾兵科给中张应登朋奸欺罔（《明史》卷二百二十一《郝杰传》），即其例也。

考察之后，继以处罚，有致仕、降调、闲住、为民四种。这四种处罚似不宜限于五品以下，四品以上想必相同。不过四品以上皆两京及方面大臣，所以必由上裁。此际天子或留中不发，或径予处罚，或交付廷议。五品以下虽然具册奏请，然而幕职官多由吏部决定，州县正官以上才由天子裁决，有时天子又交吏部议覆。

> 嘉靖二十七年，巡按湖广御史贾大亨奏，荆州知府周世雍，及荆山知县雍通皆贪污不职，诏下吏部议覆。部批闲住，从之。（《国朝典汇》卷四十一）

以上乃略述明代监察制度之大要，其最大缺点在于监察外官之机关太过繁重。既有十三道监察御史巡按州县，又有按察使以纠官邪，澄清吏治为职，复有巡抚及总督。明之巡抚、总督即元代行御史台之职（《续文献通考》卷五十四《行御史台》，臣等谨按）。据明志（卷七十三《都察院》），总督、巡抚之官附于都察院之下，又恐其与巡按御史不相统属，乃加都御史之衔。

> 巡抚……与巡按御史不相统属，文移窒碍，定为都御史。（《明史》卷七十三《职官志二·都察院》原注）

据史官言，"天顺而后，巡抚之寄专，而监司、守牧不得自展布"（《明史》卷一百六十一《周新等传》赞），而尤弊者，"自中叶以后，督抚多用廷推，率以营求得之。又往往交结阉人，为其私党，以致擅作威福，朘克民膏。即名挂弹章者，亦多置之不问，甚者且加迁擢，益无所顾忌。惟事贪暴殃民，而于国事边防，一切全不为意。浸成厉阶，积弛已甚"（《历代职官表》卷五十《总督巡抚》）。监察外官之最高机关如斯，则地方官何能承宣德化，为天子分忧？而层层掣肘，守令更不可为，天下之事犹治丝而棼之矣。

兼以监察虽严，而又名存实亡。请托之事成为一代风气，邱橓有言："御史巡方,未离国门,而密属之姓名,已盈私牍。甫临所部,而请事之竿牍,又满行台。以豸冠持斧之威,束手俯眉,听人颐指。"(《明史》卷二百二十六《邱橓传》)弄到结果,"贪墨成风,生民涂炭。而所劾罢者,大都单寒软弱之流。苟百足之虫、傅翼之虎,即赃秽狼籍,还登荐剡"。"严小吏而宽大吏,详去任而略见任。""惩贪之法,徒有其名,或阴纵之使去,或累逮而不行,或批驳以相延,或朦胧以幸免……苞苴或累万金,而赃止坐之铢黍;草菅或数十命,而罚不伤其毫厘。"(《明史》卷二百二十六《邱橓传》)明代设御史以肃正官纪,而官纪反因御史而污浊,纵无清军入关,而政治腐化,引起流寇蜂起,亦足以亡明祚。

五、考课

管子云:"明主之道,立民所欲,以求其功,故为爵禄以劝之。立民所恶,以禁其邪,故为刑罚以畏之。"(《管子·明法解》)此即慎子所谓"人莫不自为也,化而使之为我,则莫可得而用矣……故用人之自为,不用人之为我,则莫不可得而用矣"(《慎子·因循》)。考课就是"因人之情",用赏以劝百官之功,用罚以戒百官之过。考课是否得法,对于政治之良窳,极有影响。洪武十一年,曾考课朝觐官一次。

> 洪武十一年,命吏部课朝觐官殿最。称职而无过者为上,赐坐而宴。有过而称职者为中,宴而不坐。有过而不称职者为下,不预宴,序立于门;宴者出,然后退。此朝觐考核之始也。(《明史》卷七十一《选举志三》)

这只是临时制度,而明祖对于臣下,不能待之以礼,亦可以知其一斑,难怪后代常有廷杖之事?摧残天下之士气,唯恐不尽。甲申之变,一般公卿宴安宠禄,方岳无钧石之镇,关门无结草之固,只见求生以害义,不闻见危以授命,盖履霜坚冰,其所由来也渐矣。

洪武十四年,考课之法稍定,当时法制如何,如何修改而成为一代永制,吾人不欲深加检讨。吾人只能知道吏部置考功司,掌官吏考课黜陟之事。

> 考功掌官吏考课黜陟之事,以赞尚书。凡内外官给由,三年初考,六年再考,并引请,九年通考奏请。综其称职、平常、不称职而陟黜之。陟无过二等,降无过三等,其甚者黜之罪之。(《明史》卷七十二《职官志一·吏部》)

前已累次申明,明代对于考课与监察没有明显的区别。所以属于考课之"考满"与属于监察之"考察"乃相辅而行。考察之制已述于前,现在只论考满。

> 考满、考察二者相辅而行。考满论一身所历之俸,其目有三,曰称职,曰平常,曰不称职,为上中下三等……考满之法,三年给由曰初考,六年曰再考,九年曰通考。依职掌事例,考核升降。(《明史》卷七十一《选举志三》)

所谓"职掌事例"大率仿唐代二十七最之制。考满九年一次,不但京官,外官也是一样,吾人观《明史·郭瑊传》(卷一百五十七)有"外官九年考满",《张昭传》(《明史》卷一百六十四)有"县令多年老监生,逮满九载,年几七十"之言,即可知之。反之,考察在京官六年一次(京察),在外官三年一次(外察)。而考满之后分为三等处理,考察之后分为四等处罚。两者似有区别,吾人以考满为考课功过,以考察为监督违法,未必是武断之言。

考课由吏部考功司掌之,考察由都察院会同吏部掌之,这又是两者不同之点。但是吏部考功司关于考课,亦不过总其成而已。其负实际责任者,据《职官志》所述:

> 在京六部五品以下,听本衙门正官察其行能,验其勤惰;其四品以上,及一切近侍官与御史为耳目风纪之司,及太医院、钦天监、王府官不在常选者,任满黜陟,取自上裁。直隶有司首领官及属官,从本司正官考核,任满从监察御史覆考。各布政使司首领官俱从按察司考核,其茶马、

盐马、盐运、盐课提举司、军职首领官俱从布政司考核,仍送按察司覆考。其布政司四品以上、按察司、盐运司五品以上,任满黜陟,取自上裁。(《明史》卷七十一《选举志三》)

即亦同考察一样,在京官,由各衙门正官(志只云"在京六部",我认为其他衙门如太常寺、光禄寺等等,凡不隶于六部者,也是一样)对其属僚,"察其行能,验其勤怠",而报告于吏部。在外官,有考核及考覆两个程序。考核大约同考察一样,由州县,而府,而布政司,再由按察司覆考,而呈报于吏部。但布政司四品以上、按察司五品以上任满黜陟,取自上裁。

考课结果分为称职、平常、不称职三种。称职者升,升无过二等;平常者守旧职;不称职者降,降无过三等,其甚者免之,罪之。

洪武十八年……帝令称职者升,平常者复职,不称职者降,贪污者付法司罪之,阘茸者免为民。永宣间……又从部议,初考称职,次考未经考核,今考称职者,若初考平常,次考未经考核,今考称职者,俱依称职例升用。自时厥后,大率遵旧制,行之。(《明史》卷七十一《选举志三》)

但是明代考课自始就有名无实。成化时,王瑞疏言:

三载黜陟,朝廷大典。今布、按二司贤否,由抚、按牒报。其余由布、按评覆。任情毁誉,多至失真。(《明史》卷一百八十《王瑞传》)

万历中,邱橓亦说:

京官考满,河南道例书称职(河南道监察御史协管之两京衙门甚多,故云。此亦可以证明明代对于"考察"与"考满"没有明了的区别)。外吏给由,抚、按官概与保留。以朝廷甄别之典,为人臣交市之资,敢徇私而不敢尽法。恶无所惩,贤亦安劝?……抚、按定监司考语,必托之有司,

有司则不顾是非,侈加善考。监司德且畏之,彼此结纳,上下之分荡然,其考守令也亦如是。(《明史》卷二百二十六《邱橓传》)

不但守令而已,州县佐贰亦临民之官,平日视若舆隶,任其污黩害民,及至考课,又概与上考。邱橓云:

> 州县佐贰虽卑,亦临民官也……今也役使谴诃,无殊舆隶。独任其污黩害民,不屑禁治……及至考课,则曰,此寒官也,概与上考。若辈知上官不我重也,则因而自弃;知上官必我怜也,又从而日偷。(《明史》卷二百二十六《邱橓传》)

兼以明代最重资格,甚至考课也受资格的拘束。邱橓说:

> 荐举、纠劾所以劝惩有司也。今荐则先进士,而举监非有凭借者不与焉。劾则先举监,而进士纵有訾议者罕及焉。(《明史》卷二百二十六《邱橓传》)

贾三近亦云:

> 抚、按诸臣遇州县长吏,率重甲科,而轻乡举。同一宽也,在进士则为抚字,在举人则为姑息。同一严也,在进士则为精明,在举人则为苛戾。(《明史》卷二百二十七《贾三近传》)

考课功过,乃以出身为标准,贤无所劝,恶无所惩,明代吏治之坏,考课有名无实,实为最大原因。

六、致仕

明代亦有致仕,但依《明史》所载,似无一定制度。"七十致仕"为吾国旧

制,明时,年未七十,就可致仕。举其最显明之例:

> 洪武十年,学士宋濂致仕,赐御制文集及绮帛。问濂年几何?曰六十有八。帝乃曰,藏此绮三十二年,作百岁衣,可也。(《明史》卷一百二十八《宋濂传》)

明代致仕之制似开始于洪武四年李善长之致仕,案洪武二十三年,善长年七十有七,则四年致仕,年不过五十有八,其后坐胡惟庸党,家口七十余人均遭诛戮,然其致仕乃在胡惟庸未反以前。明祖因其功勋甚大,赏赐特别优厚。

> 洪武四年,中书左丞相李善长以疾致仕,赐临濠地若干顷,置守冢户百五十,给佃户千五百家、仪仗士二十家。(《明史》卷一百二十七《李善长传》)

又如单安仁于洪武二十年十二月卒,年八十五,其致仕在洪武六年,计其致仕时年龄约七十。

> 洪武六年,兵部尚书单安仁请老归,赐田三千亩、牛七十角,岁给尚书半俸。(《明史》卷一百三十八《单安仁传》)

其食全俸者亦有之。

> 嘉靖六年,礼部尚书席书乞休,诏加武英殿大学士,赐第京师,支俸如故。(《明史》卷一百九十七《席书传》)

即席书不但食全俸,且又加官,据龙文彬说:

> 自成化间,大学士商辂致仕,进少保。自后三品以上官致仕,多有加

秩之典。惟大学士从来不为加官,全俸亦百余年旷典,书独得之,特以议礼加厚耳。(《明会要》卷四十四《致仕》)①

总之,明代虽有致仕制度,然致仕之年龄如何,致仕后之待遇如何,均无定制,每从天子之意,临时定之。明代制度之杂乱,由此可见一斑。

---

① 时有大礼之争,席书主张尊世宗所生父为皇考,而称孝宗为皇伯考。深合世宗之意。

附录　明建元表

太祖朱元璋　　　　　　洪武三十一年
惠宗允炆　　　　　　　建文四年
成祖棣　　　　　　　　永乐二十二年
仁宗高炽　　　　　　　洪熙一年
宣宗瞻基　　　　　　　宣德十年
英宗祁镇　　　　　　　正统十四年
代宗祁钰　　　　　　　景泰八年
英宗(以丁丑年复位)　　天顺八年
宪宗见深　　　　　　　成化二十二年
孝宗祐樘　　　　　　　弘治十八年
武宗厚照　　　　　　　正德十六年
世宗厚熜　　　　　　　嘉靖四十五年
穆宗载垕　　　　　　　隆庆六年
神宗翊钧　　　　　　　万历四十八年
光宗常洛　　　　　　　泰昌(即位一月崩,熹宗立,复改明年为天启元年,因以万历四十八年八月以后为泰昌元年)
熹宗由校　　　　　　　天启七年
庄烈帝由检　　　　　　崇祯十七年

　　上明十七帝,二百七十六年。庄烈帝殉国后,福王由崧即位于南京,称监国,改元宏光。明年五月,清兵劫之北归。福王亡后,唐王聿键即位于福州,改元隆武。顺治三年,清兵奄至,被执,死于福州。唐王既亡,桂王由榔即位于肇庆,改元永历。顺治四年,清兵克肇庆,桂王奔桂林。顺治七年,清兵入桂林,桂王走云南。顺治十六年,清兵克云南,桂王走南甸,遂入缅。顺治十八年,吴三桂进兵缅甸,缅人执桂王以降。顺治十九年,死于云南。